Paul Tschackert

Evangelische Polemik gegen die römische Kirche

Paul Tschackert

Evangelische Polemik gegen die römische Kirche

ISBN/EAN: 9783744654692

Hergestellt in Europa, USA, Kanada, Australien, Japan

Cover: Foto ©ninafisch / pixelio.de

Weitere Bücher finden Sie auf **www.hansebooks.com**

Evangelische

Polemik

gegen

die römische Kirche

von

Paul Tschackert,

Doktor der Theologie und der Philosophie,
ordentl. ö. Prof. der Theologie an der Kgl. Albertus-Universität Königsberg i. Pr.

„Dieser Kirche Formen fassen
Dein Geheimnis, Herr, nicht mehr."

Gotha.
Friedrich Andreas
1885.

Evangelische Polemik.

Evangelische

Polemik

gegen

die römische Kirche

von

Paul Tschackert,

Doktor der Theologie und der Philosophie,
ordentlichem ö. Professor der Theologie an der Kgl. Albertus-Universität Königsberg i. Pr.

„Dieser Kirche Formen fassen
Dein Geheimnis, Herr, nicht mehr."

Gotha.
Friedrich Andreas Perthes.
1885.

Vorrede.

Dieses Buch dient dem Kampfe des evangelischen Glaubens gegen die römische Kirche; es soll an seinem bescheidenen Teile in den Kreisen der gebildeten Evangelischen, der Theologen und der Nicht-Theologen, das protestantische Bewußtsein stärken helfen. Seit dem vatikanischen Konzile thut uns solche Kräftigung besonders Not; denn durch diesen Triumph des Jesuitismus ist der unevangelische Geist der römischen Kirche gefährlich erstarkt; gerade seit 1870 wuchs die Zahl der Jesuiten von Jahr zu Jahr, bis 1883 um etwa 28 Prozent, trotz des deutschen Reichsgesetzes vom 4. Juli 1872 gegen den verhaßten Orden! Die Jesuiten aber sind die Generalstabsoffiziere des Papsttums gegen den Protestantismus.

Mit dem „Kulturkampfe" hat dieses Buch nichts zu thun; aber in dem Glaubenskampfe der evangelischen Christenheit gegen römischen Irrtum und römische Sünde bittet es um einen Platz vor dem Feinde. Es bekämpft nicht die römischen Katholiken, unter denen gewiß viele Hunderttausende besser sind als ihr System; es bekämpft die römi-

sche Priesterkirche, keine gemalte sondern die wirkliche, nicht
sowohl die tridentinische als vielmehr die heutige, die vati=
kanisch=jesuitische, die herrschende romanisch=katholische Kirche,
welche aus dem Christentum einen neuen Paganismus macht,
die Kirche, deren Moral das Opfer des Gewissens verlangt,
deren Kultus den Aberglauben zu einer gefährlichen Groß=
macht heranzieht und deren Rechtssatzungen den modernen
Staat nicht kennen, geschweige anerkennen. Die Selbstän=
digkeit des religiösen Glaubens, die Freiheit des Gewissens,
der Gottesdienst im Geist und in der Wahrheit, die Frei=
heit der Wissenschaft mit ihren Voraussetzungen, der freien
Forschung und der Denkfreiheit, die Selbständigkeit des mo=
dernen Staates, kurz unsere ganze von protestantisch=sitt=
licher Freiheit getragene moderne Kultur, alle die idealen
Güter, welche dem modernen Menschen heilig und teuer
sind, für welche die Edelsten der protestantischen Welt ge=
arbeitet, gerungen und geblutet haben — sie alle werden
uns vergiftet und zertreten, wenn wir unterlassen, gegenüber
der vatikanisch=jesuitischen Kirche wenigstens „die Borghesische
Fechterstellung" einzunehmen. —

Im Geisteskampfe gegen die römische Kirche handelt es
sich aber zunächst nicht um das Verhältnis von deutschen
Protestanten zu deutschen Katholiken; denn die deutschen
Katholiken sind nur ein winziger und für Rom unbedeuten=
der und unbequemer Bruchteil der 180 — 200 Millionen
Menschen, die unter dem Kommando der „schwarzen Inter=
nationale" stehen; zu ihr, zur römischen Priesterschaft, und
sie ist wesentlich die Kirche im römischen Sinne,

zu ihr gilt es das rechte Verhältnis einzunehmen. Mit ihr aber, mit der jesuitisch gegängelten Priesterschaft in Frieden zu leben, kann man nur Ignoranten oder Religions= verächtern zumuten, nicht den evangelischen Kirchen, nicht den evangelischen Völkern. Denn die wirkliche römische Kirche ist eine widerliche Mischung von Religion und Po= litik, von mönchischer Weltflucht und päpstlicher Weltbeherr= schung, von jesuitischem Scharfsinn und paganischer Borniert= heit, von Anbetung Gottes und Fetischismus. Ihre Päpste sind die Nachfolger der heidnisch=religiösen Imperatoren, deren Titel und Größenwahnsinn sie weiterführen; ihre Priester werden zu einer gegen die moderne Bildung abgeschlossenen Kaste; ihre beschaulichen Mönche und Nonnen passen nicht mehr in das Zeitalter der sittlichen Berufsarbeit; ihre Ge= lehrten tragen die Sklavenketten des Kadavergehorsams; ihre Parlamentarier verhindern überall die nationale Entwickelung des modernen, des selbständigen Staates. —

Das evangelische Christentum ist dagegen eine rein reli= giöse und sittliche Macht: es schafft das reine und freie Gewissen vor Gott und Menschen und erfüllt die Persön= lichkeit mit sittlicher Kraft. Darin liegt seine Stärke gegen Rom. Denn eine falsch religiöse Macht kann nur durch die recht religiöse überwunden und ersetzt werden. Mit evangelischer Glaubensgewißheit im Herzen, mit der Bibel in der einen, mit der Kirchengeschichte in der andern Hand sind wir des geistigen Sieges gewiß —.

Bei dem Versuche aber, den Katholicismus der Gegen= wart nach seiner dogmatischen, ethischen und ästhetischen,

gottesdienstlichen, rechtlichen und allgemein kulturellen Seite
darzustellen und mit den Mitteln der Bibelwissenschaft, der
Kirchengeschichte und Moralstatistik zu bekämpfen — bei
einem solchen schriftstellerischen Versuche werden leicht Ver-
säumnisse vorkommen und Irrtümer unterlaufen. Ich bitte
für beides um Nachsicht und werde für jede sachliche Belehrung dankbar sein *).

Königsberg i. Pr., im Herbst 1884.

Der Verfasser.

---

*) Über die benutzten Quellen und litterarischen Hilfsmittel siehe
S. 395.

Inhaltsangabe.

Erstes Buch.
Die Kirche und ihre Dogmen.

Erster Abschnitt.
Die Lehre von der Kirche.

Erstes Kapitel.
Das Wesen der Kirche.

Zweites Kapitel.
Die Eigenschaften der Kirche.

Drittes Kapitel.
Die Verfassung der Kirche.

Viertes Kapitel.
Die kirchliche Gewalt und ihre Zusammenfassung im Papsttum.

§ 1. Der Standpunkt.

Auf dem vatikanischen Konzile ist im Jahre 1870 der Charakter des Jesuitenordens auf die ganze römische Kirche übertragen worden; seine einzigartige Konzentration der Geister und der Gewissen im blinden Gehorsam gegen die Oberen ist jetzt in der gesamten römischen Kirche durch das neueste Dogma hergestellt, nach welchem alle Kirchengewalt und damit auch die lehramtliche Unfehlbarkeit in der Person des jedesmaligen Papstes vorhanden ist, welchem alle Katholiken zu blindem Gehorsam verpflichtet sind. An den modernen Staat aber wird die Zumutung gestellt, vor dem „göttlichen" Rechte dieses Papsttums sich zu beugen. Katholicismus, wir meinen in Deutschland ohne Mißverständnis damit immer den römischen Katholicismus, Jesuitismus und Ultramontanismus sind seit 1870 ein und dasselbe, und zwar nicht bloß in der Theorie. Die katholische Priesterschaft, der katholische Adel, das katholische Volk, die Vertreter der römisch=kirchlichen Wissenschaft, die katholischen Politiker in den Parlamenten, die Redakteure der katholischen Zeitungen — alle stehen wie eine Mauer zum unfehlbaren Papste. Man höre, was der Breslauer Universitätsprofessor Bittner zur Lutherfeier 1883 erklärt hat: „Wir Ultramontanen, d. h. wir römischen Katholiken, d. h. wir wahren Katholiken, sind die Erstgebornen der christlichen Menschheit, auch des christlichen Deutschland! Wir als Söhne und Erben des größten und herrlichsten, des einzig wahren Weltstaates, sind und bleiben die Kavaliere des Weltalls und rufen in diesem römisch=katholischen unsterblichen Hochgefühl im Sterben wie im Leben begeistert aus: Nichts Größeres als Rom! Ewig mit Rom!" [1]). Die „altkatholische" Gemeindebildung hat die 14 Millionen deut=

scher Katholiken keinen Augenblick in Unruhe versetzt. Der Katho=
licismus also, mit welchem wir es in Deutschland, in Österreich,
in Italien, Frankreich und Spanien und in ganz Amerika zu thun
haben, ist der vatikanische. Sein Ziel ist die Unterwerfung der
Welt unter die Gewalt des römischen Vize=Gottes, und der Weg
dahin müßte über die Trümmer des Protestantismus führen.
Darum gilt es einen Verteidigungskampf um unsere Existenz,
einen Kampf um evangelischen Glauben und evangelische Sittlich=
keit, um die freie Wissenschaft, um die moderne Bildung und um
den nationalen Staat. Aber mit welchen Waffen sollen wir
kämpfen?

Wenn man vom Standpunkte der modernen Bildung die rö=
mische Kirche bekämpfen wollte, indem man mit den Waffen der
modernen Philosophie die innere Unvernunft ihrer ganzen Gedanken=
welt nachzuweisen suchte, so würden wir auf sie gar keinen Ein=
druck machen; sie würde uns als Rationalisten verachten. Denn
die römische Kirche will selbst auf dem Boden der göttlichen Offen=
barung stehen; sie glaubt an den Schöpfergott, welcher der Welt
nicht fremd gegenüber steht, sondern überweltlich und innerweltlich
zugleich sich in ihr offenbaren kann und offenbart hat. Ein Kampf
also, welcher die von der römischen Kirche stets festgehaltene
Offenbarung Gottes selbst angriffe oder ignorierte, wäre völlig
aussichtslos; denn solchen Kämpfern gegenüber vertritt die römische
Kirche doch einen großartigen Bestandteil der religiösen und sitt=
lichen Wahrheit; die Offenbarung Gottes ist ja eine Thatsache,
die schon durch das Dasein der christlichen Kirche selbst bewiesen
wird. Wir stellen uns darum, wie unsere Gegnerin, auf den
Boden des Offenbarungsglaubens selbst. Aber es hat in der
Christenheit wohl immer zweierlei Offenbarungsglauben gegeben,
einen mechanischen und einen sittlichen.

Der mechanische Offenbarungsglaube nimmt ein bloß äußer=
liches Eingreifen Gottes in die Welt an, etwa wie ein Werkführer
eine arbeitende Maschine auf Augenblicke zum Stillstand bringt.
Aber so verhält sich die Welt nicht zu Gott, „in welchem wir
leben, weben und sind." (Apostelgesch. 17, 28). Gott wirkt weder
bloß äußerlich noch bloß zufällig auf die Welt; er, der als Person

zwar überweltlich ist, durchwirkt doch die Welt zugleich innerlich und all sein Wirken auf sie bestimmt er durch den Zweck seines Reiches, in dessen Plan er auch das freie sittliche Handeln des Menschen einordnet. So sind sie beide sittlich gedacht, Gott, der sich offenbart, und die Menschheit, die seine Offenbarung aufnimmt.

Der kirchliche Protestantismus hat diesem Standpunkte stets gehuldigt. Aber was ist kirchlicher Protestantismus? Es ist der, welcher über allem Protestieren gegen die römischen Mißbräuche den Zusammenhang mit der einen christlichen Kirche nicht aufgegeben hat. Sekten hat es allerdings im Reformationszeitalter genug gegeben; sie alle sind erkennbar an ihrer eigenmächtigen Lostrennung von der auf geschichtlichem Wege erwachsenen Christenheit. Luther, Zwingli und Calvin ist es dagegen nicht eingefallen, sich von der wahren Kirche zu trennen und neue Kirchen zu machen. Die Kirche war da, das wußten sie alle; sie reicht in ihren Vertretern von Petrus und Paulus, Ambrosius und Augustinus, Anselm, Bernhard, Gerson bis herauf in die Tage der Reformatoren und bis an das Ende der Welt. Die lutherischen und die reformierten Bekenntnisschriften halten daher auch den Lehrzusammenhang mit der alten Kirche fest [2]) und berufen sich auf die erleuchtetsten Kirchenlehrer der alten Zeit und des Mittelalters. Erst als Papst und Bischöfe eine Reform der Gesamtkirche ablehnten, hat sich die Abgrenzung der evangelisch gewordenen Kirchenteile als Landeskirchen mit Notwendigkeit herausgestellt. Die so entstandenen evangelischen Teilkirchen wissen sich demnach mit Recht als Teile der einen christlichen Kirche, die über den Erdkreis zerstreut ist, soweit der Name Christi genannt wird.

Sollen wir nun vom lutherisch-kirchlichen oder vom calvinisch-kirchlichen Standpunkte aus die römische Kirche bekämpfen?

Wir kämpfen gegen Rom im Dienste der Wahrheit; die Wahrheit ist aber in keiner Teilkirche fehlerlos vorhanden. Denn unfehlbar ist nur die eine wesenhafte Kirche, welche ihr konstitutives Prinzip in dem heiligen Gottesgeiste hat, der von Christus ausgeht, durch das Wort Gottes ihr die Verheißung der göttlichen Gnade zuteil werden läßt und durch die heiligen Handlungen der

1*

Taufe und des Abendmahles jedem einzelnen ihrer Glieder diese Gnade persönlich versiegelt. Niemand kann mit Fingern auf diejenigen zeigen, welche zu dieser wesenhaften Kirche gehören; sie ist mit Rücksicht darauf unsichtbar und ein Gegenstand des Glaubens aller Christen, wie der dritte Artikel des apostolischen Glaubensbekenntnisses lehrt; allein da diese Geistesgemeinde nie existiert ohne die ihr anvertrauten Mittel des göttlichen Wortes, der Taufe und des Abendmahls, so darf man kühn behaupten: wo immer das Wort Gottes gepredigt und Taufe und Abendmahl lauter verwaltet werden, da sind auch Mitglieder der wesentlichen Kirche vorhanden; und je mehr eine Teilkirche jene allgemein-kirchlichen Mittel der Gnade auf sich wirken läßt, desto mehr wird sie an der einen wesenhaften Kirche und damit an der religiösen und sittlichen Wahrheit Anteil haben.

Die lutherischen und die calvinischen Kirchen wollen beide nur aus Gottes Wort die religiöse und sittliche Wahrheit entnehmen; und durch Taufe und Abendmahl sich die Gnade Gottes versiegeln lassen. Der Unterschied zwischen beiden besteht wesentlich in einer verschiedenen Theorie vom Verhältnis Gottes zur Welt. Gemäß dem lutherschen Denken ist der Mensch unendlich empfänglich für Gott (humanum capax divini). Daraus ergiebt sich die lutherische Theorie von der Person Christi und von den Sakramenten. Nach reformiertem Denken aber existiert der Mensch in unendlichem Abstande von Gott, die Kreatur in unendlichem Abstande vom Schöpfer, was man auch in die nicht auf biblischem Boden gewachsene Formel gebracht hat, das Unendliche kann nicht vom Endlichen erfaßt werden (finitum non est capax infiniti). Auf dieser theoretischen Grundlage baut sich die reformierte Lehre von der Erwählung, von Christus und von den Sakramenten auf. Dort ist Einheit von Gottheit und Menschheit, hier Auseinanderhaltung von Geistigem und Materiellem der Grundzug alles Denkens. Diesen Unterschied brauchen wir nicht zu vertuschen. Darin ist aber gar nicht das Wesen des kirchlichen Protestantismus enthalten. Dieses besteht vielmehr in den Grundgedanken, welche beide Kirchen Rom gegenüber gemeinsam haben, und darin bilden sie eine überwältigende Einheit.

Denn a) beide Reformationen sind aus der Erkenntnis hervor-gegangen, daß die ewige Seligkeit des Menschen nicht verdient, sondern daß sie von Gott selbst geschenkt oder bewirkt werden muß. So entstanden aus derselben religiösen Wurzel die lutherische Recht-fertigungs- und die calvinische Erwählungslehre. Sie sagen beide aus, daß die einzige bewirkende Ursache unseres Heils die Gnade Gottes ist, daß dieselbe also von allen menschlichen Verdiensten unabhängig bleibt. Luther dachte dabei die göttliche Gnade, wie sie in dem Erlöser in die Geschichte eintrat, Calvin dagegen griff über die Heilsgeschichte hinaus und dachte die Gnade als den vor-geschichtlichen Grund derselben, als den ewigen Liebesratschluß der Erwählung.

Sind aber durch die freie Gnade Gottes alle menschlichen Verdienste ausgeschlossen, so fällt die ganze Werkgerechtigkeit des Katholicismus. Von Gott allein abhängig, ist der Gerechtfertigte oder der Erwählte frei von allen menschlichen Vermittelungen; er hat ein unmittelbares Verhältnis zu Gott; kein Priester steht mehr hemmend zwischen ihm und seinem Gott; alle Christusgläubigen, alle Erwählten sind selbst Priester Gottes; an die Stelle des katholischen-privilegierten Beamten-Priestertums tritt das allge-meine Priestertum aller Gläubigen. Von Gott allein abhängig, weiß der Gerechtfertigte oder der Erwählte aber auch, daß sein Heil durch Gott selbst ihm sicher ist; er weiß sich seines Heils persönlich gewiß. So gipfelt das protestantische Heilsprinzip in der unmittelbaren Heilsgewißheit des Christen, während der Trienter Katholicismus ihn zu bleibender Ungewißheit seines Heils verdammt. Das Prinzip des Protestantismus ist also ein durchaus positives, und erst aus dem positiven Charakter desselben folgt eine negative Tendenz, der Protest gegen die Werkgerechtigkeit, gegen das Be-amten-Priestertum und gegen die römische Ungewißheit des Heils, die zur blinden Abhängigkeit von der Priesterkirche oder zur Ver-zweiflung führt.

Aber b) in Gottes Absicht liegt es nicht, bloß einzelne Ge-rechtfertigte oder Erwählte zu beseligen, sondern in der Menschheit sein Ebenbild zu verwirklichen oder das Reich Gottes zu schaffen. Nachdem die Sünde zwischen eingetreten ist, kann diese Absicht

Gottes nur durch die Erlösung erreicht werden, und zwar können die Erlösten nur als organisch gegliederte Gemeinschaft das „Reich" Gottes bilden. Alle einzelnen zusammen genommen geben immer nur eine Summe; eine Summe aber ist keine organische Einheit! Zur organischen Einheit werden die Erlösten erst durch Christus selbst. Alle die sich in dem Vorgange des Glaubens mit ihm persönlich zusammenschließen, werden gleichzeitig ihm eingegliedert, ihm inkorporiert; sie werden durch ihn als ihr Haupt zur Einheit seines geistlichen Leibes zusammengefügt. Da nun das Reich Gottes notwendig zuerst als Religionsgemeinde, als Kirche vorhanden sein muß, so muß auch ihr der organische Charakter wesentlich sein. Das ist der zweite Grundgedanke des Protestantismus. Die Kirche ist die Personengemeinde der Christusgläubigen oder der Erwählten. Die katholische Scheidung von Klerus und Laienstand fällt also weg. Darin liegt der zweite Hauptunterschied zwischen dem kirchlichen Protestantismus und allem Katholicismus. Zwar muß auch die evangelisch gedachte Kirche anstaltlich wirken; denn es müssen die jungen Christen erzogen, die schwachen gestärkt, die gefallenen wieder aufgerichtet, und der Glaube muß ausgebreitet werden; — aber alles, was anstaltlich an der Kirche ist, ist immer erst das zweite an ihr; das, was ihr Wesen ausmacht, ist die durch den verklärten Christus stetig organisierte Gemeinde seiner Gläubigen. Indem so der Christenstand des einzelnen gar nicht gedacht werden darf ohne das gleichzeitige Eingegliedertsein desselben in die Gemeinde, bewahrt sich das evangelische Denken auch vor der Einseitigkeit des Subjektivismus, sowohl des rationalistischen als des pietistischen, von denen jeder die Kirche doch nur als einen, durch freie Entscheidung einzelner zustande gekommenen Verein denkt.

c) Die einzelnen sowohl als auch die Personengemeinschaft stehen aber mitten in der Welt der Sünde und des Irrtums und werden durch sie beeinflußt. Sie bedürfen daher eines Regulators, der ihr Denken und Wollen vor Irrtum bewahrt; sie bedürfen eines unfehlbaren Maßstabes für Glauben und Leben. Selbst der Sünde und dem Irrtum unterworfen, können sie ihn nicht erfinden; er muß ihnen gegeben werden durch den Geist der Wahr-

heit und der Heiligkeit selbst. Aus diesem entsprang das Wort
Gottes. Was die heiligen Männer der Offenbarungsgeschichte und
zuletzt der Sohn Gottes geredet haben, getrieben vom heiligen
Geiste, das ist Gottes Wort, dessen Inhalt niedergelegt ist in
dem religiösen und sittlichen Gehalt der heiligen Schriften Alten
und Neuen Testaments. Was Christus und seine Apostel außer
ihrer schriftlichen Hinterlassenschaft noch mögen gesprochen haben,
ist verschollen, niemand konnte es für immer mündlich aufbewahren,
kein Ältester, kein Bischof, kein Papst; denn inmitten der Welt
der Sünde und des Irrtums ist keine mündliche Überlieferung vor
Trübung sicher. Darum verwerfen wir die Tradition, welche im
Schreine der Brust des Papstes verborgen liegen soll, und halten
uns einzig an die sichere Bezeugung der Heilsoffenbarung in dem
geschriebenen Gotteswort. Auch um die Erklärung desselben sind
wir nicht verlegen. Gottes Wort ist den einzelnen Gläubigen und
der ganzen Gemeinde gegeben; also haben beide die Pflicht und
das Recht einer von zufälligen Autoritäten freien Schriftforschung.
Allein da die Bibel für die Gesamtgemeinde aller Zeiten gegeben
ist, so darf kein einzelner Christ sich zutrauen, sie völlig irrtums-
los zu erklären; da ferner jeder einzelne Christ nur als Glied der
christlichen Gesamtgemeinde ein normaler Christ ist, so kann er
auch die Bibel nur aus dem in der Gesamtgemeinde vorhandenen
Gesamtverständnis derselben erklären; aber da selbst dieses Gesamtverständnis innerhalb unserer Welt von dem Einfluß der
Sünde und des Irrtums thatsächlich nicht ganz frei bleibt, so
wird es sich der vollen Wahrheitserkenntnis immer nur annähern.
Die Kirche besteht ja aus sittlichen Persönlichkeiten, die immer
nur auf dem Wege der freiwilligen Überzeugung die göttliche Wahrheit in sich aufnehmen können. Ein unfehlbares Auslegungstribunal
der heiligen Schrift kann es also nicht geben. Es ist auch völlig
überflüssig, da wir die Verheißung haben, daß der von Christus
ausgehende heilige Geist die Gemeinde in alle Wahrheit leiten wird.
Aber wie die einzelnen und die Gesamtgemeinde nicht ohne das
Wort Gottes existieren können, so das Wort Gottes auch nicht
ohne die Menschen, zu denen es spricht. Ohne die lebendige Auslegung der gläubigen Gesamtgemeinde wäre die Bibel ein toter

Buchstabe, ein „papierenes Papsttum", welches zu einer unerträg-
lichen Buchstabenknechtschaft führen müßte. Sehen wir aber jetzt
von dieser Bemerkung ab, so ergiebt sich als drittes wesentliches
Merkmal des kirchlichen Protestantismus die Gebundenheit der einzelnen und der Gesamtgemeinde allein an die heilige Schrift und
damit die Verwerfung der römischen Tradition. Das sind die
drei Grundgedanken des kirchlichen Protestantismus, auf denen sich
die lutherischen und die calvinischen Teilkirchen aufgebaut haben,
drei nach äußerlicher Aufzählung, die gegen die römische Kirche
nötig ist; im tiefsten Grunde ruhen sie aber alle drei auf einem
einzigen Prinzip. Denn schließlich ist es doch nur der eine Christus
selbst, durch dessen Vermittlung das Heil in Erwählung und Rechtfertigung für uns beschafft wird, durch den es in der Gesamtgemeinde mittelst des göttlichen Geistes gegenwärtig erhalten und
in der heiligen Schrift bezeugt wird; er selbst ist also Ausgangspunkt und Ziel alles evangelischen Denkens, er selbst das einzige
Prinzip des kirchlichen Protestantismus [3]).

§ 2. Übersicht.

Von diesem Standpunkte aus soll die römische Kirche bekämpft
werden. Wir prüfen zu diesem Zweck das Wesen und alle wesentlichen Funktionen der Kirche überhaupt. Als Gemeinschaft ver-
nunftbegabter Menschen hat die Kirche den innern Drang, sich
über sich selbst klar zu werden und diese ihre Selbsterkenntnis lehr-
haft, also in begrifflicher Form auszusprechen; jede Kirche muß
Dogmen bilden. Nach dem Maße ihrer religiösen Erkenntnis
wird sie ihr Leben einrichten; so folgt auf das Dogma die Sittlichkeitslehre. Zu ihrer Erbauung pflegt die Kirche den Gottesdienst. Wir besprechen also drittens den Kultus. Da sie durch
Glauben und Leben die Welt durchwirken will und zu diesem Zwecke
innerhalb der Weltverhältnisse Stellung nimmt, so muß sie für
alles, was anstaltlich an ihr ist, Rechtsformen annehmen. Wir
erörtern daher an vierter Stelle die Hauptpunkte des Kirchenrechts,
das Verhältnis der Kirchen zum modernen Staate und überschauen
das römische Kirchenvermögen. Da es endlich im Christentum

keinen Stillstand giebt, so behandeln wir fünftens das Wachstum
der Kirchen, ihr inneres und ihr äußeres Wachstum, Konversionen,
Evangelisation, römische Propaganda und evangelische Heidenmission.
Da aber alle diese Betrachtungen nur zu dem Zwecke angestellt
sind, dem Leser eine möglichst richtige Stellungnahme zu den kirchlichen Verhältnissen der Gegenwart zu ermöglichen, so heben wir
wichtige Zeitfragen noch zu besonderer Besprechung heraus; Zivilehe und Mischehe, die römische Politik, die Kirchenstaatsfrage und
die ultramontane Presse, die soziale Frage und die Kirche, der
römische Cölibat und das evangelische Pfarrhaus, Proben römischer Wissenschaft und die neuste Einschränkung der Philosophie,
die Vorbildung der Geistlichen und die konfessionellen Schulen,
Bildungsstatistik und Kulturleistungen, Altkatholicismus und Jesuitismus — das alles sind Fragen, über welche wir in evangelisch kirchlichen Kreisen ein klares Urteil haben sollen. Welcher
Ausblick ergiebt sich aus allen diesen Erörterungen für die Zukunft? Ist eine Vereinigung beider Kirchen möglich? Wenn die
Antwort noch nicht durch die bisherige Darstellung klar wäre, so
müßte sie noch davon abhängen, wie sich das priesterliche Rom zu
uns verhält, wie es uns beurteilt und uns behandelt. Da schon
die Selbstachtung jede evangelische Kirche zwingt, sich darüber zu
unterrichten, so folgt zum Schluß eine Blütenlese von privaten
und amtlichen Kundgebungen über uns aus dem Schoße der römischen Kirche. Darüber wird sich uns die Erkenntnis ergeben, daß
das Reich Gottes nicht auf dem Wege der Rechtseinheit, sondern
nur durch unser inneres Leben kommt. —

Allein wozu heut die römische Kirche bekämpfen, wo man mit
allen frommen Katholiken Front machen sollte gegen die Verächter
von Thron und Altar? Haben wir Christen alle, Katholiken wie
Evangelische, nicht noch heut einen gemeinsamen Boden, auf welchem wir Evangelische der römischen „Schwesterkirche" die Hand
reichen können?

§ 3. Der gemeinsame Boden.

Die römische und die evangelischen Kirchen haben allerdings
einen weiten gemeinsamen Boden; sie haben Gemeinsames im

Glauben, Gemeinsames im Leben, Gemeinsames im Gottesdienst
und über allem, sie haben gemeinsame Feinde.

Wir haben Gemeinsames im Glauben. Wir glauben beide,
der Katholik und der kirchliche Protestant, an den dreifaltigen Gott
Vater Sohn und Geist, der als überweltlicher die Welt geschaffen
hat und sie erhält, der sich der Menschheit offenbart hat und durch
Jesus Christus sie erlöst, der im heiligen Geiste sie heiligt und
verklären wird. Gemeinsam also haben wir den theistischen Gottesglauben; Materialismus und Pantheismus lehnen wir gemeinsam
ab. Wir haben ferner gemeinsam die Beurteilung der Welt und
des Menschen. Die Welt als Schöpfung Gottes ging gut aus
seiner Hand hervor; aber es trat ein die allgemeine Versündigung
der Menschheit und ihre allgemeine Verschuldung. Gemeinsam behaupten wir daher ihre Erlösungsbedürftigkeit und auch ihre Erlösungsfähigkeit. Wir glauben gemeinsam an Jesum Christum,
Gottes eingebornen Sohn, wahren Gott vom Vater in Ewigkeit
geboren und wahren Menschen von der Jungfrau Maria geboren,
den Offenbarer des göttlichen Willens, den ewigen Hohenpriester,
das königliche Haupt seiner Gemeinde. Wir glauben gemeinsam
den von Gott durch seinen heiligen Geist gelegten Grund der
Kirche, die Übernatürlichkeit ihres Wesens und die ununterbrochene
Wirkung des göttlichen Geistes in der Gemeinschaft ihrer Glieder.
Wir glauben dasselbe Endziel der Kirche, der Menschheit, der
Welt; das Weltgericht, die Beseligung der Frommen, aber auch
die Verdammung derer, die sich selbst gegen alle göttliche Geisteswirkung endgültig verhärtet haben. Mit einem Worte, wir haben
gemeinsam das apostolische Glaubensbekenntnis mit seinem allum-
fassenden Umfang vom Weltanfang bis zum Weltende und mit
ihm die zehn Gebote und das Vaterunser, ja die ganze Bibel;
wir haben Taufe und Abendmahl hüben und drüben als Gnaden-
handlungen Gottes an uns.

Die Gemeinsamkeit des Glaubens erzeugt auch eine Gemein-
samkeit der Lebensrichtung. Gemeinsam wissen wir, daß unser
Leben nicht im Sande verläuft, sondern daß wir als sittliche
Persönlichkeiten zu ewigem persönlichen Leben berufen sind, daß der
Weg dahin uns als Gottes Wille in der heiligen Schrift vorge-

zeichnet ist, und daß wir dieses Sittengesetz an uns selber zu bewähren haben, um tugendhaft zu sein. Rein theoretisch betrachtet
ist die Übereinstimmung der beiderseitigen Weltanschauungen eine
wahrhaft großartige. Denn während wir uns mit den ungezählten
Scharen von vulgären und gebildeten Materialisten und Pantheisten
nicht verständigen können, wissen wir uns mit jedem gläubigen
Katholiken einig in der Achtung unseres sittlichen Wesens, in der
heiligen Scheu vor Gottes Willen, in der Erwartung des Weltgerichts und der Hoffnung auf das ewige Leben.

Was haben wir im Gottesdienst noch gemeinsam!

Katholiken und Protestanten beten an den dreifaltigen Gott
und seine Offenbarung in Christo dem Herrn. Wir bringen gemeinsam vor Gottes Thron Danksagung, Lobpreisung, Bitte und
Fürbitte; gemeinsam beten wir das Glaubensbekenntnis und sprechen das Vaterunser zu dem Gott, der uns die zehn Gebote gegeben hat. Hüben und drüben begleitet der Dienst der Kirche
unser Leben von der Wiege bis zum Grabe, durch Taufe und
Abendmahl, durch Trauung und Begräbnis. Unser kirchlicher
Gottesdienst enthält nichts was den Katholiken beleidigen könnte;
in der lutherischen Reformation ist ja die Altar-Liturgie der mittelalterlichen Kirche entnommen, die Abendmahlsliturgie dem Messe-
ritus. Umgekehrt den Kirchengesang pflegt ja der römische Kultus
auch; viel katholische Kirchenlieder wie den Lobgesang: „Großer
Gott, wir loben dich“, oder das Adventslied: „Thauet Himmel
den Gerechten“, das Passionslied: „Laß mich deine Leiden singen“,
und viele andere Lieder können wir Evangelische andächtig mit-
singen. Wir haben gemeinsam unsere hohen Feste, das ganze
Kirchenjahr, den Kalender — lauter Thatsachen von unübersehbarer
Wichtigkeit; denn dadurch wird unser bürgerliches Leben in Einheit
erhalten. Der Sonntag erinnert uns beide an die Auferstehung
unseres Heilandes; Weihnacht, Ostern und Pfingsten feiern wir
an demselben Datum und mit derselben Bedeutung. Arbeit und
Feier sind in der Hauptsache gleichmäßig geregelt.

Wir haben ferner in den beiderseitigen Kirchen unzählige sinnbildliche Gegenstände und Zeremonien gemeinsam und bewahren
uns dadurch eine gewisse Gleichmäßigkeit des Kultus und der

Lebenssitte. Wir haben das Gotteshaus mit Taufstein, Altar und
Kanzel, mit Kreuz und Kruzifix, mit Orgel, Kronleuchtern und
Lichtern. Wir haben Segnungen gemeinsam, Segnungen der Gemeinde am Schluß des feierlichen Gottesdienstes, der Mütter, die
ihren Kirchgang halten, der Toten, die wir bestatten. Wir entblößen bei dem Gebet das Haupt, wir falten die Hände und
beugen die Knie. Die Morgen-, Mittag- und Abendglocke ruft
uns gemeinsam zum Gebet; Morgensegen, Tischgebet und Abend-
segen ist gemeinsame fromme Übung im katholischen und im evangelischen Hause. Zu Weihnacht begegnen uns in beiden die gleichen
Bräuche. Der Christbaum mit seinem Lichterglanz, die Krippe
von Bethlehem, die Franz von Assisi in das Abendland gebracht
hat, die Christgeschenke als Zeichen von „des großen Gottes Freund-
lichkeit". Wir halten in der Passionszeit „geschlossene Zeit", lassen
Lustbarkeiten und Hochzeiten ruhen bis Ostern. Auf die Gräber
pflanzen wir dasselbe Symbol, das Zeichen, in dem wir alle
siegen wollen, das Kreuz, und am Schluß des Kirchenjahres feiern
wir, die Katholiken am Allerseelentag, die Evangelischen am Toten-
sonntage, den unzerstörbaren Zusammenhang der diesseitigen mit
der jenseitigen Gemeinde.

In den Rechtsverhältnissen endlich wissen wir gemeinsam, daß
alles Recht seine bestimmenden Gründe aus dem göttlichen Willen
zu nehmen hat, daß keine Rechtsbildung dem sittlichen Grundgedanken des Christentums zuwiderlaufen darf.

Wenn sich beide Kirchen aufrichtig Achtung zuteil werden ließen,
so könnten wir noch heut in Frieden mit einander leben und im
heiligen Wetteifer dienender Liebe uns gegenseitig zu übertreffen
suchen. Die evangelischen Kirchen haben die Zusammengehörigkeit
aller christlichen Teilkirchen stets anerkannt, wie die Reformatoren
so auch wir; aber die römische Kirche lehrt, daß wir Evangelische alle vom Geiste des Teufels geleitet werden; im Vatikan hat
man nur Verachtung und Haß gegen alles was evangelisch heißt;
schmählicher als der Jesuitenschüler Papst Leo XIII. es gethan,
hat uns niemand verleumdet [4]). Darum weg mit allem falschen
Frieden, der die Geister nur in Verwirrung bringt! So lange
die römische Kirche uns Evangelische verachtet und haßt; so lange

sie sich weigert, für ihre Sünde Buße zu thun, sollen und wollen
wir sie bekämpfen. Allein nur reine Waffen laßt uns in die
Hand nehmen! Gottes Wort und die Geschichte der Kirche seien
uns Schwert und Schild! Naturgemäß aber richtet sich der Kampf
zuerst gegen die Burg, hinter der alles römische Denken sich ver-
schanzt, gegen die römische Auffassung vom Wesen der Kirche und
gegen ihre Dogmen.

Erstes Buch.
Die Kirche und ihre Dogmen.

Das römisch-katholische Denken hat seinen Ausgangspunkt in der Lehre von der Kirche, welche das Heil erzeugt. Ihr Wesen, ihre Gewalt, ihre Repräsentation müssen uns daher zuerst beschäftigen. Der weitere Gedankengang ergiebt sich aus dem Zwecke der Kirche; sie ist nämlich dazu da, mittelst der Sakramente den Gläubigen Heiligungskraft einzugießen, damit sich die so Begnadigten unter Anspannung ihres freien Willens die ewige Seligkeit verdienen. Auf die Lehre vom Wesen der Kirche folgt daher die von ihrer Wirksamkeit in den Sakramenten. Denn die Kirche ist ja nach römischer Auffassung zunächst Sakramentsanstalt; sie ist es in erster Linie, die das Heil durch den äußeren Vollzug ihrer heiligen Handlungen beschafft; die Mitwirkung der Gläubigen tritt erst als das zweite hinzu. Damit diese ihre Glieder aber im rechten Gehorsam gegen sie verharren, erläßt die Kirche Glaubensgesetze, welche sie aus Bibel und Tradition ableitet und den Gläubigen zur Annahme anbefiehlt. An die Lehre von der Kirche und den Sakramenten reihen sich so die Dogmen über Gott und den Menschen, über Christus, über die Erlangung des Heils und die letzten Dinge.

Erster Abschnitt.
Die Lehre von der Kirche.

Alle Teilkirchen glauben „eine heilige allgemeine christliche Kirche, die Gemeinde der Heiligen“; aber was verstehen sie darunter?

Erstes Kapitel.
Das Wesen der Kirche.

§ 4.

Fragen wir nach dem Wesen der Kirche, so begegnet uns die merkwürdige Thatsache, daß dasselbe in den Beschlüssen des Trienter Konzils mit Absicht verschwiegen wird. Wie für die mittelalterlichen Dogmatiker, Petrus Lombardus und Thomas von Aquino, so war also auch für die Trienter Väter die Kirche eine selbstverständliche Voraussetzung ihres Denkens, so daß man einer peinlichen Auseinandersetzung über sie mit unsern Reformatoren bequem aus dem Wege ging. Aber einer ihrer berühmten Theologen, der in den Kampf mit dem Protestantismus hinein gezogen wurde, Bellarmin sagt uns, wodurch nach römischer Lehre die Kirche ist, was sie ist. Sie hat ihr Wesen durch den Glauben, welchen sie bekennt, durch die Sakramente, welche sie verwaltet, und durch das Regiment, unter welches sie befaßt wird [5]). Diese drei Merkmale scheinen auf den ersten Anblick willkürlich gewählt zu sein; allein sie haben einen gemeinschaftlichen Boden; kennen wir ihn, so kennen wir auch das eigentliche Wesen der Kirche. Fangen wir bei dem letzten Punkte an. Die Regierung der Kirche liegt in der Hand der Bischöfe und über ihnen in der des Papstes; die Sakramente werden von Priestern verwaltet, welche die dazu erforderliche Fähigkeit von denselben Bischöfen empfangen. Kirchenregierung und Sakramentsverwaltung ruhen also auf der Hierarchie. Da sie auch Träger der kirchlichen Lehrüberlieferung ist, so bestimmt sie auch das kirchliche Glaubensbekenntnis. Das Wesen der römischen Kirche besteht demnach in ihrer Hierarchie oder in der Priesterschaft, welche die Kirche leitet, die Sakramente spendet und den Glauben bestimmt. Der Laienstand, die Gemeinde ist Neben= sache. Die Priester kommen aber dabei nicht als sittliche Persön= lichkeiten, sondern als bloße Amtsträger in Betracht. Wenn also in der römischen Lehre von der Kirche die Rede ist, so ist dar= unter immer eine äußere Anstalt verstanden, ein Komplex von Ämtern und Einrichtungen, welche angeblich in sich selbst Bestand haben, wie ein Haus, das besteht, auch wenn niemand darin wohnt. Wie das Haus fertig da stehe, ehe die Bewohner einziehen, so auch die Kirche, vor und über der Personengemeinschaft der Christus= gläubigen. Der Bestand der so aufgefaßten Kirche ist also unab= hängig von der inneren Beschaffenheit ihrer Glieder, oder, was dasselbe ist, wenn jemand Mitglied der römischen Kirche werden will, so fordert man von ihm keine inneren Beschaffenheiten, son= dern bloß das äußere Bekenntnis des römischen Glaubens, die Teilnahme an den römischen Sakramenten und den Gehorsam gegen die römisch=kirchlichen Vorgesetzten, insbesondere gegen den Papst[6]). Nach dieser Lehre ist somit die Kirche „die von Gott gegründete Heilsanstalt, welche alle Menschen umfaßt, die ihren Glauben be= kennen, an ihren Sakramenten teilnehmen und dem römischen Papste Gehorsam leisten"[7]).

Also die Kirche eine Anstalt vor und über den Personen! Diese fundamentale Anschauung der römischen Lehre hat im Neuen Testamente keinen Grund; denn Christus hat keinen Komplex von Ämtern und Institutionen vor der Personengemeinschaft seiner Gläubigen geschaffen. Erst als am Pfingstfeste des Jahres 33 zu Jerusalem diese Personengemeinde gesammelt wurde, da schlug die Geburtsstunde der Kirche. Wäre sie schon vor dem Tode Christi vorhanden gewesen, so hätte es eine Kirche gegeben ohne Golgatha — eine Kirche ohne Kreuz — ein unvollziehbarer Ge= danke. Als Christus die zwölf Apostel erwählte, hat er da= durch noch nicht die Kirche gegründet. Diese zwölf hatten viel= mehr die einzigartige Aufgabe, den Herrn zu begleiten, um seine Lehre zu vernehmen und auf Schritt und Tritt seine Wunder zu

schauen — damit sie als Ohren= und Augenzeugen seine Worte
und Thaten der Mit= und Nachwelt überliefern könnten. (Mark.
3, 14.) Aber wurde vielleicht doch am ersten christlichen Pfingst=
fest die Kirche als eine äußere Anstalt gegründet, so daß für die
Zugehörigkeit zu ihr keine inneren Beschaffenheiten erforderlich wären?
Hören wir die Predigt des Petrus zu Jerusalem, zu Cäsarea,
was fordert sie? Glauben, nichts als Glauben mit der Taufe.
Der Glaube aber ist kein bloßes Hersagen einer auswendig ge=
lernten Bekenntnisformel; einen solchen Glauben können die Teufel
auch haben und dabei zittern (Jak. 2); der von Petrus geforderte
Glaube ist vielmehr derselbe wie ihn Paulus und Johannes aus=
drücklich beschreiben, die Hingabe unserer ganzen Persönlichkeit an
Gott in Christus, der unmittelbare persönliche Zusammenschluß
unserer Seele mit dem erhöhten Herrn und durch ihn mit Gott.
Indem durch das Wirken des göttlichen Geistes am ersten Pfingst=
feste dieser persönliche Zusammenschluß der Apostel und der üb=
rigen Gläubigen mit dem erhöhten Christus erfolgte, war die Kirche
da. Es giebt also keine Kirche vor und über den Personen der
Christusgläubigen; es giebt vielmehr nur eine Kirche in den Per=
sonen: wir, die wir in einem persönlichen Verhältnis zu dem er=
höhten Herrn stehen, wir, die Christusgläubigen, wir sind die
Kirche, ein „geistliches Volk (populus spiritualis)", die „Versamm=
lung aller Gläubigen (communio sanctorum)", keine bloß ideale,
sondern eine durchaus real vorhandene, nur nicht mit Händen zu
greifende und mit Rücksicht darauf unsichtbare Personengemeinschaft,
die aber als Mittel der Selbsterhaltung und Fortpflanzung das
Wort Gottes, die Taufe und das Abendmahl nötig hat, also auch
stets, aber immer „erst in zweiter Linie einen Anstaltscharakter
annehmen muß" [8]). Wo daher das evangelische Denken ohne Rück=
sicht auf den Gegner entwickelt wird, muß erst vom Gläubigwerden
der einzelnen Personen und ihrer Rechtfertigung vor Gott die Rede
sein, ehe über die Kirche gehandelt werden kann; denn ohne Gläu=
bige giebt es für das evangelische Denken keine Kirche. Allein
hier wo es die Bestreitung eines Gegners gilt, dessen Denken mit
der Kirche beginnt, folgen wir dem gegnerischen Gedankengange,
nehmen uns aber die Freiheit, die evangelische Rechtfertigungslehre

schon hier gelegentlich wirksam werden zu lassen, obgleich ihr Recht erst in einem andern Gedankenzusammenhange bewiesen wird.

Indem nun die römische Lehre jenen Hauptsatz des apostolischen Bekenntnisses „ich glaube du eine heilige allgemeine Kirche" auf die römische Priesteranstalt bezieht, muß auch der Sinn, welchen sie in der „Einheit, Heiligkeit und Allgemeinheit" der Kirche findet, ein wesentlich anderer werden als im Protestantismus.

Zweites Kapitel.
Die Eigenschaften der Kirche.

§ 5.

1. Die römische Kirche rühmt sich erstens ihrer Einheit; sie meint damit zwei Eigenschaften auf einmal, einerseits ihre Einzigkeit oder Ausschließlichkeit, also daß es außer ihr überhaupt keine Kirche mehr gebe, anderseits ihre innere Selbstgleichheit in Verfassung, Gottesverehrung und Lehre [9]).

Daß die Kirche nur „eine" ist, behaupten auch wir; aber ihre Einheit ist Gegenstand des Glaubens, wie der dritte Artikel des apostolischen Symbolums lehrt, eine innere Einheit, die des Glaubens und der Liebe, um welche Christus (Joh. 17, 20 ff.) selbst gebetet hat, die Einheit des Geistes, mit einem Herrn, einem Glauben, einer Taufe, einem Gott und Vater unser aller (Eph. 4, 3—5) und mit einem Evangelium (Gal. 1, 6—9; vgl. Augsburger Konfession, Art. 7). An die Stelle dieser inneren Einheit hat die römische Lehre eine sichtbare gesetzt, die rechtliche Zusammenfassung aller Getauften unter den Papst. Diese Einheit ist also eine äußerliche; bei den romanischen Völkern beruht sie auf Gleichgültigkeit und Unwissenheit, bei den übrigen wird sie durch Gewissenstyrannei aufrecht erhalten. Allbekannt sind die Maßnahmen, durch welche man dem vatikanischen Dogma Gehorsam verschafft hat. Auf dem Konzile des Jahres 1870 hatte der gelehrte Kenner der Kirchengeschichte Bischof Hefele von Rottenburg zu den Gegnern der Unfehlbarkeitslehre gehört; noch im No-

vember desselben Jahres schrieb er „ich kann mir in Rottenburg
so wenig als in Rom verhehlen, daß das neue Dogma einer
wahren, wahrhaftigen, biblischen und traditionellen Begründung
entbehrt und die Kirche in unberechenbarer Weise beschädigt, so
daß letztere nie einen herberen und töblicheren Schlag erlitten hat,
als am 18. Juli d. J." [10]). Ohngefähr ein Jahr später erklärte derselbe Mann „die Einheit der Kirche für ein so hohes
Gut, daß dafür große und schwere persönliche Opfer gebracht werden dürfen" und wurde ebenso infallibilistisch wie die andern deutschen Bischöfe, welche Verstand und Gewissen dem Papste zum
Opfer gebracht hatten, um die Einheit der Kirche zu vollenden [11]).
Die Einheit geht dort also über die Wahrheit und verführt zur
Gewissenlosigkeit. Zu diesem abscheulichen Resultate kommt die
vatikanische Kirche, weil sie verkannt hat, daß die innere Einheit
der Kirche bestehen bleiben kann, wenn auch die rechtlichen Formen
der Christenheit noch so verschiedene Gestalt annehmen.

Aber selbst die römisch gedachte Einheit ist innerhalb der vatikanischen Kirche nicht einmal vorhanden. Denn in ihr leben Millionen Getaufter, besonders in Italien, Frankreich und Deutschland,
welche das eine oder das andere Dogma nicht annehmen, dadurch
also von selbst exkommuniziert sind, aber klugerweise nicht formell
ausgestoßen werden. Sollten sich zum Beispiel diejenigen gebildeten Männer, welche wirklich die Unfehlbarkeit des Papstes glauben, öffentlich melden, wie wenige würden den Mut haben, sich
nicht zu schämen! Die angebliche Selbstgleichheit ferner ist eine
geschichtswidrige Selbsttäuschung; denn im apostolischen Zeitalter
hat man zum Beispiel in der Kirchenverfassung noch keine monarchische Priesterherrschaft gehabt, hat die geistige Verehrung Gottes
nicht durch Heiligendienst und Reliquienkult entstellt, und römische
Dogmen gab es auch noch nicht. Wir Evangelische sehen vielmehr in der Entstehung der bischöflichen Priesterherrschaft seit dem
Ende des zweiten Jahrhunderts, in der alten katholischen Kirchenverfassung, und noch mehr im späteren Papsttume einen Bruch
mit der Verfassung der christlichen Gemeinden des apostolischen
Zeitalters; wir halten die mittelalterliche und moderne Gottesverehrung Roms für eine Verirrung des Kultus und erachten die

2*

römische Dogmenbildung als einen Abfall von der Wahrheit des
Evangeliums — wie die ganze folgende Darstellung zeigen soll.
„Selbstgleichheit" kann die römische Kirche nur so in Anspruch
nehmen, wie jede andere Teilkirche: sie darf glauben, daß der göttliche Geist auch in ihr wirkt, stetig, ununterbrochen seit der Gründung der römischen Stadtgemeinde bis zur heutigen Stunde, mag
auch in ihr sein freies Walten durch Menschensatzung gehemmt
werden.

2. Ist die Kirche die „eine", so ist sie auch für alle Zeiten
und Völker gestiftet; sie ist die allgemeine, ist „Welt- und
Völkerkirche" (Matth. 28, 19. 20). Mit der Einheit nimmt daher die römische Kirche für sich auch die „Allgemeinheit" in
Anspruch. Darin liegt eine ungeheure Anmaßung. Denn weder
haben je in der altchristlichen Zeit alle Provinzialkirchen in Abhängigkeit von Rom gestanden, noch erstreckt sich heut der römische
Glaube über den ganzen Erdkreis; nach der Berechnung des Stati-
stikers G. F. Kolb [12]) sind von den etwa 425 Millionen Christen
nur ohngefähr die Hälfte, 215 Millionen römisch-katholisch, dagegen 122 Millionen protestantisch, 80 Millionen griechisch-katho-
lisch und 8 Millionen andere Christen (Armenier, Kopten u. s. w.).
Mehr als 1000 Millionen aber gehören dem christlichen Bekenntnis überhaupt noch nicht an. Die römische Kirche ist also nicht
die „allgemeine"; sie ist vielmehr räumlich beschränkt, wie auch
jede andere Teilkirche. Ihre Theologen helfen sich zwar leicht
über diese Unbequemlichkeit hinweg: sei sie noch nicht thatsächlich
universal, so sei sie es doch dem Anrechte nach. Aber ein solches
Anrecht entbehrt jedes Grundes.

3. Die Kirche ist die apostolische; mit Recht; denn sie
hat den apostolischen Glauben; die römische aber meint, sie, nur
sie sei die apostolische, weil sie in ihren Bischöfen die ununterbrochen fortgepflanzte Reihenfolge der Amtsnachfolger der Apostel
besitze [13]). Diese Annahme widerspricht aber der Geschichte, was
unten in der „Verfassung der Kirche" gezeigt werden soll.

4. Die Kirche ist heilig, „Gemeinde der Heiligen", weil
der von Christus ausgehende heilige Gottesgeist sie „erneuert, heiligt und regiert" [14]). (Eph. 5, 25—27; Apostelg. 2, 38; Gal.

5, 22. 23; 1 Kor. 3, 16. 17.) Da nun der Geist wehet, wo
er will, so wäre es unchristlich irgendeine Teilkirche als von seinem
Wehen ausgeschlossen zu betrachten. Jede christliche Teilkirche ist
heilig, soweit der heilige Gottesgeist in ihr wirkt. Die römische
Kirche irrt aber in maßloser Verblendung, indem sie sein Wehen
ausschließlich für sich in Anspruch nimmt und alle andern Kirchen
vom Geiste des Teufels regiert werden läßt [15]).

5. Aus der Heiligkeit folgt die Unfehlbarkeit für das gesamte Gebiet des Glaubens und der Sittlichkeit [16]). Durch das
vatikanische Konzil aber ist im Jahre 1870 der Papst zum un-
trüglichen Munde der Kirche gemacht worden; er gilt als irrtums-
los, sobald er „vom Lehrstuhl aus (ex cathedra)" in Sachen des
Glaubens und der Sittlichkeit redet, d. h. sobald er in Sachen
des Glaubens und der Sittlichkeit amtlich etwas für den ganzen
Bereich der Gläubigen entscheidet und dabei die Gegner dieser
Entscheidung aus der Kirchengemeinschaft ausschließt. Wir werden
die Grundlosigkeit dieses päpstlichen Vorrechts unten im Zusammenhang der päpstlichen Gewalt nachweisen; hier genügt es, jene Un-
trüglichkeit der römischen Kirche als eine Anmaßung abzuweisen,
weil die Wirksamkeit des Geistes Gottes durch kein Wort der heiligen Schrift an die Grenzen der römischen Teilkirche gebunden
ist. Unfehlbar ist nur das Wort Gottes in der heiligen Schrift [17]).
Soviel aus ihm unter Wirkung des göttlichen Geistes in die Erkenntnis einer Teilkirche übergegangen ist, soweit darf sie sich auch
der Irrtumslosigkeit freuen. Allein wegen der allgemeinen Sündhaftigkeit werden sich alle Teilkirchen nur in der Annäherung an
die volle Erkenntnis des göttlichen Wortes befinden; unbedingt unfehlbar ist also keine, weder die römische, noch die griechische oder
die lutherische oder die reformierte. So lange sich die Menschheit
nach Gottes Weltplane noch entwickeln soll, so lange wird die
gläubige Gemeinde auch noch in der Erkenntnis Jesu Christi
wachsen müssen — bis der heilige Gottesgeist sie in alle Wahrheit wird hineingeleitet haben (Joh. 16, 13). Durch diesen Geist
ist die gläubige Gemeinde „Haus Gottes" und „Trägerin und
Bewahrerin der Wahrheit", des Evangeliums (1 Timoth. 3, 15).
Die Verheißungen aber (Matth. 16, 18), daß die Thore des

Hades nicht die Obmacht gegen die Gemeinde haben sollen, (Matth.
28, 20) daß Christus bei seinen Jüngern ist bis an das Ende
der Welt, und (Joh. 14, 16) daß der Tröster bei ihnen bleiben
solle ewiglich — sie alle sagen nicht aus, daß die Gemeinde dabei
vor jedem menschlichen Irrtum bewahrt bleiben müsse. Die Behauptung der Unfehlbarkeit ist also wieder nichts weiter als eine
bodenlose Anmaßung.

6. Aus ihr leitet nun die römische Kirche den Anspruch ab,
die alleinseligmachende zu sein. „Außerhalb der Kirche giebt
es kein Heil (Extra ecclesiam nulla salus)", lautet der folgen-
schwere altchristliche Ausspruch, den die römische Kirche lediglich
auf sich bezieht [18]). Also wären verdammt die 80 Millionen griechischer Katholiken, die das Unfehlbarkeitsdogma verwerfen, und
wir Evangelischen alle, obgleich wir glauben an den Gekreuzigten
und Auferstandenen; vergeblich wäre all unser Dienst in der Liebe
zu den Brüdern, vergeblich alle Blut- und Thränensaat unserer
Glaubensboten in der Heidenwelt? Die Strenge des römischen
Dogmas von der Kirche würde diesen empörenden Schluß fordern;
allein von dem himmelschreienden Unrecht, welches darin liegt, regt
sich doch wenigstens ein Gefühl in der römischen Theologie. Diejenigen getauften Nicht-Katholiken, lehrt sie, welche die katholische Wahrheit überhaupt nicht kennen gelernt haben und nur deshalb, also nicht aus bösem Willen, sondern aus unbesiegbarer Un-
kenntnis in ihrem nicht-katholischen Glauben verharren, irren zwar
in der Sache (material), aber irren nicht als vollendete (formale)
Ketzer, — sie können also selig werden. Jeder Getaufte dagegen, welcher die katholische Wahrheit kennt und sie doch verwirft,
also jeder Abtrünnige, zum Beispiel jeder moderne Altkatholik, irrt
aus bösem Willen, aus Hartnäckigkeit, und geht sicher ewig verloren [19]). Allein selbst durch diese Ausflucht soll nicht zugestanden
werden, daß man außerhalb der römischen Kirche selig werden kann.
In seinem denkwürdigen Briefe vom 3. August 1873 schrieb
Pius IX. dem Kaiser Wilhelm I., „daß jeder, welcher die Taufe
empfangen habe, dem Papste angehöre". Die protestantische Welt
war über diese Verblendung des redseligen Papst-Greises entrüstet,
und der Kaiser belehrte ihn am 3. September desselben Jahres,

daß „der evangelische Glaube uns nicht gestattet, in dem Verhältnis zu Gott einen andern Vermittler als unsern Herrn Jesum
Christum anzunehmen" [20]). Allein jenes verhängnisvolle Wort war
durchaus keine Erfindung des Papstes; es entspricht vielmehr der
seit Jahrhunderten geübten römischen Praxis. Man meint im
Vatikan: da die römische Kirche immer als die einzig zu Recht
bestehende das Sakrament der Taufe besaß, so besitzen es die Nicht-
Katholiken nur als ein der katholischen Kirche entwendetes Gut.
Wird es indes von ihnen stiftungsgemäß vollzogen, so ist es zwar
gültig und nicht ohne Segen; allein der Getaufte gehört auf jeden
Fall der katholischen Kirche an. Die Scheiterhaufen der Inquisition werfen ihr grausiges Licht auf die Tragweite jenes päpstlichen Briefes. Wenn alle Getauften nämlich der römischen Kirche
gehören, so hat sie nicht bloß das Recht, sondern auch die Pflicht,
gegen abgefallene Getaufte zu handeln, wie ein Kriegsherr gegen
Flüchtlinge verfährt [21]). Jahrhunderte lang hat sie diese Pflicht
grausam geübt und über alle diejenigen Ketzer, deren sie nicht habhaft werden konnte, durch Verlesung der berüchtigten „Abendmahlsbulle" an jedem Gründonnerstage den Fluch geschleudert. In der
alten Kirche wurden nämlich an diesem Tage die Büßenden wieder
in den Schoß der Kirche aufgenommen; im Gegensatz dazu sollten
an demselben Tage die beharrlich Hartnäckigen von der römischen
Kirche durch diese Bulle gebannt werden. Dieser fanatische Brauch
stammt aus dem 13. Jahrhundert, wo die Zahl der Ketzer infolge
der Albigenserkriege gefahrdrohend wuchs, und die Inquisition ihre
Henkersarbeit nicht schnell genug durchführen konnte. Um nun
keinen Ketzer zu übergehen, wurden sie alle auf einmal und zwar
durch zwanzig Flüche gebannt, neben Seeräubern, Korsaren, Ur-
kundenfälschern und andern Bösewichtern auch Husiten, Wiklefiten,
Lutheraner, Zwinglianer, Calvinisten in einem Atem.

Als im Jahre 1521 auch Luther mit seinen Anhängern in
diese Bulle aufgenommen worden war, antwortete 1522 der er-
zürnte Reformator in einer geharnischten Schrift über „die Bulle
vom Abendfressen des allerheiligsten Herrn des Papstes", worin
er das päpstliche Fluchregister verdeutschte nnd mit vernichtenden
Glossen an den Pranger stellte. Allein erst im Jahrhundert der

Aufklärung, als selbst unter der Entrüstung der katholischen Völker die Tage des Jesuitenordens gezählt waren, ward von demselben Papste, welcher ihn aufhob, auch jener fanatische Brauch still- schweigend abgestellt; im Jahre 1770 wurde die Bulle nicht mehr verlesen. Pius IX. hat sie zwar am 12. Oktober 1869 durch eine Konstitution der Form nach aufgehoben. „Dem Inhalte nach ist dieser Erlaß aber an nicht wenigen Punkten, namentlich hin- sichtlich der Ketzer, nur eine Wiederholung der Abendmahlsbulle" [22]). Jener summarische Prozeß hatte nur denjenigen Ketzern gegolten, bis zu welchen der Arm der römischen Kirche nicht reichte; deren sie aber habhaft werden konnte, sie wurden behandelt, wie Johannes Hus zu Konstanz. Als ihn die Vertreter der katholischen Kirche am 6. Juli 1415 im Gotteshause unter Flüchen aus der Kirchen- gemeinschaft ausgestoßen hatten, übergaben sie ihn dem „weltlichen Arme" zur Bestrafung, und Kaiser Sigismund ließ ihn auf einer Wiese vor der Stadt verbrennen. Nach päpstlichem Wunsche sollte Karl V. 1521 an dem sächsischen Reformator dieselben Exekutor- dienste leisten. So verlangte es die römische Theorie vom Ver- hältnis des Staates zur Kirche, damit sie sich am Scheiterhaufen der Inquisition ihre Hände in Unschuld waschen kann. Die Ver- werfung dieser Theorie wird in einem andern Zusammenhange be- gründet werden. Hier merken wir uns nur, was wir zu erwarten hätten, wenn der Arm der römischen Inquisition noch in die prote- stantischen Häuser reichte. Sie besteht ja noch heut in Rom, aber dank der königlich italienischen Polizei nur noch innerhalb der Mauern des Vatikans. Käme also die ewige Stadt wieder unter die politische Herrschaft des Papstes, so würde das „Zentrum des Katholicismus" gewiß im Nu von der Besudelung der Ketzer blutig gereinigt sein, und weiteres würde folgen. Die protestantischen Kirchen haben keine Veranlassung, den Arm des Staates gegen ihre abtrünnigen Glieder anzurufen. Luther hat sich gegen die Hinrichtung von Ketzern ausgesprochen. „Die Ketzer verbrennen ist wider den Willen des heiligen Geistes", hat er gelehrt [23]); Papst Leo X. aber fand das Gegenteil richtig und verdammte 1520 diesen Satz. Ketzer verbrennen ist also nach römischer Lehre für immer dem Willen des heiligen Geistes gemäß. Wenn sich

leider auch in der Geschichte der evangelischen Christenheit einige
blutige Flecken finden, z. B. die Hinrichtung Servets in Genf,
die von Calvin veranlaßt und von Melanchthon gebilligt worden
ist, so bedauern wir diesen Rückfall in die römische Anschauung
aufrichtig. Da sich der menschliche Geist nur allmählich entwickelt,
so konnten die Reformatoren nicht mit einem Schlage die blutige
Rechtsanschauung der katholischen Kirche abstreifen. Wie sehr die
ganze abendländische Welt an die von dem katholischen Kaiser
Theodosius begründete Anschauung gewöhnt war, nach welcher nur
der als römischer Bürger anerkannt werden sollte, welcher den
Glauben an den dreieinigen Gott bekenne, sieht man an dem
Umstande, daß selbst der aufgeklärteste der Hohenstaufen im sicili-
schen Gesetzbuche die Ketzer mit Todesstrafe belegte. Jene blutige
Strenge ist verschwunden. Katholische und evangelische Christen
haben gemeinschaftlich ein humanes Rechtsbewußtsein erzeugt; der
jesuitische Dichter Spee und der protestantische Aufklärer Thomasius dürfen für die Aufhebung der Hexenprozesse gemeinschaftlich
den Dank der Menschheit beanspruchen. Allein zwischen den römischen und den protestantischen Kirchen besteht doch noch bis jetzt
der Unterschied, daß wir uns von dieser mittelalterlichen Barbarei
aufrichtig losgesagt haben, während die römische Kirche sie durch
den Mund ihres Unfehlbaren im Jahre 1864 zunächst in der
Theorie erneuert hat [24]). Sobald sich wieder Regierungen und
Magistrate zu römischen Henkersdiensten bereit finden, wird auch
die Anwendung nicht auf sich warten lassen. — Auch wir Evangelische behaupten, daß es außerhalb der Kirche kein Heil giebt;
allein bei uns bedeutet dieser Satz etwas anderes als im Katholicismus. „Außer der Christenheit da das Evangelium nicht ist,
ist auch keine Vergebung, wie auch keine Heiligkeit da sein kann",
lehrt Luther mit Recht im großen Katechismus [25]).

Die Kirche ist endlich 7. die immer sieghafte und 8. die
unvergängliche. Denn ihr, der Gemeinschaft der Christusgläubigen, gehört die Verheißung, welche dem Petrus als Vertreter
des Glaubens an den Sohn Gottes zuteil wurde, daß die Thore
des Hades gegen sie die Obmacht nicht gewinnen sollen (Matth.
16, 18). Soweit also die einzelnen Teilkirchen den von Petrus

bekannten persönlichen Glauben haben, soweit sind auch sie „immer sieghaft". So viel Personen in allen hienieden streitenden Teilkirchen von diesem Glauben getragen sind, so viele werden ihrer eingereiht in die Schar der Vollendeten, die überwunden haben durch des Lammes Blut. Da wird kein Bannstrahl mehr, kein Fluch mehr fallen, und die wahrhaft Vollendeten werden eine einzige Gemeinde bilden, die triumphierende Kirche. Da werden sie sich zusammen sehen, ob sie gleich hier das griechische oder das römische Bekenntnis abgelegt, ob sie nach Luther oder nach Calvin sich genannt; denn wie Schuppen wird es von ihren Augen fallen, wenn sie erkennen werden, daß die Trennung der Kirchen zwar wegen der Sünde und des Irrtums der Christenheit hienieden notwendig gewesen ist, aber im Jenseits keine Bedeutung mehr hat. Dann wird die eine heilige allgemeine Kirche zum Reiche Gottes vollendet sein und als die unvergängliche [26]) mit Christus triumphieren in Ewigkeit. Wieweit aber die römische Teilkirche an der Sieghaftigkeit und Unvergänglichkeit der christlichen Gemeinde teilnehmen wird, muß ganz davon abhängen, wie viel wahrhafte Christen aus ihr hervorgegangen sein werden. Jedenfalls ergiebt sich aber, daß es nichts als Hochmut ist, wenn sie diese beiden Eigenschaften der christlichen Gemeinde nur auf sich bezieht.

Die römische Lehre sieht in der Kirche eine äußere Anstalt. Das führt uns zu ihrer Verfassung.

Drittes Kapitel.
Die Verfassung der Kirche.

§ 6. Priesterstand und Volk. [27])

a) Der Unterschied von Klerus und Laienstand. Eine Anstalt bedarf der Leitung; demnach giebt es in der Kirche einen Unterschied von Regierenden und Regierten. Diesen Unterschied hat nach römischer Lehre Christus selbst eingeführt, indem

er den Aposteln die Amtsgewalt der zu gründenden Kirche anver-
traute und zwar die doppelte Gewalt der Kirchenleitung und der
priesterlichen Funktionen (Sakramentspendung und Sündenvergebung).
Diese Gewalt sei mittelst Handauflegung auf die Amtsnachfolger
der Apostel, die Bischöfe, übergegangen. Zur Unterstützung derselben aber seien noch von den Aposteln untergeordnete Beamte
angestellt worden, Presbyter und Diakonen, denen durch ähnliche
Akte der Handauflegung ihre Amtsgewalt jetzt von den Bischöfen
erteilt wird. Dadurch empfangen die Geweihten auf übernatürliche Weise einen „unauslöschlichen Charakter (character indelebilis)", welcher sie für immer von der übrigen Christenheit
scheidet. Es kann also auch kein Priester aus dem geistlichen
Stande austreten, und selbst wenn er die Kirche verließe, würde
sie trotzdem auch in dem Abgefallenen noch den Priester sehen.
Diese drei Grade der Anstaltsbeamten, denen Priestertum und
Herrschaft zukommt, die Glieder der Hierarchie bilden somit „eine
höhere Rangstufe", als die übrige Christenheit; sie sind der „Kle=
rus" (4 Mose 18, 20), das Erbteil Gottes, die übrigen Christen
dagegen nur das Volk, der Laienstand [28]).

Da der römische Priester durch die Sakramente Vergebung der
Sünde und Heiligungskraft spendet, so daß er über Seligkeit und
Verdammnis der Gläubigen in jedem Augenblick entscheidet, so gilt
seine Macht als „die höchste auf Erden". „Die Priester ver-
treten auf Erden Gottes Stelle, sie werden mit Recht nicht nur
Engel, sondern selbst Götter genannt, weil sie des unsterblichen
Gottes Kraft und Gottheit unter uns besitzen", lehrt der römische
Katechismus [29]).

b) Die Stufenreihe der Priester. Obenan stehen als
Priester höherer Ordnung die Bischöfe, weil sie im Katholicismus als Amtsnachfolger der Apostel angesehen werden. Früh
haben sich indes aus ihrer Zahl die Bischöfe der Hauptstädte der
Provinzen über die der Provinzalstädte emporgehoben und als
Erzbischöfe manche Vorrechte über die Bischöfe ihres Sprengels
erhalten. Höher als sie achtete man im vierten und fünften Jahrhunderte dann die Bischöfe derjenigen Kirchen, welche man als von
Aposteln gestiftet ansah, nämlich die der vier „apostolischen Sitze"

Jerusalem, Antiochia, Alexandria und Rom, wozu im fünften Jahrhundert durch den Einfluß des Kaiserhofes noch Konstantinopel trat. Die Bischöfe dieser fünf Kirchen hießen Patriarchen. Unter ihnen eroberte sich der römische den Primat, welcher schließlich 1870 als Universalepiskopat dogmatisiert wurde. Unterhalb der Bischöfe stehen die einfachen Priester, deren es sieben Grade giebt. Da nach altchristlichem Grundsatze niemand ein höheres Amt bekleiden darf, der nicht das niedrige verwaltet hat, so muß der katholische Kleriker noch heut zuerst diejenigen vier Grade durchlaufen, welche in der alten Kirche von den niedersten Kirchenbeamten inne gehalten wurden, an deren Stelle aber heut meist Laien, Meßner genannt, die entsprechenden Dienste verrichten. Darauf werden dem Kleriker die drei höheren Weihen erteilt, die des Subdiakonats, Diakonats und Presbyterats; die letzte nicht vor dem 25. Lebensjahre [30]).

c) Als Zeichen des Eintritts in den Priesterstand empfängt der Kleriker die Tonsur, indem ihm am Scheitel die Haare rund abrasiert werden; mit der Würde wächst der Umfang des kahlen Kreises. Dieser Brauch wird auf den Apostel Petrus zurückgeführt, welcher damit die Priester sinnbildlich zu Trägern der Dornenkrone Christi gemacht haben soll. Die Tonsur kann man aber schon nach dem Empfang der Firmung, also ohngefähr mit dem 14. Lebensjahre erhalten [31]).

d) Die abgesonderte Stellung, welche der Klerus durch seinen „unzerstörbaren Charakter" besitzt, kommt in der Absonderung vom Familienleben, im Cölibat zum Ausdruck. Denn wer die drei höheren Weihen des Priestertums und damit jenen Amtscharakter empfangen hat, ist unfähig, eine kirchlich gültige Ehe einzugehen. Priesterweihe und Ehe schließen sich aus. Ginge also ein ungehorsamer Priester dennoch eine Ehe ein, so muß die Kirche ihn trotzdem immer als einen Unverheirateten und seine Gattin nach vollzogener Ehe als eine Entehrte ansehen. Entschließt sich aber jemand erst nach seiner Verehelichung zum Eintritt in den Priesterstand, so muß er für die Folgezeit das Gelübde der Keuschheit, d. i. der Ehelosigkeit ablegen, seine Gattin aber den Schleier nehmen [32]).

§ 7. Fortsetzung. Evangelische Beurteilung.

a) Jeder Bau bricht zusammen, wenn seine Grundmauern fallen. Darum hat sich gerade gegen die römische Unterscheidung von Klerus und Laienstand das protestantische Bewußtsein erhoben. Denn nach neutestamentlicher Lehre werden wir ohne priesterliche Vermittelung Kinder Gottes. Das ist der Sinn der Lehre vom allgemeinen Priestertum aller Christusgläubigen (1 Petr. 2, 9). Es ruht auf Christo, der sich selbst auf dem Opfergange seines Erdenlebens und Sterbens geopfert hat und als ewig lebende Person dieses Opfer in ewiger Gültigkeit erhält, so daß keine Fortsetzung desselben und daher auch kein amtliches Priestertum nötig ist, sondern, wer immer durch Hingabe seines Herzens an Christus sich persönlich mit ihm zusammenschließt, muß schon dadurch, ohne irdischen Mittler, in das Kindschaftsverhältnis zu Gott treten. So hat denn die evangelische Lehre von der Glaubensgerechtigkeit und Gotteskindschaft die römische Scheidewand zwischen Volk und Geistlichkeit niedergerissen: im evangelischen Gotteshause trennt keine Schranke die Gemeinde vom Altar. Daß dabei ein geordnetes kirchliches Amt mit Recht besteht, wird unten auszuführen sein. Was aber die katholische Kirche von dem „unauslöschlichen Charakter" redet, der jedem Kleriker anhafte, das ist nichts als Erfindung. Im Neuen Testamente steht kein einziges Wort, aus welchem man diese Lehre ableiten könnte. Warum in aller Welt hat aber die katholische Theologie diese Theorie erfunden, vor welcher sich das protestantische Bewußtsein entrüstet? Die katholische Kirche ist Sakramentsanstalt; sie verspricht dem Gläubigen Heiligungskraft von der Taufe bis zur letzten Ölung, von der Wiege bis zum Grabe. Zur Erfüllung dieses Versprechens muß vor allem ein nie versagender Priesterstand vorhanden sein. Deshalb muß die priesterliche Fähigkeit als eine wandellose, „unzerstörbare" gedacht werden, so daß sie sogar von der intellektuellen und sittlichen Beschaffenheit ihres Trägers unabhängig bleibe. Der Priester kann sich also im Schmutz der Sünde wälzen oder in den Abgrund des Unglaubens stürzen, er ist dennoch imstande die Sakramente zu spenden und den Leib des Gottmenschen zu schaffen und zu opfern. Die priesterliche Fähigkeit ist, wie die Gnade überhaupt, rein mechanisch vorgestellt; der stolze Bau der katholischen Hierarchie wird buchstäblich gezaubert. Nach evangelischer Anschauung des Verhältnisses Gottes zur Menschheit ist aber jeder Zauber ausgeschlossen; denn es geht zwischen ihnen alles sittlich vor sich.

Allerdings kann sich die römische Kirche für ihre Unterscheidung von Klerus und Laienstand auf eine hohe Tradition berufen; denn die Lehre vom priesterlichen Charakter der christlichen Geistlichen vertrat schon Cyprian von Karthago um die Mitte des dritten Jahrhunderts. Allein darin zeigt sich eben, daß die Kirche jener Tage in einem Hauptpunkte von der Lehre des Neuen Testaments bereits abgewichen war. Das Heidentum, welches keinen Kultus ohne Opfer und ohne Priester kannte, hat damals so stark auf die Christengemeinden gewirkt, daß auch sie allmählich bei ihren geheimen Abendmahlsfeiern die Abendmahlsgaben Brot und Wein als Opfergaben ansahen und die Geistlichen sich als Priester dachten. Christliche Priester standen nunmehr den heidnischen gegenüber. Als dann die Staatsgewalt im vierten Jahrhundert die heidnischen Priester verscheuchte, konnten die katholischen in leichtem Wechsel an ihre Stelle treten.

b) Daß es unter den kirchlichen Beamten mannigfache Abstufung giebt, wird keinen Widerspruch finden dürfen; aber die römischen Rangstufen sind unevangelische Erfindungen. Das apostolische Zeitalter hatte allerdings Apostel, Presbyter und Diakonen; allein ihre amtlichen Stellungen waren durchaus nicht die jetzt in der römischen Kirche beliebten. Denn die Apostel waren von Christus erwählt, daß sie „um ihn seien", um als Augen- und Ohrenzeugen seine Lehre und die Geschichte seiner Person der Mitwelt verkündigen zu können (Mark. 3, 14; Apostelgesch. 1, 8. 21—22; 1 Kor. 9, 1; 15, 8; Gal. 1, 1; vgl. Apostelgesch. 6, 2 ff.; auch Offenb. Joh. 21, 14). In dieser Augen- und Ohrenzeugenschaft besteht also die Grundbedingung des Apostolats. Es war ein ganz persönliches Amt und ist bei dem Tode der Apostel erloschen. Amtsnachfolger der Apostel hat es also nie geben können. Die sogenannte „apostolische Succession" der

Bischöfe ist demnach eine bloße Fiktion. Warum aber verfiel man auf sie? Es müssen doch wichtige Umstände diese Lehre veranlaßt haben, so wichtige, daß selbst die englische Hochkirche noch heut an ihr fest hält. Das Neue Testament zeigt uns im apostolischen Zeitalter an der Spitze jeder christlichen Lokalgemeinde ein Kollegium von Ältesten, deren Namen (Älteste, Aufseher oder Bischöfe, Vorsteher, Leiter) zwar wechseln und auch aus griechisch-römischen Kommunalverhältnissen entlehnt sein können, deren Befugnisse aber immer dieselben sind; sie haben die Gemeindeangelegenheiten zu leiten, in den Gottesdiensten auf Ordnung zu halten, die christliche Heilswahrheit, wenn sie dazu befähigt sind zu verkündigen, Taufe und Brotbrechen zu vollziehen, die Liebesthätigkeit der Gemeinde zu leiten und diese nach außen hin zu vertreten [33]). Wie natürlich, hoben sich bald in diesen Kollegien die befähigtesten Männer vor den andern heraus und erlangten einen hervorragenden Einfluß. Als dann die Gnostiker durch ihre Lehrirrtümer das geschichtliche Christentum überhaupt in Frage stellten und die Verteidigung desselben nötig machten, schien es ratsam, die Gemeinden auch in ihrer Verfassung fester zusammen zu schließen, ihre Leitung zu zentralisieren. So ward im Drange der Verhältnisse aus dem kollegialen ein monarchisches Ältestenamt. Um die Mitte des zweiten Jahrhunderts ist diese Wandlung in der Kirche vollzogen; das gilt jetzt als fast sichere Thatsache, obgleich wegen des Mangels an Geschichtsquellen eine genaue Einsicht in den Hergang dieser Wandlung unmöglich ist [34]). Nunmehr erhielt der monarchische Vorsteher allein den Namen Bischof, während seine früheren Kollegen als Älteste, Presbyter, ihm untergeordnet wurden. Aber noch Hieronymus († 420) wußte, daß einst Bischof und Presbyter identisch gewesen sind [35]). Das Bischofsamt war auch als monarchisches zunächst lediglich ein lokales; allein dieselbe Not der Zeit, welche die Einzelgemeinden zur Zentralisation gedrängt hatte, brachte einen ähnlichen Trieb auch in die Gesamtheit der Gemeinden. Da sie aus der einen Urgemeinde hervorgegangen waren und sich deshalb von Anfang an im religiösen Glauben als Einheit gefühlt hatten, so empfand man jetzt auch das Bedürfnis, diese Einheit äußerlich, durch Rechts-

formen sicher zu stellen. Niemand aber war dazu geeigneter als
die monarchischen Vorsteher der Einzelgemeinden; ihr Amt wurde
nicht mehr als bloßes Gemeindeamt, sondern als allgemeines
Kirchenamt angesehen. So war für die Gesamtheit der Gemeinden ein Bindeglied geschaffen, durch welches sie sich als Rechtseinheit erfassen konnten; die monarchischen Bischöfe repräsentierten
von da an die Gesamtkirche als Einheit. Das war die Geburtsstunde der „katholischen“ Kirche, der alten katholischen, bischöflich
verfaßten Kirche. In der zweiten Hälfte des zweiten Jahrhunderts ist sie da; auch ihr Name taucht in derselben Zeit auf [36]),
und um das Jahr 200 ist er bereits etwas Bekanntes. Diese
Umwandlung der apostolischen Gemeindeverfassung in die monar-
chisch bischöfliche des alten Katholicismus nachgewiesen zu haben,
gehört zu den Errungenschaften der modernen protestantischen Ge-
schichtsforschung. Ihr gegenüber sieht sich die römische Geschichtsschreibung zu der Sisyphusarbeit verdammt, die erratischen Blöcke
der Geschichtsquellen des nachapostolischen Zeitalters so lange zu
drehen und zu wenden, bis sie die monarchischen Bischöfe und noch
dazu den unfehlbaren Papst an ihrer Spitze entdeckt hat, eine abscheuliche Arbeit, durch welche der Wahrheitssinn systematisch abgestumpft werden muß.

Die monarchischen Bischöfe sind also erst in den Tagen des
Irenäus da, und die Ansicht, als hätten sie immer bestanden, ist
unhaltbar. Aus dieser Täuschung erwuchsen nun die Bischofs-
reihen der hervorragendsten altchristlichen Gemeinden, indem man
aus der Reihe der Vorsteher die bekanntesten heraus griff, sie
rückwärts hinauf bis zu den Tagen der Apostel in eine Reihe
ordnete und so für die Annahme ihrer „apostolischen Succession“
eine Art geschichtlichen Nachweis erfand. Gleichzeitig erhielt das
Amt der Bischöfe noch eine neue Vollmacht.

Als die Gnostiker eine über den Autoritätsglauben hinausgehende religiöse Erkenntnis versprachen, beriefen sie sich auf heilige Schriften, die sie von den Aposteln her überkommen hätten.
Dagegen antworteten die Apostolisch-Gläubigen mit Berufung auf
die Lehrüberlieferung, welche sich in den von den Aposteln gestifteten Gemeinden vorfände. Niemand aber konnte in diesen Ge-

meinden besser über sie Auskunft geben, als die Vorsteher der=
selben. So gewöhnte man sich daran, diese als die Bewahrer
der apostolischen Lehre und das bischöfliche Amt als das aposto=
lische Lehramt anzusehen [37]). Die Bischöfe bildeten fortan die
„lehrende Kirche", und die Beschlüsse ihrer Konzilien galten seit
dem vierten Jahrhundert als unfehlbar; die rechtmäßig ordinierten
Mitglieder des Episkopats, als Einheit angeschaut, sind also die
„Inkarnation der wahren Kirche". Der Bischof ist zwar in der
Kirche, aber auch „die Kirche im Bischofe vorhanden", lehrt
der Hauptvertreter dieser alten katholischen Irrlehre, Cyprian von
Karthago [38]). Die Geschichte der alten katholischen Kirchenver=
fassung beweist also, daß die ganze Stufenleiter der katholischen
Hierarchie eine Mißgeburt der alten Kirche ist; und die Verschie=
denheit der Amtstracht der Geistlichen, der schwarze Talar des
Priesters, der violette des Bischofs, der purpurrote des Kardinals
und der weiße des Papstes, sie alle sind nichts weiter als Erfin=
dungen der katholischen Priesterschaft. Die evangelischen Teilkirchen
haben, mit Ausnahme der anglikanischen, alle diese Trachtenunter=
schiede über Bord geworfen und nur da, wo man ein Amtsgewand
der Ordnung wegen für ratsam hielt, das bescheidenste beibehalten
den schwarzen Chorrock; aber notwendig ist auch er nicht.

Allerdings begegnet uns neben dem kollegialen Ältestenamte in
der apostolischen Zeit das Amt der Diakonen und der Diako=
nissinnen (Apostelgesch. 6; Röm. 16, 1). In der Muttergemeinde
zu Jerusalem wurden Diakonen auf Wunsch und Vorschlag der
Apostel von der Gemeinde erwählt. Allein dieses Amt bezog sich
nur auf die lokale Armenpflege und war kein notwendiges; nir=
gends wird im Neuen Testamente eine Andeutung gemacht, daß
es in jeder Gemeinde eingeführt werden solle. Wo es aber nötig
wird, kann es noch heut jeden Tag eingerichtet werden, wie wir
Evangelische ja auch unsere Diakonissinnen und die dienenden
„Brüder" (Diakonen) der „inneren Mission" mit Freude ein=
führen, wo die helfende Hand der Liebe not thut.

c) Eine bloße Erfindung ist auch die Tonsur der Kleriker;
mag man sie erklären, wie man will, geschichtlich steht nur so
viel fest, daß die römische Form der Corona erst im sechsten

Jahrhundert und zwar als Nachahmung der Büßer, die ihr Haar abzuscheren pflegten, bei dem Klerus vorkommt. So wäre sie wenigstens ein Symbol der Weltentsagung, das unsertwegen tragen kann, wer Lust dazu hat. Daneben finden sich aber andere Deutungen; die kahle Stelle am Scheitel wird als ein Zeichen der königlichen Würde des Priesters gedeutet oder in ihrer kreisrunden Form die Form der Vollendung, des vollkommenen Lebens der Kleriker gesehen — lauter unverblümte Äußerungen priesterlichen Hochmutes. Welche Deutung in Rom beliebt wird, läßt sich leicht aus jener Stelle des römischen Katechismus schließen, in welcher die Gewalt des Priestertums als die höchste auf Erden gefeiert wird.

Es gab eine Zeit, wo die Mönche hart an einander gerieten, ob die römische oder die altbritische Tonsur die richtige sei. Die altbritischen Mönche nämlich, die wackeren Missionare, welche seit den Tagen Columbans auf dem germanischen Festlande mit englischem Reisemut christliche Mission trieben, trugen den Vorderschädel abrasiert; von einem Ohr zum andern lag die Hirnschale frei — ein sinnreicheres Symbol als der römische Kreis auf dem Scheitel. Indes mit dem Einfluß Roms siegte auch seine Sitte [39]).

d) Der Cölibat ist allerdings keine Erfindung des römischen Stuhls, sondern längst, ehe die christliche Kirche die Herrschaft Roms aufblühen sah, fand diese Verbildung der christlichen Sittlichkeit statt; aber durch Rom ist sie später zu einer zwangsweisen Einrichtung der katholischen Kirche erhoben worden. Jener weltverneinende Zug, welcher einen Origenes zum grausamen Verzicht auf die Ehe veranlaßte, derselbe Zug war es, der allmählich die Ehelosigkeit der Geistlichen als wünschenswert erscheinen ließ. Aber noch auf dem Konzil zu Nicäa wagte man nicht, sie zum Kirchengesetz zu machen, nachdem der ägyptische Bischof Paphnutius, welcher aus Enthaltsamkeit selbst ehelos lebte, auf die Gefahren eines allgemeinen Zwangscölibats hingewiesen und die Ehe für ehrenhaft erklärt hatte [40]). Noch am Anfang des fünften Jahrhunderts bestieg den bischöflichen Stuhl von Ptolemais in der lybischen Pentapolis in Nordafrika ein Synesius, ohne seine Gattin zu verstoßen, wie die Eiferer verlangten. Aber mit der riesigen Ver-

breitung des Mönchstums erhielt in den Augen der Menge die
Ehelosigkeit den Schein der Heiligkeit. Ein römischer Bischof
Siricius erhob sie im Jahre 385 zum Gesetz. Doch hat erst
Gregor VII. sie mit Gewalt eingeführt. Wir kennen die Gründe,
weshalb dieser kühne Hierarch den Priester vom Herzen des Weibes
riß. Da er die Kirche vom Einfluß des Staates befreien wollte,
so mußte er den Klerus zur unbedingten Verfügung haben. Nicht
mehr gebunden an die Scholle, wo der Priester bisher als Gatte
und Vater sorgte für Weib und Kind, nicht mehr verwachsen mit
seines Vaterlandes und seines Volkes Freud und Leid, soll der
Priester jeden Augenblick ungeteilt nur des Winks von Rom ge-
wärtig sein. Nehmt der römischen Kirche den zwangsweisen Cölibat, und ihre Universalherrschaft hat ein Ende! — Aber wir
wollen an der Hand des Neuen Testaments die römische Forderung prüfen.

Man beruft sich drüben auf das Wort des Herrn Matth.
19, 11. 12 und auf die Aussprüche des Paulus in 1 Kor.
7, 32. 33. Allein an diesen beiden Stellen steht keine Silbe von
einer zwangsweisen gesetzmäßigen Ehelosigkeit. Des Herrn Wort
gilt nur von solchen einzelnen Menschen, denen die Fähigkeit zur
Ehelosigkeit als besondere Gabe von Gott verliehen ist, von solchen, die einer Ergänzung ihres Personlebens für ihren Lebenszweck nicht nötig haben. Schwieriger sind die Worte des Paulus;
aber auch sein Urteil über die Ehe läuft doch nur darauf hinaus,
daß er wegen der bevorstehenden Drangsal die Ehelosigkeit mehr
empfiehlt als das eheliche Band. Von einer gesetzmäßigen Forderung steht auch hier nichts; im Gegenteil lesen wir bei demselben
Paulus in demselben Briefe Kap. 9, 5: „habe ich nicht Macht,
eine Schwester als Weib herumzuführen, wie auch die andern
Apostel und die Brüder des Herrn und Kephas (es thun)". Die
Ehe war also im apostolischen Kreise eine Thatsache, und zwar
eine so bekannte, daß Paulus sie auch für sich in Anspruch genommen haben würde, wenn er nicht für seine Person die Ehelosigkeit aus freier Wahl vorgezogen hätte. Die römischen Theologen meinen freilich, Paulus spreche nur von einer „Begleitung
frommer Frauen"; aber diese Erklärung ist eine Ausflucht der

3*

Verlegenheit. Der erzwungene Cölibat stößt ferner auf das schwere sittliche Bedenken, daß jeder junge Priester geloben soll, wozu nicht jeder die sittliche Kraft hat; und die vielen wortbrüchigen Priester, die zu Falle kommen, verdanken ihren sittlichen Ruin ihrer grausamen Kirche. Die Trienter Synode hat freilich behauptet, Gott gebe das Geschenk der Enthaltsamkeit allen welche ihn recht darum bitten; allein davon steht im Neuen Testamente wieder keine Silbe. Gott erhört zwar jedes aufrichtige, gläubige Bittgebet, aber nicht immer in der Weise, wie es der Beter wünscht. Gar manchmal erhört Gott durch Versagen unseres Wunsches[41]). Die Stelle der Offenbarung Johannis (14, 4), ferner, wo die Jungfräulichkeit zur Heiligkeit der 144 000 gehört, welche dem Lamme folgen, wohin es geht, kann zwar im Sinn der katholischen Kirche zugunsten des Cölibats ausgebeutet werden, scheint indes nur die freiwillige jungfräuliche Enthaltung von Fleischessünden auszusagen, mit denen die Tieranbeter, d. h. die Heiden sich so leicht befleckten; und eine dunkle Stelle der heiligen Schrift wird nach den klaren ausgelegt.

Endlich, welch ein innerer Widerspruch wird in die römische Lehre hineingetragen, wenn die Priesterweihe und die Ehe sich gegenseitig ausschließen sollen. Zum Sakrament hat die römische Kirche die Ehe erhoben, um sie zu beherrschen — aber für den Priester bleibt sie dennoch zu schlecht. Selbst ein Raffael stand unter dem Banne dieses römischen Priesterdünkels, als er den Sündenfall „Adam und Eva im Paradiese" malte. Da ringelt sich am Baume der Erkenntnis verführerisch dem ersten Menschenpaare die Schlange entgegen und trägt den Kopf eines — Weibes. Der Maler hat damit dem römischen Gedanken Ausdruck gegeben, daß das Weib die Verführerin zur Sünde sei. Diese Verachtung des Weibes ist es, welche aus dem römischen Cölibatzwang gespenstisch hervorschaut. Trotz des Marienkultes bleibt für den Priester das Weib zu schlecht. —

Viertes Kapitel.

Die kirchliche Gewalt und ihre Zusammenfassung im Papsttum.

§ 8. Die Gewalt der Bischöfe und die Konzilien.

Die kirchliche Gewalt, welche in der Hand des Klerus liegt, ist eine zweifache, die priesterliche und die Regierungs= gewalt [42]). Die erstere umfaßt die Sakramentspendung und die Darbringung des Meßopfers, die letztere die Leitung des Laien= standes zur ewigen Seligkeit. Wo aber bleibt das Lehramt? Hat die römische Kirche es gar nicht als ein wesentliches Stück ihrer eigenen Gewalt anerkannt? Jedenfalls ist es als unwesentlich zurückgestellt; man muß es, wenn man als günstiger Beurteiler zwischen den römischen Zeilen liest, in den beiden vorhin ange= führten Vollmachten untergebracht denken, am besten wohl in der Regierungsgewalt. Jedenfalls kann man aber römischer Priester sein, ohne je zu — predigen [43]).

Die ganze Fülle der kirchlichen Gewalt ruht im bischöflichen Stande. Mittelst der Handauflegung in der Priesterweihe aber lassen die Bischöfe wie durch eine elektrische Geistes=Leitung einen Teil ihrer Macht auf die niedere Geistlichkeit hinabfließen, indem sie dieselbe zur Spendung von fünf Sakramenten, Taufe, Abend= mahl, Pönitenz, Eheschließung und letzter Ölung befähigen. Zwei Sakramente aber behalten sich die Bischöfe zu eigener Verwaltung vor, die Priesterweihe, durch welche sie den Priesterstand schaffen, und die Firmelung, durch die sie selbst jedem einzelnen Katholiken unentbehrlich sind. So hat der Bischof beide in seiner Hand, den Klerus und das Volk. Aber auch inbezug auf Taufe, Pönitenz, Eheschließung und letzte Ölung ist die Macht des niederen Prie= sters beschränkt; nur in Sachen des Meßopfers und der Kom= munion besitzt jeder einfache Priester dieselbe Macht wie der Papst [44]).

Diese ganze Anschauung von der kirchlichen Gewalt und ihrer Träger verdient entschiedene Zurückweisung. Wie das Standes= Priestertum abgethan ist, seitdem jeder einzelne gläubige Christ

freien Zutritt zu Gott hat, so bleibt auch für besondere priesterliche Amtshandlungen in der neutestamentlichen Gemeinde kein
Raum: ihre Opfer sind ein zerschlagenes Herz und ein geängsteter
Geist; diese Gott darzubringen, kann ihr kein irdischer Mittler
abnehmen.

Allerdings ist auch die neutestamentliche Gemeinde nicht ohne
„Kirchengewalt". Gegründet auf das durch Christus geschaffene
Versöhnungs-Verhältnis zu Gott, besteht ihre einzige Vollmacht
in der Verkündigung der Erlösung: die Gnade, die Huld Gottes,
allen zu verkündigen durch die Predigt seines Wortes, sie dem einzelnen zu versiegeln durch die Spendung der Sakramente, das ist
alles, was sie vermag; aber es ist zum Aufbau des Reiches
Gottes gerade genug. Darum legen wir so hohen Wert auf das
Lehramt, während es von der römischen Kirche zurück gestellt wird.
Dazu kommt notwendigerweise die Kirchenleitung und die Ausübung der Kirchenzucht zur Selbsterhaltung der gläubigen Gemeinde —, die „Schlüsselgewalt". Aber Träger dieser Gewalt ist kein Stand über der Gemeinde, sondern die gläubige
Gemeinde selbst, die Personengemeinschaft der Christusgläubigen [45]).

Und vollends, was soll man von der römischen Ordinations-
vorstellung sagen, die einer elektrischen Leitung ähnlicher sieht, als
einem geistig-sittlichen Vorgange! Indem der Bischof dem zukünftigen Kleriker die Fingerspitzen aufs Haupt legt, geht durch sie
ein Geistesstoff auf den Geistlichen über, ohne daß der zu Be-
gnadigende innerlich dabei beteiligt ist, wenn er nur gerade kein
Hindernis in den Weg legt. Wir Evangelische sehen in dieser
Zauberei eine Verkennung des Verhältnisses Gottes zur Menschheit, eine Ignorierung des sittlichen Charakters der menschlichen
Person. Wie der Katholicismus in die Hostie den Herrgott zau-
bert, so versetzt er auch in der Priesterweihe den Geist Gottes in
die Fingerspitzen des Bischofs. Diese Materialisierung des Geistigen, von der unten (§ 27. 28) weiter die Rede sein wird, ist
der Hauptgrund, weshalb wir uns gegenseitig immer wieder ab-
stoßen.

Die bisher beschriebene priesterliche und Regierungsgewalt hat
aber jeder Bischof nicht als souveräne Einzelperson, sondern nur

als Glied des bischöflichen Standes. Dieser erscheint als Gesamt=
heit auf den allgemeinen Konzilien. Man führt sie auf eine Ein=
richtung der Apostel zurück, welche (Apostelgesch. 15) das erste
Beispiel einer Kirchenversammlung gegeben haben sollen. Nun,
wir Evangelische verhalten uns gegen die Einrichtung von Kon=
zilien durchaus nicht ablehnend; wir haben ja überall auch unsere
Synoden; aber die römische Vorstellung von Konzilien verwerfen
wir. Denn da wir erstens (§ 7) der ganzen „römischen" Bischofs=
würde kein Existenzrecht zuschreiben konnten, so fällt auch für eine
Bischofsversammlung jeder Grund dahin. Zweitens ergiebt sich
gerade aus jener Versammlung zu Jerusalem (Apostelgesch. 15),
daß allerdings naturgemäß hier die Apostel auftraten, aber zugleich
mit ihnen die ganze gläubige Gemeinde und die Ältesten an ihrer
Spitze. Die römische Ausschließung der Gemeinden und ihrer
Pfarrer steht demnach im Widerspruch mit dem Neuen Testa=
mente.

Damit fällt aber auch die ganze römische Theorie von der
Gewalt der Konzilien; damit auch die Lehre von ihrer Unfehlbar=
keit in Sachen des Glaubens und der Sittlichkeit.
Wie nach Trient der heilige Geist jeden Freitag im Fell=
eisen [46]), aus Rom kam, so menschlich ist es auf allen Konzilien
zugegangen, vom ersten nicänischen an bis zum vatikanischen herauf:
eine Majorität hat den Beschluß herbeigeführt, die Minorität hat
sich gefügt oder — protestiert. Die angebliche Unfehlbarkeit der
Konzilien ist nichts als eine unevangelische Erfindung, von welcher
selbst noch Augustin nichts wußte; denn er behauptet, daß frühere
Synoden von späteren verbessert werden können [47]). Darum re=
spektieren wir Evangelische auch keinen einzigen Konzilsbeschluß etwa
deswegen, weil dieses oder jenes Konzil ihn gefaßt habe, sondern
wenn wir solche Beschlüsse annehmen, so geschieht es bloß aus
dem einzigen Grunde, weil wir sie in Übereinstimmung mit der
Bibel finden. Man unterscheidet in der römischen Kirche allge=
meine oder ökumenische, nationale und provinziale Konzilien, nur
die ersten gelten als allgemeinverbindlich; daher beschäftigen wir
uns nur mit ihnen. Worin besteht, fragen wir zunächst, der
ökumenische Charakter eines Konzils? — In der Rechtmäßigkeit

der Berufung, der Leitung und der Bestätigung desselben (con-
vocatio, praesidentia, confirmatio). Es muß also jemand da
sein, der dieses dreifache Recht ausübt. Das führt uns auf den
Papst [48]).

§ 9. Der Primat des Papstes.

Die Kirchengewalt gipfelt in dem Träger des römischen Papst=
tums. Nach katholischer Lehre hat nämlich Christus den Apostel
Petrus zum Felsgrund der Kirche erhoben und ihm vor allen an=
dern Aposteln die Kirchengewalt übertragen; dessen monarchisches
Vorrecht aber sei auf seine Amtsnachfolger, die römischen Bischöfe,
übergegangen. Diese Anschauung wurzelt innerhalb der römisch=
katholischen Welt so fest, daß zu allen Zeiten selbst ihre freisin=
nigsten Richtungen, wie der Gallikanismus, der Jansenismus und
der moderne Altkatholicismus an der Idee des päpstlichen Pri=
mates festgehalten haben; nur über den Umfang der Gewalt des
römischen Bischofs gingen und gehen dabei die Ansichten aus=
einander [49]).

Dieser Unterschied führte zur Aufstellung von zwei einander
gegenüberstehenden kirchenrechtlichen Systemen, von denen das eine,
das sogenannte Papal= oder Kurialsystem, die unbedingte Erhaben=
heit des Papstes über die Bischöfe, das andere dagegen, das so=
genannte Episkopalsystem, die wesentliche Gleichheit der päpstlichen
und der bischöflichen Würde behauptete. Seitdem von dem vatika=
nischen Konzile die Grundgedanken des Papalsystems zum Dogma
erhoben worden sind, hat das Episkopalsystem nur noch geschicht=
liche Bedeutung. Die Grundgedanken beider aber sind folgende.

a) Das Episkopalsystem. Da Christus die Kirchen=
gewalt dem Kollegium der Apostel und damit zugleich dem Kolle=
gium ihrer Amtsnachfolger, den Bischöfen, übergab, haben alle
einzelnen Bischöfe wesentlich gleiche Amtsgewalt, und zwar hat sie
jeder einzelne unmittelbar von Christus; ihre Gesamtheit bildet
daher die höchste Instanz in allen Angelegenheiten der Kirche. Da=
mit aber jemand darüber wache, daß die Bischöfe ihre von Christus
empfangene Gewalt auch nach seinen Vorschriften ausüben, setzte
er selbst den Primat des Petrus und seiner Amtsnachfolger ein.

Obgleich also der römische Papst wesentlich nur der erste unter den Bischöfen als seinesgleichen ist, so hat er doch einen rechtlich begründeten Vorrang vor ihnen, indem ihm die Aufsicht über die ganze von den Bischöfen regierte Kirche übergeben ist. Allein er bleibt, wie jeder einzelne Bischof, der Gesamtheit der Bischöfe untergeordnet; nur sie, das allgemeine Konzil, ist unfehlbar in Sachen des Glaubens und der Sittlichkeit.

Dieses System ist eine Erfindung der katholischen Gelehrten in der Zeit des großen abendländischen Schismas, als sich im vierzehnten und Anfang des fünfzehnten Jahrhunderts zwei, ja drei Päpste gegenseitig verdammten und die Einheit der katholischen Kirche aufhoben. Da stellte sich als Notwendigkeit heraus, über die Köpfe der päpstlichen Prätendenten hinweg die Einheit der Kirche durch die Bischöfe herzustellen. Indem man das Papsttum dem allgemeine Konzile unterordnete, gewannen die Väter von Konstanz und Basel die Rechtsgrundlage selbst für die Absetzung der mißliebigen Prätendenten. Allein schon die Erfolglosigkeit der Reformkonzilien von Pisa, Konstanz und Basel läßt auf die Unbrauchbarkeit des Episkopalsystems schließen. Dasselbe ist ein dem römischen Katholicismus fremdes Gewächs; die ihm zugrunde liegende Idee ist aus der die Geister damals beherrschenden Philosophie des Aristoteles herübergenommen worden, dessen Lehre vom Staate als einem selbstthätigen Gemeinwesen die Idee der Selbstdarstellung oder Repräsentation fordert.[50]) Der abendländische Katholicismus aber, der an seiner Kirche vor allen anderen Eigenschaften die äußere Einheit verwirklicht sehen will, wird dieselbe nie durch eine kollegiale, sondern immer nur durch eine monarchische Verfassung herstellen können. Soll ferner auf dogmatischem und moralischem Gebiete diese Einheit mit Unfehlbarkeit zu Tage treten, so wird das katholische Gewissen bequemer die Entscheidung des einen Papstes, als die eines Konzils für unfehlbar hinnehmen; denn auf jeder vielköpfigen Versammlung pflegt es ohne Streit der Meinungen nicht abzugehen; das Votum einer überstimmten Konzils-Minorität könnte aber leicht die Glaubenssicherheit weiter Kreise der römischen Kirche in das Wanken bringen. So erklärt sich die thatsächliche Verwerfung des Episkopalsystems im Jahre

1870 durch das vatikanische Konzil, auf welchem das Papal= oder Kurialsystem dogmatisiert worden ist.

b) Das Papal= oder Kurialsystem. Indem Christus (Matth. 16, 18 ff.) den Apostel Petrus zum Felsgrunde der Kirche machte und ihm die Schlüssel des Himmelreichs gab, machte er ihn und in ihm alle seine Amtsnachfolger, so lehren die Römi= schen, zum Träger der gesamten Kirchengewalt. Dieses Vorrecht sei von Christus auch dadurch nicht geändert worden, daß er (Matth. 18, 18; Joh. 20, 23; vgl. 2 Kor. 10, 8; 13, 10) den andern Aposteln die gleiche Gewalt gab; denn das bedeute nur, sie sollten dieselbe unter der Oberhoheit des Petrus ver= walten. Wie also Petrus über jedem andern Apostel steht, so der Papst über jedem einzelnen Bischofe und daher auch über ihrer Gesamtheit, also auch über jedem allgemeinen Konzile; daher sei auch nur er die einzige Person, die es zu berufen, zu leiten und zu bestätigen habe. Das Konzil bildet also danach keine höhere Instanz über dem Papste, sondern empfängt vielmehr seinen allgemeingültigen, ökumenischen Charakter erst durch ihn [51]). Als Träger der Kirchengewalt hat er aber nicht bloß ein Recht, die Bischöfe in ihrer Wirksamkeit zu beaufsichtigen, sondern ist viel= mehr selbst der universale Bischof der gesamten Kirche: er bedarf zur Ausübung dieser allgemeinen Macht nicht erst die Vermitte= lung der Bischöfe, sondern seine Macht erstreckt sich unmittel= bar auf jeden einzelnen Bischofssprengel und darin auf jede ein= zelne Gemeinde und auf jede einzelne Seele, also daß die Bischöfe ihre Amtsgewalt „von des apostolischen Stuhles Gnaden" haben, als von ihm berufen nur „zur Teilnahme an der Sorge" [52]). Daher schwören die Bischöfe dem Papste als ihrem Herrn einen schroffen Vasalleneid, „seine Rechte, Ehren, Privilegien und seine Autorität zu bewahren, zu verteidigen und zu erhöhen (promo= vere)" [53]). In dieser Machtfülle liegt, als ein Bestandteil der= selben, das höchste Lehramt, und zwar, gemäß der dem Petrus zuteil gewordenen Verheißung, ausgestattet mit dem Privilegium der Unfehlbarkeit: der Papst ist danach unfehlbar, wenn er in Sachen des Glaubens und der Sitten „von seinem Stuhle aus (ex cathedra)" redet, das ist, wenn er für die ganze Kirche spricht [54]).

Allgemeine Konzilien ſind fortan für die römiſch-katholiſche
Kirche faſt gar nicht mehr nötig; falls ſie noch zuſammen treten,
ſo können ſie nur den Zweck haben, den Glanz des Papſttums zu
erhöhen, wenn der Unfehlbare ſeine Lippen für die ganze Kirche
öffnet. Notwendig könnte nur noch in einem Falle ein allgemeines
Konzil berufen werden, wenn nämlich der Papſt als Privatmann
in Ketzerei verfiele. Das Konzil wäre aber auch dann nicht be=
fugt, ihn abzuſetzen, ſondern dürfte nur ſeinen, durch ihn ſelbſt
vollzogenen Abfall von der Kirche als Thatſache verkünden, ſo daß
die papaliſtiſch gedachte Machtfülle des Papſttums ungeſchmälert auf
ſeinen rechtmäßigen Nachfolger übergehen könnte [55]). —

Unſere Beurteilung des Papſttums beginnt mit dem Nach=
weis, daß laut dem Neuen Teſtamente der Apoſtel Petrus die
Stellung, welche der römiſche Katholicismus ihm zuweiſt, nicht
gehabt hat. Auch wir verkennen die Wucht jener Worte nicht, die
das moderne Papſttum in Sanct Peters Dom rund um die maje=
ſtätiſche Kuppel mit rieſigen Lettern in Steinmoſaik hat einſetzen
laſſen; du biſt Petrus und auf dieſen Felſen will ich bauen meine
Gemeinde und die Pforten der Unterwelt, d. i. die Macht des
Böſen, ſoll ſie nicht überwinden (Matth. 16). Früher haben
eifrige Proteſtanten gemeint, der Fels ſei nicht die Perſon des
Petrus, ſondern bloß ſein Glaube; auf dieſen, auf den Bekenner=
glauben, habe Chriſtus ſeine Kirche gründen wollen; da dieſer aber
allen Apoſteln gemeinſam geweſen ſei, ſo erwachſe daraus für die
Perſon des Petrus kein Vorrecht [56]). Allein der Herr hat doch
gerade ihn angeredet „Du biſt der Felſenmann“. Daß hierin
eine perſönliche Auszeichnung liegt, darf nicht hinweg disputiert
werden; aber dieſelbe wurde dem Petrus doch nur zuteil, weil er
den bekennenden Glauben beſaß. Nicht die Perſon des Petrus ab=
geſehen vom bekennenden Glauben, ſondern die Perſon des Petrus
nur als Vertreter desſelben, redet der Herr an. Der
letzte Grund alſo, weshalb er auf „dieſen Fels“, auf Petrus,
ſeine Gemeinde gründen will, bleibt doch nur der bekennende
Glaube dieſes Apoſtels. Daß dagegen Chriſtus eine rechtliche
überordnung desſelben über die andern Apoſtel nicht beabſichtigt
hat, ergiebt ſich offen aus dem Umſtande, daß dieſelbe Macht „zu

lösen und zu binden", welche ihm hier zugesprochen wurde, bei
einer bald darauf eingetretenen Gelegenheit allen andern Aposteln
zuteil ward (Matth. 18). Wir leugnen also jede rechtliche Über=
ordnung des Petrus über die andern Apostel; indes, daß der Herr
ihn persönlich ausgezeichnet hat, da er der erste war, von dessen
Lippen der Bekennerglaube laut wurde, des freuen wir uns auf=
richtig[57]). An solchen persönlichen Auszeichnungen hat es auch
später nicht gefehlt. Dem Petrus hat er das Weiden seiner
Schafe anvertraut (Joh. 21), eine Scene, durch welche die Ge=
stalt des Felsenapostels gewiß auch von evangelischen Kanzeln
herab gar manche Seele dem Erzhirten zugeführt hat. — Früher
(Luk. 22) hatte Christus selbst ihm gesagt, er habe für ihn ge=
beten, daß sein Glaube nicht wanke, und, wenn er einst bekehrt
sei, so solle er seine Brüder stärken. Der Herr, der einem Na=
thanael in das Herz sah, wird guten Grund gehabt haben, an
Petrus diese spezielle Seelsorge zu treiben. Der Marmor muß
erst behauen werden, ehe er zur Statue wird. Wie lange hat der
Herr an dem Felsenapostel arbeiten müssen, bis er ihn zu der
Sicherheit der Heilshoffnung führte, welche die Seele des ersten
Petrusbriefes ist! Denn kaum war jenes Felsenbekenntnis laut
geworden, so mußte Christus den irdischgesinnten Jünger hinter
sich weisen, wie einen Satanas (Matth. 16, 21—23). Wer war
es vollends, der dem Herrn die trübste Erfahrung, die vonseiten
geliebter Menschen ihm zuteil werden konnte, den Treubruch, nicht
erspart hat? Derselbe Petrus war es, der eben noch für ihn in
den Tod zu gehen sich bereit erklärt hatte; angesichts der eigenen
Lebensgefahr verleugnete er seinen Herrn. Ja, selbst als nach
etwa zwanzigjähriger Missionsarbeit die Gleichberechtigung von
Juden und Heiden für das Christentum fest stand, konnte Petrus
in einer schwachen Stunde in Antiocha zum „Heuchler" werden,
also daß Paulus dem Wankelmütigen in das Angesicht widerstehen
mußte (Gal. 2). Der Herr wird also sehr wohl gewußt haben,
weshalb er für Petrus betete, daß dessen Glaube nicht wanke.
Eine „Obergewalt" ferner über die andern Apostel, hat Petrus
auch nie ausgeübt. Was darüber in Rom gelehrt wird, ist lauter
Unwahrheit. Denn da alle Apostel vom Herrn die gleiche Ge=

walt (Matth. 18, 18; Joh. 20, 23) erhalten haben, ſo hat
Petrus auch nirgends eine Obergewalt über ſie für ſich bean=
ſprucht, auch in ſeinem Sendſchreiben (1. Petrusbriefe) nicht; und
Paulus hat ihm nie eine Oberhoheit über ſich zuerkannt, ſondern
für ſich ſelbſt eine von jeder menſchlichen Autorität unabhängige
apoſtoliſche Gewalt in Anſpruch genommen (Gal. 2, 7; 1 Kor.
3, 21 ff.; 2 Kor. 10, 8; 13, 10) [58]).

Da Petrus keine kirchliche Obergewalt beſaß, konnte er auch
keine vererben. Schon aus dieſem Grunde ſind die Rechtsanſprüche
des römiſchen Papſttums nichtig. Die Annahme zweitens, daß
der römiſche Biſchof Amtsnachfolger des Petrus ſei, iſt überhaupt
unhaltbar. Denn die Apoſtel konnten ja, wie oben gezeigt wurde,
gar keine „Nachfolger“ haben, alſo auch Petrus nicht; der Vorzug
des Felſenapoſtels vor den übrigen blieb demnach ein bloß perſön=
licher. Endlich iſt das dunkle Verhältnis des Petrus zur römi=
ſchen Chriſten = Gemeinde wenigſtens ſo weit zweifellos aufgeklärt,
daß man ihn nicht für den erſten Biſchof derſelben halten darf.
Näher läßt ſich dieſer dritte Punkt ſo beleuchten. Ob Petrus
überhaupt je den Boden der Hauptſtadt betreten hat, können wir
nicht beweiſen; doch iſt wahrſcheinlich, daß er zu Rom, infolge der
Neroniſchen Wirren, etwa 67 n. Chr. den Märtyrertod erlitt.
Denn einerſeits wird gerade aus Rom der Märtyrertod des
Paulus und Petrus als Thatſache berichtet [59]), anderſeits macht
der römiſchen Hauptſtadt kein einziger Ort der altchriſtlichen Welt
die Ehre ſtreitig, Todesſtätte der beiden großen Apoſtel zu ſein.
Aus dieſen zwei Gründen muß es als wahrſcheinlich gelten, daß
beide in Rom geſtorben ſind. Über die Zeit aber, wann Petrus
den Boden der Hauptſtadt betrat, weiß niemand etwas ſicheres.
Die römiſche Legende berichtet freilich, er ſei fünfundzwanzig Jahre
lang, nämlich bis zum Jahre 67 römiſcher Biſchof geweſen, und
da niemand den Apoſtel übertreffen ſollte, ſo rief man jedem neuen
Papſte bei ſeiner Krönung die Worte zu: „Du wirſt die Jahre
des Petrus nicht ſehen (non videbis annos Petri)“; ſeitdem aber
Pius IX. im Jahre 1878 die „Jahre des Petrus“ um ohngefähr
7 Jahre überholt hat, wird wohl jene Anrede unterbleiben müſſen.
Sie hatte auch nicht den mindeſten geſchichtlichen Grund für ſich.

Denn woher weiß die römische Geschichtserzählung, daß Petrus fünfundzwanzig Jahre in Rom residiert habe? In der Apostel=geschichte steht nur, daß er, als wahrscheinlich im Jahre 44 in Jerusalem sein Leben auf dem Spiele stand, an einen „anderen Ort" gegangen ist (Apostelgesch. 12, 17); welcher Ort das aber gewesen sein mag, weiß niemand; daß es Rom nicht war, ist in hohem Grade wahrscheinlich. Denn wäre Petrus damals nach der Hauptstadt gegangen und hätte dort die Christen=Gemeinde ge=gründet, so würde Paulus nicht an sie seinen Römerbrief geschrie=ben haben, da er sich nicht in fremde Gebiete einzudrängen pflegte. Die dortige Gemeinde ist aller Wahrscheinlichkeit nach ohne Zu=thun eines Apostels entstanden, nachdem aus Jerusalem die Kunde von der Erscheinung des Messias in die längst zu Rom bestehende Judengemeinde gedrungen sein mag. Darauf deutet nicht bloß die Anwesenheit von Römern auf dem ersten christlichen Pfingstfeste zu Jerusalem, sondern auch die Notiz bei dem Schriftsteller Sue=ton, daß die Juden „auf Veranlassung von Chrestus beständig Tumulte gemacht hätten", so daß Kaiser Claudius (41—54) sie einmal aus Rom vertrieb. Der Heide Sueton hatte wahrschein=lich den Namen „Christus" falsch verstanden und Chrestus daraus gemacht; um Christus könnten sich ja römische Juden gestritten haben; es wird Christgläubige unter ihnen gegeben haben — sie bildeten dann mit Gläubigen aus der römischen Bevölkerung den Grundstock der Gemeinde, an die Paulus sein Sendschreiben ge=richtet hat.

Also weder Bischof noch gar Gründer der römischen Gemeinde ist Petrus gewesen. Er wird nach Rom transportiert worden sein, als man nach der Verfolgung der römischen Gemeinde unter Nero auf die Führer der Christianer fahndete und so sich auch seiner bemächtigte. So kann er dann sehr wohl im Cirkus Neros gekreuzigt worden sein, wie die römische Legende erzählt, und unter der Riesenkuppel Michelangelos, die sich über dem angeblichen Grabe St. Peters majestätisch schützend wölbt, können wir Evange=lische mit heiligem Ernst des Martertodes gedenken, den der Felsen=apostel vielleicht an dieser Stelle erduldet hat. Die Thatsächlich=keit desselben wollen wir also nicht bestreiten; aber den Anspruch

des römischen Bischofs, Amtsnachfolger des Felsenapostels zu sein,
lehnen wir als römische Erfindung ab.

Im übrigen kann es uns Protestanten völlig gleichgültig sein,
ob man die Stellung des Papsttums nach dem Episkopal= oder
nach dem Papal=System auffaßt. Ob die Kirchengewalt in der
Hand der Gemeinschaft der Bischöfe oder in der des Papstes liegt,
ob die Bischofsversammlung oder der Papst unfehlbar ist — das
macht für die Stellung des römischen Katholicismus zum Prote=
stantismus keinen Unterschied; denn nach jedem der beiden Systeme
ist die römisch=katholische Kirche unfehlbar und alleinseligmachend.
Die episkopalistischen Väter von Konstanz haben einen Johannes
Hus mit derselben Entschiedenheit „dem weltlichen Arme“ über=
liefert, wie die römische Inquisition ihre Opfer gehenkt und ver=
brannt hat. Da aber durch das vatikanische Konzil von 1870
das episkopalistische System für immer feierlich beigesetzt ist, und
wir uns mit dem lebendigen Katholicismus Roms zu beschäftigen
haben, wenden wir uns den vatikanischen Bestimmungen
über das Papsttum zu.

§ 10. Fortsetzung.

Die Neuerung, welche auf dem vatikanischen Konzile ein=
geführt wurde, besteht zunächst in der Änderung des Rechtsverhält=
nisses der Bischöfe zum Papste. Dadurch daß ihm die volle und
höchste Jurisdiktionsgewalt über die gesamte Kirche als eine ihm
von amtswegen und unmittelbar gebührende zuerkannt wurde, sind
die Bischöfe aus ihrer selbständigen Amtstellung verdrängt und
zu Stellvertretern des Papstes degradiert worden. Nachträglich
wird zwar versichert, daß durch diese Thatsache die „ordentliche
und unmittelbare Gewalt der Bischöfe“ nicht beeinträchtigt werde;
aber das glaube, wer Lust hat [60]).

Diese Verschiebung des Rechtsverhältnisses dürfte der evange=
lischen Christenheit gleichgültig sein, nicht aber den Regierungen
der modernen Staaten; denn diese müssen fortan mit dem Um=
stande rechnen, daß der Episkopat eines Landes keine Größe mehr
ist, welche man im Notfall gegen den Papst ausspielen kann. Die
römische Kirche steht erst jetzt als eine kompakte Einheit da. Diese

Stellung der Bischöfe zum Papst ist schon im neunten Jahrhundert
ausgedacht worden, und dann hat es noch fast tausend Jahre ge=
währt, bis der zähe Zentralisationstrieb Roms daraus ein Dogma
machen konnte. Die Bischöfe der alten Kirche erkannten zwar dem
römischen Amtsbruder einen priesterlichen Vorrang zu; aber in
ihre Sprengel haben sich Männer wie Cyprian, Firmilian oder
Augustin von ihm nicht hineinreden lassen. Indes wurde die
Stellung des römischen Bischofs von Jahrhundert zu Jahrhundert
fester. Als der Wogenschall der Völkerwanderung alle Staaten=
gebilde im westlichen Europa hinwegschwemmte, blieb allein der
römische Stuhl wandellos wie der Fels im Meer. Odoaker, Ala=
rich, Attila, Theodorich — sie kamen und gingen, aber der römi=
sche Stuhl blieb nicht bloß Felsgrund der christlichen Kirche, son=
dern auch Schirm und Schutz der griechisch=römischen Kultur.
Dazu kam, daß der nüchterne praktische Römersinn in den dogma=
tischen Streitigkeiten der Kirche den römischen Bischof in den
meisten Fällen die rechte Mitte treffen ließ. Als Athanasius im
Morgenlande verfolgt wurde, fand er Zustimmung in Rom, und
auf dem chalcedonischen Konzil dogmatisierte man Gedanken des
römischen Leo.

Bis auf wenige Ausnahmen konnten so die römischen Bischöfe
als Hüter der kirchlichen Rechtsgläubigkeit angesehen werden. Aber
von Herrschaft derselben über die Kirche war noch keine Rede.
Niemand hat das vatikanische Dogma im voraus deutlicher ver=
worfen, als der „große" Papst Gregor I., welcher die Patriarchen
von Antiochien und Alexandrien als ihm gleich an Würde und
kirchlicher Bedeutung erachtete, indem er schrieb, der Universal=
episkopat sei „eine Ausgeburt der Eitelkeit, ein Skandal in der
Kirche, ein verruchtes Beginnen gegen Gottes Gebot, gegen
das Evangelium, gegen die Kirchengesetze, gegen die Kirchenver=
fassung, gegen die Würde der Bischöfe, ein Injurie gegen die Ge=
samtkirche und eine Blasphemie" [61]). Unter Karl dem Großen
gab es erst recht keinen Universalepiskopat. Der Kaiser, welcher
seine eigene Herrscherstellung theokratisch auffaßte, sah nicht in
einer päpstlichen Kirche, sondern im einheitlichen christlichen Abend=
lande das Reich Gottes. Als aber die Karolinger unfähig wurden,

die Einheit desselben zu erhalten, kam in den Köpfen der geistlichen Großen der Gedanke auf, diese Einheit ohne die weltliche Macht herzustellen. Dazu sollte der hohe Klerus aus der Abhängigkeit vom Staate gelöst werden und im Papsttum seinen Mittelpunkt bekommen. Der im Papsttum zentralisierte Klerus sollte die Einheit des christlichen Abendlandes aufrecht erhalten. Zu diesem Zwecke wurden im Kreise des westfränkischen Klerus die pseudo-isidorischen Dekretalen erdichtet, die folgenschwerste Fälschung, welche in der Geschichte der Kirche vorgekommen ist. Papstschreiben sind es, angeblich von Isidor von Sevilla zusammengestellt, thatsächlich aber zum großen Teil erst im neunten Jahrhundert erdichtet. Hier wird gelehrt, daß alle wichtigeren Angelegenheiten des hohen Klerus von dem Papste, nicht von der weltlichen Gewalt entschieden werden sollen. Das bedeutet die Befreiung des hohen Klerus von der weltlichen Gewalt. Es wird ferner gelehrt, daß der Papst der universale Bischof der Kirche sei, daß ihre Einheit also nicht mehr auf dem theokratischen Kaisertum, sondern auf dem Papsttum ruhe. Papst Nikolaus I. (858—867) acceptierte diese Rechts-anschauung mit klugem Herrschergeiste; aber erst Gregor VII., Alexander III. und Innocenz VII. haben sie zeitweilig durchsetzen können. Für eine dogmatische Fixierung derselben waren jedoch selbst die Väter von Trient nicht servil genug [62]), und noch drei-hundert Jahre hat die katholische Christenheit ultramontanisiert werden müssen, bis ihr Episkopat auf dem vatikanischen Konzile 1870 seine Selbständigkeit opferte. Die Bischöfe sind seitdem nur noch Stellvertreter des Papstes, „von Gottes und des apostoli-schen Stuhles Gnaden", wie sie schon Gregor VII. zu schreiben gelehrt hat.

Bei der ungeheueren Machtfülle, welche nunmehr der römische Bischof in sich vereint, erklärt sich die Anmaßung, mit welcher er sich „Stellvertreter Christi auf Erden" nennt. Noch Gregor VII. hatte sich wenigstens bloß für den „Stellvertreter des Petrus" gehalten. Erst als im Abendlande fast „alle Reiche der Welt und ihre Herrlichkeit" einem Innocenz III. zu Füßen lagen, wuchs das Selbstgefühl des angeblichen „Knechtes der Knechte Gottes" bis zu der schwindelnden Höhe, auf welcher er glaubte, den lebendigen

Tschackert, Evang. Polemik.   4

Christus auf Erden ersetzen zu können. Wenn angesichts solcher Verleugnung des Königsrechts Christi unsere Reformatoren auf den Gedanken kamen, daß im Papste der Antichrist (2 Thess. 2, 4) erscheine, so hatten sie doch nicht ganz unrecht [63]). Die Trienter Väter haben sich dadurch aber nicht abhalten lassen, ihn feierlich geradezu als „Stellvertreter Gottes auf Erden" anzuerkennen [64]). Aus der eben beschriebenen Machtfülle des Papstes zieht ein Bestandteil unsere Aufmerksamkeit besonders auf sich, seine Unfehlbarkeit in Sachen des Glaubens und der Sittlichkeit.

§ 11. Fortsetzung.

Die Unfehlbarkeit nun, welche dem Papste zugesprochen ist, hat so wenig Grund, wie die oben abgewiesene Unfehlbarkeit der römischen Kirche überhaupt. Wir verwerfen sie, aber nicht etwa, weil das darauf bezügliche Dogma unrechtmäßig zustande gekommen wäre, sondern weil keine Teilkirche, geschweige denn ein Mensch, das Recht hat, sich für unfehlbar zu halten. Um dieses Dogma vor einem römischen Katholiken zu Falle zu bringen, darf man sich nicht auf Gründe des gesunden Menschenverstandes stützen; denn auch den klarsten Vernunftgründen gegenüber wird von drüben her immer geltend gemacht werden, daß das Privilegium des Papstes jedesmal durch ein wunderbares Wirken Gottes eintrete. Der Papst verkündige nicht seine eigene Weisheit, sondern eine ihm von Gott zuteil gewordene „Offenbarung". Der Protestant wird also darauf hinweisen müssen, daß eine fortlaufende Lehroffenbarung überflüssig ist, da wir bereits die Volloffenbarung der Gnade und Wahrheit in der Person und dem Lebenswerke Jesu Christi besitzen, worüber die heilige Schrift durchaus sichere Kunde giebt. Ist eine Ergänzung dieser Offenbarung unmöglich, so kann auch kein einziger Ausspruch eines Konzils oder gar eines Papstes „göttlich offenbart" und darum unfehlbar sein.

Unfehlbar soll ferner der Papst sein, wenn er „ex cathedra", d. i. „vom Lehrstuhl aus" redet, d. h. nur dann, wenn er etwas für die gesamte Kirche zu glauben befiehlt. Also davon soll die Unfehlbarkeit eines Ausspruches abhängen, daß derselbe an die Gesamtheit der Kirche gerichtet wird. Das ist eine wunde

Stelle des Dogmas; denn das Wesen der Wahrheit hängt doch nicht von der Zahl der Ohren ab, die sie hören. Warum in aller Welt sollte also der Papst nicht auch unfehlbar sein, wenn er etwas seinem Staatssekretär in das Ohr sagt? — Da nun der Papst selbst bestimmt, was als ex cathedra geredet anzusehen sei, so ist ihm durch dieses Dogma geradezu unbeschränkte Lehrwillkür zugesprochen. Man könnte erwidern, er sei ja an die kirchliche Tradition gebunden; aber er selbst ist es ja wieder, der allein bestimmt, was Tradition ist, wie unten näher zu zeigen sein wird. Die römischen Jesuiten müssen aber doch einen bestimmten Grund gehabt haben, daß sie ihrem untheologischen Papste 1870 gerade die Formel „ex cathedra" als göttliche Offenbarung in den Mund legten. Niemand konnte sich verhehlen, daß die Proklamierung des Dogmas die katholische Wissenschaft in die größte Verlegenheit bringen mußte. Was soll der katholische Geschichtsforscher anfangen, wenn er findet, daß z. B. ein Papst dem andern widersprochen hat?

Papst Clemens XIV. hob am 17. Juli 1773 den Jesuitenorden auf, weil er nicht mehr die reichen Früchte bringe, um derenwillen er gestiftet sei, und weil so lange er bestehe, es kaum oder gar nicht möglich sei, den wahren und dauerhaften Frieden der Kirche wieder herzustellen. Am 7. August 1814 stellte ihn Pius VII. wieder her, wegen der überschwenglichen Fülle von Früchten, die er gezeitigt, und weil man die erfahrenen und kräftigen Ruderer vom erschütterten Schifflein der Kirche nicht zurückweisen könne[65]). Welcher von beiden Päpsten war nun unfehlbar? Wenn in so peinlichen Fällen der Wahrheitssinn des Katholiken ins Gedränge kommt, so hilft er sich mit dem Wörtchen „ex cathedra". Er braucht nämlich nur zu finden, daß der irrende Papst nicht ex cathedra geredet habe, und flugs sind alle Skrupel durch diese dogmatische Hinterthür aus dem Gewissen verscheucht.

Die ungeheuere Tragweite des neuen Dogmas wird aber erst durch die Bestimmung ersichtlich, daß auch in Sachen der Sittlichkeit der römische Oberpriester ein unfehlbares Orakel bilden soll. Das ist der Punkt, wo wir Protestanten und wo besonders

alle Staaten von dem päpstlichen System berührt werden; denn
unter das Gebiet der Sittlichkeit fallen alle Handlungen des Men=
schen, von der ersten Regung des Willens an bis zum Vollzug
der That, der guten und der schlechten. Welch ungeheueres Ge=
biet! Das Kommando über sämtliche Armeen Europas erscheint
geringfügig, wenn der Papst 180—200 Millionen Gewissen be=
herrscht. Was da der römische Greis mit schwachem Munde ex
cathedra haucht, gilt den römischen Katholiken als Lebensgesetz; in
Palästen Europas wie in Hütten Südamerikas, in den Missionen
am Senegal, in Hinterindien, in der Hauptstadt Japans und wo
immer katholische Missionare den Glauben ihrer Kirche pflanzen,
beherrscht er die katholischen Gewissen.

Unter die Sittlichkeit fällt alles Handeln der Persönlichkeit,
nicht bloß die Pflichten gegen die Kirche und gegen die Glaubens=
genossen, sondern auch der Verkehr mit den Andersgläubigen, das
gesamte Leben der Gesellschaft und des Staates. Für jenes nur
ein Beispiel: der Papst giebt die Parole aus, daß in Gegenden
mit gemischtem Konfessionsstande Mischehen nur dann geduldet
werden sollen, wenn die Brautleute das Versprechen katholischer
Kindererziehung gegeben haben. Weigert sich nun der katholische
Teil, ein solches Versprechen zu geben und holt sich den Segen
Gottes am protestantischen Altar: so ist der gewissenhafte katho=
lische Pfarrer verpflichtet, so lange Unfrieden in das neue Haus
hineinzutragen, bis es ihm gelingt, lockend oder drohend sein Ziel
zu erreichen; keine Staatsregierung aber wird imstande sein, den
bedrückten Teil zu schützen. Wie gefährlich daher für den Staat
das neue Dogma werden muß, läßt sich leicht andeuten. Der
moderne Staat hat seinen Bestand im Recht; das Recht aber wird
greifbar in der Form von Gesetzen. Nun weiß jedermann, daß
schlechte Bürger jeder Zeit Gelegenheit finden, Gesetze zu um=
gehen. Der Staat kann wohl Gesetze geben, aber nicht den guten
Willen erzeugen, der für ihre Erfüllung notwendig ist. Dieser
gute Wille hängt vom sittlichen Geiste der Bürger ab. Wer also
ihre Sittlichkeit beherrscht, beherrscht auch ihr staatliches Verhalten.

Seit der Proklamierung des Unfehlbarkeitsdogmas schwebt des=
halb das Papsttum wie ein unheildrohendes Unwetter über jedem

modernen Staatsweſen; denn die römiſch-katholiſchen Unterthanen
ſind gebunden, ihre ſtaatlichen Pflichten nur nach Maßgabe der
päpſtlichen Sittlichkeit einzurichten und zu erfüllen. Wenn ſich
alſo eine Staatsregierung auf eine römiſch-katholiſche Partei ſtützt,
ſo hängt ſie auch am Schlepptau des römiſchen Hochprieſters,
deſſen Wink unberechenbar iſt. Findet er es in Italien für gut,
daß ſich ſeine Gläubigen von den politiſchen Wahlen fern halten,
ſo müſſen ſie folgen; denn der Gehorſam gegen ihn iſt Bedingung
ihrer Seligkeit; giebt er für Deutſchland die Parole aus, ſich im
Staatsleben zugunſten der „Freiheit der Kirche“ zu beteiligen,
ſo ſtrömt das katholiſche Volk unter Führung der Prieſter zur
Wahlurne.

Von der Sittlichkeit iſt ferner das ganze Kulturleben abhängig,
die Schule des niedern Volkes, der Aufbau der Wiſſenſchaft, die
Pflege der Kunſt, die Einrichtung der Lebensſitte, Werktag und
Feſttag, Arbeit und Feier, alles fällt in das Gebiet der Sittlichkeit und damit in das Herrſchaftsgebiet des Papſtes, das uns
Evangeliſchen ein antichriſtlicher Greuel iſt; denn „dies Stück
zeigt gewaltiglich, daß der Papſt der rechte Antichriſt ſei, der ſich
über und wider Chriſtum geſetzt und erhöhet hat, weil er will die
Chriſten nicht laſſen ſelig ſein ohne ſeine Gewalt, welche doch
nichts iſt, von Gott nicht geordnet noch geboten“ [66]).

Der Rechtsſtellung des Papſtes entſpricht die äußere Ehre,
welche er für ſich in Anſpruch nimmt! Während er ſich ſelbſt
„Knecht der Knechte Gottes (servus servorum dei)“ nennt, führt
er offiziell den Titel „höchſter Prieſter (pontifex maximus)“, und
ſeine Untergebenen dürfen ſich ihm nur mit der Anrede „Heiligſter
Vater“ oder „Eure Heiligkeit“ nahen. Als Stellvertreter Chriſti
nimmt er „königliche Verehrung, Adoration, in Anſpruch, das
Niederknieen und den Fußkuß; nur die Kardinäle dürfen ihm die
Hand, die Biſchöfe ihm das Knie küſſen, die Lippen der übrigen
Sterblichen ſollen ſeinen Pantoffel berühren“. Entſprechend ſeiner
dreifachen Herrſchaft, die ſich nach römiſcher Meinung über die
Kirche, über die abgeſchiedenen Seelen und dem Rechtsanſpruche
nach auch noch über den Kirchenſtaat erſtreckt, trägt er eine dreifache Krone, die Tiara, eine Biſchofsmütze mit drei umlaufenden

Goldreifen. Um diese einzigartige Souveränetät auch jedem Monarchen zu zeigen, nimmt der römische Oberpriester zwar Besuche von Kaisern und Königen entgegen, erwidert sie dagegen nie in Person, sondern durch seinen ersten Diener, den Kardinal-Staatssekretär.

Da wir Evangelische die Rechtsstellung des römischen Papstes unbedingt verwerfen, so verweigern wir ihm auch die Ehrenbezeugungen, welche er als dreifacher Herrscher beansprucht. Als der schöne Greis Pius IX. durch seine bestrickende Redelust die Scharen frommer Frauen, und nicht bloß römisch-katholische, in seine Audienzen zog, hat man sich in mattprotestantischen Häusern durch die Ausflucht entschuldigt, der Segen eines alten Mannes könne doch nichts schaden. Gewiß nicht, aber wer als evangelischer Christ mit Überlegung vor dem geborenen und geschworenen Feinde seines Glaubens niederfällt, übt Verrat an seiner eigenen Kirche, und wer es ohne Überlegung thut, ist charakterlos [67]).

§ 12. Das Kardinalkollegium und die römische Kurie.

Einzig steht das Papsttum da in der Fülle seiner Macht; keine „konstitutionellen Garantieen" beschränken den römischen Vizegott; in ihm gipfelt die riesige Pyramide der kirchlichen Hierarchie. Wenn daher die Person des Kirchenherrschers wechselt, so könnte doch, sollte man meinen, auch ein Regimewechsel an der Kurie eintreten. Allein dieser Schluß ist verfehlt, weil trotz aller Unfehlbarkeit des Papstes die Regierung der römischen Kirche nicht von seiner Person allein abhängt, sondern von einem Kollegium, welches alle seine Schritte beobachtet, beeinflußt und im Notfall auch — durchkreuzt. Der Rest von persönlicher Freiheit, welcher innerhalb des Romanismus wenigstens dem Oberhaupt der Kirche theoretisch gewahrt ist, wird durch das Kardinalkolleg erheblich geschwächt, da es sich wie ein Bleigewicht an des Papstes Füße hängen kann, wenn er eigene Wege gehen will.

Sobald ein Papst den Stuhl besteigt, findet er ja das Kolleg vor; er ist sogar selbst das Produkt desselben; er kann nicht mit ihm verfahren, wie ein Regent mit seinem Ministerium; entlassen kann er keinen einzigen Kardinal: der Geist seines Vorgängers, der sie einst berief, bleibt verkörpert ihm gegenüber stehen, mit ihm muß er also weiter regieren; erst, wenn im Kolleg Stellen frei werden, hat er die Macht, Männer seines eigenen Vertrauens in dasselbe zu berufen und so die Gestalt desselben zu ändern; aber eine völlige Umwandlung desselben gelingt in der Regel keinem Papste, weil gewöhnlich jeder, wenn er den Stuhl besteigt, bereits selbst mit einem Fuße im Grabe steht. Soweit sie aber gelingt, kann er wieder seinen Nachfolger von sich abhängig machen. So lebt jeder Papst in seinen Kardinälen fort. Er selbst, das geistige Produkt des Kardinalkollegs, hat sich wieder in ihm objektiviert. Von einem „Regimewechsel" kann daher an der Kurie nie die Rede sein; das Papsttum erzeugt sich eigentlich stetig selbst. — Wir Evangelische sehen in dem Kardinalkolleg eine päpstliche Schöpfung, die mit dem Papsttum selber für uns wegfällt. Das Kolleg entstand durch Zusammenfassung der hervorragendsten Geist- lichen Roms. Die 6 Bischöfe der zu Rom gehörigen Kirchen- provinz (von Ostia, Porto, St. Rufina, Frascati, Sabina, Palä- strina und Albano), 50 Priester der 50 Pfarrkirchen Roms und 14 Diakonen der 7 Stadtbezirke der ewigen Stadt, zusammen 70 Geistliche sind die „Kardinäle", sogenannt weil sie der „Thür- angel" (cardo) der Kirche am nächsten stehen, wie ein mittelalter- licher Papst (Leo IX.) gesagt hat. Ihre Zahl ist von Sixtus V. im Jahre 1586 auf 70 festgesetzt worden.

Als im Anfang des Mittelalters die energisch katholischen Kreise des Abendlandes die Befreiung der Kirche vom staatlichen Einfluß erstrebten, erhielten die ersten Geistlichen Roms, die Kar- dinäle, das ausschließliche Recht der Papstwahl; auf verschiedenen „allgemeinen" Konzilien wurde es ihnen, erst unbestimmt 1059 zu Rom, dann bestimmter 1179 ebendaselbst und endlich 1274 zu Lyon zugesprochen. Nur einmal ließen sich die Kardinäle eine Schmälerung ihres Rechtes gefallen, zu Konstanz, als von den fünf „Nationen" des Konzils noch je sechs Wähler, zusammen dreißig deputiert wurden, um an der Papstwahl aktiv teilzunehmen. Auf dieser streng genommen ungesetzlichen Wahl ruht das Papst- tum Martins V. und damit die ganze Reihe seiner Nachfolger.

Gegen den weltlichen Einfluß war das ganze Kolleg konstruiert
worden; allein da derselbe doch seinen Weg auch in das Kolleg
selbst fand, so konnten seine Mitglieder sich oft nicht über einen
Kandidaten einigen. In dem Kampfe der Hohenstaufen und der
Kurie wurde die Lage des päpstlichen Stuhles daher oft gefährdet:
z. B. als Friedrich II. eben 1241 die Prälaten, welche zu einem
Konzil nach Rom von Genua aus zu Schiffe fuhren, unterwegs
hatte gefangen nehmen lassen, und der Papst, der leidenschaftliche
Gregor IX., aus Wut darüber gestorben war, verspürte niemand
Lust, die gefährliche Krone anzunehmen. Da hatte die Welt zwei
Jahre gar keinen Papst. Um nun ähnliche Lagen für die Zukunft zu vermeiden, beschloß das Konzil zu Lyon die Einführung
des Konklaves. Wenn ein Papst stirbt, so sollen die Kardinäle
an demselben Orte zur Neuwahl zusammen treten, nur zehn Tage
solle man auf die etwa abwesenden warten. Um aber die Wahl
zu beschleunigen, sollten die Wähler, jeder von einem Diener begleitet, in ein einziges Lokal eingeschlossen und die Speisen
ihnen durch ein Fenster hinein gereicht werden. Haben sie sich
nach Ablauf von drei Tagen noch nicht geeinigt, so sollte ihnen
Mittags und Abends nur ein einziges Gericht verabfolgt werden.
Trotzdem sind die politischen Depeschen manchmal in Pasteten in
das Konklave gewandert. Diese Bestimmungen sind später etwas
geändert worden. Eingeschlossen werden die Wähler aber auch jetzt
zwar noch für die Papstwahl, nur nicht mehr in einen einzigen
Raum, sondern jeder Kardinal erhält mit seinem Sekretär einzelne
Kabinetts. Außerdem muß im Konklave selbst noch ein Troß von
Dienern, ein Arzt, Barbier, Schreiner, und wer sonst noch nötig
sein mag, untergebracht werden.

Als Zeichen ihrer Würde tragen die Kardinäle ein Purpur-
gewand und einen roten Hut mit herabhängenden Quasten. Die
rote Farbe ist gewählt, weil sie jederzeit bereit sein sollen, für
die Kirche ihr Blut zu vergießen. Sie stehen im Range der
„Kurfürsten" und führen wie einst diese, den Titel „Eminenz";
ihre Verletzung gilt als Majestätsverbrechen. Dieser Stellung soll
auch ihr äußeres Auftreten entsprechen. Ein Kardinal darf in
Rom nur in fürstlicher Equipage fahren; wollte er innerhalb der

ewigen Stadt einen Gang zu Fuß machen, so würde er sich — profanieren. Sie sind die Hauptpersonen der römischen Kurie, worunter die Gesamtheit der päpstlichen Behörden und des päpstlichen Hofstaates verstanden wird [68]).

Zweiter Abschnitt.
Die wesentlichen kirchlichen Handlungen, das Meßopfer und die Sakramente.

Die bisher beschriebene Kirchenanstalt hat nach römischer Lehre den Zweck, ihren Angehörigen durch Darreichung der Sakramente das Heil zu verschaffen. „Alle Sakramente aber spenden Gnaden, die im Opfer Jesu ihre Quelle haben [1]).“ Da nun das Meßopfer als unblutige Fortsetzung des Kreuzopfers Jesu gilt, so wollen wir uns zuerst mit dem Meßopfer, dann mit den Sakramenten beschäftigen.

Erstes Kapitel.
Das Meßopfer.

§ 13.

Der Name „Messe“ kommt von einem alten Mißverständnisse her. In der alten Kirche wurden die Katechumenen und Büßer nach der Predigt, noch vor der Abendmahlsfeier, mit dem Rufe entlassen „ito missa est (concio), geht, die Versammlung ist entlassen“. Dies geschah zu dem Zwecke, daß nunmehr die Abendmahlsfeier vor dem engeren Kreise der eigentlichen Gemeinde beginnen könne. Aus den Worten „missa est“ machte das Volk „es ist Messe“, nahm das Wort Missa also als Hauptwort in

dem Sinne „die Messe beginnt". Wie kommt nun die römische
Kirche zu ihrer Theorie vom Meßopfer? Als Christus, so lehrt
sie, bei der Abendmahlseinsetzung sprach, das ist mein Leib und
das ist mein Blut, gab er dadurch seinen Jüngern zu verstehen,
daß er sich Gott dem Herrn unter der Gestalt des Brotes und
des Weines zum Opfer darbringe. Mit dem Worte „solches thut
zu meinem Gedächtnis" hat er also nicht bloß die Wiederholung
des Abendmahls, sondern auch die des Opfers angeordnet.
Abendmahl und Opfer sind demnach zwei verschiedene Handlungen.
Aber beide finden stets zusammen statt, erst das unblutige Opfer,
dann die Kommunion, diese allerdings meist indem der Priester
allein „kommuniziert". Der Wert dieser Feier gründet sich auf
ihre Wirkung. Da gemäß der Wandlungstheorie der Christus-
Leib, welcher am römischen Altar vom Priester dargebracht wird,
ein und derselbe ist wie der auf Golgatha geopferte, so muß auch
die Wirkung der Darbringung beider dieselbe sein; das Meßopfer
ist daher Sühnopfer [2]). Näher bestimmt die römische Theologie
die Wirkung des Meßopfers dahin, daß durch dasselbe Christus
nicht der Menschheit im allgemeinen, sondern einzelnen Personen
oder auch Gemeinschaften zugeeignet werde. Zu diesem Zwecke
kann es dargebracht werden für Anwesende und für Abwesende,
für Lebende und für Tote, nämlich für solche Abgeschiedene, die
sich noch im Fegefeuer befinden, und denen dadurch rückständige
Genugthuungen abgenommen werden. Was Gott so dargebracht
wird, hat in sich absoluten Wert, ist demnach auch in seiner Wirkung unabhängig von der sittlichen Beschaffenheit des Opfernden
und des zu Begnadigenden. Denn sogar für Tote wird es dargebracht. Die römische Theorie ist allerdings besser als die Praxis;
das Trienter Konzil lehrt nämlich, daß man durch das Meßopfer
dann Gnade finde, wenn man „mit aufrichtigem Herzen und echtem
Glauben mit Furcht und Ehrerbietung reuig und büßend zu Gott
hintrete" [3]). Aber an diese Bedingung wird in der kirchlichen
Praxis wenig erinnert. Das Meßopfer wird einfach bestellt und
„tarifmäßig" bezahlt; es wirkt rein durch den äußeren Vollzug
der Handlung, als opus operatum [4]). Ist nicht der reine heidnische Opferkult eingerichtet, wo Altäre „privilegiert" werden?

Mit solchen hat nämlich der Papst „die Gnade verbunden, daß, wenn ein Priester an denselben für die Seele eines in der Liebe Gottes verstorbenen Gläubigen die Messe liest, diese Seele einen vollkommnen Ablaß erhält und aus den Peinen des Fegefeuers erlöst wird" [5]).

Man unterscheidet „feierliche" und „private Messen". Feierliche oder solenne Messen werden an hohen Kirchenfesten „mit Instrumentalmusik, Gesang und Festversammlung" gefeiert; bei den Privatmessen braucht dagegen bloß ein Ministrant anwesend zu sein und dem Messe=lesenden Priester Handreichung zu thun. Für die Feier selbst sind zur Versinnbildlichung derselben komplizierte Gebräuche und verschiedenfarbige priesterliche Gewänder, schwarze, weiße, rote, grüne und violette vorgeschrieben. Kultussprache ist dabei die lateinische; da aber die Weiheworte, durch welche angeblich Christi Leib und Blut geschaffen wird, die Gemeinde nichts angehen, so werden sie meist leise gesprochen. Im einzelnen schließt sich die ganze Feier an die altkirchliche Teilung an, nach welcher man wie oben bereits berührt worden ist, „Messe der Katechumenen" und „Messe der Gläubigen" unterschied. Dem gemäß besteht der erste Teil aus Gebet, Sündenbekenntnis, Gesängen, Schriftlesung (Evangelium); dann folgt das Offertorium, die Herbeibringung der Elemente in der Form von Opfergebeten und der „Kanon der Messe", die leisen Zwiegespräche des Priesters mit Gott, wobei er die Elemente weiht (Konsekration), sie Gott darreicht und nach oben hält (Elevation), sie anbetet (Adoration) und genießt (Sumtion). Um den Akt möglichst feierlich zu gestalten, wird er von einer ganzen Reihe von Zeremonien durchzogen, wie Beugungen, Bekreuzungen, Räucherungen, die genau vorgeschrieben sind.

Wir Evangelische verwerfen die Messe, als durchaus unbiblisch; denn eine Wiederholung des Kreuzopfers Christi ist nach Hebr. 10, 10. 14 unnötig. Wenn aber idealisierende Katholiken behaupten, durch das Meßopfer führe Christus sein ewiges Hohepriestertum durch, so fehlt auch dafür jeder biblische und vernünftige Grund; denn Christi ewiges Priestertum ist ein geistiges Verhalten, kann also nicht durch sinnenfällige Zeremonien „durchgeführt"

werden. Unbiblisch und unvernünftig ist sodann der theoretische
Unterbau der Meßopferlehre, nämlich die Theorie von der Verwandlung der Elemente Brot und Wein in Leib und Blut Christi,
worüber in der Lehre vom Abendmahl (§ 19) ausführlich gehandelt wird. Die Anbetung ferner, welche man der angeblich verwandelten Hostie zuteil werden läßt, ist Kreaturvergötterung, also
Rückfall in das Heidentum. Da sich endlich eine unübersehbare
Fülle von kirchlichen Mißbräuchen an die Messe angeschlossen hat,
so gilt noch heut, was schon die Schmalkaldischen Artikel gesagt
haben: so lange dieser Artikel festgehalten wird, „sind und bleiben
wir — geschieden" [6]). Denn das Messelesen ist ein Fabrik-
geschäft geworden, wenn sie in manchen Kathedralen an mehr als
30 Altären täglich für Geld gefeiert wird. Von den schwunghaften Geldgeschäften, welche die römische Kirche damit treibt,
wollen wir unten (§ 77) besonders handeln. Wie aber muß das
sittliche Bewußtsein irre geführt werden, wenn das Volk glauben
darf, die Messe sei ein Universalheil- und Hilfsmittel; sie sei gut
für Lebende und Tote, für Gesunde und Kranke, gegen Pest und
Verfolgungen, gegen Feinde und schlechtes Wetter, für glückliche
Reisen und tausend andere Wünsche [7]).

Wodurch aber ist die katholische Kirche zur Einführung dieses
Opferkultus veranlaßt worden? Die alte Kirche stand mitten in
heidnischer Umgebung, wo man einen opferlosen Gottesdienst überhaupt nicht kannte. Um den Juden und frommen Heiden nicht
nachzustehen, machten die christlichen Geistlichen aus den Dankes-
gaben der Gemeinde bei dem Abendmahle (Eucharistie) allmählich
eine sühnende Gabe an Gott.

Zweites Kapitel.
Die Sakramente.

§ 14. Die Sakramente im allgemeinen.

Durch Christi Opfer ist die Kirche Gnadenanstalt, und zwar
leitet sie die Gnade mittelst der Sakramente auf die Gläubigen

über. Durch die Sakramente wird in den Menschen alles persönliche Christentum erzeugt und genährt [8]). Die sakramentale Wirksamkeit der Kirche bildet darum den Höhepunkt des katholischen
Denkens und Erlebens.

So viel Herrliches auch über die Kirche schon gesagt worden
ist, hier erst erhebt sich der Katholik zur Höhe beseligenden Froh-
gefühls. Denn in den Sakramenten sieht er in diese irdische Welt
die Kräfte göttlicher Liebe hereinragen, und seine Kirche ist ihm
der heilige Kanal, durch welche diese göttlichen Kräfte in die Men-
schenherzen geleitet werden. Die Kirche wird ihm zur Entsün-
digungsanstalt. In der Taufe wäscht sie den Erdgeborenen rein
vom Schmutz der ererbten Sünde und gießt das erste Medikament
heiliger Liebeskraft in sein schwaches Herz, um seiner Vernunft
die Herrschaft über die Sinnlichkeit zu ermöglichen. Tritt dann
der Jüngling in das Leben hinaus, wächst das Mädchen zur
Jungfrau heran, so weiht die Kirche sie zu geistlicher Ritterschaft
und spendet Stärke zum bevorstehenden bewußten Kampfe mit der
Sünde. Erliegt der Christ dabei, so richtet sie ihn wieder auf;
ihr Beichtstuhl wird die Zuflucht des Gefallenen; sie nimmt ihm
die Last der Schuld von der gedrückten Seele und giebt ihm frischen
Mut zu neuem Streit. So oft seine Seele dabei vereinsamt,
reicht sie ihm zur Stärkung dazu den Leib des Herrn in der
Kommunion. Endlich, ehe sein Auge im Tode bricht, versöhnt sie
ihn noch einmal in der letzten Ölung mit Gott. Ja selbst über
das Grab hinaus reicht ihre helfende Hand; denn mit ihrer Fürbitte und ihrem Meßopfer kürzt sie die Pein des Gläubigen, welcher im Fegefeuer die Genugthuung nachholen muß, an welcher er
es hier hat fehlen lassen.

So sieht der Katholik in seiner Kirche die göttliche Heilsanstalt, von deren Gnaden er lebt von der Wiege bis zum Grabe
und über das Grab hinaus.

a) Allein welcher Begriff vom Sakrament liegt dieser Anschauung zugrunde? Wir müssen hineinschauen in das sinnlich
vorgestellte Verhältnis Gottes zur Welt, wie es uns im römischen
Katolicismus auf Schritt und Tritt begegnet. Es ist das Herein-
ziehen Gottes in die Materie, die Materialisierung des Göttlichen,

die in der Sakramentslehre grell hervor tritt. In dem materiellen geweihten Taufwasser, z. B. glaubt die katholische Kirche eine entsündigende Kraft Gottes gegenwärtig; sobald also auch nur ein einziger Tropfen des geweihten Elementes auf das Haupt eines Menschen gesprengt wird, erlebt dieser seine Entsündigung. Was von der Taufe gesagt ist, gilt von jeder sakramentalen Handlung; denn das Sakrament ist „eine sinnenfällige Sache, welche die Kraft hat, Heiligkeit und Gerechtigkeit nicht bloß zu versinnbildlichen, sondern auch zu bewirken" [9]).

b) Die katholische Kirche faßt das Sakrament „als sichtbare Gestalt einer unsichtbaren Gnade". Daher gehört zum Sakrament erstens ein sichtbares Etwas, z. B. Brot, Wein, Wasser, Öl, das „Element"; zweitens ein spezielles Einsetzungswort, auf Grund dessen Gott eine besondere Gnade in dieses Element eingehen läßt, das Wort, durch welches das Element erst seine spezielle „Form" bekommt; endlich drittens vonseiten des Geistlichen, der die heilige Handlung vollzieht, „die Absicht zu thun, was die Kirche thut" [10]). Dieser dritte Punkt erscheint ganz harmlos und ist das auch nach einer Seite hin. Gesetzt nämlich irgendein ungebildeter Laie verrichtet eine Nottaufe; versteht aber die Form derselben nicht, so ist seine Handlung dennoch ein Sakrament, wenn er nur die Absicht gehabt hat, zu thun, was die Kirche thut. Weitherzigkeit liegt ferner darin, daß die verwaltende Person bloß die Absicht zu haben braucht, zu thun, was die Kirche thut; und zwar wird diese Absicht schon als genügend gedacht, wenn sie auch bloß als sogenannte „virtuale oder kraftmäßige" Eigenschaft im Verwaltenden vorhanden ist. Wenn also z. B. ein Priester die Taufe in Gedankenlosigkeit vollzöge, so brauchten die Eltern des Kindes an der Gültigkeit des Sakraments nicht zu zweifeln; denn da der Geistliche vermöge seines priesterlichen Charakters jene Absicht überhaupt gehabt haben muß, so wirkt sie als Kraft auch durch seine Zerstreutheit hindurch noch nach. Daher kann die Kirche auch die von einem nichtrömischen Geistlichen vollzogene Taufe anerkennen; wenn z. B. ein lutherischer Geistlicher eine Taufe vollzieht mit der Absicht zu thun, was die wahre Kirche thut, so kann die römische Kirche diese Taufe anerkennen, — wenn sie will. Aber jene Bestimmung zeigt hier auch ihre Kehrseite. Versteht man nämlich unter Kirche nur die „römische", so würden alle nicht=römischen Geistlichen, welche die Absicht der römischen Kirche doch nicht haben, infolge dessen auch kein Sakrament reichen können. Alle Sakramente außerhalb der römischen Kirche wären also nichtig. Diese Folgerung steht nicht in den Bekenntnisschriften der römischen Kirche; daß man sie dort aber unbedenklich zieht, ist aus der Praxis bekannt. Für Großbritannien besteht die Anord= nung der bedingten Wiedertaufe, wenn ein Protestant zur römischen Kirche übertritt, weil man nicht wisse, ob in dem von Sekten zer= klüfteten englischen Protestantismus die Taufe noch stiftungsgemäß vollzogen sei. Die Taufformel aber, deren sich in einem solchen Falle der römische Geistliche bedienen muß, lautet: „wenn du noch nicht getauft bist", taufe ich dich im Namen des Vaters, des Sohnes und des heiligen Geistes [11]).

Die Trienter Väter haben kluger Weise eine Festsetzung des Sakramentsbegriffs unterlassen; aber sie setzen die obengenannten drei Stücke als notwendige Merkmale des Sakraments voraus.

c) Diese Synode nimmt sieben Sakramente als von Christus eingesetzt an, fünf für jeden Christen, Taufe, Firmelung, Eucha= ristie, Pönitenz und letzte Ölung; dazu noch die Priesterweihe und die Ehe, jene zur ununterbrochenen Aufrechterhaltung des Priester= standes, diese zur Fortpflanzung des christlichen Volkes. —

d) Aber nicht alle Sakramente sind gleich notwendig; am not= wendigsten sind die Priesterweihe für die Erhaltung der Geistlich= keit, die Taufe zur Wiedergeburt und die Pönitenz, um die aus der Gnade Gefallenen zurückzubringen.

Noch weiter geht die Weitherzigkeit der römischen Kirche; sie giebt sogar die Möglichkeit zu, daß man ohne den Empfang der Sakramente selig werden kann; wo z. B. ohne Schuld eines Men= schen der Empfang derselben nicht stattfinden kann, genügt bereits die Sehnsucht danach.

Sieht man die sieben Sakramente auf ihren Inhalt hin näher an, so erscheint die Eucharistie nach römischer Vorstellung als das höchste; denn sie enthält den Leib des Gottmenschen, eine Sub= stanz von unendlichem Werte.

Inbezug auf die Wirkung stehen drei voran, Priesterweihe, Taufe und Firmelung; denn sie bewirken im Empfänger einen „unauslöschlichen Charakter (character indelebilis)" [12]. Deshalb ist es weder nötig noch gestattet, sie zu wiederholen.

Die Priesterweihe und die Firmelung dürfen nur vom Bischof vollzogen werden. Der Episkopat bewirkt also sowohl die Fort-setzung des Priesterstandes als auch die Einführung der Laien in das christliche Mannesalter. Priester und Laien sind in seiner Hand [13].

e) Zustande kommt das einzelne Sakrament, indem über dem Element die „legitime" Vollzugsformel gesprochen wird, „mit der Absicht zu thun, was die Kirche thut". Nötig ist also als Hand-lung nur das Aussprechen der Einsetzungsworte oder die Weihe; nicht nötig die Austeilung und der Genuß oder Gebrauch. Die Sakramentsverwaltung geschieht demnach als äußerliche Handlung (opus operatum). Von den beteiligten Empfängern fordert man nur, daß sie dem Sakrament „keinen Riegel einer Todsünde vor-schieben"; also weder Glaube, noch Würdigkeit, sondern nur ein negatives Verhalten wird verlangt. Die Personen sind außer Wirksamkeit gestellt; es vollzieht sich im Sakrament rein objektiv eine Handlung, die schon durch ihren bloß äußerlichen Vollzug (ex opere operato), wie man im Katholicismus meint, auf den Men-schengeist wirkt, etwa wie der menschliche Körper erzittert, wenn ein elektrischer Strom durch die Glieder geleitet wird [14].

§ 14. Fortsetzung. Das Wort Gottes als evangelisches Gnadenmittel.

Schon aus unserer Beurteilung der römischen Kirche ergiebt sich, daß wir in der Lehre von den Sakramenten einen anderen Standpunkt einnehmen müssen als sie.

Der römische Katholicismus denkt sich die Priesterschaft vorwie-gend zu dem Zweck vorhanden, daß sie durch die Sakramente das Heil beschafft. Die Kirche ist vorwiegend Heilsanstalt. Daß sie auch Personengemeinde sei, kommt erst in zweiter Linie in Be-tracht; die Anstalt braucht nämlich Menschen, denen sie die Sakramente spenden kann. Allein der Bestand der Kirche hängt von ihnen nicht ab. Anders der gesamte kirchliche Protestantismus. Für ihn ist das Wesen der Kirche die Personengemeinschaft; und nur weil dieselbe nicht existieren kann ohne Mittel der Stärkung, Reinigung und Ausbreitung, sind ihr, der Gemeinde der Christusgläubigen, Gnadenmittel anvertraut: das Wort Gottes, die beiden Handlungen der Taufe und des Abendmahls. Die römische Kirche kennt und braucht das Wort Gottes nicht als Gnadenmittel; denn es läßt sich mit ihm keine äußere Handlung zustande bringen, wodurch auf den Empfänger „Gnade" übergeleitet werden könnte. Ganz anders der Protestantismus: da nach seiner Auffassung die Kirche Gemeinschaft von Personen ist, so müssen die ihr anvertrauten Mittel Beziehung auf diese Person haben. Das trifft auf das Wort Gottes zuerst zu; darum ist dieses unser erstes „Gnadenmittel".

Während der Katholik im Worte Gottes nur ein Gesetzbuch hat, dem er eine Summe von göttlichen Geboten entnimmt, und ein Offenbarungsbuch, aus dem er eine Anzahl übernatürlich mitgeteilter Gedanken bezieht, hat der kirchliche Protestant in seiner Bibel das gewaltigste Mittel seiner Bekehrung, seiner Festigung im Glauben, seiner Tröstung in der Anfechtung, seiner Versiegelung in Not und Tod.

Das ist nun eine Stelle, wo der kirchliche Protestantismus einen unübersehbaren Reichtum christlicher Gedanken vor dem Katholicismus voraus hat. —

Da wir unter der Gnade Gottes seine Huld verstehen, der Gnadenstand also ein persönliches Verhältnis des Menschen zu Gott ist, so muß dieses auch durch eine persönliche oder sittliche Einwirkung Gottes auf den Menschen geschaffen, erhalten und vollendet werden. Das geschieht durch das Wort Gottes oder durch den religiösen und sittlichen Inhalt der heiligen Schrift. Als Augustin einst mit sich selbst zerfallen das Wort der Schrift vernahm, wir sollten nicht leben in Kammern und Unzucht, nicht in Hader und Neid — brachte es ihn zur Selbstbesinnung. Andere lassen sich aus Gottes Wort zur Seligkeit unterweisen, weil sie es von Jugend auf kennen. So wird das göttliche Wort bei

dem einen im Sturm, bei dem andern im sanften Säuseln das
Mittel der Bekehrung, wird Wegweiser und Führer in die Huld
Gottes. In ihm forscht der evangelische Christ, um die Gedanken
Gottes kennen zu lernen, um seinen Willen zu vernehmen; hier
schaut er das Bild seines geliebten Heilands und hört die Verkündigung seiner Jünger; wenn er auf gerader Bahn wallt, hält
es ihn fest; wenn er strauchelt, wird er gestützt; wenn er zweifelt,
wird er gestärkt; wenn er fällt, richtet es ihn wieder auf. Wenn
er sein bürgerliches Leben einrichtet, holt er sich hier die Grundgedanken und Gesichtspunkte für sein Handeln; so liefert es ihm
die Normen für Gesinnung und Wirken in Haus und Beruf, in
Gesellschaft, Staat und Kirche. Darum ist es dem evangelischen
Christen Herzensfreude, Tag für Tag in der heiligen Schrift zu
lesen und zu forschen, weil er tagtäglich Gottes Gedanken und
Gottes Willen sich vergegenwärtigen muß und tagtäglich sich unter
die Zucht des Wortes Gottes zu stellen das Bedürfnis fühlt.
Da er ferner weiß, daß dies Gnadenmittel für jeden Menschen
notwendig ist, so bemüht er sich, es andern nahe zu bringen. Aus
diesem Grunde sind in lebendig evangelischen Kreisen die Bibelgesellschaften entstanden, die von Gott wunderbar gesegnet, von
jedem Papste des neunzehnten Jahrhunderts aber bis hinauf zu
Pius IX. regelmäßig verflucht worden sind. Doch haben die Flüche
des Vatikans nicht hindern können, daß nach 1870 sogar in dem
Zentrum des römischen Katholicismus selbst eine evangelische Bibelgesellschaft entstanden ist.

Der protestantischen Anschauung von der Bibel verdanken ferner
hunderte von Bibelübersetzungen ihre Entstehung. Sobald nur der evangelische Missionar für seine Predigt draußen
Boden findet, muß er darauf sinnen, daß die Neubekehrten das
Wort Gottes selbst in die Hand nehmen können; sie müssen mit
eigenen Augen lesen, was ihnen doch keine menschliche Autorität
verbürgen kann, daß Jesus Christus gekommen ist in die Welt
die Sünder selig zu machen. In den Lauten meiner Muttersprache, die Gott mir schuf, dringt Gottes Trost in den tiefsten
Grund meines Herzens. Wie erstaunlich sind auf diesem Gebiete
die Leistungen allein der Londoner Bibelgesellschaft; sie läßt jetzt

die Bibel in mehr als dreihundert Sprachen und Dialekten drucken. Übersetzungen, die von Ausländern angefertigt sind, sind zwar naturgemäß mangelhaft; aber sie bilden in der Regel die notwendige Voraussetzung zu wahrhaft nationalen Übersetzungen.

Was bedeutet aber vollends eine einzige Bibelübersetzung in einem litteraturlosen Volke; wenn der evangelische Missionar in einem schriftlosen Volke für dessen Laute Buchstaben erfindet und aus der mündlichen Rede desselben Gesetze der Sprache herausliest, eine Sprachlehre aufbaut und dann die Bibel schwarz auf weiß einem Volke übergiebt — was bedeutet dieses Ereignis? Die Grundlegung einer unübersehbaren Zukunft, der Litteratur eines Volkes! — Die evangelische Mission hat dieses Meisterstück der Kultur im neunzehnten Jahrhundert mehr als siebzigmal geleistet! (§ 83.) Wie armselig steht dagegen die römische Kirche da! Sie ist stolz auf die e i n e Kirchensprache; allein damit versteckt sie nur ihre Armut. In einer toten Sprache, welche kein Volk mehr spricht, läßt sie das Evangelium unverstanden hersagen, und wie einen toten Götzen müssen ihre Priester draußen in der Heidenwelt das lateinische Evangelium und Epistelbuch auf die Altäre legen, und küssen lassen sie es wie einen Fetisch; für ihre Übersetzung hat die römische Mission blutwenig, ja nichts gethan im Vergleich mit dem bewundrungswürdigen Reichtum der evangelischen Kirchen. Wahrlich, wenn die oft verkannten Missionare des evangelischen Glaubens nichts weiter zustande gebracht hätten, als die vielen Bibelübersetzungen für schriftlose Völker — die evangelische Mission hätte sich schon dadurch als Kulturschöpferin ersten Ranges erwiesen. Das alles verdankt sie dem Umstande, daß wir Evangelische ein Gnadenmittel haben, welches dem katholischen Christen in der Praxis so gut wie verboten ist. (§ 23.) Aber wir wollen bei den Sakramenten verweilen.

§ 15. Fortsetzung. Evangelische Beurteilung der römischen Sakramentslehre im allgemeinen.

In der Sakramentslehre besteht der Unterschied nicht etwa bloß darin, daß wir von den römischen sieben Sakramenten nur

zwei, die Taufe und das Abendmahl herüber genommen haben;
denn unsere zwei fassen wir ja ganz anders auf, als die römische
es thut. Wir verwerfen den ganzen römischen Sakraments=
begriff. Wie in aller Welt könnte denn eine „sinnenfällige
Sache" die Kraft haben, „Heiligkeit und Gerechtigkeit zu be=
wirken?" Heiligkeit und Gerechtigkeit sind ja sittliche Eigenschaf=
ten, Beschaffenheiten des persönlichen Willens; der Wille aber
kommt, wie jede Charakter=Entwickelung zeigt, zu einer zuständ=
lichen Beschaffenheit nur durch sittliche Übung. Sollte jemand
heilig und gerecht werden ohne solche Übung, so müßten ihm diese
Vollkommenheiten angezaubert werden. In der That ist die römi=
sche Sakramentshandlung nichts weiter als Zauberei; weder der
verwaltende Geistliche noch der empfangende Katholik braucht mit
sittlichen Eigenschaften dabei beteiligt zu sein: das Sakrament voll=
zieht sich als äußerlicher Vorgang, und Heiligkeit und Gerechtig=
keit wird in das Herz gegossen, ohne daß es subjektiv dafür em=
pfänglich ist. —

Nehmen wir z. B. die Priesterweihe. Der Bischof legt die
Fingerspitzen auf das Haupt des Jünglings. Da geht angeblich
die heilige Geisteskraft auf den jungen Kahlkopf über und zwar
so, daß sie ihn nie verläßt; selbst wenn er den heiligen Geist ver=
leugnen würde, er behielte die Macht den Herrgott zu schaffen, zu
opfern und auszuteilen; — er behielte auch die Macht die Sün=
den zu vergeben und zu behalten, wenn er sich selbst im Pfuhl
des Lasters wälzte. Laut dem Evangelium muß aber das Sakra=
ment als ein persönlich bedingter Vorgang angesehen werden. Nie
giebt es Heil für den Menschen ohne dessen persönliche Beteili=
gung. „Wer nicht glaubet, soll verdammt werden"; also muß es
auch der Glaube sein, welcher den Segen des Sakraments bedingt.
Die Wirkung des Sakraments ist also keine andere als die des
Wortes Gottes („idem est effectus verbi et ritus") [15]). Dar=
über sind alle evangelischen Kirchen einig, mögen sie sonst auch
noch so sehr auseinander gehen. Den römischen Zauber, Sakra=
mentssegen ohne sittliche Beteiligung, lehnen sie alle ab.

Freilich in der Festsetzung der positiven Sakramentslehre sind
sie weit auseinander gegangen. Die reformierten Kirchen sehen in

Taufe und Abendmahl die den Erwählten und Gläubigen zuteil
werdenden Versiegelungen der göttlichen Gnade; Calvin, durch dessen
Lehrweise die Zwinglische verdrängt worden ist, denkt sich diesen
Vorgang ausdrücklich als eine reale Mitteilung göttlicher Kraft,
die vom erhöhten Christus ausgeht und durch den göttlichen Geist
den Erwählten zuteil wird. Die Nicht=Erwählten und darum auch
Nicht=Gläubigen erhalten zwar das äußere Zeichen, aber keinen
Sakramentssegen. Verstanden werden kann die calvinische Sakramentslehre nur im Zusammenhange der Lehre von der Erwählung
und von dem Glauben, auf welche wir hier nur verweisen. Nach
calvinischer Anschauung geht dabei die göttliche Kraftwirkung neben
dem Empfang der Elemente vor sich. Gnadenmittel sind streng=
genommen die äußeren Handlungen nicht, sondern sie versinnbildlichen nur den geistigen Vorgang, welcher gleichzeitig mit dem
Vollzug der äußeren Handlung im Innern der Erwählten vor
sich geht. Anders hat die lutherische Reformation die Sakramente
gedacht.

Die Welt ist für Gott nichts Fremdes; wie er mit dem Hauche
seines Mundes sie gesetzt hat, so durchwirkt er sie auch. Die
Kreatur ist also empfänglich für ihren Schöpfer, der Mensch empfänglich für Gott. Darum kann Gott sich ihm nahen durch
sinnliche Mittel. Die Elemente des Sakraments werden wirklich
„Vehikel" der göttlichen Gnadenwirkung; nicht neben oder gleich=
zeitig, sondern in mit und unter den sichtbaren Zeichen werden
unsichtbare Gnadengaben mitgeteilt und versiegelt.

Von der Zauberei des Katholicismus hält sich auch diese
Sakramentslehre frei; denn sie läßt den Sakramentssegen doch nur
unter der Bedingung des Glaubens der empfangenden Person entstehen und nur für den Moment des Genusses vorhanden sein
(nihil sacramenti extra usum). Aber auch sie ist nur eine theologische Theorie, welche an dem Worte Gottes gemessen werden
darf und soll. Zu einer befriedigenden begrifflichen Auffassung
des Sakraments ist bis heut keine der beiden Reformationen gekommen; allein auf eine theologische Theorie vom Sakrament, auf
den Begriff desselben, kommt es für die gläubige Gemeinde zum
Glück überhaupt nicht an. Sie hat Taufe und Abendmahl als

zwei von Christus für sie eingesetzte Handlungen; die wissenschaftlichen Theologen mögen sich bemühen, für beide einen einheitlichen
Begriff zu finden; wenn sie einen befriedigenden erarbeiten, wird
die Gemeinde sich freuen; wenn nicht, so wird sie doch ruhig
Taufe und Abendmahl weiter feiern. Ob die Theologen beide
Handlungen Sakramentum nennen oder nicht, ist auch unwesentlich;
denn dieses Wort stammt aus dem heidnischen Latein, ist also gar
nicht auf christlichem Boden erwachsen.

Wenn wir also auch dem römischen Sakramentsbegriff keinen
uns allseitig befriedigenden protestantischen entgegen stellen können,
so brauchen wir uns dieser Schwäche unserer bisherigen kirchlichen
Lehre nicht zu schämen; besser als die römische Zaubertheorie ist
sie dennoch auf jeden Fall. — Von den römischen Bestand-
teilen des Sakraments nehmen wir Evangelische das äußere
Zeichen und das Einsetzungswort an; aber den dritten Bestandteil
„die Absicht, zu thun, was die Kirche thut", dessen zweideutigen
Sinn wir oben auseinander setzten, brauchen wir nicht; denn mag
der evangelische Geistliche diese Absicht haben oder nicht, das ist
gleichgültig; er ist es ja nicht, der das Sakrament macht, sondern
Gott selbst ist der wirksame, durch ihn selbst wird die Huld, welche
durch das Zeichen versiegelt wird, dem Empfänger zuteil. Der
Geistliche tritt zurück; er bildet nur das geschichtliche Mittel, durch
welches Gott dem Empfänger seine Gnade persönlich zueignet.

Die römische Zahl der Sakramente ferner ist eine rein will-
kürliche. Schon die alte Kirche hat geschwankt. Was zählen Ori-
genes und Dionysius Areopagita alles als Mysterien auf? was
Augustin als Sakramente? Erst das Trienter Konzil hat die
Siebenzahl festgesetzt, um den Menschen von der Wiege bis zum
Grabe am Gängelbande zu halten. Dabei ist aber die römische
Lehre in einen schreienden Widerspruch mit sich selbst geraten;
denn sie zählt unter die Sakramente die Priesterweihe und die
Ehe, und doch schließen beide sich gegenseitig aus. Um die christliche Familie durch den Priester beherrschen zu lassen, hat die
Kirche die Eheschließung zum Sakrament gemacht; aber das Weib,
das der Priester sakramental dem Manne zuführt, ist für ihn
selbst zu schlecht; ihn würde es nur beflecken. Handlungen mit so

schreienden Gegensätzen können nicht zugleich Sakramente sein, weil
Gott sich nicht widerspruchsvoller Mittel bedienen kann, um den
Bestand seiner Kirche zu sichern. Die heilige Schrift kennt auch
nur zwei heilige Handlungen, deren Übung Christus der Gemeinde
der Gläubigen anbefohlen hat, die Taufe und das Abendmahl.
Denn gerade diese beiden Handlungen sind nötig, um jeden Em-
pfänger individuell zu versichern, daß er persönlich so gewiß der
Huld Gottes teilhaft werde, wie er die äußern Zeichen empfange [16]).
Mehr als diese zwei Handlungen braucht auch die Kirche nicht:
eine Handlung Gottes, durch welche er den Menschen in die
Sphäre seiner Gnade aufnimmt, die Taufe, und eine Handlung,
durch welche er dem einzelnen Gläubigen die Verheißung seiner
Gnade gegenwärtig erhält, das Abendmahl. Die andern fünf
Handlungen, welche die römische Kirche als Sakramente ausgiebt,
sind keine. Denn für sie ist keine spezielle Gnadenverheißung in
der heiligen Schrift zu finden; für zwei, die Firmelung und die
Priesterweihe nicht einmal ein Spruch, welchen man als göttliches
Einsetzungswort deuten könnte; für zwei andere, die Pönitenz und
die Eheschließung fehlt auch noch das äußere Zeichen, ohne welches
doch selbst nach römischer Lehre ein Sakrament überhaupt nicht
vorhanden sein kann. .   .

Was die römische Kirche über die Unterschiede der sieben
Sakramente lehrt, fällt zugleich mit der Siebenzahl selbst. Wir
Evangelische kennen keinen Gradunterschied in der Schätzung des
Wertes von Taufe und Abendmahl; denn wir brauchen ja beide;
Gott muß uns in seinen Gnadenbund aufnehmen und muß uns
darin erhalten; darüber noch nachzudenken, ob die eine Handlung
wichtiger sei als die andere, halten wir für durchaus nutzlos.
Was die römische Kirche über die Notwendigkeit der Sakramente
sagt, diese Weitherzigkeit werden auch wir zugestehen: es läßt sich
denken, daß ein Mensch ohne den Empfang der Sakramente selig
wird, wenn er z. B. durch irgendwelche außerordentliche Führung
zum Glauben kommt, ohne getauft werden zu können. Stirbt
er, sollte er ohne seine Schuld verloren gehen? Wir brauchen
nicht engherziger zu sein, als der Katholicismus. —

Die Lehre von der Wirksamkeit der Sakramente durch den

äußern Vollzug der Handlung müssen wir aber völlig verwerfen;
denn es giebt kein Heil ohne persönliche Beteiligung des Empfängers, keinen Sakramentsegen für das Herz durch bloße äußerliche Handlung am Menschen. Die vatikanische Heilsanstalt mecha-
nisiert den Kultus.

Nur einen einzigen Punkt haben wir an dieser Stelle mit dem
Katholicismus gemeinsam. Auch der kirchliche Protestantismus
läßt den Sakramentsegen unabhängig sein von der Würdigkeit des
verwaltenden Geistlichen; denn da nicht der Geistliche, sondern Gott
selbst dabei der Handelnde ist, so bleibt diese Gotteshandlung gesegnet, auch wenn der verwaltende Geistliche ein unwürdiger Mensch
wäre. Wenn er nur die Handlung stiftungsgemäß, der Einsetzung
Christi gemäß vollzieht, so geschieht von seiner Seite, was an
sachlichen Voraussetzungen nötig ist. Durch diese Auffassung und
Übung hielten die protestantischen Teilkirchen den Zusammenhang
mit der geschichtlich erwachsenen allgemeinen Kirche aufrecht; sie
konnten die römischen Taufen anerkennen und sich selbst als Kirchen
erweisen, ohne in donatistischen Sektengeist zu verfallen, der Sakramente nur aus sündlosen Händen empfangen wollte, was doch auf
Erden unmöglich ist. Betrachten wir nun die römischen Sakramente im einzelnen.

§ 16. Die Priesterweihe.

Obenan steht dasjenige Sakrament, welches, wie Möhler sagt,
„die Bedingung alles kirchlichen Lebens und der übrigen Sakramente ist", die Priesterweihe; denn der Priester ist es, welcher
„die Menschen zu Gott führt und ihnen Gottes Gnade in den
Sakramenten spendet" [17]. Vollzogen wird die Priesterweihe vom
Bischofe, er legt dem zu Weihenden die Hände auf das Haupt,
salbt ihn mit Öl, reicht ihm den Kelch mit Wein und die Patene
mit der Hostie und spricht „nimm hin die Vollmacht, Gott das
Opfer darzubringen und Messen zu feiern für Lebende und für
Tote" — und „nimm hin den heiligen Geist; denen du die
Sünden erlässest, denen sind sie erlassen, und denen du sie be-
hältst, denen sind sie behalten". Sobald diese Worte über dem
zu Weihenden gesprochen sind, ist die doppelte Amtsgewalt, das

Meßopfer darzubringen und die Sünden zu vergeben, als ein „un=
zerstörbarer Charakter" ihm eingeprägt. Die römische Kirche be=
ruft sich dafür auf 1 Tim. 4, 14 und 2 Tim. 1, 6. An diesen
Stellen ist die Rede von der persönlichen Amtstüchtigkeit, welche
dem Timotheus als Gnabengabe zuteil wurde, indem ein Wort
der Verheißung zugleich mit Handauflegung vonseiten christlicher
Ältesten und des Paulus über ihm ausgesprochen und er so in
seinen kirchlichen Dienst eingeführt wurde. Von der mechanischen
Übertragung römisch=katholischer Priestervollmachten ist hier keine
Rede und konnte es auch nicht sein. Denn es giebt in der neu=
testamentlichen Bundesgemeinde keinen privilegierten Priesterstand,
sondern nur ein allgemeines Priestertum; infolge dessen giebt es
auch keine besondere Priesterweihe neben der Taufe, sondern jeder
Getaufte kann und soll sich selber Priester sein. Einen zauber=
haften Vorgang vollends, wobei angeblich der heilige Geist durch
die Fingerspitzen des Bischofs auf den Priester zu dauerndem Besitz
übergeleitet wird, könnten wir nach evangelischen Vorstellungen vom
Verhältnis Gottes zur Welt überhaupt nicht annehmen.

Wir Evangelische haben allerdings auch eine „Ordination";
denn der Ordnung wegen muß doch jeder Geistliche rechtsgültig
berufen, in sein Amt eingeführt und der Gemeinde als ein solcher,
dem Gott die Fähigkeit zum geistlichen Amt gegeben hat, vorge=
stellt werden. In dieser Bestätigung und Amtseinführung erhält
die Gemeinde die Garantie, daß sie sich in ihrer Wahl nicht ge=
täuscht habe. Daß diese Ordination nur durch die Kirchenbehörde
geschehen kann, liegt auf der Hand, und diese Einführung geschieht,
wie es sich bei Christen von selbst versteht, unter Erflehung des
göttlichen Segens. Da wir dabei annehmen müssen, daß jeder
Geistliche nur dem Zuge seines Herzens folgt, also innerlich bereits
von Gott berufen ist, so zweifeln wir nicht, daß das Gebet der
Kirche um Segen für den Eingeführten erhört werden wird. Das
ist der Sinn der evangelischen Ordination [18]).

§ 17. Die Taufe.

Mit der Taufe beginnt die Stufenleiter der fünf Sakramente,
welche nach römischer Lehre für jeden Menschen nötig sind, um

entsündigt und geheiligt zu werden. Durch die Taufe wird dem
Menschen die erste Heiligungskraft eingegossen, wobei es gleichgültig ist, ob sie durch Untertauchen, Begießen oder Besprengen
erfolgt. Die römische Kirche gebraucht dabei Wasser mit Öl vermischt und spricht nach Matth. 28, 19 über dem Täufling die
Formel „ich taufe dich im Namen des Vaters, des Sohnes und
des heiligen Geistes". Sie bedient sich dabei auch einer Reihe
sinnvoller Zeremonien; es wird über dem Täufling nicht bloß das
Kreuzeszeichen auf Stirn, Augen und Brust gemacht; es wird
ihm auch etwas Salz in den Mund gestreut, zum Zeichen, daß er
von der Thorheit dieser Welt befreit sei, und eine Kerze ihm in
die Hand gedrückt, weil er mit heiligem Lichte erleuchtet worden;
er trägt ein weißes Gewand als Entsündigter. An Wirkungen
der Taufe zählt man auf: die Tilgung der Erbsünde, die Vergebung aller bis zur Taufe begangenen Thatsünden und Aufhebung
der Strafe derselben; endlich die Einflößung übernatürlicher Heiligungskraft. Weil dabei eine fundamentale Umwandlung des menschlichen Willens stattfindet, so darf dieses Sakrament nicht wiederholt werden. Da endlich nach römischer Sakramentslehre aufseiten
des Empfängers nur ein negatives Verhalten (das Fehlen einer
Todsünde) gefordert wird, so steht hier der Kindertaufe kein Hindernis entgegen [19]).

Im Streit um diesen Punkt handelt es sich zwischen Katholicismus und kirchlichem Protestantismus nicht um die Taufe als
Sakrament; sie haben wir nach Matth. 28, 19 und erkennen
deshalb auch die römische Taufe als gültig an; der Streit dreht
sich um die Auffassung des Wesens der Taufe und ihrer Wirkungen. Wir verwerfen mit dem zauberischen Sakramentsbegriff
auch magische Einflößung von Heiligungskraft; wir halten es
darum auch für unmöglich, daß durch den einen Akt der Taufe
die Erbsünde im Menschen getilgt wird, und meinen im Gegensatz
dazu, daß sie dem Menschen nur vergeben ist; denn die Erfahrung
der Apostel und jedes aufrichtigen evangelischen Christen lehrt, daß
man auch nach der Taufe den sündigen Hang noch in sich trägt.
Die Taufe bewirkt nur, daß Gott uns trotz unserer Sünde in
seine Gemeinschaft aufnimmt, indem er sie nicht mehr als schuld-

verhaftend, nicht mehr als Hemmnis unserer Gemeinschaft mit ihm
beurteilt. Indem Gott uns in seine Gemeinschaft aufnimmt,
schließt er mit uns einen Bund, dem er selbst nie untreu werden
kann. Wohl aber ist die Untreue auf unserer Seite möglich.
Deshalb gilt es durch tägliche Reue und Buße wieder in das
Gnadenverhältnis zu Gott, in die „Taufgnade" einzugehen — aber
die Taufe selbst bleibt gültig als einzige; eine Wiederholung derselben wäre unnötig.

Darum bedarf es auch keines zweiten Sakraments, um die
verlorene Gnade wieder zu erlangen, wie es die römische Kirche
im Pönitenzsakrament zu haben meint. Denn die Taufe bleibt
wirksam durch das ganze Leben hindurch, weil Gottes Treue
nicht wankt.

Die römische Theologie wirft uns Geringschätzung der Taufe
vor, weil wir lehren, daß durch sie nicht die Erbsünde selbst, sondern nur die Schuld derselben aufgehoben werde. Dieser Vorwurf
ist unbegründet; denn auch der nach der Taufe noch vorhandene
sündige Hang erscheint uns so verdammlich, daß wir ihn nicht
oberflächlich beurteilen können, sondern ihn als wirkliche Sündhaftigkeit ansehen. Unser Sündenbewußtsein ist eben nicht so oberflächlich, wie das römische; denn die Lust, die Konkupiscenz, welche
nach der Taufe noch im Menschen übrig bleibt, ist laut der Augsburgischen Konfession wahrhaftig Sünde. Die römische Kirche
stumpft dagegen das Gewissen ab, indem sie die Lust bloß für
einen „Zunder" zur Sünde, nicht für Sünde selbst erklärt.

So führt nicht unsere, sondern die römische Lehre zum Leicht-
sinn. — Was die römischen Zeremonien betrifft, so sind wir weitherzig genug, um uns gefallen zu lassen, was dem Evangelium
nicht widerstreitet.

Eine weit größere Schwierigkeit erhebt sich über die Kindertaufe und über das Schicksal der ungetauft sterbenden Kinder.
Sämtliche reformatorische Teilkirchen haben die Kindertaufe beibehalten und auch dadurch ihren Zusammenhang mit der unge-
teilten Kirche bewiesen. Nur ist die wissenschaftliche Begründung
in beiden Formen des Protestantismus weit schwieriger als im
Katholicismus, da bei uns der Sakramentssegen, die Huld Gottes,

durch den Glauben des Empfängers bedingt ist. Haben nun die
neugeborenen Kinder Glauben oder nicht? Tritt, wenn sie keinen
eigenen Glauben haben, der Glaube der Eltern und der Paten
stellvertretend für sie ein oder nicht? Darüber steht im Neuen
Testamente nichts; kein einziges deutliches Beispiel findet sich in
ihm, daß neugeborene Kinder christlich getauft worden sind. Wir
wissen nur, daß um das Jahr 200 ein „Eilen des Kindesalters
zur Taufe“ statt fand; wie Tertullian unzufrieden bezeugt [20]). Eine
solche schon damals allgemein werdende Sitte kann schwerlich ohne
apostolische Beispiele in der Kirche aufgekommen sein.

Was dann die evangelische Bedingung, den Glauben betrifft,
so erwähnen wir zuvor, daß der Glaube die unendliche Empfänglichkeit für Gott ist; solche Empfänglichkeit ist in dem nach Gottes
Bilde und für Gott geschaffenen Menschen gewiß schon in den
allereinfachsten Regungen des Gemütslebens vorhanden, jedenfalls
längst vor Ausbildung des klaren Selbstbewußtseins. Zeigt der
Säugling auf dem Schoß der Mutter seine Empfänglichkeit für
ihre Liebe schon nach wenig Wochen seines Daseins durch sein
erstes Lächeln an, sollte zwischen Gott und seinem Geschöpf kein
ähnliches Verhältnis vorhanden sein? Wir können nur nicht beschreiben, in welcher Weise die Anlage der Empfänglichkeit für
Gott im Kinde zur Wirklichkeit wird. Da sich aber in der Taufe
der Mensch überhaupt nicht wirkend, sondern nur empfangend verhält, so darf und soll er so früh wie möglich unter die Einwirkung der göttlichen Huld gestellt werden.

Aber über das Schicksal der ungetauft sterbenden Kinder gehen
beide Kirchen auseinander, indem die römische lehrt, daß die ungetauft sterbenden nie zur Anschauung Gottes kommen, sondern
leidlos an einem mittleren Orte verharren — in dumpfer Ewigkeit. Was also etwa heut die Spiritisten unter der Unsterblich-
keit verstehen, gleicht dem Schicksale dieser um ihren Lebenszweck
betrogenen Geschöpfe. Versöhnt wird der Betrachter einigermaßen
nur, wie im gnostischen System des Basilides, durch die große
Unwissenheit, die sich über alle Beteiligten ausbreitet: sie wissen
nicht, daß sie unglücklich sind. Aber könnte nicht ein Mutterherz
darüber rasend werden, wenn die unfehlbare Kirche ihm sagt, das

Kind, das du unter dem Herzen getragen, das zufällig nicht getauft ist, siehst du in alle Ewigkeit nicht wieder! Die heilige
Schrift sagt darüber nichts; deshalb schweigen auch unsere evangelischen Bekenntnisse; nur Mutmaßungen sind uns gestattet. Wenn
Gott eine Seele setzt, so muß er auch die Bedingungen schaffen,
unter denen sie sich entwickeln und für ihn entscheiden kann; da
ohne sein Wollen kein Sperling vom Dache fällt, so scheidet auch
ohne ihn kein Säugling aus dieser Welt; hält Gott aber diese
Welt nicht für geeignet für die Entwickelung einer von ihm gesetzten Menschenseele, so wird er außer dieser Welt Verhältnisse
schaffen, wo diese Entwickelung stattfinden kann.

Das paßt auf die ungetauft sterbenden Kinder, so gut wie auf
die noch nicht christianisierten Völker, das paßt auf die Blödsinnigen, deren Geist durch einen siechen Körper niedergehalten wird,
paßt auch auf alle die, welche im Wahnsinn sterben. Solchen
Gedanken spricht Luther selbst das Wort, wenn er von den ungetauft sterbenden kleinen Kindern sagt: „Man soll ihre Seelen
dem Willen des himmlischen Vaters überlassen, von dem wir
wissen, daß er barmherzig ist... Denn wenn sie auch den an-
geborenen sündigen Hang an sich tragen, so ist es doch etwas
Großes, daß sie keine Thatsünde begangen haben (contra legem
nihil peccarunt)" [21].

So schließt die evangelische Lehre von der Taufe mit der Auf-
lösung jener schneidenden Disharmonie, welche der Katholicismus
stehen ließ.

§ 18. Katholische Firmelung und evangelische Konfirmation.

In der Taufe schenkte die Kirche dem Menschen die erste
Gnade; wenn er aber unter ihrem Segen heran gewachsen „zu
den Jahren der vernünftigen Unterscheidung" gekommen ist, wenn
er den Kampf mit der Welt aufnehmen und ausziehen soll zu
geistlicher Ritterschaft, da ist's die Kirche wieder, die ihn weiht und
feit. In dem Sakrament der Firmelung verleiht sie „Tugend-
stärke, die Festigkeit der Gerechtigkeit".

Der Vollzug des Sakraments geschieht, indem der Bischof
dem Firmling mit Öl ein Kreuz auf die Stirn macht und ihm

als geistlichen Ritterschlag einen leichten Backenstreich giebt. So
ist der Katholik ausgerüstet als Streiter wider die Welt. Die
Kraft aber, welche ihm mitgeteilt wurde, hat einen unzerstörbaren
Charakter, so daß die Firmelung nicht wiederholt werden darf.
Dieses Sakrament ist dem Bischof vorbehalten, ohne Zweifel,
damit der Episkopat mit jedem einzelnen Katholiken in Berührung
kommen und ihn am Gängelbande halten kann.

Wie bei der Taufe, so sind auch bei der Firmelung Paten
nötig. Der Firmling tritt zu ihnen in das Verhältnis der geist=
lichen Verwandtschaft. Das klingt ja erbaulich, hat aber üble
Folgen, indem diese geistliche Verwandtschaft ebenso ein Ehehinder=
nis bildet, wie die leibliche. Firmpaten=Verwandte dürfen also
bis zum vierten Grade der Verwandtschaft nicht unter einander
heiraten. Wir Evangelische finden im Neuen Testament für die
katholische Firmelung keinen Auftrag Christi, selbst Apostelgesch.
8, 17 nicht; denn hier wird zwar die Zeremonie der Handauf=
legung von den Aposteln vollzogen, nicht aber das römische
Firmelungssakrament; wir verwerfen es also als unbiblisch [22]).
Aber ohngefähr in demselben Lebensalter, in welchem der katho=
lische Christ „gefirmt" wird, empfängt der evangelische die Kon=
firmation. Wie verhält sich diese Handlung zur katholischen Fir=
melung?

Im Reformationszeitalter meinte schon Melanchthon, daß der
heranwachsenden Jugend Gelegenheit zum Bekenntnis ihres Glau=
bens gegeben werden könne [23]). Im siebzehnten Jahrhundert ist
dann als feierliche kirchliche Handlung eingeführt worden, daß jeder
evangelische Christ, wenn er sittlich selbständig geworden, auch
seinen Taufbund selbständig bekräftigen müsse. Das Bekenntnis
des Glaubens, welches in der Stunde der Taufe durch den Mund
der Paten für den Täufling abgelegt ist, soll von dem heran=
gereiften Christen vor der gläubigen Gemeinde als persönliche Über=
zeugung ausgesprochen werden. Nach dem Bekenntnis aber fleht
die Kirche den göttlichen Geist auf das Haupt des Jünglings und
der Jungfrau herab; und da mit gutem Grund anzunehmen ist,
daß ein solches Gebet erhört wird, so versinnbildlicht die Kirche
das Herabkommen des Gebetssegens in der Zeremonie der Hand=

auflegung. Die evangelische Konfirmation ist also ein guter kirch=
licher Brauch, aber kein Sakrament [24]).

§ 19. Die Kommunion (das Abendmahl).

Durch die Kirche gefeit, ist der Streiter Christi in das Leben
hinaus getreten; wenn er aber ermattet, so reicht sie ihm neue
Kraft im Sakrament der Eucharistie, der Kommunion, durch wel=
ches er am Meßopfer teilnimmt [25]). Schon die alte Kirche kannte
eine „Eucharistie". Wenn nämlich nach damaliger Sitte für die
Abendmahlsfeier Brot und Wein von der Gemeinde mitgebracht
waren, weihte der Geistliche diese Gaben durch ein Dankgebet,
welches griechisch „Eucharistie" heißt. Die römische Kirche versteht
dagegen unter der Eucharistie die „gute Gnade", welche in der
geweihten Hostie durch Priesterhand dem Gläubigen gereicht wird.
Sie gebraucht zur Herstellung des Sakramentes Brot und Wein,
jenes ungesäuert, diesen mit Wasser gemischt, weil so Christus am
ersten Tage der ungesäuerten Brote im Anschluß an jüdische Sitte
das erste Abendmahl wird gehalten haben. Wenn der Priester
über beiden die Weiheformeln spricht, „das ist mein Leib und das
ist der Kelch meines Blutes, des neuen und ewigen Testamentes,
Geheimnis des Glaubens, (des Blutes), welches für euch und viele
vergossen wird zur Vergebung der Sünden" [26]): dann werden Brot
und Wein in den Leib und das Blut des Gottmenschen verwan=
delt; von ihrem früheren Wesen bleiben nur noch die äußeren Er=
kennungszeichen (Gestalt, Geschmack, Geruch), die sogenannten
„Accidenzien" übrig. Fragt man, wozu noch dieses zweite Wunder
zum ersten? Erstens um dem Gläubigen das Grauen zu ersparen,
welches er empfinden müßte, wenn Fleisch und Blut des Gott=
menschen äußerlich erkennbar wäre, zweitens um den Glauben zu
üben, der genießen soll, was er nicht sieht. Das ist die römische
Lehre von der Wandlung oder der „Transsubstantiation" des ge=
segneten Brotes und Weines [27]). Da das Doppelwunder der
Wandlung sogleich mit den Konsekrationsworten erfolgt, so ist die
Gegenwart Jesu Christi zu glauben, auch wenn keine Austeilung
und kein Genuß von Brot und Wein stattfindet. Ist ferner die
konsekrierte Hostie unser Herr Jesus Christus selbst, so gebührt

ihr derselbe Kultus, wie dem wahren Gotte: sie muß angebetet werden [28]). Die geweihte Hostie wird deshalb dem gläubigen Volke zur Anbetung „gezeigt" („Monstranz" heißt daher der Behälter, in welchem man sie zu diesem Zwecke aufbewahrt); sie wird in feierlichen Umgängen (Prozessionen) herumgetragen; das glänzendste Kirchenfest, das Fronleichnamsfest (festum corporis Christi), ist ihr gewidmet, das Triumphfest der Mirakelkirche über die Häresie seit dem dreizehnten Jahrhunderte, wo die Ketzer besonders gefährlich geworden waren. Mit derselben Scheu, wie die Hostie, wird auch das Blut des Gottmenschen behandelt. Wenn daher der Papst es genießt, so trinkt er den Wein nicht, sondern saugt ihn mittelst eines goldenen Röhrchens aus dem Kelche — eine allerdings lächerliche Ängstlichkeit. — Wo der Leib Christi vorhanden ist, da ist auch stets zugleich sein Blut; es findet zwischen beiden das Verhältnis der gegenseitigen Begleitung (Konkomitanz) statt; in jedem der beiden Stoffe ist also „der ganze Christus vorhanden"; deshalb ist es nicht nötig, das Sakrament unter beiden Gestalten zu reichen; es genügt die Kommunion unter einer einzigen Gestalt. (Communio sub una [specie]). Die Einsetzung unter beiden Gestalten galt nur den Aposteln in ihrer Eigenschaft als Priester; die „Laien" und die nicht administrierenden Priester mögen sich mit einer Gestalt, mit der geweihten Oblate begnügen, während der das Sakrament verwaltende Priester den geweihten Wein „für alle" trinkt. Auch Apostelgesch. 20, 7 und Luk. 24, 30 habe beidemal bloß ein Brotbrechen stattgefunden. Wozu dann aber überhaupt noch geweihtes Blut besonders? Weil die Eucharistie auch Opfer ist und Opfer nie ohne Blut dargebracht werden darf, weder im alten noch im neuen Bunde. So begründet die römische Kirche ihre Lehre von der Kelchentziehung. Sie weiß dafür auch noch Opportunitätsgründe aufzufinden: es könnte von dem Wein etwas vergossen werden oder umkommen, mancher Magen vertrage keinen Wein, und in mancher Gegend könne man sich überhaupt keinen verschaffen.

Dieses Sakrament ist nach römischer Lehre ein Gegenmittel gegen die täglichen Verschuldungen, von denen es befreit, und ein Schutzmittel gegen Todsünden, vor denen es bewahrt; letzteres ist die Hauptwirkung, die Eingießung heiliger Liebeskraft zur Vermeidung von Sünde. Wer sie empfangen will, muß im Glauben der Kirche stehen und von Todsünden frei sein. Auch soll der Abendmahlsgast den Ernst seiner Vorbereitung durch Nüchternheit und Fasten, mindestens seit der letzten Mitternacht beweisen. Wenigstens einmal im Jahre in der Osterzeit soll jeder erwachsene Katholik das Sakrament genießen; das gilt für Männer und für Frauen, ein seit dem dreizehnten Jahrhundert wirksames Mittel zur Aufrechterhaltung römischer Kirchlichkeit [29]).

Wir Evangelische wissen, daß die alte Kirche nur die Kommunion unter beiden Gestalten kannte, und als die Manichäer den Weingenuß als teuflisch verwarfen, bewahrten noch im fünften Jahrhundert die Päpste Leo I. und Gelasius I. die altchristliche Feier, indem sie die Zerteilung des einheitlichen Mysteriums „als ein mit Exkommunikation zu bestrafendes Sakrilegium" bezeichneten [30]). Erst im zwölften Jahrhundert empfingen die Laien statt Brot und Wein bloß das in Wein getauchte Brot; schließlich entzog man ihnen den Kelch ganz, und die Scholastiker erfanden die Lehre von der Konkomitanz, nach welcher man sich ganz fleischlich den verklärten Leib des Gottmenschen als von Blut durchflossenes Fleisch vorstellen soll [31]). Von der Verwandlung selbst weiß die heilige Schrift vollends nichts. Diese Irrlehre stützt sich bloß auf das Wörtchen „ist" in den Einsetzungsworten „das ist mein Leib, das ist mein Blut". Allein da Christus diese Worte in der aramäischen Umgangssprache gesprochen hat, so werden sie gelautet haben „das mein Leib, das mein Blut". Darin liegt also ebenso wenig eine Verwandlung ausgesprochen wie in Christi Anrede an den Sohn des Jonas „du bist Petrus; auf diesen Felsen will ich meine Gemeinde bauen" (Matth. 16, 18), wobei doch selbst kein Katholik daran denkt, daß Petrus wirklich versteinert worden ist [32]). Welches Verhältnis aber zwischen den Elementen (Brot und Wein) und der persönlichen Gegenwart Jesu Christi, welche wir auf sein Wort (Matth. 18, 20) glauben, wirklich stattfindet, wird immer Mysterium bleiben. Dies Geheimnis zu entschleiern, ist nicht not, wohl aber, daß wir „würdig" essen und trinken, um des Segens des heiligen Mahles teilhaft zu werden (1 Kor. 11, 28).

§ 20. Pönitenz und Ablaß.

a) Die Taufe hatte die erste Gnade eingegossen, die Firmung sie gestärkt und die Eucharistie sie wachsen lassen. Wenn trotzdem der Getaufte „in Todsünde fällt", bedarf seine Seele einer „Wieder-anknüpfung an Gott". Dieselbe wird bewirkt durch das Sakra-ment der Pönitenz. Die Vollmacht zur Spendung desselben haben die Bischöfe und durch sie die übrigen Priester, weil Christus (Joh. 20, 22 ff.) seine Jünger angehaucht und ihnen die Macht, Sünden zu vergeben und zu behalten, übertragen hat. Die Los-sprechung aber erfolgt, wenn vonseiten des Sünders drei Be-dingungen erfüllt sind. Derselbe muß erstens über seine Sünde Schmerz empfinden und sie verabscheuen (contritio cordis). Da ferner der Priester, der nach römischer Ansicht hier als Richter fungiert, nur vergeben kann, was er kennt, so muß ihm der Sünder alle einzelnen Verfehlungen auch einzeln und vollzählig bekennen (confessio oris) und zwar mit Angabe der „näheren Umstände, unter denen sie vollbracht wurden"[33]). Solche Beichte soll jeder Katholik wenigstens einmal im Jahre in der österlichen Zeit vor seinem zuständigen Pfarrer ablegen[34]); leise mag er sie ihm am Beichtstuhl in das Ohr sagen (Ohrenbeichte), und was er da beichtet, soll Geheimnis bleiben, wie wenn es in ein Grab verschlossen wäre. Endlich bestimmt der absolvierende Priester noch zur Abwendung der zeitlichen Sündenstrafen ein Maß „genug-thuender Leistungen (satisfactio operis)", Fasten, Gebete, Al-mosen und andere „fromme Werke". Da diese hier aber bloß als äußere Leistungen betrachtet werden, so kann man sie auch von anderen Personen stellvertretend vollbringen lassen, was ausdrück-lich von der römisch-katholischen Wissenschaft und vom römischen Katechismus anerkannt ist[35]).

Von diesen drei Stücken strichen die Reformatoren das zweite und das dritte; denn eine wahrheitsgetreue Aufzählung aller ein-zelnen Sünden ist doch nicht möglich, und die in der römischen Kirche beliebte führt nur zur Oberflächlichkeit, da der beichtende Christ zu dem Wahn verführt wird, als ob die Schuld bloß eine Summe von einzelnen Verfehlungen sei. So ist die Ohrenbeichte gefallen und das mit Recht; denn sie ist die geheime Macht, durch welche die römische Kirche die Gewissen ganzer Völker knechtet, wie kein Tyrann es vermöchte, verordnet in einer Zeit der höchsten Gefahr für die römische Kirche, wo man nur durch Gewaltmittel die mächtig sich regende Hydra der Häresie glaubte ertöten zu können, vor Ausbruch der Albigenserkriege (1215), als Kirche und Priester in Südfrankreich verachtet wurden. Der kluge Papst aber, welcher diese Gewissenstyrannei anordnete, war der größte Hierarch des Mittelalters, Innocenz III. — Vollends das Abfragen von Sünden — wieviel Seelen mag es schon verdorben haben! Gegen Beichtväter, welche zur Unzucht verführen, ergingen von den Päpsten selbst wiederholt Bestimmungen, und der Wortlaut derselben läßt erraten, eine wie haarsträubende Mannigfaltigkeit von verbrecherischen Beichtvätern zur Kenntnis der Kurie gekommen ist [36]). Was aber in der Stille vor sich gehen mag, darüber bringt doch dann und wann ein Schrei in die Öffentlichkeit [37]). Eine bestimmte Form der römischen Beichte muß die öffentliche Sittlichkeit geradezu ruinieren. Es ist das diejenige, welche der Kardinal = Großpönitentiar alljährlich am Gründonnerstage für die dem Papste reservierten Fälle in einer Hauptkirche Roms, nach einer Angabe im St. Peter, nach einer anderen im Lateran, abnimmt. Er absolviert dabei von unbestraften Verbrechen jenseits des gewöhnlichen Mordes, z. B. von Vatermord oder Mutter= mord. „Da sieht man wohl einen scheuen unheimlichen Kerl aus den Abruzzen die Stufen des Thrones hinansteigen; das Volk raunt sich zu, daß er seinen Bruder umgebracht, aber den welt= lichen Richter getäuscht habe. Nach ein paar geflüsterten Worten umarmt ihn der Kardinal — und die schwarze That liegt hinter ihm"; sie bleibt ungestraft [38]). Danach darf man doch mit Recht die Leichtigkeit des Mordes bei den Romanen nicht bloß auf ihr heißes Blut zurückführen. — Nach einem weibischen Urteile gehört diese Gründonnerstagsbeichte zu den „ergreifendsten Einrichtungen der katholischen Kirche" [39]).

Der Protestantismus begnügt sich mit der allgemeinen öffent= lichen Beichte, worauf seine Geistlichen die göttliche Vergebung der Sünden den Bußfertigen nur zu verkündigen, zu deklarieren haben, sie selbst nur als Gottes Boten, nicht als Richter über die Gewissen. Doch ist die private Beichte nicht etwa abgeschafft, sondern von den Reformatoren als eine sehr christliche und tröstliche Einrichtung beibehalten worden; nur solle man keinen Zwang daraus machen, wie der Papst aus der Ohrenbeichte [40]). Wer also heut das Bedürfnis fühlt, seine Sünde dem Geistlichen unter vier Augen zu bekennen, kann und soll es thun; aber das ist bei uns allerdings erschwert, weil sich der Geistliche dafür erst ein hohes Maß von Vertrauen erworben haben muß, was nicht jedem gelingt. Bei uns ist eben alles auf das Persönliche gestellt; das ist unsere Stärke, oft auch unsere Schwäche. Als die lutherische Pfarrerstochter Luise Hensel, die nachmalige Dichterin, vor 1820 in Berlin keinen evangelischen Geistlichen fand, dem sie privat beichten konnte, ist sie — katholisch geworden. Trotzdem ist der römische Beichtstuhl bei uns mit Recht gefallen. Das dritte Stück vollends, die Genugthuungen, mußte unbedingt abgeschafft werden; denn indem der römische Priester den Beichtenden nur auf das Versprechen hin losspricht, daß er die Genugthuungen leisten werde, bilden diese doch eine Bedingung der Sündenvergebung und schmälern so den Wert des Erlösungswerkes Christi, welchem wir durch unsere eigenen Leistungen nicht erst noch nachzuhelfen brauchen. Uns Evangelischen bleibt so von der römischen Pönitenz bloß das erste Stück, der Schmerz über die Sünde, aber ein solcher, der zur Umkehr, zur Sinnesänderung, zum Glauben an Christus führt. Das ist der Grund, weshalb die Reformatoren, als unsere evangelische Lehre noch im Entstehen war, die Pönitenz geradezu aus zwei Stücken bestehen ließen, aus Schmerz über die Sünde und aus Glauben an Christus. Erst später unterschied man beides deutlicher, Buße und Glaube, und behandelte sie in der Lehre von der Zueignung des Heils an den einzelnen Menschen. Ein besonderes „Sakrament der Buße" brauchen wir also nicht [41]).

Unmittelbar an die römische Lehre von der Pönitenz schließt sich die vom Ablaß.

b) Die römische Lehre vom Ablaß. Merkwürdig, in den Bekenntnisschriften der römischen Kirche stößt man in der Lehre vom Ablaß auf ein kluges Schweigen. „Aus weiser Ab-

ficht" meint Möhler, habe die Trienter Synode nichts weiter über
den Ablaß festgestellt, als daß die Kirche das Recht habe, Ablässe
zu erteilen, und daß dieselben, mit Weisheit gespendet, nützlich
seien. Schon die alte Kirche kannte Erlasse kirchlicher Strafen,
wie die Synoden von Anchra (314) und Nicäa (325) zeigen; denn
die zeitlichen Strafen, welche die Kirche vorschreibt, kann sie einem
Gläubigen auch erlassen, indem sie, so lehrt man, ihm zugleich
aus dem ihr anvertrauten Schatze von Verdiensten einen Teil zu-
weist, also das Defizit deckt, welches er an genugthuenden Leistungen hat.

Ablaß ist demnach „der Erlaß zeitlicher Strafen unter Zu-
weisung eines Teils von dem unermeßlichen Gnadenschatze der
Kirche". Um dabei nicht ungerecht zu werden, spendet die Kirche
den Ablaß nur gegen ein gewisses Entgelt, sei es „Teilnahme an
frommen Brüderschaften und Vereinen, sei es Verehrung von Reliquien, oder Besuch bestimmter Kirchen und Altäre, seien es Andachten, oder Gebete, oder andere fromme Übungen, durch welche
sie in der Neuzeit die ganze katholische Welt netzartig umsponnen
hat". Es giebt allgemeine und partikulare Ablässe, jene für die
ganze Kirche, diese für bestimmte Gegenden, Orte, Kirchen, Altäre.
Man unterscheidet ferner vollkommene und unvollkommene Ablässe;
jene befreien von allen zeitlichen Strafen, diese nur für bestimmte
Jahre, Monate, Tage. Da die Genugthuungen, welche der Gläubige während seines Lebens etwa noch nicht geleistet hat, im Fegefeuer (§ 41) nachgeholt werden müssen, so wendet die Kirche für-
bittenderweise ihre Ablässe auch den im Fegefeuer schmachtenden
Seelen zu. Den größten Reichtum an Ablaß kann man in Rom
gewinnen, wo an jeder bedeutenden Kirche über dem Hauptportal
die Aufschrift „vollkommener Ablaß für Lebende und für Tote
(indulgentia plenaria pro vivis et defunctis)" wie ein Aus-
hängeschild zu lesen ist. Wer auf der heiligen Pilatusstiege am
Lateran die achtundzwanzig Stufen hinauf kniet, empfängt für jede
Stufe neun Jahre Ablaß; das beträgt für eine einzige Kniepartie
an jedem Tage 9mal 28 oder 252 Jahre. In der Portiunkula-
kirche zu Assisi soll Christus einst dem heiligen Franziskus vollkommenen Nachlaß aller Strafen des Fegefeuers (für die bis dahin

begangenen Sünden) verkündet haben. In jeder Franziskanerkirche und in anderen privilegierten Kirchen ist derselbe Ablaß zu haben, wenn man sie besucht. Man braucht nur aus der Thür hinausgetreten zu sein und sofort in die Kirche wieder hineinzugehen, so gilt das schon als ein zweiter Besuch derselben. So hat in der Kirche zu Nonnenwerth am Rhein eine alte gebrechliche Dame den Por- tiunkula-Ablaß an einem einzigen Tage 50 mal erworben [42]). Trotzdem hat die Kirche dafür gesorgt, daß das Gewissen des Gläubigen nicht zur Ruhe kommt; denn niemand weiß, wie lange er etwa im Fegefeuer wird zubringen müssen, so daß selbst der Frömmste nicht aufhören darf, Abläße zu gewinnen. Das Fege- feuer ist eine Schraube ohne Ende [43]).

Der Ablaß ruht auf dem Schatz der guten Werke (thesaurus operum superogatorum), welchen Christus, Maria und die Hei- ligen erworben haben, und dessen Verwaltung dem Oberhaupte der Kirche übertragen ist. An dieser Stelle setzt die protestantische Polemik gegen die Ablaßlehre ein. Wir verkennen die tiefe Idee nicht, welche von idealistischen Katholiken in die Ablaßlehre gelegt wird: sie sagen, im Ablaß, wo die Kirche für den einzelnen Katho- liken eintritt, beweise sich die Gemeinschaft der Heiligen. Allein da selbst der frömmste Christ, wenn er auch glaubt gethan zu haben, was er schuldig ist, ein unnützer Knecht bleibt (Luk. 17, 10), weil eine lückenlose sittliche Vollkommenheit niemandem möglich ist, so kann erst recht niemand „überflüssige" gute Werke aufspeichern. Das Grundkapital, mit dem der Papst wirtschaftet, ist also ein illusorisches (§ 35). Damit stürzt die ganze Ablaßlehre. — In der Theorie ferner handelte es sich bloß um Erlaß der zeitlichen Kirchenstrafen. Allein frühzeitig hat sich im Volke die Auffassung gebildet, daß der Ablaß so viel sei wie Sündenvergebung. Wäre das richtig, so trieben die Päpste ein frevelhaftes Spiel. Diese Annahme ist leider nicht grundlos; denn noch in seiner Jubiläums- bulle vom 12. März 1881 verkündete Papst Leo XIII. nicht „Erlaß der Kirchenstrafen", sondern den vollkommensten Erlaß aller Sünden (plenissimam omnium peccatorum indulgentiam) [44]), und Pius IX. hat es gerade so gethan. Wenn der Papst selbst in einer unfehlbaren Urkunde den Ablaß

als „Nachlaß der Sünden" auffaßt, und wenn die Kirche als Entgelt auch Geldspenden fordert: hat dann das Volk unrecht, wenn
es meint, daß in der römischen Kirche die Vergebung der Sünden
für Geld zu haben ist? Diese Kirche hat eben „mit vieler Klugheit die Sünden der Menschen benutzt, um auf dieselben ihren
Reichtum und ihre Macht zu gründen" [45]). Sicher ist, daß sie
durch ihre Ablaßtheorie den Menschen die Angst vor der Sünde
nimmt.

Was die Pönitenz begonnen hat, wird in der letzten Ölung
vollendet.

§ 21. Die letzte Ölung.

Naht sich der katholische Christ dem Tode, so steht ihm die
Kirche noch einmal bei, indem sie ihm durch Priesterhand die letzte
Ölung reichen läßt. Mit dem Symbole heiligen Geistes, dem
Öle, welches der Bischof an einem Gründonnerstage geweiht hat,
salbt der Priester alle Organe, durch welche die Sünde in den
Menschen eingezogen ist, Augen, Ohren, Nase, Lippen, Hände,
und spricht dabei lateinisch die Formel: durch diese heilige Sal-
bung vergebe dir Gott, was du gesündigt hast mit den Augen,
der Nase u. s. w. — Der tiefe Sinn, welcher dieser Zeremonie
zugrunde liegt, soll nicht geleugnet werden; allein als Einsetzung
Christi mit besonderer Gnadenverheißung können wir sie nicht anerkennen; denn Jak. 5, 14. 15 ist die Heilung dem Gebete zugeschrieben, und Mark. 6, 13 ist von geistiger Heilung überhaupt
nicht die Rede [46]). Wer unter uns vor dem Sterben das Bedürfnis fühlt, die Vergebung der Sünden und die seelische Einigung
mit Christus zu erleben, wird am heiligen Abendmahl volles Genüge haben. Das ist unser einziges „Sterbesakrament".

Die fünf Sakramente Taufe, Firmung, Eucharistie, Pönitenz
und letzte Ölung sind für jeden Katholiken zur Seligkeit nötig;
anders verhält es sich mit der Ehe.

§ 22. Die Eheschließung als Sakrament.

Während das Sakrament der Priesterweihe gestiftet ist, um die
Stetigkeit des Klerus aufrecht zu erhalten, ist die Ehe nach römi-

scher Anschauung als ein ihr entsprechendes Sakrament nötig, um
die Stetigkeit des christlichen Laienstandes zu wahren. Sie ist zwar
von Gott schon in der Schöpfung eingesetzt, aber erst durch Christi
Leiden mit besonderer Gnade ausgestattet und dadurch zum Sakrament erhoben worden. Man beruft sich dafür auf Eph. 5, 32,
wo von der ehelichen Gemeinschaft die Rede sei, für welche das
innige Verhältnis Christi zur gläubigen Gemeinde zum Vorbild
dienen solle. Der Apostel nennt dies ein großes „Mysterium".
Da dies Wort zufällig in der Vulgata durch „Sacramentum"
übersetzt ist, so folgert man aus dieser lateinischen Übersetzung, daß
die Ehe ein „Sakrament" sei. — Vollzogen wird es eigentlich
nur vom römisch-katholischen Priester; allein da in Gegenden mit
gemischten Konfessionen leicht Schwierigkeiten eintreten können, so
ist eine Eheschließung kirchlich gültig, wenn der eheliche Konsens
nur in Gegenwart des zuständigen Pfarrgeistlichen vor zwei Zeugen
erklärt ist. — Als besondere Gnade der Ehe wird ihre Unauflös-
lichkeit angesehen [47]). Infolge dessen versagt die Kirche jede Scheidung einer rechtmäßig vollzogenen Ehe und jede Trauung bürgerlich geschiedener Personen.

Wir Evangelische sehen in der Ehe kein Sakrament; sie existiert vielmehr zum Zwecke der Fortpflanzung des Menschengeschlechtes
als göttliche Ordnung seit der Schöpfung des ersten Menschen-
paares (1 Mos. 1, 28), und jede monogamische Ehe von Mann
und Weib bei den heutigen noch nicht christlichen Völkern ist ebenso
gültig wie die von Adam und Eva. Denn sie ruht auf „der
natürlich angelegten und sittlich auszugleichenden Ergänzungsbedürf-
tigkeit beider Geschlechter" (1 Mos. 2, 18. 23. 24). Christus hat
auch keine besondere Verordnung für Eheschließung, wie für Taufe
und Abendmahl gegeben, auch keine besondere Gnadenverheißung
für die Eheschließung hinterlassen. — Die Ehe ist also kein Sakrament [48]). Trotzdem bleibt die Frage, ob nicht die katholische Kirche
mit der Behauptung der Unlöslichkeit der Ehe im Recht ist. Mit
Strenge hat sie dieselbe bis in unsere Tage herauf aufrecht gehalten; indem sie sich dafür auf Matth. 19, 3—12, auf 1 Kor.
7, 39 und Röm. 7, 2 berief. In der That begründet die vollzogene Ehe eine unlösbare Lebensgemeinschaft. Wenn sich also

Ehegatten willkürlich scheiden, so bleiben sie doch Ehehälften und jeder Teil von ihnen, der bei Lebzeiten des andern Teils zur Wiederverehelichung mit einer dritten Person schreitet, begeht einen Ehebruch; denn durch das Eingehen einer neuen leiblichen Lebensgemeinschaft zerstört er die bisherige; ja wenn sich auch der Mann, der sich geschieden hat, nicht wieder verheiratet, so bringt er doch die abgeschiedene Frau in Versuchung, sich wieder zu verehelichen, und „macht, daß sie die Ehe bricht". Wenn demnach willkürlich geschiedene Ehegatten mit dritten Personen neue Ehen eingehen wollen, so darf keine Kirche sie trauen, weil sie sich sonst an ihrem Ehebruch beteiligt. Mögen sich solche Untreuen von der bürgerlichen Obrigkeit zusammen sprechen lassen; die Kirche soll nach den Worten des Herrn (Matth. 19, 9 und 5, 32) an ihrer Schuld nicht teilnehmen. Leider haben es die protestantischen Kirchen in dieser hochwichtigen Angelegenheit nicht allezeit genau genommen, aber unser Gewissen ist erwacht und es wird jetzt ja auch schon eine strengere Ordnung darin gehandhabt. Wir werden dabei auch noch gewissenhafter, als die römische Kirche, uns Gottes Wort zum Maßstab nehmen. Denn e i n e n Fall übersieht sie stets, wenn sie j e d e Scheidung versagt. Der Herr hat den Ehebruch selbst als Scheidungsgrund zugelassen (Matth. 19, 9). Wo also die leibliche Lebensgemeinschaft aufgehoben ist, hat die Kirche Recht und Pflicht, dies anzuerkennen. Aber selbst in diesem Falle ist die Wiederverehelichung des unschuldigen Teils nicht etwa geboten, sondern vom Herrn mit gutem Grunde nur „unverboten gelassen" [49]).

Die r ö m i s c h e Unlöslichkeit der Ehe entspricht ganz der römischen Nichtachtung der freien Persönlichkeit. Die Ehe ist ihrem idealen Wesen nach allerdings unlöslich, wie Christus lehrt und jedes keusche Herz bestätigt. Goethes Wahlverwandtschaften beruhen auf einem entsetzlichen Irrtume der revolutionären Sturm= und Drangperiode. Aber wo die Ehegatten thatsächlich selbst das Band der Ehe gelöst haben, ist die Beibehaltung des kirchlichen Bandes eine Lüge. Wenn die römische Kirche in einem solchen Falle „Separation von Tisch und Bett" gestattet [50]), so läßt sie doch die Lüge einer ehelosen Ehe bestehen, damit nur ihre eigene

Autorität unangetastet bleibe. Aber merkwürdig, auch hier taucht wieder ein innerer Gegensatz auf: eine Macht giebt es auch im römischen Katholicismus, die Ehen aufheben kann, der Papst, wenn er es für die Kirche gut findet. Das lohnt sich allerdings meist nur bei gekrönten Häuptern. Es erfolgt dann gewöhnlich zur Begründung dieses Verfahrens eine Nichtigkeitserklärung, daß ein wirkliches Eheband überhaupt nicht vorhanden gewesen sei, eine nach päpstlichem Rechte gültige Ehe überhaupt nicht bestanden habe oder daß eine Ehe noch nicht „vollendet" worden sei — oder wie sonst die Ausflucht formuliert werden mag.

Werfen wir einen Blick zurück, was bleibt von dem ganzen Zauber des römischen Meßopfers und der römischen Sakramente übrig? Für uns ist ihr Nimbus zerrissen; denn sie sind Erfindungen der Priesterkirche, welche ohne sie nicht bestehen könnte. Wir aber haben Taufe und Kommunion rein und unverkürzt und über beiden das Wort Gottes; was braucht die gläubige Gemeinde mehr zu religiöser Erbauung? —

Durch ihre Sakramente hat sich die römische Priesterschaft zwar für ihre Gläubigen als unumgänglich notwendig zum Heil hingestellt; aber daß diese es wirklich erreichen, dazu ist durch ihr ganzes Leben noch ein vollkommner Gehorsam gegen die Kirche erforderlich. Denn als göttliche Heilsanstalt schreibt sie gesetzgeberisch vor, was der menschliche Verstand für wahr und der Wille für gut halten soll. Das führt uns auf die römisch-kirchliche Glaubens- und Sittenlehre. —

Dritter Abschnitt.
Die kirchlichen Glaubensgesetze oder Dogmen.

Erstes Kapitel.
Die Quellen der religiösen Erkenntnis. Kirchliche Über= lieferung und heilige Schrift.

§ 23. **Kirchliche Tradition und heilige Schrift in ihrem gegen= seitigen Verhältnis.**

Als Kaiser Karl V. den Protestanten einen Weg zum Aus= gleich mit der römischen Kirche offen halten wollte, zerstörten ihm die Väter von Trient diesen Plan, indem sie ihre dogmatische Arbeit mit einer unevangelischen Lehre von den Quellen der Heils= erkenntnis begannen. Sie dekretierten nämlich in ihrer vierten Sitzung, daß die Kirche ihre Wahrheit aus zwei Quellen beziehe, aus der heiligen Schrift und aus der Tradition, und zwar sollte der Inhalt der außerbiblischen Überlieferung mit derselben Ver= ehrung behandelt werden, wie die heilige Schrift [1]). Daß diese Bestimmung geradezu „gottlos" ist, hat den Trienter Vätern einer der Ihrigen selbst zugerufen [2]). Wir fragen, wie kam die römi= sche Kirche zu dieser „gottlosen" Lehre?

Sobald die Zeugen Jesu Christi, die Apostel, vom Schauplatz ihrer Wirksamkeit abgetreten waren, und die erste nachapostolische Generation kaum die Anfangsgründe der christlichen Lehre inner= lich aufgenommen hatte, erhob sich das religiöse Heidentum zum Geisterkampf gegen das Christentum. Eine religiös gerichtete Geistesaristokratie, die Erkennenden, die Gnostiker, erstanden an den Zentralstätten der damaligen Kultur, in Syrien, in Ägypten, in Kleinasien, in Rom und verkündeten den Gebildeten ihrer Zeit eine universale Religion, in welcher auch das Christentum erst recht verstanden werden solle. Ihre Versuche liefen aber auf

Untergrabung des geschichtlichen Christentums hinaus; denn sie be-
urteilten das Geschichtliche an ihm nur als Hülle von geistigen
Ideen, durch deren Innewerden sich der Geistbegabte selbst erlöst.
Selbsterlösung boten sie und zwar nicht mehr auf dem schweren
Wege der Buße, sondern auf dem vornehmeren der Erkenntnis.
So schufen sie eine Religion nur für die geistig veranlagten, für
die pneumatischen Menschen. Die sinnlichen Naturen mochten mit
der Materie untergehen, was kümmerte das diese Geistesaristo-
kraten! Das geschichtliche Christentum und seine universale Geltung war aufgegeben. Darum galt es gegenüber dem Gnosticismus einen Kampf auf Leben und Tod; die junge Kirche hat ihn
gekämpft, und sie hat gesiegt, aber über dem Siege ist sie katholisch geworden, wie in der Verfassung (s. S. 31), so im Dogma.
Nachdem man sich (wie S. 33 gezeigt ist) in der Kirche daran
gewöhnt hatte, in den apostolischen Muttergemeinden die Vorsteher
als Vertreter des apostolischen Vermächtnisses anzusehn, übertrug
man dieses Vorrecht bald auf alle Vorsteher oder Bischöfe überhaupt. Was sie auf ihren Konzilien verkündigten, galt als apostolische Lehre und wurde als Ergänzung des schriftlich hinter-
lassenen Apostelwortes aufgefaßt. So erhielt die katholische Kirche
neben der Bibel eine zweite Erkenntnisquelle der religiösen und
sittlichen Wahrheit, die mündliche Tradition. Zu Trient hat man
diese zwar an zweiter Stelle aufgezählt, allein da sie die Norm
für die Erklärung der Bibel bildet, so steht sie thatsächlich über
ihr. Die Trienter Aufzählung ist nur durch die Rücksicht auf den
Protestantismus veranlaßt, vor welchem man sich keine Blöße
geben wollte. Zwar haben die Trienter Väter, um den Schein
willkürlicher Schrifterklärung zu meiden, besonders angeordnet, daß
niemand die Bibel gegen den Sinn der Kirche oder gegen die einhellige Übereinstimmung der Väter (contra unanimem consensum
patrum) [3]) erklären solle; allein dieser einhellige Konsensus ist bis
heut von niemand aufgefunden worden, ist sogar für bestimmte
römische Dogmen, z. B. die Unfehlbarkeit des Papstes, überhaupt
nicht zu entdecken. So wird es also immer „die Kirche" bleiben,
welche den Sinn der Bibel feststellt. Die Kirche aber hat ihr
Organ in der Person des unfehlbaren Papstes; also ist alle

Schrifterklärung fortan von deſſen kathedratiſchen Lehrausſprüchen abhängig.

Die römiſchen Theologen ſuchen die Überordnung der Tradition mit Hinweis auf die Dunkelheit der Bibel zu rechtfertigen, infolge deren die Kirche den Sinn derſelben feſtſtellen müſſe. Alle nicht zur „lehrenden Kirche" gehörenden Katholiken dürfen demnach überhaupt keine ſelbſtändige Schrifterklärung verſuchen, obgleich der Herr Chriſtus aufgefordert hat, in der Schrift zu forſchen, weil ſie von ihm zeuge (Joh. 5, 39), wie die Leute zu Beröa es ſpäter ſo fleißig thaten (Apoſtelgeſch. 17, 11), obgleich es zu der Apoſtel Zeiten doch Menſchen gab, welche die heilige Schrift ſchon „von Kind auf" kannten (2 Tim. 3, 15), wie auch in der Folgezeit das Bibelleſen als nützliche und erbauliche Übung von manchem Kirchenvater dringend empfohlen worden iſt. Das Leſen der Bibel in der Mutterſprache iſt für den römiſchen Chriſten alſo nicht notwendig. Die römiſche Kirche iſt aber noch weiter gegangen. Sie hat zum erſtenmale 1229 auf dem Konzile zu Toulouſe den Laien das Leſen der Bibel in der Mutterſprache überhaupt verboten. Später iſt dieſes Verbot zwar verklauſuliert gemildert worden; es ſolle, verordnete Paul IV. 1564, das Leſen der Bibel in der Mutterſprache, in einer kirchlich approbierten Überſetzung ſolchen Perſonen geſtattet werden, die vorausſichtlich dadurch „keine Schädigung, ſondern eine Förderung ihres Glaubens und ihrer Frömmigkeit empfangen könnten" [4]). Allein woran will man ſolche Perſonen erkennen? Biſchöfe und Inquiſitoren werden es ſelbſt nicht wiſſen und ſich am bequemſten auf den Grundſatz zurückziehen, daß das Leſen der Bibel in der Mutterſprache überhaupt nicht notwendig ſei; mit Recht dürften ſie in der Verordnung des Papſtes Paul IV. die Abſicht verſteckt finden, „die Chriſten vom Leſen der heiligen Schrift abzuhalten". Die Richtigkeit dieſer Vermutung ergiebt ſich aus dem Verhalten der Kurie, als der janſeniſtiſche Pater Quesnel in ſeiner franzöſiſchen Erklärung des Neuen Teſtaments 1679 folgende Sätze aufgeſtellt hatte.

„Es iſt zu allen Zeiten, an allen Orten und allen Arten von Menſchen nützlich und notwendig, zu ſtudieren und kennen zu lernen den Geist, die Gottseligkeit und die Geheimnisse der heiligen Schrift."

"Das Lesen der heiligen Schrift steht allen zu."

"Die Dunkelheit des Wortes Gottes ist für die Laien kein Grund, sich von dem Lesen desselben zu entbinden." —

"Der Sonntag soll von den Christen mit dem Lesen gottseliger Bücher, vor allem der heiligen Schrift geheiligt werden. Es ist gefährlich, die Christen von dem Lesen derselben abzuhalten."

Diese Sätze sind vom Papste Clemens XI. in der berüchtigten Bulle Unigenitus (propositiones 79—85) im Jahre 1713 verdammt worden. Nehmen wir also von jedem dieser Sätze das Gegenteil, so haben wir die römische Ansicht, nach welcher das Bibellesen der Laien überflüssig ist. Papst Gregor XVI. hat 1836 und 1844 jene Verordnung Pauls IV. noch verschärft, indem er den Bischöfen anbefahl, nur das Lesen von solchen Übersetzungen zu gestatten, welche päpstlich approbiert und mit (katholischen) Anmerkungen versehen seien, natürlich, damit der römische Unfug nicht aufgedeckt wird. Diese päpstliche Verordnung gilt für Priester und für Laien![5] Die natürliche Wirkung ist, daß das Bibelstudium im römischen Klerus erlahmt. Pater Curci, der berühmte Theologe des Jesuitenordens, hat über das Neue Testament in lateinischer Sprache einen Kommentar geschrieben, von welchem er sagt, daß ein solcher seit einem Jahrhundert Italien nicht mehr geboten sei. In seinem Buche „Das neue Italien" mußte er aber 1881 klagen, daß er durch einen Kommentar zum Koran mehr Interesse erweckt haben würde. „Der Klerus ist in Verlegenheit, was er mit den vier Evangelien und den Briefen des Paulus machen soll[6]." In Italien kommt keine Bibel auf die Kanzeln. Die römische Heilsgeschichte aber weicht im Kultus erheblich von der evangelischen dadurch ab, daß dort neben den drei Thatsachen der Auferstehung Jesu Christi, seiner Auffahrt und der Sendung des heiligen Geistes noch die Himmelfahrt Marias, genauer ihre leibliche Aufnahme in den Himmel, und ihre Krönung im Himmel unter die glorreichen Mysterien gerechnet sind, welche mit Andacht betrachtet werden sollen, und zwar die letzte offenbar als Höhepunkt der ganzen Heilsgeschichte[7].

Kaum hat deshalb eine protestantische Einrichtung so bittere Verdammung erfahren, als unsere Bibelgesellschaften, deren erste, die Britische, durch die mächtige religiöse Erweckung am Anfang des neunzehnten Jahrhunderts (1804) in das Leben trat und bis 1881 allein 298 Bibelübersetzungen gedruckt und bis 1884 ohngefähr 100 000 000 Bibeln oder Bibelabteilungen verbreitet hat [7a]).

Seit Pius VII. sie nach der Wiederaufrichtung des Jesuitenordens zum erstenmale als eine „höchst argliftige Erfindung" verdammt hatte, „durch welche selbst die Grundfesten der Religion untergraben würden", hat jeder der nächsten Päpste, Leo XII., Pius VIII., Gregor XVI. und Pius' IX. seinen monotonen Fluch gegen diese gesegnete evangelische Einrichtung geschleudert. Pius IX. stellte sie im Syllabus § IV. unter die „Pestseuchen (pestes)" unserer Zeit, sogar auf dieselbe Stufe wie den Sozialismus und Kommunismus. Von dem Lesen ihrer Bibelexemplare sollten die Gläubigen sich mit S c h a u d e r e n t h a l t e n (abhorreant), hatte der jesuitisch verblendete Mann schon am Tage der Empfängnis seiner Himmelskönigin (8. Dezember) 1849 befohlen [8]). Trotzdem hat er nicht hindern können, daß am 20. September 1870, als die italienischen Truppen durch die Bresche der Porta pia in Rom einzogen, an der Spitze der Kolonne sich auch ein Bibelkarren derjenigen Gesellschaft durchdrängte, auf welche sich der päpstliche Fluch zuerst entladen hatte. Heut aber liegt im Zentrum des Katholicismus die Bibel in protestantischer italienischer Übersetzung sogar auf offener Straße im Buchladen zum Verkauf aus [9]).

Wir Evangelische geben nun zuerst gern zu, daß es einst im Anfang der Kirche mündliche Verkündigung gab, ehe noch eine einzige unserer neutestamentlichen Schriften entstand, und so lange die Apostel lebten, war kein Grund zur Unterscheidung ihrer Predigt und ihrer Briefe vorhanden. Aber nach dem Tode der Apostel war es für die junge Kirche dringend notwendig, das sichere Apostelwort von dem unsichern zu unterscheiden, und sicher war nur das schriftlich hinterlassene Wort; denn alle bloß mündliche Tradition wird inmitten der sündlichen Welt unvermeidlich durch Irrtum entstellt. Sicheres Zeugnis der Heilsoffenbarung, Wort Gottes, besitzen wir demnach nur in der heiligen Schrift [10]); sie

allein hat eine normative Stellung in der christlichen Kirche, die
Stellung des „Kanons“, nach welchem sich Glaube und Leben
richten muß. Mögen immerhin Christus und die Apostel vielmehr Worte gesprochen haben, als im Neuen Testamente aufbewahrt sind; was dort geschrieben steht, genügt zur Seligkeit (laut
Joh. 20, 30). Mehr braucht die gläubige Gemeinde nicht. Eine
zweite Erkenntnisquelle der religiösen und sittlichen Wahrheit lehnen
wir also ab. Da wir aber die Stetigkeit der Wirksamkeit des
göttlichen Geistes in der Kirche glauben, so verwerfen wir nicht
etwa ohne weiteres die kirchliche Lehrtradition, sondern wir prüfen,
ob sie aus dem religiösen und sittlichen Gehalt des Neuen Testamentes folgerichtig abgeleitet worden ist. Finden wir dies, so
nehmen wir sie an und freuen uns dankbar der früheren Arbeit
des kirchlichen Geistes. So bewahren wir z. B. den Zusammenhang mit der alten Kirche in der Anerkennung ihrer drei Glaubensbekenntnisse, um „nicht neue und gottlose Lehrsätze in unsere Kirchen
einreißen“ zu lassen, und auch mit den späteren Zeugen der christlichen Wahrheit wissen wir uns einig, wie die häufigen Berufungen
auf die Kirchenväter in unsern Bekenntnisschriften beweisen [11]); es
sei nur an Jrenäus, Ambrosius, Augustinus, Chrysostomus,
Gregor den Großen bis herauf zu Gerson erinnert [12]). Aber als
zweite Erkenntnisquelle der Wahrheit erkennen wir die Tradition
nicht an. — Milder urteilen wir über kirchliche Sitten und Gebräuche und über die sogenannte rituale (gottesdienstliche) Tradition. Manches mag da eingeführt worden sein, was sich im Leben
des einen oder des andern Volkes als notwendig erwies, wie wir
es in unsern evangelischen Missionen zu unserer Zeit öfter wahrnehmen. Petrus und Paulus haben z. B. gewiß keinen Talar
getragen — heut aber halten die meisten Kirchen aus guter Ordnung auf Amtstracht bei ihren Geistlichen; Kirchengebäude hatte
man einst auch nicht und keine monumentalen Kanzeln oder steinerne Altäre, keine Glocken, Orgeln, Kronleuchter oder Altarkerzen.
Alles was auf diesem weiten Gebiete kirchlicher Sitte nicht im
Gegensatz zur Bibel steht, können wir uns gefallen lassen, wenn
man nur das Wort Gottes als die alleinige Richtschnur des Glaubens und Lebens unangetastet läßt.

§ 24. Fortsetzung.

Allerdings haben auch wir Evangelische eine uns eigentümliche Lehrtradition. Denn bleibt schon kein lebenskräftiger Verein ohne Tradition, um wie viel weniger die Kirche, die doch als organisches Gebilde mehr ist, als ein Verein. Jeder Verein hat nämlich zwar in seinen Statuten eine feste Grundlage, aber über die Art, sie aufzufassen und anzuwenden, bildet sich eine Gewohnheit und diese wird wieder für die später eintretenden Mitglieder ein Wegweiser in das Verständnis der Statuten. Ein ähnliches Verhältnis existiert auch im kirchlichen Protestantismus. Die verschiedenen evangelischen Teilkirchen sind nicht bloß zufällige Vereine, von unten her entstanden durch die Willkür ihrer Glieder; sie haben vielmehr ihr konstitutives Prinzip von oben her in der ununterbrochenen Gegenwart des lebendigen göttlichen Geistes mittelst des Wortes Gottes und der Taufe und des Abendmahls. So sind sie eigentümliche Gebilde innerhalb der Menschheit, Personengemeinschaften, die durch einen einheitlichen Geist Jahrhunderte hindurch zusammengehalten über allem Wechsel der Zeit ihr eigentümliches Wesen bewahren. Ihre Erkenntnisgrundlage ist also allein das Zeugnis des göttlichen Geistes in der heiligen Schrift; aber über die Art sie aufzufassen und anzuwenden hat sich bei uns eine bestimmte Tradition gebildet; die Offenbarung der freien Gnade Gottes in Christus gilt uns als Kern der ganzen Bibel; das von da aus gewonnene Gesamtverständnis des Christentums ist unsere Tradition, die uns schon beeinflußt, ehe wir an die Bibel herantreten. Sie ist in jedem gesunden evangelischen Kirchentum mit geschichtlicher Notwendigkeit vorhanden und bildet eine feste Schutzwehr gegen den Subjektivismus. Allein zwischen der römischen und dieser evangelischen Tradition findet ein wesentlicher und deshalb unausgleichbarer Unterschied statt. Die römische Tradition ergänzt die Bibel, wo es der Priesterschaft nötig erscheint; unsere Tradition dagegen thut zur Bibel kein Wort hinzu, sondern führt nur sicher in ihr Verständnis ein.

Die Trienter Synode nennt zwar in ihrer dreizehnten Sitzung gelegentlich auch die Tradition das Gesamtverständnis der Kirche (universus ecclesiae sensus), woraus man drüben wohl auch das „Gedächtnis der Kirche" gemacht hat [13]). Diese subjektive Auffassung der Tradition ist aber nicht maßgebend geworden; die gewöhnliche ist vielmehr die objektive geblieben, welche unter Tradition die Summe der kirchlichen Bestimmungen versteht, deren Ende nicht abzusehen ist.

Was von uns „evangelische Tradition" genannt worden ist, das evangelische Gesamtverständnis des Christentums, ist selbst aus klaren und deutlichen Stellen der Bibel entnommen, eine biblische Glaubensregel. Darum haben unsere altprotestantischen Theologen für das Verständnis der Bibel die Forderung aufgestellt, sie müsse erklärt werden in Übereinstimmung mit dieser Glaubensregel oder nach Analogie des Glaubens (secundum analogiam fidei), oder in der Bibel sollen die dunkeln Stellen nach den hellen erklärt werden, so daß sie sich durch sich selbst erklärt (scriptura sacra interpres sui) und eines römischen Auslegungstribunals nicht bedarf. Wenn uns also die Gegner vorwerfen, daß bei uns jeder die Bibel nach seinem Belieben erkläre, so daß der ungezügelte Subjektivismus oder Rationalismus das eigentliche Prinzip des Protestantismus sei, so weisen wir das als unrichtig zurück; denn der einzelne Protestant beginnt seine Schrifterklärung nicht losgelöst von dem heiligen Geiste der gläubigen Gemeinde sondern getragen von ihm; das aber ist derselbe Geist wie der, welcher die heilige Schrift erzeugte; von ihm allein kann also auch nur ihre Auslegung kommen (2 Petr. 1, 20. 21); jeder, der empfänglich für ihn mit demütigem Verlangen nach Heil in der gläubigen Gemeinde sich ihm hingiebt, nimmt auch teil an dem vom göttlichen Geiste in ihr gewirkten Schriftverständnis (1 Kor. 2, 15). Man darf also auch sagen: Auslegerin der Bibel ist die vom lebendigen Gottesgeist getragene Gemeinde der Gläubigen. Fragt man wo sie ist? Wir glauben sie, wie alle Kirchen es thun sollen, nach dem dritten Artikel des apostolischen Bekenntnisses; und daß dieser Glaube nicht trügt, wissen wir; denn wir erkennen diese Geisteskirche an ihren Wirkungen, was uns kein Papst zu bestätigen braucht.

Das Schriftverständnis, wie die evangelische Gemeinde es gewinnt, ist allerdings kein abgeschlossenes, sondern in beständigem Werden begriffen. Daß dieses Werden aber nicht ziellos verläuft, sondern der völligen Erkenntnis zusteuert, dafür bürgt der göttliche Geist, welcher die gläubige Gemeinde „in alle Wahrheit leitet" (Joh. 16, 13).

Die römische Kirche aber kann von der außerbiblischen Tradition nicht lassen, weil sie auf sie angewiesen ist, um einen Teil ihrer Lehren und Einrichtungen aufrecht zu erhalten. Das Meßopfer und seine Zeremonieen, die Priesterweihe und Priestertonsur, das Ehesakrament, die letzte Ölung und das Fegefeuer wurden schon zu Trient nur durch den morschen Unterbau ihrer unkontrollierbaren Tradition gestützt [14]). Für die neuesten römischen Dogmen vollends, für das von dem sündlosen Eintritt Marias in die Menschheit und das von der göttlichen Inspiration des Papstes, ist die Tradition nur durch den Vatikan selbst verbürgt. Die Einführung dieser Dogmen zeigt, daß die römische Anschauung von der Tradition immer schlechter geworden ist. Seit Vincentius von Lerinum (433) galt als katholische Wahrheit, „was überall und immer und von allen geglaubt worden sei". Da man nach diesem Grundsatze aber die päpstliche Unfehlbarkeit nicht hätte dogmatisieren dürfen, weil kein Mensch aus der Geschichte beweisen kann, daß sie in der christlichen Kirche „überall und immer und von allen" geglaubt worden sei, so wurde dieser Grundsatz auf dem vatikanischen Konzile aufgegeben, und nunmehr lehren die römischgesinnten Dogmatiker [15]): Tradition ist, was in der römischen Kirche als Tradition gelehrt wird. Wer aber ist in der Stadt Rom römische Kirche? Kein Pfarrer, kein Bischof, kein Kardinal, auch nicht sie alle zusammen, sondern der e i n e Mensch an ihrer Spitze, der Papst: in „dem Schreine seiner Brust (in scrinio pectoris papae)" ist die Tradition beschlossen. Schon die bloße Thatsache der Definition eines Dogmas durch den Papst ist der durch sich selbst hinreichende, ganz sichere und allen Gläubigen genügende Beweis, daß es in Schrift und Tradition begründet ist — lautet die päpstliche Lehre [16]). „Es genügt also eine päpstliche Kathedralentscheidung zum vollen Beweise der katholischen Tradition", lehrt in Mainz ein römisch-gesinnter Dogmatiker, entsprechend

7*

dem maßlos verblendeten Ausspruche des theologisch ungebildeten Papstes Pius IX.: „la tradizion' son' io, die Tradition bin ich"[17]. Er, der abergläubisch war „wie ein neapolitanischer Fischer", hatte für sich noch eine dritte Erkenntnisquelle der Wahrheit, die Weissagungen verzückter Frauen, welche seine Handlungen voraussagten[18].

Die römischen Erkenntnisquellen sind also heut die Bibel und der Papst, oder, da der Papst die Auslegung der Bibel in der Hand hat, der Papst und die Bibel; bei uns die Bibel allein; darum sind päpstlicher Katholicismus und biblischer Protestantismus nie miteinander zu vereinigen.

§ 25. Der Umfang der Bibel.

Ein neuer Unterschied tritt inbezug auf den Umfang der heiligen Schrift hervor. Die römische Kirche bestimmte nämlich zu Trient[19], daß nicht bloß diejenigen biblischen Schriften, welche wir Protestanten annehmen, sondern auch die sogenannten Apokryphen des Alten Testaments als kanonisch zu betrachten seien. Wir kennen den Grund, der sie dazu trieb: sie braucht die Apokryphen, um wichtige Lehren aus ihnen zu begründen, 2 Makk. 12, 42 ff. für die Lehre vom Fegefeuer; 2 Makk. 15, 14 ff. für die von der Fürbitte der Heiligen. Zwar kann sich die römische Kirche für den Umfang ihres Kanons schon auf Augustin berufen, unter dessen Einfluß in den Jahren 393 und 397 zwei Synoden zu Hippo und zu Karthago ebenfalls die Apokryphen in den biblischen Kanon aufnahmen, während Hieronymus sie eben für „Apokryphen" erklärt hatte.

Sie, die verborgenen Schriften, sind dem hebräischen Kanon fremd und nur in griechischer Sprache vorhanden; ihr Ursprung liegt im Dunkel des alexandrinischen Judentums, und ihr Geist steht tief unter dem des alttestamentlichen Kanons; kein einziger Schriftsteller des Neuen Testaments hat sie citiert, obgleich sie den griechischen Text des Alten vor sich hatten. Als Luther 1534 die Bibel vollständig in deutscher Sprache herausgab, hat er sie in einen Anhang zusammengefaßt und ihnen die Aufschrift gegeben: Apokrypha, das sind Bücher, so nicht der heiligen Schrift gleich

gehalten und doch nützlich und gut zu lesen sind. Die symbolischen Schriften der lutherischen Reformation enthalten zwar kein
ausdrückliches Zeugnis gegen sie, aber ein stillschweigendes, indem
sie dieselben nicht benutzen. Die zwei Stellen (Tob. 4, 11 und
Matth. 15, 14), welche in der Apologie zur Sprache kommen,
sind nur durch die Berufungen der Gegner auf sie veranlaßt.
Die britische Bibelgesellschaft endlich hat die Apokryphen aus ihren
Bibelausgaben ganz wegfallen lassen [20]).

§ 26. Der Bibeltext.

Da die Auslegung der heiligen Schrift allein „der Kirche"
zusteht und Übersetzungen nur das Resultat der Auslegung sind,
so hat auch allein „die Kirche" das Recht der Übersetzung. Sie
wendet dies an, indem sie eine einzige Übersetzung namhaft macht,
welche man „für authentisch halten soll (pro authentica
habeatur)". Es ist diejenige lateinische Übersetzung, welche man
Vulgata nennt. Von ihr soll man im Gottesdienst und in der
kirchlichen Wissenschaft Gebrauch machen. Damit hat die römische
Kirche dieser einen Übersetzung eine Autorität erteilt, welche sie
weder irgendeiner andern Übersetzung noch selbst dem biblischen
Grundtexte je zugesprochen hat, so daß im kirchlichen Gebrauch
der Vulgata-Text geradezu an die Stelle des Grundtextes tritt,
obgleich derselbe an manchen Stellen offenbar falsch übersetzt, wie
1 Mos. 3, 15, wo der verheißene Schlangentreter in ein Weib
(ipsa, nämlich Maria) umgedeutet wird. Den Grund aber, weshalb die Trienter Väter vom hebräischen und vom griechischen
Grundtexte absahen, enthüllt der Jesuit Bellarmin mit dankens-
werter Offenheit, indem er sich das Bekenntnis entschlüpfen läßt:
auf den allgemeinen Kirchenversammlungen finden sich entweder nur
sehr wenige oder zuweilen gar keine Mitglieder, welche der hebräischen Sprache kundig sind; es würde also um die Kirche schlecht
bestellt sein, wenn sie sich in wichtigen Angelegenheiten nicht auf
die lateinische Übersetzung verlassen könnte. Als sich die Väter
von Trient schlüssig machten, die Vulgata für authentisch zu erklären, erhoben sich auf dem Konzil selbst Stimmen, welche auf
eine große Schwierigkeit aufmerksam machten: man sanktioniere die

Bulgata und habe doch kein einziges zuverlässiges Exemplar ihres Textes in der Hand. In dieser Verlegenheit überließen sie die Herstellung desselben dem Papste [21]).

Allein bis zum Jahre 1590 mußte die römische Christenheit darauf warten, und als endlich Papst Sixtus V. einen Bulgata-Text als den wahren, rechtmäßigen, echten und unbezweifelten veröffentlichte, „mit der Zusicherung, daß er mit eigener Hand die Druckfehler korrigiert habe", stellte sich bald eine so erstaunliche Fehlerhaftigkeit desselben heraus, daß die Ausgabe nach dem Tode des Papstes zurückgenommen und 1592 eine neue veranstaltet werden mußte, welche „an 2000 Verbesserungen enthält, aber wieder unter dem Namen des Sixtus erschien" — auch ein interessanter Beweis für die Unfehlbarkeit des Papstes. Für die katholischen Völker aber ist die lateinische Bibel fast ein unverstandener Götze geworden, wie die lateinische Kultussprache eine Zauberformel. Wir Evangelische sind überzeugt, daß bei jeder Übersetzung das Original in der Auffassung des Übersetzers eine Umbildung erfährt, mithin durch keine noch so gute Übertragung ersetzt werden kann [22]).

Zweites Kapitel.
Römischer und evangelischer Glaube an Gott.

§ 27.

Zwar giebt es auf Erden nicht zwei Menschen, von denen der eine genau denselben Glauben an Gott hat wie der andere; aber soweit die Lehre von Gott in Bekenntnissen der römischen und der evangelischen Kirchen ausgesprochen ist, findet kein wesentlicher Unterschied statt. Was die alte Kirche einst von dem dreifaltigen Gott Vater, Sohn und Geist im apostolischen Glaubensbekenntnis, in dem Symbol von Nicäa und Konstantinopel und dem sogenannten athanasianischen Bekenntnis ausgesprochen hat, das alles ist von der römischen Kirche zu Trient feierlich wiederholt worden; und schon vorher hatte die deutsche Reformation diesen altchristlichen Glauben an Gott bekannt, wovon auch die calvinische Lehre nicht abgewichen ist [23]).

So scheint es, daß wir, wie die Schmalkaldischen Väter, über diesen und noch manchen andern Artikel schweigen könnten, da „sie in keinem Zank noch Streit sind". Dennoch ist dieses Schweigen heut nicht am Platz. Zwar kann nicht nachdrücklich genug auf die Gemeinsamkeit des Glaubens an Gott zwischen Katholicismus und kirchlichem Protestantismus hingewiesen werden; denn hüben und drüben loben wir den einen Gott Schöpfer, Erhalter, Regierer der Welt, beugen in dem einen Namen Jesu Christi unseres gemeinsamen Erlösers unsere Kniee und falten unsere Hände in dem einen heiligen Gottesgeiste, welcher die Gemeinde der Gläubigen durchwirkt und der Vollendung entgegen führt. Allein hinter aller buchstäblichen Übereinstimmung der römischen und evangeschen Bekenntnisse liegt ein tiefgreifender Unterschied verborgen. Denn in die Begriffe von Gott und göttlichem Wirken legt die römische Kirche einen andern Inhalt als die evangelischen es thun. Darf ich es kurz sagen: das Verhältnis Gottes zur Welt wird drüben anders aufgefaßt als bei uns. Wenn im römischen Sakrament des Altars Christus in die Hostie gezaubert, wenn in der römischen Priesterweihe durch die Fingerspitzen des Bischofs heilige Geisteskraft auf das Haupt des Klerikers hinüber geleitet wird, wenn man im Weihegebet des Rosenkranzes Gott anruft, dieser materiellen Perlenschnur eine „große Kraft heiligen Geistes einzugießen", wenn durch Statuen und geweihte Bilder Gott Wunder thut — ist das nicht Herabziehung der Gottheit in die Materie? Wenn nun eine Maus eine geweihte Hostie nimmt und verzehrt — was wird dann aus dem römischen Gottmenschen? oder wenn die Hostie in Schmutz fällt? Das römische Denken ist darüber so stumpf geworden, daß sich sein berühmtester Vertreter im neunzehnten Jahrhundert, der Jesuit Professor Perrone, nicht entblödet, zu lehren: „es ist für den Leib des Gottmenschen keine Schande, in einer Maus oder im Schmutz gefunden zu werden [23a]). Diese Materialisierung des Göttlichen zieht sich durch das ganze katholische Kirchentum. Schon indem die Kirche als das sichtbare Reich Gottes aufgefaßt wird, tritt dieser Grundzug hervor; und

wenn die Sakramente als äußere Handlungen „Gerechtigkeit und
Heiligkeit bewirken", so wird dieser Grundzug für jeden katholischen
Christen wirksam. In der Lehre von der päpstlichen Kirche als
dem sichtbaren Reich Gottes führt dieser Grundzug notwendig zum
Papstkultus; denn wenn die Kirche das Reich Gottes selbst ist,
so muß ihr Haupt göttliche Autorität und entsprechende Verehrung
genießen. Demgemäß hat auch ein römischer Geistlicher in London
in einer Schrift bereits, ohne von seinen Oberen verurteilt zu sein,
die „fromme Meinung" vorgetragen, daß die Andacht zum
Papste (dévotion au pape) einen wesentlichen Teil der christlichen Frömmigkeit bilde, weil der souveräne Pontifex die dritte
sichtbare Gegenwart Jesu Christi unter uns sei [24]). Die erste ist
nämlich „Christus in der Krippe — der historische Christus", die
zweite „Christus im Tabernakel — der sakramentale Christus",
die dritte „Christus im Vatikan — der mystische Christus",
lehrt mit frevelndem Munde ein Priester deutscher Zunge [24a]).

In der Lehre von den Sakramenten hat jene Grundauffassung
die Veräußerlichung des Begriffes der Gnade zur Folge. Gnade
ist dann eine Kraft, die rein durch den Vollzug der äußern Sakramentshandlung auf eine Person übergeht, ohne daß dieselbe innerlich dabei beteiligt ist; gerade so mechanisch wie eine elektrische
Leitung hergestellt wird, denkt man sich die Begnadigung. Besonders deutlich tritt diese Veräußerlichung hervor in der Wirkung
der Priesterweihe. Hat der Bischof einmal auf den Kleriker die
Amtsgnade übergeleitet, so verbleibt sie diesem als ein unzer=
störbarer Charakter. Gesetzt also den Fall, daß aus dem Priester
ein verworfener Mensch wird, so behält er doch die Kraft — die
Sünde zu vergeben, den Leib des Herrn in die Hostie zu zaubern
und ihn als gültiges Opfer darzubringen (§ 16).

Solche Beispiele ließen sich in das Unendliche vermehren. Wenn
die Gebete an den Schwellen der Apostelstätten besonders kräftig
sind, wenn man gerade auf der heiligen Treppe nahe bei dem
Lateran in Rom Jahrhunderte von Ablaß jeden Tag erknien kann
(§ 20), oder gar in diesem und jenem Gotteshause ein vollkommener Ablaß für Lebende und Tote zu haben ist; wenn die Jungfrau Maria gerade in Loreto oder Lourdes mit Vorliebe erscheint

und Wunder thut, wenn der heilige Januarius gerade im Dom zu Neapel sein dort aufbewahrtes Blut an seinem Festtage flüssig werden läßt und dadurch Glück verkündet — sind das nicht sprechende Beweise für den religiösen Materialismus der römischen Kirche? Wie darf man dann noch meinen, sie glaube an denselben Gott, wie wir!

Wir Evangelische leben der vollen Überzeugung, daß Gott „Geist" ist und „im Geist und in der Wahrheit angebetet werden muß" (Joh. 4, 24). Allerdings hat man sich über das Verhältnis Gottes zur Welt innerhalb des kirchlichen Protestantismus verschiedene Theorieen gebildet. Während Luther die Welt und die Menschheit in lebendiger Empfänglichkeit für Gott dachte (homo capax divinitatis), faßte Calvin die Kreatur vorwiegend in ihrem ungeheueren Abstande von dem Schöpfer auf (finitum non est capax infiniti); jenen trieb die Sehnsucht nach Gott zu inniger Vereinigung mit ihm, diesen die Scheu vor seiner Majestät zu reiner Scheidung von Gottheit und Kreatur. Auf diesem Unterschiede ruht die Verschiedenheit in der Lehre von der Person Christi und den Sakramenten (§ 15).

Die lutherische Lehre von der Person Christi strebt nach Vereinigung von Gottheit und Menschheit, die calvinische dringt auf Unterscheidung beider, und in der Lehre von den Gnadenmitteln, Wort Gottes, Taufe und Abendmahl behauptet der lutherische Protestantismus die Gebundenheit der Geisteswirkung an die äußeren Mittel, der calvinische nur die Begleitung der Geisteswirkung durch sie. Dieser Unterschied wirkte so stark, daß die beiderseitigen Reformationen getrennte Kirchenkörper hervor brachten. Wir haben weder Recht noch Pflicht diesen Unterschied zu vertuschen; aber gegenüber der römischen Materialisierung des Göttlichen haben doch beide Formen der Reformation, jede von einer andern Seite, mit gutem Grunde Front gemacht.

Noch auf einen andern Punkt müssen wir achten. Wenn man die üppig wuchernden antichristlichen Weltanschauungen unserer Tage in ihrer zersetzenden Wirksamkeit beobachtet, so soll man sich, fordern konservative Evangelische, vor allem bemühen, in unserm Verhältnis zur römischen Kirche die Gemeinsamkeit des Glaubens

an Gott zu betonen. Denn die vielen Millionen katholischer Seelen
seien doch alle auf den dreifaltigen Gott getauft, und wenn auch
Millionen Spreu darunter sein mögen, unsere Zeit habe doch über-
raschend bewiesen, daß der römische Glaube eine religiöse Macht
ist. Wollte jemand meinen, die Zähigkeit der katholischen Frömmigkeit sei bloß Folge der priesterlichen Dressur, so wird er auf
Leistungen des römischen Geistes verwiesen, für deren Zustande-
bringen in unsern Tagen doch unendlich mehr nötig war, als bloße
Dressur. Übergehen wir die großartigen politischen Schöpfungen
der römischen Kirche, die katholischen Parteien in unsern Parlamenten und die Riesenmacht ihrer schnell aufgeschossenen Presse,
schweigen wir auch von den sogenannten Martyrien des Kulturkampfes, von der folterlosen Gefängnishaft und dem leicht erträg-
lichen Exil des einen oder des andern Bischofs; schwerer wiegen
Leistungen, deren Bedeutung kein Protestant unterschätzen darf; ich
denke z. B. an das ungeheure Wachstum der römischen Kirche in
den Vereinigten Staaten Nord-Amerikas, wo 1789 der erste römische Bischof zu Baltimore eingesetzt wurde, während im Jahre
1878 die katholische Kirche dort bereits gegen 60 Bischöfe und
6 Millionen Bekenner zählte. Wir denken weiter an die Aufrichtung der katholischen Hierarchie in rein protestantischen Ländern, in
Holland und in England durch Pius IX., endlich sogar in Schottland durch Leo XIII. Draußen vollends in der Heidenwelt streckt
die römische Kirche überall ihre Mutterarme aus; begeisterte Priester
finden sich alljährlich, die für ihren Glauben ihr Leben einsetzen;
und wenn auch die evangelischen Missionen äußerlich betrachtet
vielleicht jetzt viermal so viel leisten, als die ganze römisch-katholische, so bleibt doch die Thatsache, daß die römische Kirche ihre
Glaubensboten in allen Erdteilen stehen hat: in den schmutzigen
Indianerdörfern am Fuß der Kordilleren halten sie ebenso wacker
aus, wie unter der Fieberglut des Äquators auf der Westküste
Afrikas; in Indien, in China, in Japan und auf dem australischen Archipel leben, wirken, sterben sie für ihre Kirche. Sind
das alles nicht Wirkungen eines lebendigen Glaubens an Gott?
fragt man uns. Gewiß, antworten wir und finden es erklärlich,
weshalb gerade in konservativen evangelischen Kreisen immer wieder

der Gedanke auftaucht, der römischen Kirche auf dem gemeinsamen Boden des christlichen Glaubens an Gott die Hand zu reichen. Allein wir müssen zu unserm aufrichtigen Bedauern auf die oben nachgewiesene Thatsache zurückweisen, daß in der katholischen Frömmigkeit der einfache biblische Glaube an Gott materialisiert und zu einem modernen Aberglauben umgebildet worden ist; wir müssen auch weiter darauf hinweisen, daß in der römischen Kirche der biblische Glaube an Gott in den Hintergrund getreten ist.

Seit Jahrhunderten richtet sich die Andacht weit lieber auf Maria und die Heiligen als auf Gott und Christus. Die herrlichsten Dome des Mittelalters, die zu Köln, zu Straßburg, zu Mailand, zu Florenz, zu Paris, — sie alle sind der Maria gewidmet; durch den ganzen Kult der Kirche zieht sich die Verehrung Marias, wie die Gesänge, die Gebete, der Bildercyklus, die Marienandachten, der Rosenkranz beweisen. Am meisten befremdet dies Marientum in dem eigentlich päpstlichen Katholicismus, in Italien, wo man stundenlang Predigten auf Maria hören muß, während Gott und Christus nur nebenbei genannt werden. Da vergeht dem gläubigen Protestanten der Gedanke an die Gemeinsamkeit des Glaubens an Gott, und mit schmerzlicher Enttäuschung werden wir inne, daß die römische Kirche mit den Worten der altchristlichen Bekenntnisse einen anderen Sinn verbindet, als wir Evangelische; drüben ist der Glaube an Gott materialisiert, bei uns durchgeistigt. Als besondere Probe darauf gilt der Wunderbegriff.

§ 28. Fortsetzung. Das Wunder im römischen Katholicismus und im kirchlichen Protestantismus.

Auch hier haben wir zunächst einen durchaus gemeinsamen Boden. Das Wunder ist die geschichtliche Grundlage des Christentums; ohne sie existiert es gar nicht. Denn Christus ist nicht als bloße Blüte am Baum der vorchristlichen Menschheit zu begreifen. Dann wäre er eben natürlich und das Christentum mit ihm, und es gäbe weder eine Versöhnung der Menschheit mit Gott noch eine Entsündigung derselben. Aber Christus ist der von Gott auf übernatürliche Weise gesetzte Anfänger einer neuen Menschheit, die zwar in die Formen der alten hinein wächst, aber sie selbst umbildet und aus dem Reich der Sünde das Reich Gottes macht. So ist das Christentum voller Wunder, von seinem zentralen Anfänger bis zum letzten Bekehrten.

Soweit stimmen wir mit einander überein. Die geschichtlichen Wunder der Heilsthatsachen und der Kirchengründung und die seelischen Wunder der Bekehrungen — sie stehen auch für uns fest.

Versucht, man die Tragweite dieser Umstände auszudenken, so ergiebt sich in der That eine gewaltige Grundlage gemeinsamer Weltanschauung und Geschichtsbetrachtung.

Während die Vertreter der vorwiegend atheistischen Naturwissenschaften und ihr unübersehbarer Anhang das Wunder überhaupt leugnen und mit David Friedrich Strauß statt des alten Glaubens an den persönlichen Gott den neuen an die Naturgesetze verkündigen, während sie deshalb auch nicht einmal im Staatsleben den geschichtlich gewordenen Kirchenkörpern Raum gönnen, sondern „am liebsten gar keine Kirche" haben wollen, während sie ferner das Seelenwunder der Bekehrung für überflüssig und unmöglich erklären und statt des von Gott gewirkten Durchbruches aus der Schuld zur Gnade einfach den Kulturweg der Selbstveredelung empfehlen — während sie so für die drei Hauptwunder, Christus, die Kirche und unser Glaubensleben, kein Verständnis haben, brauche ich mit einem Katholiken darüber erst gar nicht zu streiten. „Du bist der Gott, der Wunder thut", so beten wir gemeinsam.

Dennoch tritt hier ein Unterschied hervor, welcher gerade uns Evangelische in der Regel am häufigsten vom Katholicismus abstößt. Wir teilen die römische Wundersucht nicht. Denn nach der Kirchengründung sind geschichtliche Wunder nicht mehr nötig; die wunderbare Leitung der Kirche durch den göttlichen Geist kann nur bezwecken, die einmal vollzogene abschließende Offenbarung Gottes in Christus zu immer vollerer Erkenntnis und Aneignung zu bringen; oder, wie wir sagen können, die Kirche hat die einzige Aufgabe, den Inhalt der Person Jesu Christi sich anzueignen; der Christus, welcher als Vollzieher der Heilsgeschichte äußerlich, objektiv vor der Kirche steht, soll unter der Leitung des göttlichen Geistes im allmählichen seelischen Prozeß ihr innerlich zu eigen,

soll in ihr subjektiv werden — Christus für uns die Voraussetzung, Christus in uns das Ziel der Kirche: so ist er wie der
Anfang, auch das Ende der Kirche, welchem alle Seelenwunder des
göttlichen Geistes an uns dienen. Neue Geschichtswunder brauchen
wir nicht; darum kam es uns kindisch vor, wenn ultramontane
Gegner im Lutherjahre 1883 mit vollem Munde ihren Gläubigen
versicherten, Luther habe keinen göttlichen Auftrag zur Reformation
gehabt, weil er — keine Wunder gethan habe, was doch von jedem
Heiligen nachgewiesen sei. Das ist eben der Punkt, an welchem
sich römischer und evangelischer Wunderglaube für immer scheiden.
In der römischen Kirchengeschichte wimmelt es von neuen Ge-
schichtswundern, von denen wir Evangelische nicht ein einziges annehmen, weil wir sie nicht für nötig und auch nicht für nachweisbar halten. Wenn sich der Katholik in seiner Andacht zum Himmel
wendet, so denkt er nicht bloß an Gott den Herrn, sondern mit
frommer Anschauungskraft sieht er zugleich den Himmel bevölkert
nicht bloß mit den Heerscharen, von denen die heilige Schrift weiß,
sondern auch mit den Chören von Heiligen, die mit der aller-
seligsten Jungfrau an ihrer Spitze den Thron des Allmächtigen
umgeben und die Anliegen der betenden Frommen dem himmlischen
Vater zur Berücksichtigung empfehlen. Unzählige Male, so glaubt
der Katholik, erfüllt nun Gott diese Fürbitte und zwar so, daß
er durch Vermittelung des fürbittenden Heiligen Erhörung zuteil
werden läßt, was in der Regel durch Wunder geschieht. So
entsteht die unübersehbare Anzahl von neuen geschichtlichen Wundern. Nach der Theorie thut nicht der Heilige, sondern Gott
durch den Heiligen das Wunder; aber wer seinen Fuß in römisch-
katholische Länder gesetzt hat, etwa von Süd-Bayern südlich durch
Tirol bis nach Unteritalien, kann in Bild und Wort tausendmal
wahrnehmen, daß nach römischem Volksglauben die Heiligen es
sind, welche Wunder thun.

In der Regel aber vollzieht der Heilige das Wunder nicht
in Person, sondern wieder durch ein besonderes Mittel, durch
seine Reliquien, durch seine Statue, durch sein Bild. Daher pil-
gert das Volk zu den Marienbildern, die „Wunder thun", kniet
vor Statuen, von denen es Hilfe erwartet, küßt die Reliquien,

durch deren Berührung man sich Heilung verspricht. Wir erinnern an einige in jüngster Zeit vom Papste selbst bestätigte Beispiele. Unter den Heiligen, die Leo XIII. am 8. Dezember 1881 ernannt hat, befand sich z. B. einer, Lorenzo von Brindisi, von welchem als „Wunder" durch die Kirche selbst proklamiert wurde, daß durch eine Berührung mit seinen Reliquien ein fünfjähriger Knabe von einer eiternden Kniescheibe befreit worden sei. Eine andere Heilige, Klara von Montefalco in Umbrien, ist an demselben Datum kanonisiert worden. Von ihr wird erzählt, daß ein neunjähriger Knabe, welcher von Geburt lahme Füße hatte, auf ihr Grab gestellt worden und von demselben gesund hinweggegangen sei. Noch ganz anders wirken die Reliquien des Herrn: Gehen wir in die Tage der Ausstellung des „heiligen ungenähten Rockes Christi" nach Trier (vom 18. August bis 6. Oktober 1844) zurück. Da soll, wie „mit Approbation der geistlichen Obrigkeit" berichtet wird, eine ganze Anzahl von Personen (11 Fälle liegen mir vor), fast lauter Frauen und Kinder, Heilung gefunden haben; meist waren sie gelähmt gewesen, so daß ihre Krücken als Trophäen und Glaubensstützen im hohen Dom verbleiben konnten. Die Heilung vollzog sich angeblich, während die Leidenden den heiligen Rock anschauten oder berührten; jedenfalls durch Vermittelung der Reliquie [25]). So wird im Volksglauben die Reliquie selbst die Wunderthäterin. Darum hat der calvinische Protestantismus den ganzen Heiligen-, Reliquien- und Bilderdienst als ein Verbrechen gegen die Majestät Gottes verworfen [26]).

Die lutherische Reformation kam zu demselben Resultat von einer andern Seite ihrer Glaubenserkenntnis aus. Hier war es die Grundlehre von der Rechtfertigung allein aus Gnade, wodurch die Möglichkeit eines menschlichen Verdienstes oder gar Überverdienstes vor Gott geleugnet und damit die Grundlage der ganzen römischen Heiligen-Verehrung zerstört wurde. Denn giebt es überhaupt keine Heiligen im römischen Sinne, dann können weder sie noch ihre Reliquien Wunder thun. Als der Erzbischof von Mainz und Magdeburg, um Wittenbergs Einfluß im Volke lahm zu legen, in Halle 1520 einen Reliquienschatz ausstellen wollte, nannte auch Luther dies einen „Abgott". Das war ein treffendes Wort; denn der römische Heiligen-, Reliquien-, Bilder- und Statuenkult mit seinem wüsten Wunderglauben erscheint dem evangelischen Gewissen als Abgötterei.

Eine besondere Beachtung verdient der römische Nachweis der Wunder.

Wenn für einen katholischen Christen beim Papst die Ehre der Heiligsprechung nachgesucht wird, so muß außer den ungeheueren Geldsummen, welche der Prozeß kostet (60 — 100 000 Franken) der Nachweis von wenigstens zwei Wundern erbracht sein. Die römische Dogmatik giebt sich also der Täuschung hin, daß dieser Nachweis möglich sei. Das ist ein völliger Irrtum. Denn das Wesen des wunderbaren Vorganges besteht ja gerade darin, daß er nicht aus den uns bekannten Ursachen abgeleitet werden kann. Ein Wunder beweisen heißt es leugnen. Denn jeder Beweis besteht ja in einem Verfahren, durch welches der Verstand aus erkannten Voraussetzungen eine Behauptung zur Evidenz bringt. Wir müssen also alle „Nachweise" der katholischen Kirche als Irrtümer zurückweisen. Es kommt uns doch bei den biblischen Wundern nicht in den Sinn, auch nur ein einziges zu beweisen. Die Überzeugung von der Thatsächlichkeit derselben hat noch kein Christ auf dem Wege des „Nachweises" gewonnen, sondern wenn man zuvor die richtige religiöse Stellung zu Christus hat, wenn man zuvor die religiöse Gewißheit hat, daß in ihm nicht bloß Gottes Gnade offenbar geworden, sondern auch durch ihn Gottes Kraft wirksam in die Menschheit eingetreten ist, dann, aber erst dann, und nur dann steht für den Christen die Thatsächlichkeit auch seiner Wunderwirksamkeit fest. Durch den Glauben an Christus kommen wir zur Annahme seiner Wunder. Der umgekehrte Weg, wie ihn die römische Kirche einschlägt, beruht auf Illusionen. Denn ohne den festen Glauben an Christus als die Offenbarung der Kraft Gottes wird kein Mensch von der Thatsächlichkeit eines Wunders überzeugt. Darum haben auch sämtliche römische Wunderbeweise keine Zugkraft. Nehmen wir z. B. den fünfjährigen Knaben, dessen eiternde Kniescheibe durch Berührung mit Reliquien geheilt ist. Gesetzt, es hätte gleichzeitig mit der Berührung durch die Reliquien eine plötzliche Heilung

seines kranken Körperteiles stattgefunden, so wäre doch eben nichts
weiter festgestellt, als die Gleichzeitigkeit der Berührung und der
Heilung. Dagegen wäre nicht bewiesen, daß die Heilung durch
die Berührung eingetreten sei. Den ursächlichen Zusammenhang
beider Ereignisse müßte man also erst hinzuglauben. Dieselbe Un=
möglichkeit jedes Beweises läßt sich bei jedem katholischen Wunder
darthun. Wenn die römischen Theologen keinen Grund mehr für
das Eintreten eines Ereignisses anzugeben wissen, sehen sie in
diesem Mangel ihrer Erkenntnis den Beweis für das Vorhanden=
sein eines Wunders. Die sogenannte „Stigmatisation" der Luise
Lateau zu Bois d'Haine in Belgien wurde von einem katholischen
Theologen deutscher Zunge als „ein Wunder" bezeichnet, „welches
nach den strengen Grundsätzen der Wissenschaft in Wahrheit
als ein solches erwiesen wird" [27]). Zu Prata bei Avellino im
Samnitergebirge befindet sich eine alte Kirche in den steilen Tuff=
stein hineingebaut, in ihrer Apsis ein Freskobild des Erlösers.
Dasselbe sieht seit 1874 zuweilen frisch aus und glänzt bei dem
Schein der Kerzen und Lampen. Eine päpstliche Kommission unter=
suchte diese Erscheinung, konnte sie nicht erklären und konstatierte —
ein Wunder, der Papst Pius IX. aber wandte diesem „Gnaden=
orte" reichen Ablaß zu, während die Änderung der Farbe und
ihr Glanz bei Licht wahrscheinlich durch ein dann und wann plötz=
lich eingetretenes Feuchtwerden des porösen Erdreichs zu erklären
ist [28]).

Man wird aber in der Regel jenen oben angenommenen Fall
der Gleichzeitigkeit nicht einmal erst ernstlich anzunehmen brauchen.
Wenn ein Kind zwischen die Räder eines Wagens gerät und die
Pferde still stehen — wer verbürgt uns denn, daß die Jungfrau
Maria das Leben des Kindes gerettet hat? Niemand. So sieht
der römische Katholik hundertmal Wunder, wo sich kein einziges
zugetragen hat. Die römische Kirche aber hat diese Wundersucht
mit Vorliebe gepflegt. Denn an den Wunderorten ist sie stets
reich geworden an Gold und Silber und Edelstein, wie der ge=
füllte riesige Saal zu Loreto beweist, der „die Schatzkammer (il
tesoro) der Madonna" heißt. Derselbe Zauber, mit welchem sich
die Kirche in ihren sieben Sakramenten umgeben hat, soll auch die

Erlebnisse des täglichen Lebens durchziehen. Katholicismus und Protestantismus stehen also wie eine zauberisch-religiöse und eine sittlich-religiöse Weltanschauung einander gegenüber und stoßen sich gegenseitig ab.

Drittes Kapitel.
Der Mensch.

§ 29. Der ursprüngliche Zustand des Menschen.

Daß der Mensch durch den Willen Gottes geschaffen ist, daß er Gottes Ebenbild an sich trägt und zu ununterbrochener Gemeinschaft mit ihm berufen ist, das gilt zunächst als der gemeinsame Boden, auf dem die römische mit allen protestantischen Kirchen steht; er bezeichnet das Wesen des Menschen. Noch weiter könnten wir uns verständigen. Daß der Mensch sich ursprünglich in einem Zustande der Reinheit und Seligkeit befunden habe und sich auf dem Wege einer leidlosen Verwandlung ohne Tod zum ewigen Leben hätte entwickeln können, daß er aber mit Willen durch die Sünde aus der Gemeinschaft mit Gott gefallen und in Schuld und Übel geraten ist bis zum Tode, das ist weiter gemeinsame Lehre der römischen und der protestantischen Kirchen.

Dadurch wäre auch hier wieder eine gemeinsame Stellung gegen alle nicht-christlichen modernen Weltanschauungen gegeben. Während der Materialist den Menschen von unten her durch Zufall oder durch Naturgesetz aus einem tierischen Zustande entstehen läßt und dadurch Schöpfung, Unschuldszustand, Versündigung und Erlösungsbedürfnis des Menschen leugnet — während der Pantheist das Universum selbst als die Gottheit verehrt und im Menschen nur den wesentlichsten Träger derselben sieht, so daß für Sünde und Schuld kein Raum mehr bleibt — während auf der einen Seite der Optimist vor der Thatsache der menschlichen Gesamtsünde die Augen schließt, die Welt für die denkbar beste hält und vergnügt in den Tag hinein lebt, auf der anderen Seite dagegen der Pessimist den Menschen zum Leide geboren sein

läßt und an aller Welt und sich selbst verzweifelnd die Selbst-
vernichtung als Ziel des Menschen predigt, „daß andere grünen,
muß ich modern", — während so die modernen Weltanschauungen
einander gegenseitig bekämpfen, wissen sich Katholik und Protestant
einig über die Fragen: woher stamme ich? was bin ich? wozu bin
ich da? — Wahrlich, über Ursprung, Wesen und Ziel des Menschen eine Gemeinsamkeit der Anschauungen von grundlegender Bedeutung.

Aber schon bis an diese Stelle wirft die Grundverschiedenheit
der Rechtfertigungslehre ihre Schatten voraus. Nennen wir gleich
den Hauptpunkt, an welchem der ganze Unterschied in der Lehre
vom Menschen praktisch wird.

Der Katholicismus kennt das protestantische Schuldbewußtsein
nicht. Als Luther im Kloster zu Erfurt in den Seufzer aus-
brach „meine Sünde, Sünde, Sünde!" verstand ihn Staupitz
nicht. Die evangelischen Kirchen beurteilen die Sünde ernster als
der Katholicismus. Je tiefer aber der Fall des Menschen, desto
höher muß sein ursprünglicher Stand angenommen werden. „Je
mehr man durch die Sünde verloren zu haben weiß, desto mehr
muß man vorher besessen haben." Indem man so in verschiedener
Weise Sünde und Schuld beurteilt, muß sich eine Verschiedenheit
inbezug auf den Urzustand des Menschen ergeben. Es ist also
kein bloßer theologischer Schulstreit, worum es sich hier handelt;
es kommt uns auf die richtige Begründung des S c h u l d b e w u ß t-
s e i n s an, eine Aufgabe von größter Wichtigkeit.

Römische Lehre ist, daß (nach 1 Mos. 9, 6) der Mensch auch
nach dem Sündenfalle das Ebenbild Gottes, Vernunft und Willensfreiheit, noch an sich trage; er könne es also durch den Sündenfall nicht verloren haben. Was er verlor, war nur ein zu seinem
Wesen hinzugegebenes Gnadengeschenk Gottes die „ursprüngliche
Gerechtigkeit (justitia originalis)". Der Mensch befindet sich also
n a c h dem Sündenfalle bloß ohne diese Gerechtigkeit, im Zustande
der reinen Natürlichkeit (der pura naturalia) [29]).

Das klingt nun freilich für den natürlichen Sinn außerordent-
lich schmeichelhaft. Da ist ja keine Spur von düsterer Weltanschauung; auch im sündigen Menschen wird das rein Menschliche

anerkannt. Der Katholicismus erscheint als Hort des Humanismus, da die Vernunft nicht als umnachtet und die Willensfreiheit nicht als geknechtet geschildert zu werden braucht. So hat einst der Katholik Möhler die römische Oberflächlichkeit idealisiert und zu rechtfertigen versucht [30]). Untersuchen wir weiter den Stand der „reinen Natürlichkeit", wie er vor dem Sündenfalle vorhanden war. Der Mensch wird von Gott geschaffen nach seinem Ebenbilde, das heißt mit Vernunft und freiem Willen. Aber bereits in diesem Menschen, wie er aus der Hand Gottes hervorgegangen, besteht ein gewisser Widerstreit zwischen der Sinnlichkeit und dem Geiste und deshalb eine „ungeheuere Schwierigkeit gut zu handeln". Also das Gelüste des Fleisches wider den Geist gehört zum Wesen des Menschen — lehrt der Katholicismus. Dann braucht man sich über die böse Lust keine Skrupel zu machen; sie ist von der Menschennatur unabtrennbar. Gott trifft überdies Vorsorge, daß durch die übernatürliche Gnadenkraft der Gerechtigkeit „wie durch einen goldenen Zügel" die Sinnlichkeit von der Vernunft in Schranken gehalten werde [31]). So beginnt die römische Einschläferung des Gewissens. Wir Evangelische dagegen glauben mit der heiligen Schrift, daß wie alles, so auch der Mensch aus Gottes Hand gut hervorgegangen ist, daß also die Gottgemäßheit (Heiligkeit und Gerechtigkeit) nicht bloß eine zufällige Beigabe gewesen sei, sondern zu seinem Wesen gehört habe. (Justitia concreata.) Welche Kirche hat nun den höhern Begriff vom Menschen, die, welche das Gelüsten des Fleisches wider den Geist zur ursprünglichen Natur des Menschen rechnet, oder die, welche es für die Folge der Sünde erklärt? — Noch ein anderer Ausblick eröffnet sich uns hier. Die „Gerechtigkeit" gehört nach römischem Dogma nicht zum Wesen des Menschen; in den Formen des rein menschlichen Lebens läßt sie sich also auch nicht verwirklichen. Ein Satz von ungeheuerer Tragweite; denn er führt vom Paradiese bis hinter die römischen Klostermauern! Um Gerechtigkeit, um Vollkommenheit zu verwirklichen, muß man die Formen des natürlichen Menschheitslebens überspringen, muß auf Vermögenserwerb und Anteil an der Kulturarbeit im Beruf, muß auf Familienleben, ja selbst auf Selbständigkeit seiner sittlichen

Persönlichkeit verzichten. Wer römisch vollkommen werden will, muß sich im Widerspruch mit Joh. 17, 15 aus der Welt zurückziehen und auf individuellen Besitz, Familienleben und selbständigen Willen verzichten. Die römische Lehre vom Mönchtum ist also die richtige Folgerung aus der römischen Lehre vom ursprünglichen Zustande des Menschen.

§ 30. Die Sünde.

Gehen wir auf die Lehre von der Sünde und ihre Folgen näher ein, so treffen wir wieder eine verwundbare Stelle der römischen Kirche. Da der Mensch durch den Sündenfall nur den Schmuck der übernatürlichen Gerechtigkeit verliert, so wird das Wesen der menschlichen Natur durch die Sünde nicht verderbt. Allerdings wird als Folge der Sünde noch außerdem eine Verschlechterung des Menschen an Leib und Seele zugestanden; aber worin dieselbe bestanden habe, verschweigt man [32]). Es kann doch nur die Disharmonie zwischen Geist und Fleisch, also die Lust darunter verstanden sein; aber sie wird nicht eigentlich für Sünde gehalten, obgleich sie „Zunder der Sünde (fomes peccati)" sei [33]). Allerdings redet die Trienter Synode nur von der Lust, welche noch in den Getauften vorhanden sei. Wir Evangelische finden nun, daß die Lust in den Getauften dieselbe ist, wie in den Ungetauften, daß mithin nach römischer Lehre auch die Lust der Ungetauften nicht eigentlich Sünde sei. Die römische Schultheologie beruft sich dafür noch auf Jak. 1, 14, wo Lust und Sünde unterschieden würden; allein diese Stelle unterscheidet nur Thatsünde und Lust, spricht aber über die Lust selbst kein Urteil aus. Dieses nehmen wir Evangelische aus dem Munde unseres Herrn Christus entgegen, welcher Matth. 5, 28 schon in der unerlaubten Begierde die Sünde vollzogen denkt und damit auch die römische Oberflächlichkeit gerichtet hat [34]). Wenn nicht die Lust Sünde ist, so sind es immer nur die einzelnen Handlungen. Diese Vereinzelung oder Atomisierung der Sünde zeigt ihre Wirkungen in der Lehre von dem Gradunterschiede, wie ihn die römische Kirche zwischen den einzelnen Sünden annimmt.

Nach 1 Joh. 5, 16. 17 giebt es eine Sünde, die zum Tode

führt, und Sünden, die vergeben werden. Demnach hat die Dogmatik die Begriffe „Todsünde und läßliche Sünde (peccatum mortale und veniale)" gebildet. Aber dieser Unterschied wird bei
uns durchaus anders bestimmt als in der römischen Theologie.
Diese unterscheidet die Sünden nach dem Hergange der sündigen
Handlungen (ex natura peccati), wie Bellarmin sagt. Wenn
z. B. hundert Mark gestohlen werden, so ist dies ein schwererer
Diebstahl als wenn es sich nur um hundert Pfennige handelt.
So stellt denn die Trienter Synode eine Reihe von Handlungen
auf, die ganz abgesehen von den handelnden Personen schon an sich
Todsünden sein sollen. Die Sünde gegen das sechste Gebot, Diebstahl, Geiz, Schmähsucht, Räuberei u. s. w. ähnlich wie das
Mittelalter sieben Todsünden aufzählte, Stolz, Habsucht, Schwel-
gerei, Neid, Trunk, Jähzorn und geistliche Stumpfheit [35]). Diese
Art der Beurteilung eignen wir Evangelische uns nicht an; in
unseren Katechismen findet sich keine Aufzählung von Todsünden.
Nehmen wir an, daß in dem einen Hause einem reichen Mann
ein Hundert-Markschein, in einem anderen einem armen Dienstboten ein erspartes Zehn-Markstück gestohlen wird, so liegt auf
der Hand, welche Sünde schwerer wiegt. Nach dem Gegenstande
also darf man die Einteilung der Sünden nicht vornehmen. Der
Unterschied der Sünden liegt vielmehr in den sündigenden Personen.

Jede Sünde ist Abkehr des Menschen von Gott, auch die ge-
ringste; denn wenn der Mensch im Widerspruch gegen den Willen
Gottes seiner eigenen Lust folgt, so kehrt er Gott den Rücken.
Bleibt er in diesem Zustande, verhärtet er sich in der Gottwidrig-
keit, so entwickelt er sich allmählich bis zur Unempfänglichkeit für
Gott. Es kann demnach die kleinste Sünde allmählich zum Tode
führen, wenn der Sünder nicht durch Sinnesänderung und Glaube
wieder in das richtige Verhältnis zu Gott kommt. Die „Stellung
des Sünders zu Gott" entscheidet also über den Charakter der
Sünde. Wer durch Christus in der Gemeinschaft mit Gott steht,
kann zwar, weil er noch Reste seines alten Menschen an sich trägt,
in Sünde fallen, aber nicht zum Tode (1 Joh. 5, 16); wem aber
diese durch Christus vermittelte Stellung zu Gott fehlt, den führt

jede einzelne Sünde weiter von Gott hinweg — dem Tode zu. So kann man auch sagen, es giebt nur eine einzige Todsünde, die selbstverschuldete Unempfänglichkeit für Gott oder wie es die heilige Schrift nennt die „Sünde wider den heiligen Geist" (Matth. 12, 31 ff.); d. h. der Zustand, in welchem der Mensch die durch Christus vermittelte Wirkung des göttlichen Geistes kennt, aber mit vollem Wissen und Willen verwirft: der Zustand der grundsätzlichen Verhöhnung des Vaters, des Sohnes und des Geistes.

§ 31. Die römischen Ausnahmen von der Erbsünde. Das Mariendogma vom 8. Dezember 1854.

In Übereinstimmung mit dem einmütigen Glauben der alten Kirche bekennt der gesamte kirchliche Protestantismus gerade wie der Katholicismus die Unsündlichkeit Jesu Christi, und zwar liegt in diesem Begriffe nicht bloß seine „Sündlosigkeit", sondern noch mehr, daß er nämlich von der Sünde überhaupt nicht berührt worden ist. Ein wie starkes Fundament für brüderliches Zusammenleben diese gemeinsame Überzeugung werden könnte, liegt auf der Hand. Hier aber, wo es sich um die Lehre vom Menschen und von der Sünde handelt, drängt sich uns ein anderer Punkt auf, an welchem leider zwischen beiden Formen des Christentums wieder kein Einverständnis erzielt werden kann: es ist dies die römische Lehre von der Sündlosigkeit der Jungfrau Maria. Das römische Dogma, wie es am 8. Dezember 1854 verkündigt ist, sagt nicht etwa, daß sie den Herrn Christus unbefleckt empfangen habe, sondern daß sie selbst unbefleckt empfangen worden sei (immaculata conceptio passiva) [36]). Wenn man Rafaels Sixtinische Madonna betrachtet, die keusche Jungfrau mit dem göttlichen Kinde, die „reine Magd" des Herrn, so werden auch wir kirchliche Protestanten zugestehen, daß gerade diese Auffassung der Jungfrau einem Gefühle Ausdruck giebt, welches wir alle in uns tragen: sie, die das gottmenschliche Kind unter dem Herzen zu tragen erwählt war, sie kann von dem Gemeinen nicht berührt worden sein. Die Scheu, welche jede Keuschheit uns einflößt, fühlen wir unwillkürlich in noch höherem Maße angesichts der

Jungfrau Maria. Allein schon die ältere christliche Kirche über-
trieb die sittliche Scheu vor der Jungfrau bis zu der Behauptung, daß sie stets von Thatsünden frei geblieben sei. Schon für
diese Meinung sucht man in dem Neuen Testamente vergeblich
nach einem Grunde. Während nun die griechische Kirche wenigstens bei dieser Behauptung stehen blieb, ging das Abendland
weiter. Im zwölften Jahrhundert feierten Kleriker zu Lyon ein
Fest zu Ehren der unbefleckten Empfängnis der Jungfrau, womit
gesagt sein sollte, daß sie auch von dem Makel der anererbten
Sündhaftigkeit frei geblieben sei. Der größte „Prophet" und der
größte Theologe des Mittelalters, Bernhard von Clairvaux und
Thomas von Aquino erhoben dagegen ihre Stimme [37]. Allein
längst war im christlichen Bewußtsein des Abendlandes aus Christus
dem Gottmenschen der rein jenseitige Herrgott geworden; den man
sich vorwiegend nur noch als zukünftigen Weltenrichter vorstellte,
etwa wie ihn Michelangelo auf dem jüngsten Gericht in der Sixtinischen Kapelle des Vatikans fast typisch gemalt hat, den Weltenrichter mit furchtbarem Zorn im Angesicht, der den Arm und die
Hand zum Wurfe erhoben hat, um das erbärmliche Geschlecht der
Gottlosen in die höllische Tiefe zu schmettern. Vor einem solchen
Christus Gnade zu finden, bedarf man selbst wieder eines Für-
sprechers. Wer wäre nun besser dazu geeignet, als die Mutter,
die den zürnenden Richter unter ihrem Herzen getragen! Ihr
kann der Sohn ja keine Bitte versagen, wenn sie, die Mutter, dem
Sohne ein Anliegen vorträgt, so kann er die Erhörung nicht ab-
schlagen; ja wenn er auch noch so gewaltig droht, daß sogar die
Holdselige darüber erschrocken in die Kniee sinkt, wie das Sixtinische Altargemälde zeigt, sie weicht doch nicht, sondern verharrt
bittflehend an der Seite des Zornigen, um ihn zu erweichen.
„Mutter Gottes, bitte für uns" wurde der Gebetsseufzer der bedrängten Christenheit. Denn diese Mutter versteht unsere Not
und unsere Bitten. Jungfrau und Mutter zugleich, steht sie dem
menschlichen Geschlechte näher als der ferne Herrgott. „Sie, die
durch ihre Verdienste über die Chöre der Engel hinweg bis an
den Thron der Gottheit sich erhoben und durch ihre Tugend der
alten Schlange den Kopf zertreten hat", sie „ist zwischen

Christus und die Kirche gestellt", spricht der Mund des „Unfehlbaren" [38]).

Diese Zwischeneinschiebung der Maria in das Verhältnis des einzelnen Gläubigen zu Gott wurde der Grund, daß die römische Theologie einen andern Weg einschlug, als Bernhard von Clairvaux und Thomas von Aquino geraten hatten. Während nämlich der Mönchsorden der Dominikaner die Lehre seines großen Thomas annahm, hielt der gefeiertste Theologe des Franziskanerordens es für „probabel" „der Maria das Vorzüglichste beizulegen". Durch die Eifersucht dieser beiden Orden wurde die Frage nach der unbefleckten Empfängnis Marias ein Zankapfel zwischen ihnen. Der Franziskanerorden aber hatte mehr Einfluß auf das niedere Volk und gewann die breiten Schichten desselben für seine Überspannung des Marienkultes. Schon im fünfzehnten Jahrhundert war es soweit gekommen, daß sich selbst das „Reformkonzil" von Basel (1439) auf den franziskanischen Standpunkt stellte [39]). Nur der zufällige Umstand, daß das Konzil in dieser Periode nicht vom Papste anerkannt war, hinderte die Dogmatisierung der Franziskaner=Meinung. Aber auch die Päpste des fünfzehnten Jahrhunderts wagten sie noch nicht zu vollziehen, da sie auf die Dominikaner, welche immer noch die vornehme theologische Bildung der Kirche vertraten, Rücksicht nehmen mußten. Nur der Papst, welcher auf Rafaels schönster Madonna kniet und ihr den Namen gegeben hat, Sixtus IV. ging einen Schritt weiter, indem er wenigstens die Feier des Festes der unbefleckten Empfängnis bestätigte und die Verketzerung der Franziskanerlehre verbot. Damit war sie allerdings noch nicht dogmatisiert; wie denn auch der Bann denen angedroht wurde, welche die dominikanische Lehre verketzern würden. Aber durch die Bestätigung der Marienfeier hatte Sixtus bewiesen, auf welche Seite er sich selbst stellte. Es folgte das Zeitalter der Reformation. In dem Geistersturm des sechzehnten Jahrhunderts hatten sich die Dominikaner von Hochstraten und Sylvester Prieras an als so wackere Kämpfer für die Lehre des alten Rom bewährt, daß man sie in Trient nicht beleidigen durfte. Dazu war die Marienfrage keine brennende im Vergleich mit den gewaltigen Gedanken von Rechtfertigung, Gemeinde der

Gläubigen und heiliger Schrift, die im reformatorischen Sinne aufgefaßt den ganzen Bau der römischen Kirche zugrunde zu richten drohten. In kluger Berechnung verharrten die Trienter Väter deshalb auf dem Standpunkte Sixtus des IV. Die Erledigung der Marienfrage war also aufgeschoben und blieb es bis in die Tage Pius des IX. Bis zum Regierungsantritt dieses Papstes galt als katholisches Dogma nur, daß Maria „durch eine besondere göttliche Gnade (ex speciali Dei privilegio)" von Thatsünden frei geblieben sei [40]).

Als aber Pius, der sich schon von Jugend auf als einen besondern Liebling der Maria gefühlt hatte, im Revolutionswinter 1848—49 als Flüchtling in Gaeta dumpf vor sich hinbrütete, beschloß er, durch die Hilfe der Maria seine Zukunft zu sichern. Er eröffnete in einem Rundschreiben vom 2. Februar 1849, daß er „alle seine Hoffnung auf die heiligste Jungfrau gesetzt habe" [41]) und daß er willens sei, den alten Streit um die Frage nach der Empfängnis Marias zu schlichten. Für seine Person war er längst entschieden; um aber vor der katholischen Welt sicher zu gehen, fragte er erst bei den Bischöfen an, wie die Völker das neue Dogma aufnehmen würden. Die meisten Antworten fielen zustimmend aus; die wenigen verneinenden wurden unbeachtet gelassen. Auf den Dominikanergeneral hatte inzwischen die Kurie einen so mächtigen Druck ausgeübt, daß Widerspruch von seiner Seite nicht zu befürchten war. So stand der Dogmatisierung der unbefleckten Empfängnis kein Hindernis mehr im Wege. Pius vollzog sie einfach durch Erlaß einer Bulle, welche er im Beisein seiner Kardinäle, seiner Beamten und einer auserwählten Schar von Bischöfen am 8. Dezember 1854 im St. Petersdom zu Rom verkündigte. Seit diesem Tage kennt also die römische Kirche eine zweite Ausnahme von der Erbsünde, und jeder Katholik, der das nicht glaubt, „ist aus der Einheit der Kirche gefallen" und geht ewig verloren [42]).

Der heilige Bernhard hatte gegen diese Lehre einst bemerkt, daß sie unrichtig sei, weil sie die Jungfrau als nicht=erlösungs= bedürftig hinstelle. Um diesem Vorwurf zu entgehen, wird im römischen Dogma behauptet, Gott habe sie vor der Erbsünde be=

wahrt „im Hinblick auf die Verdienste Christi". Aber ob mit diesem undeutlichen Ausdrucke im Ernst gemeint ist, daß die Verdienste Christi für Gott der sachliche Grund für die Sünd=losigkeit Marias gewesen seien? Papst Pius IX. hat auf diese unsere Frage eine steinerne Antwort gegeben. Die herrliche Säule, welche er zum Andenken an diese Dogmatisierung auf dem spani=schen Platze gerade vor dem Palaste der Propaganda in Rom hat errichten lassen, trägt eine Marienstatue, aber ohne das Jesuskind. Als dies Dogma festgestellt wurde, galt noch als Forderung, daß sein Inhalt „immer und überall und von allen" geglaubt und in der Bibel begründet sein müsse. Wie bewies man das? Die Zeugnisse der kirchlichen Vergangenheit wurden so lange gedreht, bis sie auch für die unbefleckte Empfängnis Marias eintraten. Allein der heilige Bernhard und Thomas werden weiter predigen, daß dies neue Dogma nicht „immer und überall und von allen" geglaubt worden ist. Aus der heiligen Schrift legte man sich vier Stellen im Sinne des neuen Dogmas zurecht. Schon die aller=erste Gnadenverheißung, welche der barmherzige Gott dem gefallenen Menschengeschlechte zuteil werden ließ, 1 Mos. 3, 15 wurde auf die weibliche Erlöserin bezogen, man erklärte nicht: „er", der Weibessame, sondern „sie" das Weib, nämlich Maria wird der Schlange den Kopf zertreten, wie sie in der bildenden Kunst des Katholicismus oft als Schlangentreterin erscheint. Aber diese Auf=fassung ruht auf einem offenbaren Fehler des römischen Bibel=textes, der das hebräische „er" (hu) durch „sie" (ipsa in dem Satze ipsa conteret caput tuum) übersetzt. Die übrigen drei Stellen passen auch nicht; Psalm 46, 5 (römisch 45, 5) redet von der Stadt Gottes, der Wohnung des Höchsten; Jesaia 7, 14 spricht nicht von dem Lebensanfang der Jungfrau und vollends Ezechiel 44, 2 handelt von einem verschlossenen Tempelthor in Jeru=salem. Ebenso hat Luk. 1, 28 (Maria, die „begnadigte", woraus die römische Bibel „gratia plena, Mutter der Gnade" macht) gar keine Beziehung zu dem in Rede stehenden Dogma. Die vier Statuen Moses, David, Jesaia und Ezechiel sind also unmotiviert am Fuße der schönen Mariensäule angebracht, und einen biblischen Beweis für das Lieblingsdogma des neunten Pius giebt es über=

haupt nicht. Die heilige Schrift lehrt vielmehr gerade das Gegen=
teil davon: da Christus für alle gestorben ist, muß auch Maria
der Versöhnung bedürftig gewesen sein. Die päpstliche Kirche hat
also „den Universalismus des christlichen Heils durchlöchert"; sie
kennt neben dem Erlöser eine Erlöserin, und konstruiert deshalb
neben der Menschwerdung Gottes noch eine übernatürliche Mensch=
werdung der „Mutter Gottes". Wenn wir hierbei erinnert wer=
den, daß dieses Wunder nur im Hinblick auf die Verdienste Christi
geschehen sei, so ändert diese Klausel doch an der Thatsache nichts,
daß diese Menschenseele vom ersten Momente ihres Lebens an eine
Erlösung durch Christus nicht nötig hatte, sondern von Gott auf
wunderbare Weise gesetzt ist, um zwischen Christus und der Kirche
stehend am Erlösungswerke selbst teilzunehmen; „denn so ist es der
Wille dessen, der uns ganz haben will durch Maria", sprach
Pius in einem unfehlbaren Schriftstück [43]). Die römischen Priester
aber müssen in ihrem Brevier beten: „Gott, gewähre uns, daß
wir durch Maria die Freuden des ewigen Lebens empfangen [44]);
und zu der „Himmelskönigin" selbst zur „Mutter der Barmherzig=
keit" müssen sie „schreien" und „seufzen": „richte du, unsere Für=
sprecherin, deine barmherzigen Augen auf uns und zeige uns
Jesum nach diesem Leben [45]). In der Lauretanischen Li=
tanei vollends (siehe § 61, 3) heißt es „Mutter der göttlichen
Gnade, Mutter des Schöpfers, Mutter des Erlösers, Sitz der
Weisheit, Arche des Bundes, Pforte des Himmels (janua
coeli), Meeresstern (stella maris = Polarstern, d. i.
der einzig feste Punkt für den Schiffer auf dem Ozean des Le=
bens) [46]), Heil der Kranken, Zuflucht der Sünder, Trösterin der
Betrübten, Helferin der Christen, Königin der Engel, Königin der
Patriarchen, Königin der Propheten, Königin der Apostel, Königin
der Märtyrer, Königin der Bekenner, Königin der Jungfrauen,
Königin aller Heiligen ... Unter deinen Schutz und Schirm fliehen
wir ... verschmähe nicht unser Gebet in unseren Nöten, sondern
erlöse uns allezeit von allen Gefahren! O du glorreiche und
gebenedeite Jungfrau, unsere Frau, unsere Mittlerin, unsere Für=
sprecherin, versöhne uns mit deinem Sohne; stelle uns
deinem Sohne vor". Im „römischen Katechismus" aber wird

ausdrücklich gelehrt, wir nehmen unsere Zuflucht zur Maria, damit sie durch ihre Fürsprache Gott mit uns Sündern aussöhne (ut nobis peccatoribus sua intercessione conciliaret Deum) [47]). Sie ist also Miterlöserin. Wir Evangelische verwerfen das römische Mariendogma, weil es im Widerspruch mit der heiligen Schrift steht, nach welcher es nur einen Mittler zwischen Gott und Mensch giebt (1 Tim. 2, 5) den, von dem es (Apostelgesch. 4, 12) heißt: „es ist in keinem anderen Heil, ist auch kein anderer Name den Menschen gegeben, darinnen wir sollen selig werden."

Gott hat das Heil beschlossen, der Mensch bedarf es; vollzogen wird es durch Christus. Darum lenken wir jetzt unseren Blick auf die Person und das Werk unseres Heilandes.

Viertes Kapitel.
Christi Person und Werk.

§ 32.

Wir Christen hüben und drüben, die wir uns nach demselben Heiland nennen, müssen, wie sich ganz von selbst versteht, gerade hier einen festen gemeinsamen Boden haben: wir bekennen den einen Christus, den Gottes- und Menschensohn, der empfangen ist vom heiligen Geiste, geboren von der Jungfrau Maria, gelitten unter Pontius Pilatus, gekreuzigt, gestorben und begraben, niedergefahren zu den Toten, am dritten Tage wieder auferstanden von den Toten, aufgefahren gen Himmel, als der sitzet zur Rechten Gottes, von dannen er wiederkommen wird, zu richten die Lebendigen und die Toten. So bekennt die römische, so die evangeschen Kirchen [48]). Wir schauen gemeinschaftlich in Christus den Offenbarer der göttlichen Wahrheit, den höchsten Propheten, wir preisen ihn gemeinschaftlich als den Versöhner der Welt, den Hohenpriester, wir beten ihn gemeinsam an als unsern König, dessen majestätischem Ehrenamte, dem Gericht über die Welt, wir gemeinsam entgegen harren. Mit diesen Grundzügen des Dogmas har-

moniert der Grundton unseres Gottesdienstes; wir feiern gemeinschaftlich unsere hohen christlichen Feste, die Geburt, das Todes-
leiden, die Auferstehung und die Auffahrt des Herrn. Viel herrliche Kirchenlieder auf Christus singen wir mit den Katholiken des
Mittelalters, z. B. „Christe, du Lamm Gottes, der du trägest
die Sünde der Welt", das mittelalterliche „Agnus dei", und
„O Haupt voll Blut und Wunden", Paul Gerhardts Echo auf
Bernhards „Salve caput cruentatum". Die auch in evangelischen Häusern beliebtesten Christusbilder verdanken wir der Kunst
der römischen Kirche. Bellinis (Coneglianos) lehrender Christus,
Rafaels Verklärung Christi, seine Kreuztragung, seine Grablegung,
das Abendmahl von Leonardo da Vinci, Tizians Zinsgroschen,
Christus mit der Dornenkrone von Guido Reni und viele andere
haben wir gern um uns neben Werken evangelischer Künstler, wie
Dürers Kruzifixus oder Thorwaldsens Abendmahls-Christus, neben
Schnorrs Bibel in Bildern und Pfannschmidts Zeichnungen. Nichtsdestoweniger zeigt sich auch in der Auffassung und Wertschätzung
Christi zwischen römischem Katholicismus und Protestantismus ein
durchgreifender Unterschied. Betrachten wir zunächst die Auffassungen
seiner Person.

Wohl bekennen sich die protestantischen Kirchen zu den drei
altkirchlichen Symbolen, in welchen die dogmatische Arbeit der alten
katholischen Kirche bis zum Konzil von Chalcedon niedergelegt ist.
Aber die über das chalcedonische Konzil hinausgehende Lehrbildung
ist von den Reformations-Kirchen nicht mehr gebilligt worden. Um
dies zu verstehen, muß man auf die Geschichte der Lehre von der
Person Christi zurückblicken. Im Kampfe gegen den Judaismus
einerseits und den Gnosticismus anderseits war im zweiten Jahrhundert der jungen Kirche die Aufgabe geworden, in ihrer Lehrbildung über die Person Christi sowohl seine wahre Gottheit als
seine wahre Menschheit festzustellen. Die Zurückweisung des Dofe-
tismus gegen die Gnostiker, die Behauptung der ewigen Zeugung
gegen Arius, sicherten beides die wahre Menschheit und die wahre
Gottheit Christi. Sobald aber erst beide Thatsachen für die Kirche
feststanden, erwuchs ihr die neue Aufgabe, beides in der Einheit
seiner geschichtlichen Person zu denken. Realität seiner Gottheit,

Realität seiner Menschheit, und beides in der Einheit seiner Person —
dieses Problem richtig gestellt zu haben ist die epochemachende Bedeutung des chalcedonischen Konzils (451) [49]. Aber weiter als
bis zur Feststellung der Aufgabe hat es dies Konzil nicht gebracht.
Was in der Folgezeit noch in dieser Hinsicht gearbeitet und festgesetzt wurde, kann nicht als gelungen angesehen werden. Denn
indem das sechste allgemeine Konzil zu Konstantinopel zu den zwei
Naturen noch zwei Willen in Jesus Christus hinzufügte, hob es
die Einheit seiner Person auf und setzte eine Doppelpersönlichkeit
an ihre Stelle, die niemand denken kann [50]. Bei dieser Vorstellung von Christus ist die römische Kirche stehen geblieben. Sie
hatte keine Veranlassung, sich dogmatisch weiter mit Christus zu
befassen; denn der Weltenrichter war ja in die ferne Zukunft versetzt, zwischen ihm und der Kirche stand der Chor der Heiligen
mit der Himmelskönigin an der Spitze. So erlahmte im Mittelalter das dogmatische Interesse an Christus; er blieb verdunkelt.
An den Marienfesten illuminieren in Rom die klerikalen Einwohner die Fenster, an den großen christlichen Festen nicht [51].
Ende April 1881 ließ der erste katholische Würdenträger nach dem
Papste, der Kardinalvikar von Rom, eine „heilige Anweisung
(sacro avviso)" an die Thüren der ohngefähr 350 Kirchen Roms
anschlagen, in welcher es, ohne daß von Christi Heilswerk die
Rede gewesen wäre, -wörtlich heißt: „Es ist ein eitles Beginnen,
Gnadenerweisungen und Wohlthaten von Gott zu hoffen, ohne
allein vermittels der Fürsprache der allerheiligsten
Jungfrau (se non mercè l'intercessione della Vergine santissima)... Wir haben nichts, das nicht durch die Hände
der Maria geht (noi non abbiamo nulla che non passi per
le mani di Maria)." So tritt an die Stelle des Christentums in Rom das Marientum [52]. An einer Kirche
zu Torre del Greco bei Neapel stand 1882 geschrieben: „Diese
Kirche ist geweiht dem Heiland Christus, sowie dem Erzengel
Michael; der erste ist verborgen (latet) und so wahrt der letzte
dessen Rechte (jura tuetur)" [53]. Oder Christus wird bloß als
„äußere Autorität" gedacht, zu welcher wir uns auf rein geistigem
Wege nicht in Beziehung setzen können. Dazu bedarf es, lehrt

Möhler, der Autorität der Kirche. Ihre Autorität tritt also vor die Christi; vielleicht gar an Stelle der- des Heilandes; der Papst nennt sich ja dessen Stellvertreter auf Erden [54]), und den „Christus im Vatikan" kennen wir bereits (§ 27). Die Reformation mußte auch hier Änderung schaffen. Die lutherische Grundlehre von der Rechtfertigung führte von selbst das Denken zu Christus zurück. Wenn der gläubige Sünder vor Gott nur wegen Christi Verdienst als gerecht gilt, so muß Christus so beschaffen sein, daß dieses Urteil Gottes sachlichen Grund hat. Dadurch war das Denken über Christus mit einem Schlage wieder in Fluß gebracht. Wenn Christi Leiden und Sterben der einzige Grund unseres Heils ist, dann muß es ein wirkliches Leiden und Sterben gewesen sein. So wurde Christi wahre Menschheit wieder in den Vordergrund gerückt; statt des fernen jenseitigen Herrgottes war er mit einem Schlage der uns nahe Gottes- und Menschensohn geworden, wel=chem unsere Andacht auf Schritt und Tritt folgt. Die wahre Menschheit aber sollte in der Einheit mit der wahren Gottheit ge=dacht werden; und auch dafür hat Luther in Schriften und Pre=digten die fruchtbarsten Gedanken ausgesprochen. Indem er aus=ging von einem vertieften Begriffe des Glaubens als des persön=lichen Zusammenschlusses der einzelnen Seele mit Christus, dachte er sich in Christus die reale Einheit von Gottheit und Mensch=heit. Worauf Gottes Wesen zielt, in heiliger Liebe sich dem Menschen zur Gemeinschaft anzubieten, und worauf des Menschen Wesen gerichtet ist, Gott entgegen zu streben, so daß man beide gar nicht anders denken könne als auf einander bezogen: das ist in Christus vollendet. So war der Weg angegeben, auf welchem man von dem Begriffe des Glaubens aus die Lehre von Christus hätte neu konstruieren können [55]). Leider hat der Abendmahlsstreit zwischen Luther und Zwingli die lutherische Lehrbildung auf eine andere Bahn getrieben. Um die reale Gegenwart des Herrn im Abendmahl zu beweisen, ward Luther veranlaßt, Christus so zu denken, daß seine Leiblichkeit überall in der gesegneten Hostie und im gesegneten Wein vorhanden sein könne (Ubiquität des Leibes Christi). Seiner Leiblichkeit mußte also Allgegenwart zugeschrieben werden; wenn sie dazu fähig sein sollte, mußte sie in Christus überhaupt göttlicher Eigenschaften teilhaftig geworden sein. So entstand das Christusbild der Konkordienformel [56]), nach welcher der Gottmensch im Moment der Fleischwerdung fertig ist, indem der göttliche Logos der menschlichen Natur in einem einzigen Momente seine göttlichen Eigenschaften, Allwissenheit, Allmacht, Allgegenwart mitteilt. Da ein solcher Christus sich nicht mehr wahrhaft menschlich entwickeln kann, so ist er falsch gedacht. Aber wenn es auch der lutherischen Kirche nicht gelungen ist, eine befriedigende Lehre von der Person Christi aufzustellen, so muß doch rühmend anerkannt werden, daß sie es war, die den Versuch gemacht hat, die von der alten Kirche gestellte Aufgabe zu lösen, während die calvinische Theologie in diesem Lehrstück (Christus dem Leibe nach im Himmel eingeschlossen, als Logos dagegen das Universum durchwaltend) über das chalcedonische Konzil keinen Schritt hinaus gekommen ist, und die römische Kirche bis heut in der Lehre von Christus neue Gedanken überhaupt nicht gefaßt hat. Weit wichtiger aber wird die Abweichung in der Wertschätzung des Werkes Christi.

Wohl findet sich in der Theorie der römischen Kirche die Lehre, daß Christus in dreifacher Hinsicht gewirkt habe und fortwirke als Prophet, Hoherpriester und König. Aber schon die Auffassung der priesterlichen Wirksamkeit Christi eröffnet wieder einen Blick in die tiefe Kluft, welche uns von der römischen Kirche scheidet: Sie behauptet nämlich, daß Christus durch sein stellvertretendes Leiden dem Vater nicht bloß genug gethan, sondern eine überflüssige Genugthuung geleistet habe [57]). Diese überflüssige Genugthuung begründet ein „überflüssiges Verdienst Christi (meritum superabundans)". Dasselbe kann nun nicht vergeblich erworben sein, sondern muß, da er es selbst nicht braucht, zugunsten der Kirche verwandt werden. Es bildet den Grundstock des „Schatzes der überflüssigen guten Werke (thesaurus operum supererogationis)", welcher unter Verwaltung des Stellvertreters Gottes steht. Der Papst wird so in die Lage gesetzt, aus diesem Schatz „abzulassen" und den Ablaß denen zuzulegen, welche an genugthuenden Leistungen ein Defizit haben (§ 20). Mit dieser Auffassung des priesterlichen Werkes Christi stehen wir also schon vor der Thür der Schloßkirche von Wittenberg. Wir Evangelische halten diese ganze Lehre nicht für schriftgemäß; denn aus der heiligen Schrift ist sie weder unmittelbar noch durch Schlußfolgerungen zu entnehmen. Wir halten sie auch nicht einmal für vernünftig begründet, wenn wir rein vom christlichen Gottesbegriff und der christlich-sittlichen Weltordnung aus urteilen; denn vor Gott giebt es überhaupt kein überflüssiges Verdienst; das gilt wie vom Menschen, so auch vom Gottmenschen. Dazu kommt, daß diese Überschätzung des Werkes und der Leistung Christi lähmend auf das sittliche Bewußtsein wirkt, indem sie die Vergebung der Sünden bequem macht — Gründe genug, sie rückhaltlos zu verwerfen. Gleichzeitig mit dieser Überschätzung lehrt die römische Kirche eine ebenso falsche Unterschätzung des Werkes Christi. Sie behauptet nämlich, das Verdienst Christi tilge zwar die Erbsünde und die Schuld der vor der Taufe begangenen Sünden, aber für die nach der Taufe begangenen müsse der Gläubige seine eigene Genugthuung hinzufügen, um für die zeitlichen Strafen genug zu thun (§ 20). Das Verdienst Christi reicht also nicht aus, um alle Sündenschuld zu tilgen: es muß durch die eigene sittliche Leistung des Menschen ergänzt werden [58]). Die Reformatoren nannten dies eine Entehrung Christi, und die Augsburger Konfession bekennt in ihrem dritten Artikel, daß Christus „ein Opfer wäre nicht allein für die Erbsünde, sondern auch für alle andere Sünde". Sie faßt also den Wert des Werkes Christi weit höher auf, als es in der römischen Kirche geschieht, und dieser Gegensatz besteht noch heut [59]).

In der Wirksamkeit der Kirche durch Sakramente und Opfer fanden wir den Höhepunkt des römischen Denkens, was daneben über Gott und Welt, über den Menschen und Christus gelehrt ist, kommt nur als Voraussetzung dazu in Betracht. Aber daß die Sakramentswirksamkeit ihr letztes Ziel erreiche, die Heiligkeit des Menschen voll und ganz herstelle, muß von seiner Seite die Mitwirkung des verdienstlichen Willens hinzutreten. Das führt auf die Mitwirkung des Menschen in der Entsündigung und Heiligung.

———

Fünftes Kapitel.
Das menschliche Verhalten in der Zueignung des Heils.

§ 33. Göttliche Gnade und menschliche Freiheit. Mitwirkung des menschlichen Willens oder reine Hingabe an Gott?

Entsprechend der Verschiedenheit, welche wir in der Lehre vom Sündenfall und seinen Wirkungen wahrnahmen, gestaltet sich die Verschiedenheit in der Lehre von der Erhebung aus dem Fall.

Das Problem des Verhältnisses der menschlichen Freiheit zur göttlichen Gnade war längst vor dem Reformationszeitalter erörtert. Gegenüber dem Gnosticismus und Manichaismus, welche die Sünde aus der Materie ableiteten, sie also zu einem Naturverhängnis machten und dadurch ihren Schuldcharakter leugneten, hatte die griechische Kirche, um die Schuld der Sünde aufrecht zu erhalten, die Freiheit des Menschen als dessen unzerstörbare Eigenschaft behauptet. Dieses griechische Streben, nicht die Ohnmacht, sondern die Kraft des menschlichen Willens zu betonen, fand durch das Mönchtum Nahrung; denn dies ruht auf der Ansicht, daß der Mensch sogar mehr leisten könne, als wozu er verpflichtet ist. Überspannt wurde dieser Geist durch den britischen Mönch Pelagius. Er dachte sich die Menschen isoliert, kannte also nur einzelne Menschen; eine wesentliche Beeinflussung des einen Menschen durch den anderen findet dann nicht statt. Jeder steht sittlich also noch ebenso frei da wie der erste Mensch, als er aus Gottes Hand hervorging; es bedarf nur einer „äußeren Gnade" durch Belehrung, Drohungen und Verheißungen, um ihn vor Gott angenehm zu machen. Diese Lehre löste den Menschen los von Gott. Augustin knüpfte das Band wieder an; „es lebt die Seele aus Gott (vivit anima ex deo)"; der Mensch existiert überhaupt normal nur in stetiger Beziehung auf Gott. („Cor meum inquietum est, donec requiescat in te!") Durch die Sünde ist er aus diesem Verhältnis geschieden; eine Macht zum Guten, Freiheit das Gute wirklich zu wollen wohnt ihm deshalb nicht mehr bei; soll er das Gute wollen, so muß ihm die Kraft dazu erst eingeflößt werden:

Gnade ist demnach eine den Willen umbildende Kraft („inspiratio bonae voluntatis et operis").

Aber die Folge dieser Lehre wäre, daß überhaupt nicht mehr der Mensch es ist, der will, sondern daß Gott selbst es ist, der im Menschen will, oder daß der menschliche Wille nur noch Form des göttlichen ist. Um diesem Übelstande zu entgehen, bildete man einen Mittelweg zwischen Pelagius und Augustinus. Die Sünde hat zwar den menschlichen Willen geschwächt, aber seine Freiheit nicht vernichtet; Gott und Mensch müssen demnach zusammenwirken, wie der Arzt und der Kranke, auf daß die Heilung zustande komme. In dieser Nebenordnung von göttlicher Gnade und menschlicher Freiheit liegt das eigentümliche Merkmal des Semipelagianismus, der ebenfalls innerhalb des Mönchtums, in der Sphäre der Selbstüberschätzung, in den Klöstern zu Massilia unter der geistigen Leitung des Abtes Cassianus entstand [60]. —

Diesem semipelagianischen Zuge, der das Mönchtum und die ganze Werkheiligkeit begünstigte, folgte die Kirche des Mittelalters, und das Trienter Konzil bestätigte ihn für die römisch-katholische Kirche. „Da durch Adams Fall nur die übernatürlichen Gaben (die ursprüngliche Gerechtigkeit) verloren gegangen, dagegen das rein Menschliche und damit auch die sittliche Freiheit geblieben ist, wenn auch geschwächt und gebeugt, so vollzieht sich die Bekehrung jedes Menschen durch ein Zusammenwirken zweier Faktoren, der göttlichen Gnade und der menschlichen Freiheit [61]." Göttliche Gnade ist zwar unbedingt notwendig, aber kein schöpferisches Prinzip, sondern nur ein mechanisch eingegossenes Hilfsmittel, durch welches die Vernunft in der Niederhaltung der Sinnlichkeit unterstützt wird. Als auf Grund des Tridentinums die Jesuiten den Semipelagianismus pflegten und dagegen die Jansenisten mit Pascal die Augustinische Lehre von der Gnade erneuerten, stellte sich das Papsttum offen auf die Seite der Gegner Augustins [62].

Wir Evangelische aber halten uns an das alle römische Selbstüberschätzung vernichtende Wort des Herrn „was vom Fleisch geboren ist, das ist Fleisch" (Joh. 3). Wohl wissen auch wir, daß sich der sündige Mensch der Gnade gegenüber nicht wie Stock und Stein verhält — Ausdrücke, welche die Konkordienformel (Art. 2)

in Anlehnung an derbe Worte Luthers gebraucht hat, um jede
Selbstüberhebung des Menschen niederzuschlagen; wir wissen vielmehr, daß der Mensch erlösungsfähig ist, weil auch dem verwor-
fensten Sünder das Gewissen und die Ahnung eines höheren Wesens bleibt, wie sämtliche Missionen mit der That beweisen; denn
in den tausendfachen Berührungen unserer Missionare mit dem
Heidentum Amerikas, Afrikas, Asiens und der Australischen Inselwelt ist noch kein einziges Volk gefunden worden, welches für die
Gnade unempfänglich wäre. Aber diese Empfänglichkeit ist doch
keine Kraft, das ewige Heil zu wollen. Dafür muß erst im
Menschen die Erkenntnis der Sünde geweckt und der Schmerz
über ein verfehltes Leben wach gerufen werden; es muß ferner,
soll er nun nicht in Verzweifelung geraten, der Trost der Sündenvergebung durch das Wort vom Kreuze Christi ihm nahe gebracht,
es muß die Gestalt des Heilandes „ihm vor die Augen gemalt"
werden, daß dieser auch für ihn in den Tod gegangen, um aus
ihm ein Kind Gottes zu machen. So muß dem Menschen Mut
gemacht werden, sich dem Herrn hinzugeben. Mit einem Worte:
es muß seine Willenskraft so umgebildet oder wiedergeboren werden, daß er die That vollziehen kann, von der seiner Seele Seligkeit abhängt, die That des Glaubens. So ist es also die Einwirkung des barmherzigen Gottes, der uns durch seinen von Christus
ausgehenden Geist auf Schritt und Tritt beeinflußt, es ist die
Gnade, die uns neugebiert oder die Fähigkeit des Glaubens in
uns schafft, die aus den steinernen Herzen fleischerne, weiche, em-
pfängliche macht, die aus dem alten den neuen Menschen macht,
der nach Gott geschaffen ist.

§ 34. Gerechtmachung oder Rechtfertigung? Römischer und evangelischer Begriff vom Glauben.

Die Lehre von der Beschaffenheit des sündigen Willens beeinflußt die ganze Lehre von der Heilszueignung. Gleich bei der
Taufe tritt nach römischer Lehre zugleich mit der Gnade die Freiheit in Wirksamkeit. Die Gnade wird zwar als zuvorkommende
jedem Menschen im Sakrament zuteil; aber er kann sie annehmen

oder ablehnen; nimmt er sie an, so erwirbt er sich ein Verdienst, weil es so billig ist (meritum de congruo). Auf Grund dieses Verdienstes verleiht Gott eine noch höhere Gnade; macht der freie Wille auch davon wieder einen rechten Gebrauch, so entsteht ein weiteres Verdienst, auf dessen Anerkennung vonseiten Gottes der Mensch Anspruch hat (meritum de condigno). Der römische Katholicismus lehrt also ein sich steigerndes Ineinandergreifen von göttlicher Gnade und menschlicher Willensfreiheit. Auf diesem Wege vollzieht sich die allmähliche Entsündigung und Heiligung des Menschen. „Rechtfertigung" bedeutet also im römischen Lehrsystem etwas wesentlich anderes als im Protestantismus: nicht Gerechtsprechung, sondern Gerechtmachung durch verdiente sakramentale Gnadenkräfte [63]). Erst wenn sie stattgefunden hat, kann Gott nach römischer Lehre den jetzt wirklich gerecht gewordenen Menschen auch für gerecht erklären. Niemand aber vermag zu wissen, wann er zu diesem Ziele gelangt. Niemand also kann auf Erden seines Heils gewiß werden, lautet der Hauptsatz des römischen Katholicismus von der beständigen Ungewißheit des Heils [64]). Augustins Prädestinationslehre wurde zu Trient wie die calvinische ohne Namensnennung abgewiesen [65]); und die sieghafte Heilsgewißheit des Apostels Paulus, der bei dem Niederschreiben des achten Kapitels des Römerbriefes gewiß wußte, daß weder Tod noch Leben ihn von der Liebe Christi scheiden könne — diese Heilsgewißheit wurde als ein Ausnahmefall beurteilt, der auf besonderer apostolischer Erleuchtung beruhe [66]). So ist also durch die Trienter Väter jeder fromme Katholik zur beständigen Ungewißheit seines Heils auf Erden verdammt, und im Einverständnis mit ihnen glaubte Möhler, es würde ihm in der Nähe eines Menschen, der seiner Seligkeit ohne alle Umstände gewiß zu sein erklärte, in hohem Grade unheimlich werden [67]). Trotzdem braucht kein Katholik an seiner Seligkeit zu zweifeln. Denn seine Kirche ist es, bei welcher er seine Seele versichert hat, wenn er nur in ihrem Glauben steht, an ihren Sakramenten teil nimmt und den Priestern bis hinauf zum Papste Gehorsam leistet. So ist die Gewißheit des Heils aus der frommen Persönlichkeit in die Heilsanstalt verlegt, welche als „Assekuranzanstalt auf den Himmel"

jedem frommen Katholiken das Heil garantiert.   Wir Evangelische
sind nun unendlich besser daran, als alle frommen Katholiken.
Wir kennen eine Gewißheit der Seligkeit; wem im Glauben an
Christus „Erbarmung widerfahren", der „hat den Grund gefunden,
der unbeweglich steht, wenn Erd' und Himmel untergeht"; wir
brauchen uns unser Heil von keinem Priester erst versichern zu
lassen, denn, „wer da glaubt, der hat das ewige Leben".   Die
sieghafte Heilsgewißheit des Apostels Paulus (Röm. 8) ist der
Seelenzustand, welchen jeder evangelische Christ erleben soll und
kann.   Die Begründung dieser kühnen Behauptung ergiebt sich aus
der evangelischen Lehre vom Glauben.

Wenn man sich nur durch Verdienste die Fortwirkung der
Gnadenkraft erwirbt, so tritt der Glaube in den Hintergrund.
Zwischen römischer und evangelischer Lehre vom Glauben entsteht
dann wieder ein Gegensatz.   Nach dem römischen Katechismus ist
der Glaube bloß Zustimmung des Geistes zu den Offenbarungen
Gottes [68], also eine bloße Funktion des Intellekts, ein Wissen um
Gott und die Glaubenslehren (ein bloß historischer Glaube, noti-
tia, fides historica).   Ein solcher Glaube muß erst durch ein
neues Willensprinzip befruchtet werden (fides caritate formata),
wenn er zur Rechtfertigung mitwirken soll [69].   Daher lautet die
römische Formel, daß der Mensch vor Gott gerecht (oder heilig)
wird d u r c h G l a u b e u n d W e r k e.   Solche Werke sind: Messe
hören, Freitags kein Fleisch essen, jährlich einmal zur Beichte
gehen, Heiligenfeste besuchen, an Wallfahrten teilnehmen, Klöstern
Geschenke machen, dem Papste den Peterspfennig opfern.   Daß
aber so der paulinische Glaubensbegriff von der römischen Kirche
ignoriert wird, liegt auf der Hand.   Glaube, wie ihn Paulus
und nach ihm die Reformatoren verkündigen, ist vielmehr die ver-
trauensvolle Hingabe des Menschen an Gott in Christus, der persönliche Zusammenschluß der Seele mit ihm in der Form des unendlichen Vertrauens, so daß der ganze Mensch „i n d i e s e m
G l a u b e n l e b t" (Gal. 2, 20).   Wer so seelisch eins geworden
ist mit Christus, steht vor Gottes Auge nicht mehr isoliert da,
sondern in Einheit mit dem, welchen Gott uns zur Gerechtigkeit
gemacht hat (1 Kor. 1, 30), und wegen dieses objektiven Grundes

ist er Gott angenehm oder vor ihm gerecht, troß der Sünde, die
ihm noch anhaftet. So werden wir gerechtfertigt unter Bedingung
des Glaubens (sola fide, Röm. 3, 28). Das ist der persönliche
Glaube (fides specialis), von welchem unsere Symbole wissen, der
individuelle Glaube, auf Grund dessen der evangelische Christ weiß,
daß nicht bloß dem Apostel Paulus oder Petrus die Sünden ver=
geben sind, sondern ihm persönlich auch. Dieser Glaube kann gar
nicht durch sittliche Leistungen, durch „Werke", ergänzt werden;
die Formel, daß wir gerechtfertigt werden „durch Glauben und
Werke", ist also falsch.

§ 35. Die Möglichkeit einer vollkommnen Gesetzeserfüllung und die überflüssigen Verdienste der Begnadigten. Die dogmatischen Grundlagen des Klosterlebens.

Benußt der Gläubige, so lehrt der Katholicismus, die ihm
stufenweise zuteil gewordene Gnadenkraft, so gelangt er allmählich
zu einer vollkommenen Erfüllung der Gebote Gottes und sogar
darüber hinaus zu einem solchen Grade von Heiligkeit, daß er
mehr leistet, als die Gebote Gottes von ihm verlangen. Gott
verlangt nämlich von allen Menschen die Befolgung der zehn
Gebote; das ist der gewöhnliche, aber langsame Weg der all=
gemeinen christlichen Tugend. Will jemand schneller zum Ziel
kommen, so muß er außer den zehn Geboten noch die drei evange=
lischen Ratschläge befolgen, in welchen „Armut, Keuschheit und
Gehorsam" vorgeschrieben wird. Das ist der Weg der mönchi=
schen Tugendübung. Für diese Doppelrechnung hat die römische
Kirche allerdings ein hohes Altertum auf ihrer Seite. Sobald
nämlich der jüdisch gesetzliche Zug in der alten Kirche mächtig
wurde, demgemäß man das Christentum nicht mehr als Gnaden=
offenbarung, sondern als „neues Gesetz" auffaßte, so beurteilte
man den Willen Gottes an uns auch nicht mehr als einheitliche
Lebensforderung, sondern als eine Summe von einzelnen sittlichen
Forderungen an uns. War aber erst so der eine Gotteswille zer=
stückelt oder atomisiert, so mußte das sittliche Handeln des Gläu=
bigen dementsprechend als eine Summe einzelner Leistungen auf=

gefaßt werden. Dann war es nur ein Schritt bis zu dem Ein-
fall, daß man mehr thun könne, als in den uns vorgeschriebenen
einzelnen Forderungen verlangt wird. Auf dieser Bahn befindet
sich schon im nachapostolischen Zeitalter die Schrift des Hermas,
welche den Titel „Hirt" führt [70]).

Wir verwerfen diese ganze Atomisierung des Willens Gottes
und den darauf gegründeten Wahn von der Möglichkeit, ihn zu
überbieten. Denn der Gotteswille ist eine einheitliche Forderung
an uns, er verlangt das ganze Lebenswerk des Menschen; für
jeden nimmt er eine besondere Gestalt an, für den Mann z. B.
umfaßt er dessen Denken, Gesinnung und Handeln im Beruf, in
der Familie, im Staat, in der Gesellschaft, in der Kirche; und
doch bleibt er eine einheitliche Lebensforderung, die mit den Jahren
wächst und der man nie genug thun kann (Luk. 17, 10) [71]).

Untersuchen wir nun die angebliche Überbietung der zehn Gebote näher. Die römische Kirche meint, daß für den mönchischen
Gehorsam, für die Armut und Ehelosigkeit in der heiligen Schrift
„evangelische Ratschläge" gegeben werden. Der „Gehorsam"
oder die Willenlosigkeit gegenüber den Oberen werde geraten in
Matth. 16, 24: „will mir jemand nachfolgen, der verleugne sich
selbst". Allein unter Selbstverleugnung versteht der Herr die
Verneinung des selbstsüchtigen Wollens, aber nicht die Verneinung
des Wollens überhaupt; gäbe man die Selbstbestimmung auf, so
gäbe man ja sich selbst als Persönlichkeit preis; in dem über-
spannten Mönchtum, wie es im Jesuitismus ausgebildet ist, wird
darum auch verlangt, daß sich der Mönch in der Hand der Oberen
wie ein Leichnam (homo velut cadaver) verhalte. Darin sehen
wir Evangelische die Vernichtung des Ebenbildes Gottes im Menschen, die Vernichtung der Selbstbestimmung, der Selbstverantwortlichkeit, also das gerade Gegenteil von Sittlichkeit [72]). Die mönchische Armut ferner bedeutet die Besitzlosigkeit. Man beruft sich
dafür auf den reichen Jüngling (Matth. 19, 21). Allein hier
hatte es der Herr mit einem jungen Manne zu thun, welcher noch
mit seinem Herzen an irdischem Besitze hing; davon sollte er
innerlich losgelöst werden; deshalb hieß er ihn verkaufen alles,
was er hatte. Das war kein bloßer Ratschlag, den derselbe ebenso

gut hätte unerfüllt laſſen können, ſondern das war Gottes Forderung an ihn, von deren Erfüllung ſeine Seligkeit abhing. Der
bibliſche Beweis mißglückt alſo wieder. Nicht minder ſträubt
ſich die chriſtliche Vernunft gegen die mönchiſche Armut. Denn
da jeder Menſch durch ſeine individuelle Begabung auf eigentümliche Weiſe das Reich Gottes in der Welt herbeiführen helfen ſoll,
ſo braucht er dazu eine eigentümliche Ausbildung ſeiner eigenen
Perſönlichkeit und eigentümliche Mittel für ſeine perſönliche Einwirkung auf die Welt. Darum iſt das private und individuelle
Eigentum notwendig; jedem Individuum iſt das Streben danach
angeboren; ſelbſt der Proletarier ſehnt ſich danach, urteilt ein
geiſtvoller Gegner des Katholicismus (Mariano). Würde das
Kollektiveigentum in der Welt eingeführt, ſo entſtünde die uner-
träglichſte Tyrannei. Wäre die Eigentumsloſigkeit die höchſte Form
der Sittlichkeit, ſo wäre der Kommunismus das echte Chriſtentum.
Allein das einzige Beiſpiel von Kommunismus im Neuen Teſtamente, der der Gemeinde zu Jeruſalem war ein freiwilliger
(Apoſtelgeſch. 5), und die aus dem zweiten Jahrhundert durch die
„Lehre der zwölf Apoſtel“ bekannt gewordene Gütergemeinſchaft
war nicht minder freiwillig [73]).

Die Keuſchheit endlich im römiſchen Sinne bedeutet Eheloſigkeit. Paulus hat die Eheloſigkeit allerdings für ſeine drang-
ſalsvolle Zeit (1 Kor. 7, 25 ff.) empfohlen, aber daraus keinen
Ratſchlag für alle Zeiten gemacht. Er beſaß die Gabe der Ent-
haltſamkeit für ſeine Perſon allerdings; und wem ſie wieder gegeben wird, der mag auch, ebenſo wie er, Gott dafür preiſen:
Gegen eine freiwillige Eheloſigkeit iſt alſo nichts einzuwenden.
Aber für die Mehrzahl der Menſchheit wird Gottes Wort „es iſt
nicht gut, daß der Menſch allein ſei“ doch ſein Recht behalten;
denn der Menſch exiſtiert nicht als Atom, ſondern bedarf der Ergänzung ſeiner Perſönlichkeit. Deshalb ſtiftete Gott für ihn das
eheliche Leben. Die Menſchheit ſoll das Bild Gottes realiſieren,
das kann ſie aber nur in der unendlichen Mannigfaltigkeit von
Perſönlichkeiten; um ſie hervorzubringen, iſt die Ehe als Gottes
Ordnung nötig, die erzwungene Eheloſigkeit aber Unnatur. Deshalb ruht der Segen Gottes auf dem Eheſtande. Eine Mutter,

welche die Nacht am Bette eines kranken Kindes durchwacht, leistet
vor Gott gewiß mehr, als eine Nonne, die sich nach ungestörtem
Nachtschlaf „zum Horasingen wecken läßt" [74]), und ein Vater, der
vom frühen Morgen bis zum Feierabend für Weib und Kind arbeitet, leistet gewiß mehr als der bettelnde Mönch, der sorgenlos
als Parasit am Leibe der Menschheit zehrt. Wenn ferner die
höchste Form der Sittlichkeit in der Ehelosigkeit zutage tritt, so
müßte dies zur Verachtung des Weibes führen. Wenn Rafael in
den Loggien des Vatikans auf seinem Bilde „Adam und Eva" der
verführenden Schlange den Kopf eines menschlichen Weibes gab
(§ 20), so malte er nur, was er in der römischen Kirche gelernt
hatte, daß „das Weib die Thür des Teufels sei (foemina janua
diaboli)". Dann muß auch die Liebe zur Mutter verstummen,
wie bei dem heiligen Aloysius, der seinen Blick gegen das weibliche Geschlecht so sorgfältig bewahrt haben soll, daß er nicht einmal seiner Mutter offen in das Angesicht sah [75]). Wenn dein
Vater dir mit seinem eigenen Leibe den Weg in das Kloster verlegen wollte, so darfst du ihn mit Füßen treten und so ohne
Thränen über ihn hinweg schreiten, denn hier wird diese Grausamkeit zur Frömmigkeit — sagt der „heilige" Hieronymus [76]). Wer
in das Kloster geht, stirbt für seine Familie; über die Novizin,
die eingekleidet wird, legt man ein Bahrtuch und betet wie über
einer Toten (De Profundis!). Selbst eine Amalie von Lasaulx,
die gefeierte Oberin des Bonner katholischen Krankenhauses, ist
einst in das Kloster gegangen, ohne von ihren Eltern Abschied zu
nehmen. So tyrannisch erzieht die römische Kirche zur Unnatur.
Amalie nannte es später selbst eine „krüppelhafte Auffassung vom
Christentum", wenn man aus dem Herzen ausrotten will, was
Gott darein gepflanzt hat [77]). Wie oft aber ist diese Keuschheit
von Mönchen und Nonnen nur eine eingebildete! Wer schlechte
Gedanken im Herzen und unreine Bilder in der Phantasie hat,
nimmt sie wohl auch hinter die Klostermauern mit [78]).

Wer die Gelübde der Armut, der Keuschheit und des Gehorsams feierlich abgelegt hat, verpflichtet sich dadurch für sein ganzes
Leben. Wir dagegen sind der Überzeugung, daß jeder, welcher in
dieser Weise eigenmächtig über sein Leben verfügt, in die Welt-

regierung Gottes eingreift. Wir verwerfen also die römischen
Gelübde als durchaus unsittliche Maßregeln. Freie Versprechen,
auch Gelöbnisse, wie die unserer Diakonissinnen, lassen wir gern
zu, wenn sie aus freier Liebe kommen und zur Selbsterziehung
helfen; aber kein Mensch darf sich auf Lebenszeit unverbrüchlich
binden, weil wir nicht wissen, welche Wege Gott der Herr uns
gehen heißen wird. Unser Gegensatz gegen die römische Kirche
verschärft sich aber noch, wenn wir erwägen, daß man die „feierlichen Gelübde" als Knabe schon mit sechzehn, als Mädchen mit
zwölf Jahren ablegen kann. Das ist ein neuer Grund zur Verwerfung derselben; denn wenn man noch fast in den Kinderschuhen
steckt, ist man erst recht nicht fähig über sein Leben zu entscheiden.
Wenn also die römische Kirche solche Gelübde annimmt, so ladet
sie den Verdacht auf sich, als ob sie die unerfahrene Jugend aus-
zubeuten nicht verschmähe. Ein junges Mädchen ist leicht be-
schwatzt; ist es noch dazu eine reiche Erbtochter, welche ihr Vermögen dem Kloster als Mitgift mitbringt, so ist die Erbschleicherei
fast bewiesen. Hinter engen Mauern und in feuchten Zellen welken
aber die Mädchen oft schnell dahin; die Sterblichkeit ist in Frauen-
klöstern außergewöhnlich stark, während bekanntlich protestantische
Pastoren am längsten leben — versichert ein Kenner der bayeri-
schen Staats- und Kirchenzustände der Neuzeit [78a]).

Das Mönchtum ist kein Erzeugnis des römischen Katholicismus. Es entstand im Orient aus einem asketischen Zuge, der
sich erst einzelner, dann ganzer Scharen bemächtigte. Um diesen
weltflüchtigen Zug zu begreifen, müssen wir daran denken, daß die
Gemeinde der Christusgläubigen rings von der Welt des sinnen-
frohen Heidentums umgeben war. Der römisch-griechischen Welt
des zweiten, dritten und vierten Jahrhunderts fehlten aber Treue
und Glaube, Anstand und Sittlichkeit; wer in ihr leben mußte,
konnte ihrer Befleckung kaum entgehen. Darum zogen sich ernste
Geister ganz aus ihr zurück. Der Verzicht auf die Ehe, welche
die Gatten so leicht an die Scholle bindet, wo der Mann arbeitet,
ward in solchen Kreisen beliebte Tugend. Ohne Hab und Gut
zieht der Einsiedler in die Einsamkeit, da keine Sorge um Weib
und Kind ihn plagt, so wird die Eigentumslosigkeit ihm zur zweiten

Tugend. Sobald sich aber Einsiedler aus dem vereinzelten zu einem gemeinschaftlichen Leben der Entsagung zusammen thaten und ein Kloster (Coenobium) stifteten, mußten Ordnungen des Gemeinschaftslebens geschaffen werden; die Mönche mußten sich ihrem Vorsteher unterordnen; so erschien der Verzicht auf den eigenen Willen, die Willenlosigkeit als die dritte Tugend der Asketen. So ist das Mönchtum aus dem weltflüchtigen Zuge entstanden und hat im vierten Jahrhundert, als die breiten Massen in die Kirche eindrangen, seine feste Organisation empfangen. Was so ohne Zuthun der römischen Kirche zuerst in Ägypten vor sich gegangen war, hat sie später seit den Tagen Benedicts von Montecassino unter ihren Schutz genommen und endlich im Jesuitenorden eine allzeit gefügige schlagfertige Armee zur Verteidigung ihrer Einheit gewonnen.

Wir Evangelische erkennen willig an, daß das Mönchtum von Columban und Bonifazius an bis herauf zu den Cisterciensern und Prämonstratensern der christlichen Mission und Kultur unschätzbare Dienste geleistet hat; die Mönche haben unseren Altvorderen die Anfangsgründe des Christentums, die zehn Gebote, das Vaterunser und den apostolischen Glauben gebracht, sie haben sie lesen und schreiben, fischen und angeln, roden und bauen gelehrt; Rosen und Kirschen, Pfirsiche und Aprikosen verdanken wir ihnen so gut wie die schönsten Handschriften und Buchrollen. Diese Verdienste lassen wir unangefochten; aber sie gehören der Vergangenheit an. Das evangelische Christentum hat mit der Verwerfung der überschüssigen guten Werke und der sogenannten „evangelischen Ratschläge" das Mönchtum selbst verworfen: „Diejenigen, die da lehren, daß wir durch Möncherei können Vergebung der Sünden verdienen, treten das heilige Evangelium und die Verheißung von Christo mit Füßen", lehrt die Apologie der Augsburgischen Konfession und dabei muß es bleiben [79]).

§ 36. Die Ablehnung des Heiligenkultes.

Da wir Evangelische die vollkommene Erfüllung des Willens Gottes im diesseits und vollends die Überbietung desselben durch überschüssige Verdienste für unmöglich halten, sehen wir keinen ein-

zigen Sterblichen als vollkommen heilig an und verwerfen infolge
dessen jeden Heiligenkult. Das Andenken geliebter Toten zu ehren,
ist allerdings allgemein menschliches Bedürfnis; die großen Toten
der christlichen Gemeinden aber waren ihre Märtyrer; ihre Todes-
tage beging man deshalb feierlich, indem man Brot und Wein
zum heiligen Mahle auch für sie, wie wenn sie noch lebend teil
nähmen, darbrachte und für sie betete. Aber schon zur Zeit Augustins war diese Sitte in ihr Gegenteil umgeschlagen: man empfahl sich selbst der Fürbitte der Märtyrer bei Gott [79a]. Da
später zu Martyrien im katholisch-römischen Reiche keine Gelegenheit mehr war, erhob man andere christliche Persönlichkeiten von
hohem Ruf zu derselben Ehrenstellung, berühmte Bischöfe, aus-
gezeichnete Kirchenlehrer, gefeierte Missionare oder Begründer von
Mönchsorden wurden allmählich den Märtyrern gleich gestellt. So
bevölkerte sich der Himmel mit einer ungezählten Schar von mittlerischen Personen, die dem halb heidnisch gebliebenen Volke der
griechisch-römischen Welt ebenso wertvoll waren, wie früher seine
Heroen und Halbgötter. Die katholische Kirche sanktionierte das
heidnische Bedürfnis nach Verehrung von mittlerischen Untergöttern
im Jahre 787 auf der Synode zu Nicaea, indem sie sogar die
Verehrung der Heiligenbilder und -Reliquien festsetzte. Um aber
dabei nicht in Polytheismus zu verfallen, unterschied sie diesen
Dienst als bloße „Verehrung" (dulia, veneratio) von der Anbetung (latria, adoratio), welche allein Gott dem Herrn zukomme.
Auch in den äußern Zeichen dieser „Verehrung", Kniebeugung,
Weihrauch, Küsse, Messen fand man nichts Anstößiges.

Sobald der römische Hochpriester die Zentralgewalt über die
ganze abendländische Kirche errungen und auch das früher bischöfliche Recht der Heiligsprechung an sich gerissen hatte, war er es,
welcher zahlreiche Heilige ernannte. „Jeder Stand, jedes Gewerk
erhielt allmählich seinen Schutzpatron, bestimmte Hilfsleistungen
wurden auf bestimmte Heilige verteilt. Die heilige Apollonia hilft
gegen Zahnweh, Blasius gegen Halsschmerz, St. Ottilia gegen
Augenübel, Rochus gegen Pestbeulen und kranke Füße, Leonhard
bei krankem Vieh, Ulrich gegen die Ratten, Florian oder St.
Agatha gegen das Feuer, Nepomuk bei Wasserschaden. Den Win-

zern ist Schutzpatron der heilige Urban, der Artillerie die heilige
Barbara, da sie bei jähem Tode hilft, den Schustern St. Cris-
pinus, Cäcilia ist es für die Musikanten [80])." Die Schulen stellte
Leo XIII. 1880 in den Schutz des heiligen Thomas, die Prediger
in den des Chrysostomus, vorausgesetzt, daß die hohen Herren im
Himmel dieses neue Amt übernehmen. Die römische Kirche hat
diese Vorstellungen üppig wuchern lassen, weil sie durch diesen
Heiligendienst das Volk beherrscht. Aber klug, wie sie ist, hat sie
diesen Dienst nicht für durchaus notwendig, sondern nur für „gut
und nützlich" erklärt, so daß die Seligkeit nicht davon abhängig
erscheint [80a]). Verwirft also ein gebildeter katholischer Laie für sich
jeden Heiligendienst, so kann sie sich weitherzig stellen und braucht
den Ketzer deshalb nicht aus ihrem Verbande auszuschließen. Zu
dieser Konzession hat sich die Trienter Synode angesichts der
Millionen Christen verstanden, welche gerade auch wegen des Hei-
ligenschwindels ihr den Rücken gekehrt hatten; aber wenn sie etwas
für „gut und nützlich" erklärt, so empfiehlt sie es doch. Die
Trienter Formel enthält also nur eine versteckte Anpreisung des
Heiligenkultes, und alle römisch-katholischen Geistlichen müssen sich
in ihrem Glaubensbekenntnis ausdrücklich zu ihm verpflichten [81]).

Wie aber sollen die Heiligen die Anliegen der Katholiken erfahren? St. N. N. war ein einzelner Mensch mit zwei Ohren,
wie unsereiner; wenn er nun heut in Paderborn und im Vatikan,
in Paraguay und in Tonkin zu derselben Minute angerufen wird,
hört er alle diese vier Bitten? Leider hat sich die römische Kirche
über diese Schwierigkeit leicht hinweg gesetzt. Sie überläßt diese
Frage der „Schule". Die armen Theologen! Was für schwere
wissenschaftliche Aufgaben sollen sie lösen! Die einen behaupten
nun, daß Engel auf- und absteigend den Verkehr zwischen den
Betern und den Heiligen vermitteln; dann müßte man sich etwa
im Universum ein wahres Getümmel himmlischer Estaffetten vorstellen. Wenn das zu ungeheuerlich vorkommt, wird eine andere
Theorie vorgetragen: Man denkt sich die Heiligen mit einer wunderbaren Schnellkraft ausgestattet, so daß sie zu gleicher Zeit an
verschiedenen Orten handelnd eintreten können; die eine Maria erscheint in Lourdes, in Loreto, in Marpingen; ist sie dann aber

nicht mit Allgegenwart ausgerüſtet und ſo vergottet? Darum haben andere behauptet, die „Heiligen ſchauen alles in Gott"; doch dabei kann man ſich nichts rechtes denken. Deshalb haben wieder andere harmlos gemeint, wenn ein Heiliger um etwas gebeten wird, ſo zeigt Gott ſelber dem betreffenden St. N. N. jedesmal die Bitte an. Allein das wäre doch eine ganz unvernünftige Er-ſchwerung der göttlichen Weltregierung, und die Beter thäten jeden-falls klüger ſich gleich an Gott zu wenden, der ihre Anliegen immer zuerſt erfährt und nicht erſt auf die Vorträge himmliſcher Miniſter zu warten braucht. So muß alſo ſchon einfach vor dem menſchlichen Denken die Anrufung der Heiligen als eine unhaltbare Erfindung einer noch halb heidniſchen religiöſen Volksphantaſie ab-gewieſen werden. In der heiligen Schrift aber ſteht davon vollends keine Silbe; auch durch Schlußfolgerungen aus bibliſchen Andeu-tungen über das jenſeitige Leben Abgeſchiedener läßt ſich die Lehre von dem Eintreten himmliſcher Heiligen zugunſten der Erdbewohner durchaus nicht beweiſen.

Indem wir Evangeliſche aber die katholiſche Heiligenverehrung verwerfen, verachten wir die Männer und Frauen, welche drüben als Heilige verehrt werden, keineswegs. Wer könnte einem Franz von Aſſiſi und tauſend anderen „Heiligen" ſeine Bewunderung ver-ſagen? Sie ſind auch uns Lebenszeugen der Gemeinde der Hei-ligen, deren Beiſpiel wir uns zur Nachahmung ihrer Tugenden, nicht zu Anrufung ihrer Hilfe vor Augen ſtellen. So hielt es die älteſte Kirche [81a]); ſo halten es auch die evangeliſchen Bekenntnis-ſchriften [82]). Aber wenn eine derſelben den römiſchen Heiligenkult geradezu einen Teufelsſpuk (fraus Satanae) nennt, ſo hat ſie doch durchaus nicht unrecht [82a]). Liegt nicht eine offenbare Verdrehung des Chriſtentums in jeder Meſſe, die zu Ehren eines Heiligen ge-feiert wird? Gott geopfert am Altare eines Menſchen — iſt das nicht Heidentum? [83*]) —

---

*) Daß ſelbſt in Deutſchland im katholiſchen Volksleben der Heiligenkult ganz harmlos zum Polytheismus wird, dafür zeugt das populäre Hauptorgan des mitteldeutſchen Katholicismus. Die „Eichsfelder Volksblätter" vom 31. Aug. 1881 enthielten folgendes Inſerat: „Im Monat Auguſt des Jahres 1880 ſuchte mein Bruder eine Stelle als Commis. Da dieſelben aber in jetziger

Wie aber erfahren die Gläubigen, an welche Nothelfer sie sich zu wenden haben? Das zeigt ihnen der Papst durch die Heiligsprechungen an.

§ 37. Unser Urteil über die Heiligsprechungen.

Anspruch auf Verehrung vonseiten der ganzen Kirche hat nach römischer Anschauung jeder, der in das Verzeichnis oder den „Kanon“ der Heiligen aufgenommen oder „kanonisiert“ ist. In der Regel dauert es sehr lange, bis sich die Kurie für eine Kanonisation entscheidet. Erst pflegt sie sich zu vergewissern, ob bei den Gläubigen Interesse für die Person des zu ernennenden Heiligen vorhanden ist. Sie überläßt es daher zunächst den betreffenden Kirchen oder Orten, dieses Interesse zu bethätigen. Zu diesem Zwecke müssen die beteiligten Gläubigen nicht nur für sachliche Begründung der Heiligkeit ihres Kandidaten sorgen, sondern auch eine nicht geringe Summe Geld zahlen; denn die Kosten mancher Heiligsprechung belaufen sich auf etwa 100 000 Franken. Eine unbillige Forderung ist eine solche Summe trotzdem nicht; denn die Gemeinde des zukünftigen Heiligen kann hoffen, sich reichlich zu entschädigen. Sind diese Vorbedingungen erfüllt, so beginnt auf Befehl des Papstes an der Kurie der „Prozeß“. Eine Kommission (Congregation) von Kardinälen wird vom Papste ernannt, um „im Verein mit Ärzten und Rechtskundigen die Würdigkeit des zukünftigen Heiligen zu prüfen“. Zwei Rechtsanwälte vertreten

---

Zeit sehr rar sind, konnte er lange keine passende Stelle finden. Wir wandten uns mit großem Vertrauen an den heiligen Joseph mit dem Gelübde, im Falle der Erhörung es in den ‚Eichsf. Volksbl.‘ zu veröffentlichen. Und siehe da, nach kaum vollendeter neuntägiger Andacht hatte mein Bruder eine gute Stelle. Herzinniger Dank sei dem heiligen Joseph dafür. Ähnlich so ging es mir in diesem Jahre. Ich hatte einen einzigen großen Wunsch, der für mich unerfüllbar zu sein schien. Diesmal hielt ich eine Andacht zur heiligen Maria, mit demselben obengenannten Gelübde. Ich betete an neun Tagen das ‚Gedenke, o gütige Jungfrau‘, und die heilige Maria, die noch nie ein Gebet unerhört ließ, erfüllte auch mir meinen größten Wunsch. Darum verfehle ich auch jetzt nicht, mein gegebenes Gelübde zu erfüllen und gleichzeitig der heiligen Maria öffentlich meinen innigsten Dank auszusprechen. W., den 24. Aug. 1881. B. K.“   N. Pr. Ztg., 1881, v. 21. Sept. (Beil.).

das Für und Wider; der eine, der „Advokat des Himmels“, be=
kräftigt die Verdienſte des Heiligen, während der andere, der
„Advokat des Teufels“, ſie beſtreitet. Unerläßliche Bedingung der
Heiligſprechung ſind Wunder; wenigſtens zwei muß der Kandidat,
ſei es bei Lebzeiten, ſei es nach dem Tode vollbracht haben. Ein
Wunder letzterer Art vollbringt er z. B. wenn ein Krüppel ſein
Grab betritt und — geheilt wird; dann iſt es nach römiſcher
Anſchauung der dort begrabene Heilige geweſen, der ihn geheilt
hat. Im Intereſſe der Sicherheit des Prozeſſes pflegt man ohne
Eile zu verhandeln. Deshalb kann ſich ein ſolcher Kanoniſations=
prozeß durch Jahrhunderte hinziehen; ein Prozeß (der von Clara
de Croce), welchen Leo XIII. abſchloß, hatte ſich vom Anfang des
vierzehnten Jahrhunderts bis zum Jahre 1881 hingezogen. So
lange der Vatikan allein von päpſtlichen Dienern gehütet wird,
blättert kein Unberufener in den Akten der Kurie, und der Ge=
ſchäftsgang bleibt ja immer derſelbe. Iſt alles nötige Beweis=
material erbracht, ſo ſchreitet der Papſt zur feierlichen Aufnahme
des Kandidaten in das Album (den Kanon) der Heiligen. Auch
hierfür iſt die Form durch das Herkommen geregelt; nur der Ort
der Verkündigung kann wechſeln: für gewöhnlich wählten die Päpſte
das Hauptſchiff der Peterskirche. Leo XIII. hat ſich als „Ge=
fangener“ zum erſtenmal mit der geſchloſſenen Galerie über dem
Hauptportal dieſer Kirche begnügt, in welche er vom vatikaniſchen
Palaſte aus gelangen kann, ohne das römiſche Pflaſter zu betreten.
Am 8. Dezember 1881, am Feſte der unbefleckten Empfängnis
Marias, vollzog er hier im Beiſein mehrerer Hundert in= und
ausländiſcher Prälaten, des diplomatiſchen Corps, des päpſtlichen
Hofes und eines ausgewählten eingeladenen Publikums die Heilig=
ſprechung von vier Kandidaten, deren Prozeß befriedigend ver=
laufen war.

In Bildniſſen waren Wunderthaten der zu ernennenden Hei=
ligen ausgeſtellt, zwei des Johann de Roſſi, zwei des Lorenz von
Brindiſi, eine des Benedict Labre von Boulogne und eine der
Clara de Croce von Montefalco. Über dem Thronſeſſel des
Papſtes prangte die Inſchrift „ubi Petrus ibi ecclesia (wo
Petrus iſt, d. h. der Papſt, da iſt die Kirche)“. Die Kardinäle

Tſchackert, Evang. Polemik.   10

küßten dem Papste die Hand, die Bischöfe das Knie, die Äbte und Pönitentiarien den Fuß. Durch den Kanonisationsprokurator (einen Kardinal) und den Konsistorialadvokaten ließ sich darauf der Papst dreimal (instanter, instantius und instantissime) bitten, die Genannten unter die Heiligen aufzunehmen. Nachdem er gebetet, gab er durch den Sekretär der Breven seine Geneigtheit zur Erfüllung der Bitte kund und verlas das Dekret, daß die betreffenden „Heilige seien und in den Heiligenkalender eingetragen werden sollen (N. N. N. N. sanctos esse decernimus et definimus et sanctorum catalogo ascribimus)"; zugleich befahl er, daß alljährlich ihr Gedächtnis von der gesamten Kirche in frommer Demut und zwar an bestimmten Tagen gefeiert werden solle. Bei den Schlußworten begannen die Glocken vom St. Peter zu läuten, und alle Glocken der Stadt fielen ein und läuteten eine Stunde lang. An diese Verkündigung schloß sich eine Messe, nach welcher jeder der neu ernannten Heiligen zum erstenmal angefleht wurde „ora pro nobis, bitte für uns". Dann folgte noch ein ganzes System von Gebräuchen, z. B. werden von der Rituskongregation (12 Kardinälen) dem Papste Gaben der Heiligen dargebracht, Kerzen und Tauben in vergoldeten Käfigen (als Zeichen der Tugend) aus der Hand des Kanonisationsprokurators im Namen der Interessierten, ein kleines Geldgeschenk in einer goldgestickten weißseidenen Börse u. dgl. m. Die Zeremonie dauerte von früh 10 bis Nachmittag 2 Uhr. Dabei hat auch der preußische Gesandte vier Stunden in Gala stehen müssen, um zu erfahren, daß ein Katholik heilig werden kann, indem er sich sein Mittagbrot aus dem Straßenkehricht aufliest![84] Kann der für eine Heiligsprechung nötige Beweis der Wunder nicht genügend erbracht werden, ist die Kirche aber doch von der übergesetzlichen Vollkommenheit des Heiligkeitskandidaten überzeugt, so erfolgt die Seligsprechung oder Beatifikation. Die Kosten dieser Auszeichnung sind geringer als die der Heiligsprechung, aber der bloß Beatifizierte hat keinen Anspruch auf allgemeine Verehrung. — Nach einem in Trient erschienenen Blatte wurden von 1500 bis 1881 96 Personen kanonisiert und 320 beatifiziert, zusammen 416 Heilige und Selige ernannt, und zwar waren es 358 männliche und 58 weibliche;

297 Märtyrer (martyres) und 119 Tugendhelden (Confessores); 326 Ordensleute (und zwar 120 Franziskaner, 90 Jesuiten u. f. w.) und 90 Weltgeiftliche und Laien, der Nationalität nach 76 Italiener, 66 Spanier, 37 Portugiesen, aus Deutsch= land nur — vier![84a]). Wir Evangelische halten solch' päpft= lichen Pairsschub für heidnisch und kindisch zugleich. Aber viel= leicht erwidert uns ein gutmütiger Katholik, wir verftänden den Sinn der Heiligsprechung ganz falsch; denn der Papft befördere ja die Heiligen nicht aus einer obskuren Existenz in die Nähe des Thrones Gottes, sondern er konftatiere nur, daß die Betreffen= den N. N. „Heilige seien". Zur Antwort teilen wir mit, daß vier Tage nach der geschilderten Kanonisation Leo XIII. die dabei beteiligt gewesenen Kardinäle und Bischöfe empfing, in deren Namen der Kardinal Fürft Schwarzenberg eine Adresse verlas, worin es hieß: „wir schätzen die Gunft, neue Fürsprecher im Himmel zu besitzen, welche sich bei ihrem göttlichen Meifter der Sache der bedrängten Kirche annehmen werden". Das hatten sie also bis zum 8. Dezember 1881 noch nicht gethan; der Papft hat sie erft zu Fürsprechern im Himmel erhoben[85]). Manchen Heiligen hat das Volk in altheidnischem Götterdienft auf eigene Hand kanonifiert. Auf Sardinien, wo sich das Heidentum Ita= liens am längften (bis in das sechfte und siebente Jahrhundert) erhielt, wurde St. Lucifer, also eigentlich „der heilige Satan", wohl eine Art chriftlicher Pluto, bis in die Neuzeit sogar offiziell verehrt; erft neuerdings hat ihn der Bischof von der Lifte der Heiligen gestrichen, ohne indes seine Verehrung bei dem Volke hintertreiben zu können[85a]). Eine besondere Blüte der Heiligen= verehrung ift der Marienkult.

§ 38. Die Ablehnung des Marienkultes.

Wir kennen die römische Maria bereits als die zweite Aus= nahme von der Erbsünde (§ 31) und haben oben schon aus ihrem Kultus angedeutet, daß sie einen Versöhner nicht braucht, sondern als Miterlöserin zwischen Gott und Menschen thätig ift. Aber jenes Mariendogma, welches den übernatürlichen Eintritt der Jungfrau in die Menschheit aussagt, ift doch nur der Anfang der dogma=

10*

tischen Begründung ihres Kultes; sie ist auch als die immer Heilige durch das Leben gegangen; der übernatürlichen Geburt hat nach römischer Lehre ein überverdienstliches Leben entsprochen. Ihr gebührt also ein höherer Grad von Verehrung als den übrigen Heiligen. Seit die griechische Kirche in den Lehrstreitigkeiten um die Person Christi Maria als „Gottesgebärerin (Theotokos)“ feierte, ward sie in der bildenden Kunst auch als „Mutter Gottes“ dargestellt, eine jungfräuliche Mutter mit dem Jesuskinde auf dem Schoße. Das ritterliche Mittelalter verehrte sie als Himmelskönigin: Madonna, Notre Dame, Unsere liebe Frau — es ist überall bei Romanen wie bei Germanen derselbe ritterliche Frauendienst, der hier in das Religiöse übersetzt erscheint.

Als nun im dreizehnten Jahrhundert der katholische Glaube drohend wankte, als sich in Südfrankreich kein Geistlicher mehr im Amtsgewande auf der Straße blicken lassen durfte ohne verspottet zu werden, da ketteten die Dominikaner durch ein volkstümliches Mittel das Herz des Volkes wieder an die katholische Kirche, indem sie eine Übung im Gebet zu Maria einführten. Sie gaben den Katholiken eine Perlenschnur in die Hand, das Rosarium, den Rosenkranz der heiligen Maria; so viel Perlen die Schnur trägt, so oft spricht der Beter seinen Gebetsgruß an seine Herzenskönigin „gegrüßt seist du Maria, du Gnadenvolle, der Herr ist mit dir, du Gebenedeiete unter den Weibern“ [86]). Jeden Abend, wenn die Sonne zur Ruhe gegangen, ist es wieder der Gruß an Maria, mit dem der Arbeiter von dem Tage Abschied nimmt. Ave Maria läuten alle Glocken zum Feierabend: das Ave Maria regelt Zeit und Stunde, in Italien begann man mit dem Ave-Maria-Läuten die Zählung der 24 Tagesstunden — und thut es privatim noch heut: mit Ave Maria zündet der Droschkenkutscher seine Lampe auf dem Bock an, und sobald in Venedig das Ave Maria von der Kirche St. Giorgio Maggiore erschallt, leuchten vorn auf allen Gondeln die Signallämpchen weithin über die Flut. Jedes Vaterunser des Katholiken schließt nicht mit dem Lobpreis „denn dein ist das Reich, die Kraft und die Herrlichkeit“, den die Christen doch fast wörtlich schon so im zweiten Jahrhundert sprachen [86a]), sondern mit dem Gruße an die Holdselige „Ave Maria“.

So ist sie die Lieblingsheilige der römischen Kirche geworden.
Wo immer sie sich zeigt, wird sie als besondere Helferin verehrt;
hat sie z. B. im Schneefall jemand gerettet, so wird sie verehrt
als „Maria zum Schnee". Zu Loreto in ihrem Hause, zu Lourdes
an der Quelle — überall wird sie besonders verehrt. Der gebildete Katholik meint, daß die eine himmlische Person im Weltall
mit göttlicher Allgegenwart wirke, in Rom, in Loreto, in Lourdes,
in Marpingen — in Amerika, in Asien und Afrika —, das ungebildete Volk hat dagegen aus der einen Maria unzählige Madonnen gemacht. Die Madonna von Loreto und die Madonna
von Lourdes und die Maria von Marpingen und Hundert andere
sind im Volksglauben lauter besondere Madonnen; daher man z. B.
in Rom auf dem Trajansforum wieder der „Madonna von
Loreto" eine besondere Kirche geweiht hat; und die Mutter Gottes
von Lourdes wird wieder als eine besondere Madonna aufgefaßt,
der man Kirchen, Altäre, Statuen weiht; selbst im Vatikan ist ihr
eine Grotte errichtet [87]). In der einen Stadt Neapel wird die
Madonna unter 39 verschiedenen Namen verehrt [87a]).

Aber wenn ein katholischer Mann die ganze Marienverehrung
nicht mitmachen wollte? Die römische Kirche würde auch hier
so weitherzig sein können, wie im Heiligendienst überhaupt. Das
Trienter Konzil hat nirgends behauptet, daß die Verehrung der
Maria zum Heil notwendig sei, nur den Geistlichen ist sie zur
Pflicht gemacht; das ist aber für die kluge Kirche genug [88]). Sie
läßt aber zu, daß Bischof Martin von Paderborn lehrte: „Maria
ist der wahrhaft ideale Mensch, der vor- und urbild-
liche, wie ihn die ewige Weisheit gedacht hat" [88a]).
Die Kirche gestattet auch, daß ein einflußreiches katholisches Blatt
mit Genehmigung der Bischöfe von Salzburg, Brixen und Trient
schreiben kann: „Ist es wohl wahrscheinlich, daß Jesus Christus,
der durch 30 Jahre Maria seiner Mutter unterthan war, sich
nun im Himmel von diesem Gehorsam losgeschält haben
würde? Das ist ganz und gar nicht der Geist Jesu Christi, der
uns nicht gelehrt hat, das Joch des Gehorsams abzuschütteln,
wenn wir zur Höhe und Größe emporgestiegen sind." „Da sie
Mutter Gottes ist, ist sie zugleich Gebieterin der ganzen

Welt und die Königin des Himmels und der Erde." "Ohne ihr Mitwissen geschieht nichts im Himmel und auf Erden. An allem, was im geheimsten Rate der anbetungs- würdigen Dreifaltigkeit zur Verhandlung kommt, nimmt sie teil." "Es ist schon ein außerordentliches Glück, daß wir einen Vater der Erbarmung (2 Kor. 1, 13) haben. Aber das würde doch nicht ganz hinreichen, uns völlig zu beruhigen; wir bedürfen auch einer Mutter, die sich unserer Armut annimmt [89])." So fehlt ihr zur Göttin nur noch der Name. Nach dem Osservatore Romano vom 3. Juni 1879 sitzt sie als "Mutter des Allmächtigen" mit ihm auf einem Throne [89a]). Wir Evangelische halten uns an die heilige Schrift; mehr als sie andeutet, weiß kein Mensch über die holdselige Jungfrau. Sie wird Luk. 1, 46 ff. gebenedeiet als die Magd des Herrn; aber die Lobpreisung seiner irdischen Mutter weist Christus doch zurück (Luk. 11, 27 ff.) und gegen die römische Annahme, daß sie immer Jungfrau (semper virgo) geblieben sei, sprechen die Geschwister Jesu (Joh. 7, 5; Matth. 13, 55 ff.; Matth. 1, 25). Sie hat allmählich lernen müssen, den göttlichen Sohn zu erkennen: zu Kana auf der Hochzeit mußte er noch, um mit Irenäus zu spre- chen, ihren "übereilten Eifer" rügen, und noch später (Mark. 2, 20—22) ward sie selbst irre an ihrem Sohn. Aber als das Schwert ihr durch die Seele drang, harrt sie als Mutter der Schmerzen treu unter dem Kreuze Jesu aus, und er empfiehlt sie der Fürsorge seines Lieblingsjüngers (Joh. 19, 25 ff.): im Kreise der Christusgläubigen zu Jerusalem Apostelgesch. 1, 14 erscheint sie unter den Frauen der Gemeinde, gewiß, wie wir gern annehmen, als die geehrteste. Aber schon für denjenigen Apostel, der die Geschichte Jesu nicht mit durchlebt hat, schon für Paulus hat sie keine Bedeutung mehr gehabt, denn er erwähnt sie nicht; auch in dem neuen Jerusalem, das der Seher der Offenbarung geschaut hat, wird sie nicht erwähnt, und von der Fürbitte der Maria für die Kirche steht nichts in der heiligen Schrift [90]). Auch die apostolischen Väter und die Apologeten kennen keine Marienverehrung. Sie schießt erst in den apokryphischen Evange- lien auf.

§ 39. Die Ablehnung der Reliquienverehrung.

Geliebter Toten zu gedenken, ist für jedes edle Herz Bedürfnis. Gern umgiebt man sich mit Erinnerungen an die Heimgegangenen, ihre Schriftzüge bewahrt man auf, Gegenstände ihres
täglichen Gebrauchs stellt man zur Erinnerung auf; ihre Bilder
nimmt man in den Wohnraum, um gleichsam die Vollendeten
selbst in der Nähe zu haben, in Gemeinschaft mit ihnen weiter zu
leben, sich ihrer zu freuen und durch sie sich zu stärken für den
täglichen Kampf um das Dasein. Sobald man also erst die Heiligen religiös verehrte, konnte eine Verehrung ihrer Reliquien und
Bilder nicht ausbleiben. Leider ging die Frömmigkeit dabei bald
in die Irre: man verehrte die wunderlichsten Reliquien, auch un-
schöne und ekelhafte, Haare vom Haupte des heiligen Petrus, Milch
der heiligen Jungfrau, Blut des heiligen Januarius. Wenn wir
Evangelische nach der Echtheit der Reliquien fragen, so wird ge-
antwortet, daß die Wirksamkeit der Reliquien nicht von ihrer Echtheit, sondern von dem Glauben an die Echtheit abhänge. Sie
sollen, so sagt man, nur zu Gott hinleiten, thun sie das, so haben
sie ihren Zweck erfüllt, mögen sie echt sein oder nicht. Als daher
im Jahre 1844 die Bonner Professoren Gildemeister und v. Sybel
gegen die Echtheit des ungenähten Rockes Christi ein Buch schrieben
unter dem Titel „der heilige Rock zu Trier und die zwanzig anderen ungenähten heiligen Röcke", so wurden die Katholiken durch
diesen Geschichtsbeweis keineswegs in ihrer Verehrung der Trierer
Reliquie gestört, sondern ehrten sie nach wie vor weiter. Wenn
Gott durch die Reliquien einmal ein Mirakel thun will, so ist es
nach katholischer Ansicht für seine Allmacht völlig gleichgültig, ob
die Reliquie echt ist oder nicht. Wir Protestanten können also
hundertmal beweisen, daß das steinerne Haus zu Loreto nicht von
Engeln aus Nazareth auf den schönen Ausläufer des Appenin in
die Nähe von Ancona getragen sein kann, verehrt und abgeküßt
wird es doch. Die römische Kirche beruft sich auf die neutestamentlichen Schriftstellen (Apostelgesch. 5, 15 u. 19, 12). Aber
an der ersten Stelle wird nur erzählt, daß das Volk in Jerusalem sogar dem Schatten des Petrus Heilkraft zugetraut, aber

nicht, daß der Schatten wirklich geheilt hat, und an der zweiten
Stelle muß aufseiten des Apostels der Wille zu heilen und auf=
seiten des Geheilten der Glaube hinzu gedacht werden, weil ohne
diese sittlichen Mittelursachen Wunderheilungen unmöglich gewesen
wären (2 Kor. 12, 12; Röm. 15, 19).

Sollte die Reliquienverehrung nur das Andenken an verklärte
Nachfolger Christi aufrecht erhalten, so ließe sich kein triftiger
Grund dagegen einwenden; allein unausstehlich ist an der katho=
lischen Lehre die Behauptung, daß die Reliquien deshalb zu ver=
ehren seien, weil Gott durch sie den Menschen Wohlthaten ver=
leiht [91]). Das ist wieder heidnisches Mirakelwesen; denn der
christliche Gott ist kein Zauberer: seine Allmacht wirkt nie ohne
seine Weisheit und Gerechtigkeit.

Wir Evangelische verwerfen die ganze römische Verehrung der
Reliquien; denn erstens brauchen wir solche Reizmittel der Andacht
überhaupt nicht, da die fromme Gesinnung durch das Wort Gottes
am meisten und stärksten erzeugt wird; zweitens sträubt sich unser
Wahrheitssinn gegen die Zumutung, die Frage nach der Echtheit
der Reliquien zu unterdrücken. Wenn 21 Orte meinen, den hei=
ligen Rock zu besitzen, so müssen doch wenigstens 20 im Irrtum
sein; ist aber eine Reliquie unecht und soll doch als echt behandelt
werden, so wird der Wahrheitssinn ertötet. Drittens verwerfen
wir jede römische Reliquienverehrung, weil sie als ein verdienst=
liches Werk gilt, während wir gar keine Verdienste vor Gott gelten
lassen. Viertens endlich schaudern wir zurück vor dem schweren
Mißbrauch, der sich an diesen Kult knüpft; denn der Reliquien=
dienst ist thatsächlich zur Abgötterei geworden. Wenn in der Char=
woche im St. Peter von der Galerie der Kuppel aus die Reli=
quien der Prozession im Schiffe der Kirche gezeigt werden, fällt
auf ein gegebenes Zeichen die ganze Schar der Teilnehmer zur
Erde und kniet vor den Stücken Holz oder Glas oder Knochen
oder Scherben oder was es sein mag, wie vor lauter Göttern.
In den beiden berühmtesten Wallfahrtsorten Italiens, in der Ma=
donnenkirche auf Monte Vergine (zehn Stunden von Neapel) und
in der Kirche des heiligen Hauses der Maria zu Loreto (bei An=
cona) küßt man sogar den Fußboden vom Portal bis zum Ma=

donnenaltar und in Loreto bis zum „heiligen Hause“, das im
Innern der Kirche steht [92]). Hier soll es an hohen Wallfahrts-
tagen (im Herbste) vorgekommen sein, daß der Fußboden blutige
Streifen zeigte. Das arme Volk hatte geküßt, bis die Lippen
bluteten. Daß in deutschen Landen in jüngster Zeit die Bischöfe
den Aberglauben ähnlich haben wuchern lassen, ist eine betrübende
Thatsache [92a]).

§ 40. Die Ablehnung der Bilderverehrung.

Eine ähnliche Andachtsübung wie die Reliquienverehrung ist die
Verehrung von Bildern. In der Theorie hat sich die römische
Kirche allerdings auf dem Standpunkte der griechischen gehalten,
welche auf dem siebenten allgemeinen Konzil zu Nicäa ihnen Verehrung auch durch Küsse und Kniebeugung zusprach; die Trienter
Synode lehrt noch dazu, die Bilder werden verehrt, „nicht weil
sie an sich göttlich wären“, sondern „weil sich die Ehre, welche
ihnen erwiesen wird, auf die Urbilder bezieht, die in ihnen dargestellt werden“. Küßt der Katholik also ein geweihtes Bild, ent-
blößt er sein Haupt und verneigt sich vor ihm, so gilt diese
Ehrenbezeugung dem, der darauf dargestellt ist, Christo, der Maria,
den Heiligen [93]).

Leider ist das bloß Theorie; die Praxis gestaltet sich wesentlich anders: das katholische Volk betet die Bilder an; die Kirche
aber thut nichts, diesen Wahn zu zerstören; sie bestärkt ihn vielmehr. Wenn der Priester einem Sterbenden als letztes Heilmittel
ein Kruzifix an die erstarrenden Lippen hält, daß dieser noch einen
Kuß drauf drücke — so muß er doch den Wahn erzeugen, als ob
die Berührung mit dem geweihten Kreuz verdienstlich sei; das
Kreuz, dieser Gegenstand von Holz ist es, der in den Augen des
katholischen Volkes Wert hat — ob das Volk dabei über das
Holz hinweg an den auferstandenen Gekreuzigten denkt — ist zu
bezweifeln.

Prüfen wir die katholische Lehre von der Bilderverehrung an
der Hand der heiligen Schrift, so läßt sich ein biblischer Beweis
dafür gar nicht beibringen. Man führt wohl aus dem Alten
Testament die eherne Schlange an; aber die von den Israeliten

beobachtete Schlangenverehrung wurde ja gerade als Abgötterei vom
Könige Hiskia (2 Kön. 18, 4) abgeschafft. Die alte christliche
Kirche vollends verwarf noch am Anfang des vierten Jahrhunderts
auf dem Konzil zu Elvira in Spanien (305) jeden Gebrauch von
Bildern im Gottesdienst [94]).

So ist denn für uns kein Zweifel, wie wir uns zu verhalten
haben; wir verwerfen jede religiöse Verehrung der Bilder und
Statuen ebenso entschieden, wie die der Reliquien. Aber daraus
folgt nicht, daß wir die religiösen Bilder und Statuen selbst verwerfen; wir haben sie vielmehr im Gotteshause, in der Schule,
im eigenen Heim. Warum auch nicht? Das strenge Bilderverbot
des Alten Testaments (2 Mos. 20, 4) bezieht sich auf die Darstellung Gottes in Bildern und Symbolen; sie soll man nicht anbeten und ihnen nicht dienen. Jede Darstellung Gottes ist uns
verboten; das folgt ganz von selbst aus seiner Geistigkeit. Leider
haben unchristliche und christliche Maler dieses Gebot allzu oft
übertreten; der Typus Gott-Vaters, wie ihn Michelangelo und
nach ihm Rafael in die moderne Kunst eingeführt haben, ist
durchaus verwerflich; der evangelische Maler soll auf diesen Typus
verzichten; er ist ebenso wenig zulässig, wie jede Gotteslehre, die
man entwirft, ohne Rücksicht auf den geschichtlichen Christus. Was
wir von Gott wissen, ist uns nur in Christus offenbar. „Wer
mich siehet, der siehet den Vater", sagt der menschgewordene Gott-
Logos; diesen dürfen wir darstellen, nach dem Eindruck, den die
Evangelien auf uns machen; so werden die Christusbilder uns
Führer zu Gott. Wie den Gottmenschen, so können wir die
Schar seiner Getreuen, seiner Märtyrer, seiner Kreuzträger uns
zur Mahnung, zur Warnung darstellen, von Petrus und Paulus
herauf bis zu Luther — und Spener — und Joh. Williams und
Patteson. Wenn wir im Hauptplatze des Gotteshauses, in dem
Altarraum, einen Höhepunkt aus der Geschichte Jesu darstellen,
seine Kreuzigung oder Auferstehung oder Himmelfahrt, im Hauptschiff ebenfalls nur Stücke aus der Heilsgeschichte, in den Seiten-
schiffen und in den bunten Fenstern, falls man solche beliebt,
Kirchenväter und Reformatoren — so kann durch solche Bilder
unser evangelisches Herz mittelst des Auges zur Andacht gestimmt

werden, wie die Orgel und der Gesang es zu Gott emporführen,
ehe noch der Prediger das erste Wort gesprochen hat. Um ferner
von Statuen nur an eine zu erinnern, Thorwaldsens Altar=
Christus in der Frauenkirche zu Kopenhagen hat gewiß schon un=
zählige Mühselige und Beladene zu dem geleitet, der ihnen tag=
täglich die offenen Arme entgegen streckt. Eine solche Christus=
statue in den Altarraum und die Apostel in das Hauptschiff zu
stellen ist nicht unevangelisch, wo es recht verstanden wird. Allein
jede religiöse Verehrung von Bildern und Statuen verwerfen wir
als Abgötterei. Nach römischer Lehre ist jede solche Andachts=
übung noch dazu ein verdienstliches Werk. Darin sehen wir eine
neue Irreführung des sittlichen Bewußtseins. In St. Agostino
in Rom steht eine schöne marmorne Madonnenstatue; sie ist so
aufgestellt, daß man bequem mit dem Munde ihren bloßen Fuß
erreicht; küßt man ihr nun die schönen weißen Zehen, so verdient
man sich, wie Pius VII. 1822 erklärt hat, auf 100 Tage Ablaß.
Wenn ein Kuß auf eine Zehe einer steinernen Dame überhaupt
ein Akt religiöser Andacht sein soll, so bleibt dem evangelischen
Christen der Verstand stehen; und wenn ein solcher Kuß noch auf
100 Tage Erlaß genugthuender Leistungen bringen und dadurch
als Bedingung der Sündenvergebung wirken soll, so ist das Evan=
gelium von der freien Gnade Gottes in frivoler Weise verleugnet.
Im St. Peter steht nicht weit vom Hochaltar die alte bronzene
Petrusstatue ebenso praktisch angebracht, daß man ohne sich zu
bücken die Zehen des rechten Fußes küssen kann. Da von unzäh=
ligen Lippen dort der Speichel auf die Bronzezehen übertragen
wird, so pflegen sich die römischen Damen mit ihrem Hand=
schuh erst eine Stelle zum Küssen rein zu wischen, und die
Priester machen es gerade so mit einem Zipfel ihres langen Ge=
wandes.

Sechstes Kapitel.
Die Vollendung.

Richten wir unseren Blick über die irdischen Grenzen hinaus bis dahin, wo von allem irdischen Leben das Facit gezogen wird, so besteht wieder zwischen Katholicismus und kirchlichem Protestantismus zunächst eine große Einigkeit. Von allen modernen Weltanschauungen, Pantheismus, Materialismus, Pessimismus, scheidet uns die Hoffnung auf ein ewiges Leben der einzelnen Persönlichkeit und die Erwartung des göttlichen Gerichts. Nur die, welche an den Schöpfergott und seine sittliche Weltordnung glauben, finden sich zusammen in der Überzeugung von dem ewigen Werte der einzelnen Persönlichkeit. So gehen wir beide, der Katholik und der Protestant, einem ewigen Leben gläubig und hoffnungsvoll entgegen. Was uns in unseren Vorstellungen über das Jenseits trennt, ist nur an einer Stelle bedenklich — sie betrifft das Fegefeuer, das Lehrstück, welches die Heilserwerbung, von der wir bisher gehandelt haben, bis in das Jenseits hinüberführt.

§ 41. Das Fegefeuer.

Niemand kann mit Sünde behaftet in den Himmel eingehen; man muß also vorher seine Sünde losgeworden sein und zwar nicht bloß ihre Schuld, sondern auch ihr Dasein. Hat ein gläubiger Katholik bei seinem Tode noch ein Defizit an genugthuenden Leistungen, so muß er dieselben nach dem Tode in einem Läuterungsfeuer nachholen, und zwar wird dieses grob sinnlich als ein wahres und eigentliches Feuer von derselben Art wie unser Element vorgestellt. Das ist also der Ort, wo der gläubige Katholik die letzten sittlichen Anstrengungen macht, um seine Sünde los zu werden. Wohl weiß er, daß er dieses Strafleiden nur auf eine bestimmte Zeit übernimmt; indes stellt auch hier seine Kirche ihm ihre Hilfe in Aussicht. Ihr Ablaß, so lehrt sie, reiche bis in das Fegefeuer hinein und könne die Pein der Gläubigen abkürzen. Als das wirksamste Hilfsmittel aber empfiehlt sie das Meßopfer, das man auch für die im Fegefeuer schmachtenden

Seelen darbringen lassen könne. So sorgt nun jeder gewissenhafte
Katholik bei Lebzeiten für Ablässe, welche von der Kirche derartig
mit vollen Händen gespendet werden, daß man zumal in Rom
vor dem Fegefeuer keine Angst mehr zu haben braucht; dieses
Schreckmittel steht bloß noch auf dem Papier oder erscheint in
blutroter Färbung auf Bildern in Grabeskirchen; in der Praxis
hat es längst keine Bedeutung mehr; denn jeder Katholik kann
sich, wenn er es geschickt anzufangen versteht, auf Jahrtausende
Ablaß erwerben. · Wer z. B. in Rom die „heilige Treppe" hinauf=
kniet, erhält für jede der 28 Stufen 9 Jahre Ablaß — macht
für eine Kniepartie rund — 252 Jahre; 365 mal in einem Jahre
würde allein auf 91 980 Jahre Ablaß ergeben.

Trotzdem darf niemand aufhören sich Ablaß zu verschaffen, da
keiner weiß, wie lange seine Pein dauern dürfte. So wird in der
Hand der Priester das Fegefeuer eine Schraube ohne Ende. —
Da der Ablaß übertragbar ist, so können auch Überlebende für
ihre Verstorbenen Ablaß erwerben; durch Fürbitten, Gebete, Wall=
fahrten, Schenkungen an die Kirche und andere gute Werke können
sie die Pein der abgeschiedenen Seelen verkürzen. Am lukrativsten
ist dabei das Geschäft in Seelenmessen. Der Bauer N. N. will
für seine arme Seele nach seinem Tode alljährlich an einem be=
stimmten Tage ein Meßopfer darbringen lassen und stiftet zu diesem
Zweck ein Kapital von 500 Mark, von dessen Zinsen die Kirche
sich bezahlt machen soll; in Bayern beliefen sich allein im neun=
zehnten Jahrhundert solche Kultusstiftungen schon in den siebziger
Jahren auf ohngefähr 21 Millionen (Mark oder Gulden?), die
als Vermögen zu toter Hand aufgehäuft werden, ohne daß die
Staatsgesetzgebung diese Beraubung des Volkes bis jetzt gehindert
hat (s. § 78).

Die römische Kirche beruft sich auf 2 Makk. 12, 43 ff. Judas
Makkabäus schickt Geld nach Jerusalem, um ein Sündopfer darzu=
bringen, wahrscheinlich für die gefallenen Juden, bei welchen man
Götzenheiligtümer gefunden hatte; Judas Makkabäus wollte ihnen
also zu einer fröhlichen Auferstehung verhelfen. Büßungen, welche
von Verstorbenen zu übernehmen wären, werden hier mit keiner
Silbe erwähnt und ebenso wenig an anderen Stellen (wie Sir.

51, 6; Sach. 3, 2; 1 Kor. 3, 15); selbst in der sprichwörtlichen Rede Matth. 5, 26 nicht. Nur ein einmaliges Opfer für Verstorbene ist in der Makkabäerstelle erzählt. Allein das Makkabäerbuch ist keine Quelle christlicher Erkenntnis und das Neue Testament schweigt von Opfern für Tote [95]).

Die evangelischen Kirchen haben diese Lehre stets zu kurz behandelt, wir müssen den Katholiken unbedingt zugeben: „es ist der vollendetste Widerspruch, in den Himmel mit Sünde eingehen, sie sei nun bedeckt oder unbedeckt" [96]). So werden auch wir nach der Vergebung der Sünden noch eine Vernichtung derselben nach dem Tode, eine jenseitige Entsündigung des gläubigen Christen zu denken haben. Nimmermehr aber kann in diesem Läuterungszustand eine Entsündigung durch eigene Leistungen stattfinden, sondern wie im Frühling die Sonne den Schnee schmilzt, so wird der erhöhte Christus, wenn seine heilige Liebe die gläubige Seele trifft, die Sünde hinweg schmelzen; so wird der Gläubige nach dem Tode in einem Übergangszustande entsündigt werden — durch lauter Gnade. —

Noch aus einem anderen Grunde müssen wir einen Mittelzustand zwischen Tod und Weltgericht denken, zugunsten der Blödsinnigen und Wahnsinnigen, der ungetauft sterbenden Kinder und der Heiden, die sich alle mit klarem Bewußtsein für oder wider Christus müssen entscheiden können, ehe sie gerichtet werden. Aber wie dieser Zustand mit dem römischen Fegefeuer nichts zu schaffen hat, so sind auch alle römischen Hilfsleistungen auszuschließen. Da wir den Ablaß überhaupt verworfen haben, so kann er auch hier keine Anwendung finden.

Messen vollends, die für Tote dargebracht werden, sind völlig unerlaubt, einmal, weil die Messe überhaupt verwerflich ist, dann weil eine solche Opferung von Hostie und Wein — den Toten nichts nützt, denn es fehlt bei solchem Opfer ihre persönliche Beteiligung, ohne welche kein Mensch Nachlaß von Strafe bekommen kann.

Erster Anhang.
Das Los der ungetauft sterbenden Kinder.

Da nur durch die Taufe die Gnade eingegossen wird, so kommen die ungetauft gestorbenen Kinder nie zur Gnadengemeinschaft mit Gott; ihr Los besteht in dem ewigen Verzicht auf das Anschauen Gottes. Nach römischer Theologie vegetieren sie in einem besondern Orte (Limbus infantum), der dem Fegefeuer benachbart ist [97]). Wir Evangelische werden sagen müssen, daß Gott, der Vater der Barmherzigkeit, die Menschenseele, welche er in das Dasein ruft, auch für seine Gemeinschaft bestimmt; kann man ein Kind durch unübersteigliche Hindernisse nicht früh genug durch die Taufe in den Bereich der göttlichen Gnade einführen, sondern stirbt es vor der Taufe, so wird Gott auch im Jenseits Mittel und Wege finden, einer solchen ohne ihre Schuld von der Taufe zurückgehaltenen Seele das Heil anzubieten. Bei jedem Wahnsinnigen und Blödsinnigen, dessen Seele durch einen kranken Körper niedergehalten wird, nehmen wir dasselbe an, warum nicht auch bei dem ungetauft sterbenden Kindchen! Zwar hat die heilige Schrift keine ausdrückliche Andeutung darüber; aber gewiß hat Luther ein wichtiges Wort gesprochen, als er schrieb: es ist schon etwas Großes, daß die Kleinen keine Thatsünde begangen haben! (§ 17.) Den Heidenvölkern ferner, die ohne nachweisbare Schuld das Evangelium noch nicht gehört haben, muß Gott doch im Jenseits auch das Heil anbieten, damit sie sich für oder wider dasselbe entscheiden können.

Zweiter Anhang.
Der Ort der Väter des Alten Bundes.

Bei ihrer sinnlich lokalen Anschauungsweise dachte sich die römische Kirche auch die Frommen des Alten Bundes in einem besondern Orte (Limbus patrum), wo sie in Ruhe des Messias harrten. Durch sein Erscheinen an diesem Orte hat Christus ihn entvölkert, so daß er nun leer steht [98]).

Die Thatsache, daß Christus den vor ihm abgeschiedenen Geistern die Möglichkeit gewährt hat, sich für oder gegen ihn zu entscheiden, ist durchaus biblisch und folgt aus der universalen Ab-
zweckung des christlichen Heils (1 Petr. 3, 18; 4, 6); aber die
lokalen Vorstellungen des römischen Katholicismus nehmen wir
auch hier nicht an.

§ 42. Die Hölle.

Auch die Verdammten werden an einem Straforte (Infernus)
in den „tiefsten Teilen der Erde" gedacht, wo sie mit dem Teufel
und seinen Engeln die Qual des ewigen unauslöschlichen Feuers
erdulden [90]).

Wir Evangelische verzichten auf jede lokale Bestimmung der
„Hölle", weil die Ausdrücke, in welchen die heilige Schrift von
ihr spricht, nur bildlich verstanden werden können. Zum Beispiel,
wenn einmal das Strafleiden als Kälte, das andere Mal als
Glut geschildert wird, so kann es nicht als beides zugleich gedacht
werden; beides sind Bilder. Wie die Anschauungsbilder vom Zu-
Tische-liegen im Himmelreich, vom Sitzen auf den zwölf Stühlen
u. s. w. aus der Bildersprache Israels herausgenommen sind, so
gewiß auch die Vorstellungen des schlimmen Jenseits. Die Hölle
ist also kein Ort, sondern ein Zustand und zwar der Strafzustand
für alle, welche sich durch eigene Schuld auf ewig für Gott unempfänglich gemacht haben. Ohne Gott existieren zu müssen, muß
das tiefste Weh sein; wer einmal mit Inbrunst gebetet hat, weiß
daß in solchen Momenten die Seele eine Seligkeit empfindet, die
mit keiner irdischen Freude vergleichbar ist; so wird die wirkliche
Unseligkeit ein Schmerz sein, der alle unsere Erfahrungen über-
steigt, ohne Friede, ohne Trost.

§ 43. Das Gericht.

In den Zeiten der alten griechischen Kirche war Origenes auf
den Gedanken gekommen, daß die Freiheit der Kreatur auch durch
die Sünde nicht vernichtet werden könne, sondern sich endlich doch
Gott dem Herrn wieder zuwenden müsse. Daher seine Lehre von

der „Wiederbringung aller Dinge". Er meinte damit die Wiederherstellung der geschaffenen Persönlichkeiten in ihren vorsündlichen
Zustand. Allein da die Freiheit des Menschen auch zur Seligkeit nicht gezwungen werden kann, so muß wenigstens als denkbar der Fall gesetzt werden, daß sich die Kreatur gegen Gott
entscheidet und nach dem Gesetz der Charakter-Entwickelung sich
immer mehr in dieser Gottfeindschaft verhärtet, bis schließlich die
Unempfänglichkeit für Gott daraus hervorgeht. Origenes wurde
deshalb ausdrücklich im Jahre 543 verdammt; mag auch die Zeit
eines Justinian, die byzantische Orthodoxie, ihn nicht mehr verstanden haben, in diesem Punkte hatte sie doch recht; sämtliche
christliche Kirchen, die römische und die protestantischen, sind ihr
darin gefolgt.

Ein zweiter Punkt, welcher bei der Erwartung des Weltgerichts
früh zur Sprache kam, ist die Hoffnung auf eine tausendjährige
sinnliche Herrschaft mit Jesus auf der verklärten Erde. Die jüdische Messiashoffnung hat sich auf Grund einer mißverstandenen
Bibelstelle (Offb. Joh. 20, 1 ff.) auch in die Christenheit einge-
schlichen und sie im zweiten Jahrhundert beherrscht. Beide Kirchen
haben diese jüdische Vorstellung verworfen, die römische weil sie
das Reich Christi schon in der Kirche verwirklicht sah, der Protestantismus, weil dies eine „jüdische Meinung" sei. Die Augs-
burgische Konfession hat recht: denn was in der Endzeit in einem
Moment eintreten wird, die Auferstehung der Gläubigen, ihr Selig-
keitsgefühl, die Auferstehung der Ungläubigen, die Überwindung des
Bösen, die definitive Scheidung — das ist in dem prophetisch-
dramatischen Buche des Neuen Testaments dichterisch in einzelne
Akte auseinander gelegt. Diese Freiheit durfte sich der prophe-
tische Dichter nehmen; denn er schrieb keine wissenschaftliche Dogmatik. Für einen dieser Akte, für das Seligkeitserlebnis der Frommen, bestimmt er nach damaliger Schultheologie die Zahl 1000:
es ist dies eine schematische Zahl, hergenommen von der Ver-
knüpfung der beiden alttestamentlichen Stellen Jesaia 63, 4 und
Psalm 90, 3 „das Jahr meiner Erlösten ist gekommen und der
Tag ihrer Rettung", diesen Gottestag aber bestimmte man auf
1000 Jahre; daher die „1000 Jahre" in Offb. Joh. 20, 1 ff.,

die natürlich nicht buchstäblich zu nehmen sind. Der „Chiliasmus"
ist also mit gutem Grunde von beiden Kirchen abgelehnt worden.

§ 44. Schluß. Zukünftige Dogmen der römischen Kirche.

Wir stehen am Schlusse unserer dogmatischen Betrachtung.
Gern haben wir immer erst aufgesucht, was dem Katholicismus
und dem Protestantismus noch gemeinsam ist; allein zwischen beiden
liegt eine so tiefe Kluft, daß eine dogmatische Verständigung un=
möglich erscheint. Wer eine Verständigung zwischen beiden für
möglich hält, muß hoffen, daß einst die römische Kirche die vati=
kanischen und auch die Trienter Beschlüsse für nicht=verbindlich er=
klärt; aber eher möchte sich wohl das Papsttum unter den Trüm=
mern des Petersdoms begraben lassen, als daß es seine Flüche
gegen den Protestantismus zurück nimmt.

Vergessen wir auch nicht, daß die römische Dogmenfabrikation
auf dem Vatikanum ja gar noch nicht ihren Abschluß erreicht hat.
Die jesuitische Zeitschrift „Civiltà cattolica" vom 6. Februar
1869 verriet das Geheimnis, daß die Katholiken auf dem vatika=
nischen Konzile außer der Unfehlbarkeit des Papstes noch 1) die
Doktrinen des Syllabus vom 8. Dezember 1864 und
2) die leibliche Aufnahme der Maria in den Himmel
(das Volk nennt das ihre Himmelfahrt) dogmatisiert haben woll=
ten [99a]). Der „Syllabus" ist eine Sammlung von 80 Sätzen,
welche Pius IX. gelegentlich in Allokutionen oder Breven ver=
worfen hat; viel Unheiliges hat er darin verdammt, den Atheis=
mus, Kommunismus, Sozialismus, aber auch alles was den Geist
der Neuzeit ausmacht, die Gewissensfreiheit und die Selbständigkeit
des Staates. Der Syllabus enthält die definitive Scheidung Roms
von der modernen Bildung [100]). Die Lehre von der leib=
lichen Aufnahme der vom Tode erweckten Maria in
den Himmel ist längst „fromme Meinung (pia opinio)";
was Tizian zu Venedig auf seinem großen prächtigen Bilde ge=
malt hat, die römische Kirche feiert es mit Pomp alljährlich am
15. August. Zur Dogmatisierung dieser Meinung scheint in Rom
schon 1870 fast alles fertig gewesen zu sein; auf dem vatikanischen
Konzile haben schon zehn verschiedene Anträge mit ohngefähr 100

Unterschriften sie verlangt [101]), nach römisch-katholischem Verstande gewiß mit Recht; denn wenn Maria auf übernatürlichem Wege in diese Welt eingetreten ist, so muß sie auch übernatürlich aus ihr geschieden sein. Das vatikanische Konzil wurde nur durch den Kriegslärm des Jahres 1870 gestört; es kann aber jedes Jahr seine unterbrochene Arbeit fortsetzen, und die Jesuiten sind heut weit mächtiger als 1869.

Ist man erst mit der Mutter Jesu fertig, dann kann ja dessen „Nährvater" an die Reihe kommen. Für die Lehre von der un= befleckten Empfängnis Josephs wird mit bischöflicher Be= fürwortung schon „fromme Meinung" gemacht. Pius IX., der ihn 1870 zum Patron der ganzen Kirche erhob, nannte ihn den „reinsten" Bräutigam der unbefleckten Jungfrau. Bei Leo XIII. ist das stehende Bezeichnung (purissimus [1879], castissimus Virginis Sponsus 1881). Darauf kann die Lehre von der „glor= reichen Auferstehung und Himmelfahrt Josephs" dog= matisiert werden, welche, wie bereits ein Bischof verkündet „ein in der Kirche sehr verbreiteter Glaube" sein soll [102]). Ein schwung= hafter Herz=Josephs=Kult blüht ja bereits neben dem Herz=Jesu= und dem Herz=Mariä=Kult.

Auch neue Papst=Dogmen können folgen, z. B. als das nötigste, ein Dogma von der Notwendigkeit der weltlichen Herrschaft des Papstes zur freien Verwaltung der katholi= schen Kirche, ferner das Dogma, daß der Papst unfehlbar ist auch als Privatperson (etiam quatenus doctor privatus), wie ein Franzose aus dem den Jesuiten affiliierten Orden der Redemptoristen bereits gelehrt hat [103]); weiter, daß der Papst von Ungerechtigkeit frei sei, wie ein deutscher Jesuit schon 1862 vorgetragen hat; zu einem Dogma von der Sündlosigkeit des Papstes wäre dann das von seiner kathedratischen Unfehlbar= keit nur der erste Schritt [104]); darauf könnte ein Dogma von der Notwendigkeit der Andacht zum Papste folgen als zu dem „Christus im Vatikan" (§ 27), und das Antichristentum wäre proklamiert.

Zweites Buch.
Römische und evangelische Sittlichkeit.

---

§ 45. Übereinstimmung und Verschiedenheit im allgemeinen.

Alles Thun und Treiben des vernünftigen Menschen ist durch seine Weltanschauung bedingt; wie man die Welt auffaßt, danach lebt man; der Materialist richtet sich auf den Kampf um das Dasein ein; wer dagegen eine religiöse Weltanschauung hegt, handelt anders als der Gottesleugner. Zwischen Katholicismus und Protestantismus besteht nun gegenüber dem modernen Atheismus in Sachen der Sittlichkeit, wie oben (§ 3) gezeigt ist, in der Theorie bis zu einem gewissen Punkte eine großartige Übereinstimmung. Allein in der Praxis stellt sich leider heraus, daß der Gegensatz zwischen beiden in Sachen der Sittlichkeit noch weit schärfer ist als in Sachen des Glaubens. — Die religiöse Weltanschauung des Katholiken ist durch seine Glaubensgesetze bestimmt; diese müssen also auch sein sittliches Handeln beeinflussen. Um uns von dieser Thatsache zu überzeugen, brauchen wir nur auf das römische Hauptdogma von der Kirche zurückzugehen. Der Katholicismus ruht auf der Grundlehre, daß das Reich Gottes in dem priesterlichen Kirchentum volle Wirklichkeit habe; Reich Gottes und Kirche decken sich; das Reich Gottes ist sichtbar vorhanden in dem Komplex von Einrichtungen, welche die Kirche ausmachen. Ist die Kirche das Reich Gottes, so ist alles menschliche Leben außerhalb ihres Verbandes ungöttlich, unheilig, sündig. Das Wort des Erlösers „Trachtet am ersten nach dem Reich Gottes

und nach seiner Gerechtigkeit" empfängt nunmehr den Sinn: trachtet
am ersten nach der römischen Kirche und nach ihrer Gerechtigkeit.
Gottgemäß handeln heißt dann so viel als römisch-kirchlich handeln.
Die Sittlichkeit des Katholiken besteht also im Gehorsam gegen die
Kirche, und die Sittlichkeitslehre wird drüben eine Summe von
Disziplinarvorschriften. Das Gesetz des sittlichen Handelns liegt
demnach völlig außerhalb der sittlich handelnden Person; der Wille
des Katholiken ist einem fremden Gesetze unterworfen, ist heteronom,
wie Kant sich ausdrückt. Wie der Staat Gesetze giebt und einfach Befolgung verlangt, so die römische Kirche mit demselben
Anspruch. Sie verkündet als Sittengesetze zunächst die zehn Gebote der mosaischen Gesetzesurkunde; wer sie befolgt handelt gut.
Da die Kirche aber das Organ der ins unendliche weitergehenden
göttlichen Inspiration ist, so fügt sie den göttlichen Geboten noch
kirchliche hinzu, sonntäglich zur Messe gehen, einmal im Jahre
beichten und die Eucharistie nehmen u. s. w. Gut handelt also
nur der, welcher außer den Geboten Gottes auch die der Kirche
erfüllt und sonst das Wohl der Kirche unmittelbar oder mittelbar
fördert. Gut handelt z. B. ein Landesfürst, wenn er für die
Sache der römischen Kirche einen Krieg unternimmt, wenn er
römisch-katholische Gotteshäuser und Schulen erbaut, auch wenn
er seine nicht-katholischen Unterthanen in den Schoß der römischen
Kirche führt. Gut handelt der Reiche, wenn er der römischen
Kirche ein Kapital zur Verfügung stellt; jedes Legat an die Kirche
ist ein gutes Werk. Gut handelt man, wenn man die Vertreter
der Kirche, die Priester, ehrt und ihren Einfluß mehrt. Da aber
der Priesterstand wieder im Papsttum seinen tragenden Grund hat,
so ergiebt sich als einzige sittliche Gesinnung des römischen Katholiken der Gehorsam gegen den Papst. Der Papst ist deshalb das
Gewissen der römischen Katholiken. Diese zweihundert Millionen
Menschen haben alle nur ein einziges Gewissen; es schlägt in Rom,
im Vatikan, in der Brust des jeweiligen Papstes. Die Gewissensfreiheit, welche der moderne Mensch als teuere Errungenschaft
schätzt, gilt im Reich des Papstes für „Unsinn" und ist neuerdings von Pius IX. ausdrücklich verboten worden ¹). „Die Ge-
wissens- und Kultusfreiheit und das Recht der öffentlichen Kund-

gebung der Gedanken und Meinungen haben keine Geltung gegen
das Lehramt der Kirche, welches das Gewiſſen verpflichtet,
die rechte Verehrung Gottes beſtimmt und über alle
Kundgebungen der Geiſter richtet", dieſer ſchauderhafte
Satz ſollte 1870 auf dem Konzil auf Verlangen hochgeſtellter
Prälaten ausdrücklich dogmatifiert werden [1a]). Als alſo die deut=
ſchen Biſchöfe, nachdem einmal das vatikaniſche Dogma von 1870
in aller Form Rechtens veröffentlicht war, dem römiſchen Hoch-
prieſter das Opfer ihres Intellekts darbrachten, ſo haben ſie nach
römiſch=katholiſchem Begriffe einfach gewiſſenhaft gehandelt, und
die Jeſuiten handeln nur als die konſequenten römiſchen Katholiken, indem ſie in ihrem Orden den unbedingten Gehorſam gegen
die Perſon des jeweiligen Papſtes vertreten, jenen Kadaver=Gehor-
ſam, der aus der römiſchen Kirche eine mechaniſch arbeitende Ma-
ſchine gemacht hat. Indem ſich das Papſttum des neunzehnten
Jahrhunderts mit dem Jeſuitismus identifizierte und gerade dadurch 1870 ſeinen Triumph feierte, iſt eben das, was man katholiſche Sittlichkeit nennt, in ſeiner wahren Geſtalt offenbar geworden. Die Sittlichkeit des römiſchen Katholicismus beſteht in
der Willenloſigkeit; Willenloſigkeit aber iſt Vernichtung der Perſönlichkeit. So wird der römiſche Katholicismus im tiefſten Sinne —
unſittlich.

Um dieſes harte Urteil zu beweiſen, brauchen wir bloß auf die
heilige Schrift Alten und Neuen Teſtamentes zurück gehen. Das
Reich Gottes, wie es von dem Offenbarungsvolke des Alten Teſtaments erwartet und von Chriſtus verwirklicht wurde, iſt eine Ge-
meinſchaft von Perſonen, welche durch die von Chriſtus ausgehende
Geiſteswirkung in das Kindesverhältnis zu Gott gebracht ſind und
durch dieſelbe fortgehende Geiſteswirkung den Willen Gottes aus
perſönlicher Freiheit zu verwirklichen ſtreben, damit Gott werde
alles in allem.

Heißt nun ſittlich handeln ſo viel als nach Zwecken handeln,
ſo iſt das chriſtlich ſittliche Handeln durch den Zweck des Reiches
Gottes beſtimmt: jeder Gedanke, der in mir auffteigt, jedes Wort,
das ich auf meine Lippen nehme, jedes Werk, das ich vollziehe —
alles muß unmittelbar oder mittelbar auf die Verwirklichung des

Reiches Gottes gerichtet sein. Da ich nun das Ebenbild Gottes, nämlich Vernunft und freien Willen in mir trage, so kann ich demgemäß den Willen Gottes nur mittelst der Vernunft und des freien Willens, also als Persönlichkeit vollziehen. Mit Freiheit muß ich den Willen Gottes zum Inhalt meines eigenen Willens machen. Nicht als bloße Verneinung eines eigenen Willens, sondern als Einordnung meines Willens in Gottes Willen vollzieht sich daher der sittliche Vorgang in meiner Brust. Nicht daß ich keinen Willen habe, wie eine Maschine, sondern daß ich, unter Verleugnung alles Eigensinns oder selbstsüchtigen Wollens, meinen Willen in Gottes Willen einordne, ist meine sittliche Lebensaufgabe.

Endet der römische Katholicismus in der Verneinung der Persönlichkeit zugunsten des Papstes, so erstrebt der Protestantismus die gottgemäße Pflege der Persönlichkeit, die dem Reiche Gottes entsprechende Ausbildung ihrer vernünftigen, sittlichen und religiösen Anlagen. Der Katholicismus erniedrigt den Menschen zum Sklaven des Papstes, der Protestantismus bricht die Ketten und macht ihn frei; denn **Antrieb, Norm und Ziel seines Handelns trägt der aus Gottes Geist wiedergeborene Christ in sich selbst, nämlich den in seinen eigenen Willen aufgenommenen Gotteswillen.** Daraus ergiebt sich ein neuer Vorzug der evangelischen Sittlichkeit vor der römischen.

Wie sich nämlich das eine Sonnenlicht in verschiedenen Gefäßen verschieden bricht, so wird auch der eine Gotteswille von den einzelnen Persönlichkeiten je nach der Eigenart ihrer persönlichen Anlage verschieden aufgenommen werden. Deshalb wird das evangelisch erstrebte Reich Gottes als eine unübersehbare Mannigfaltigkeit einzelner gottgemäßer Persönlichkeiten zustande kommen; jeder gottgemäß gebildete Mensch wird als ein sittliches Unikum dastehen, keiner wird dem andern völlig gleichen und doch werden alle zusammen durch den von Christus ausgehenden Gottesgeist wie die Glieder eines Leibes eine organische Einheit bilden. Wie die Harmonie der Töne als Einheit in der Mannigfaltigkeit besteht, so der gottgemäße Gleichklang aller einzelnen Glieder des Reiches Gottes. Wie tief geht dieser Unterschied zwischen päpstlicher und evangelischer Sittlichkeit! Drüben erstrebt man mittelst des Kadaver-Gehorsams ein Reich Gottes, dessen Einheit der Ruhe eines Friedhofs gleicht; nach einer Richtung sind alle Grabhügel gebettet — durch die Hand des Totengräbers. Das evangelisch aufgefaßte Reich Gottes dagegen ist ein wunderbarer Blumengarten; es blühen die Blumen darin in bunter Mannigfaltigkeit, jede gemäß ihrer Eigenart, wie der himmlische Gärtner sie zieht.

Im römischen Lager pflegt man die Selbständigkeit der evangelischen Einzelpersönlichkeit als Ungebundenheit zu brandmarken. Hat man ein Recht dazu? Das evangelische Sittlichkeitsprinzip ist mit Ungebundenheit nicht zu verwechseln. Wohl wissen wir, daß sich den Reformatoren viel zügelloses Volk an die Rockschöße gehängt hat, wie ja z. B. die Bauern 1524 und 1525 Luthers „Lehre von der Freiheit eines Christenmenschen" aus dem religiösen Sinn, wie er es gemeint hatte, ins soziale übersetzten und darunter die Befreiung von ihrer Gutsherrschaft, Steuerfreiheit, Jagdfreiheit und ähnliches verstanden. Für solche „Ultras der Reformation" ist unser evangelisches Christentum nicht verantwortlich zu machen. Der kirchliche Protestantismus kann gar nicht in Ungebundenheit, in sittlichen Individualismus ausarten; denn der Wille Gottes, welchem jeder einzelne gläubige Christ seinen eigenen Willen einzuordnen hat, ist kein willkürlich erdachtes Sittlichkeitsideal, nicht etwa das „Sittengesetz", wie es in philosophischen Sittlichkeitslehren gewöhnlich abstrakt genannt, aber nirgends inhaltlich bestimmt wird; sondern der Wille Gottes ist der in der Person Jesu Christi und durch ihn uns offenbarte, also der sittliche Gehalt der heiligen Schrift Neuen Testaments, wie er in Christus persönlich vor uns steht. Indem bei uns jede Einzelpersönlichkeit an diese objektive Norm der Sittlichkeit gebunden ist, verfallen wir durchaus nicht in Ungebundenheit oder Zügellosigkeit oder Subjektivismus; die protestantisch-kirchliche Sittlichkeit ist vielmehr viel besser begründet als alle römische; denn während da drüben alles sittliche Urteil des einzelnen Katholiken auf den nie zu berechnenden amtlichen Ausspruch des Papstes gestellt wird und darum unsicher bleibt, geht der kirchliche Protestant mit dem biblischen Gotteswillen vor Augen und im Herzen in den „Fußspuren" Jesu Christi sicher seinen Weg.

Betrachten wir nunmehr die sittlichen Grundbegriffe im einzelnen. In der Aufstellung einer Sittlichkeitslehre handelt es sich zuerst um unsere Auffassung des sittlichen Subjekts und um das Sittlich=Gute selbst, wie es erscheint in den Grundformen von Gesetz und Pflicht, von Tugend und höchstem Gute; danach untersuchen wir die einzelnen sittlichen Sphären oder den Umfang der Sittlichkeit.

Erster Abschnitt.
Das sittliche Subjekt und die sittlichen Grundbegriffe.

---

§ 46. Die Verschiedenheit in der Auffassung des Menschen als sittlichen Subjekts.

Ausgangspunkt der römischen Sittlichkeitslehre ist die atomistisch gedachte Willensfreiheit des Menschen. Dieselbe ist „kein bloß leidentliches Sich=verhalten, kein bloßer inhaltsloser Name", sondern eine wirkliche Fähigkeit des Willens, nämlich sein Wahlvermögen, die Fähigkeit sich in freier Initiative für oder wider etwas zu entscheiden [2]). Das Trienter Konzil hat diese Fähigkeit allerdings nur nach einer Seite hin beschrieben; der Mensch habe es in seiner Macht, seine Wege böse zu machen; was aber von der Entscheidung für das Böse gilt, muß folgerecht auch für das Gute gelten, obgleich durch die Sünde die Kräfte des freien Willens „geschwächt" sind [2a]). Mit Absicht hat das Trienter Konzil hier in der berühmten Streitfrage über die Freiheit oder Unfreiheit des Willens im Vorgange der Bekehrung geschwiegen, weil die gesamte römische Kirche dem Semipelagianismus huldigt und doch den Augustinismus nicht verdammen kann; Cassianus und Augustinus sind ihr ja beide „heilig". Der menschliche Wille hat also die Freiheit zu wählen; aber was er wählen soll, muß ihm von außen bestimmt werden; denn ihm fehlt die innere Triebkraft zum guten Handeln; in seiner bloßen Natürlichkeit, wie er aus Gottes Hand hervorgegangen ist, trägt er vielmehr in sich den Streit zwischen Sinnlichkeit und Vernunft und damit eine „ungeheuere Schwierigkeit, gut zu handeln". Um aber seiner Vernunft die Herrschaft über die Sinnlichkeit zu geben, verleiht ihm Gott ein zu seiner Natur hinzutretendes Gnadengeschenk. Aber diese „übernatürliche Gerechtigkeit" wird doch nur mechanisch eingegossen und bleibt nur eine äußerliche. Schon im Urstande, schon vor dem Sündenfalle erscheint so die Sittlichkeit des Menschen als eine mechanische Mischung von naturalistischer Freiheit und rein äußerlich übernatürlicher Gnade. Darum wird auch nach dem Sündenfall des Menschen seine Gerechtmachung denselben Charakter an sich tragen müssen: eine mechanische Eingießung von Gerechtigkeit auf Grund von Anstrengungen der naturalistischen Freiheit, sakramentale Gnade auf Grund von Verdiensten; nur durch mechanische Mischung beider wird der Mensch gerecht. Wohl zu beachten ist dabei, daß so die ganze Sittlichkeit des römischen Katholiken überhaupt nur unter stetiger Mitwirkung der kirchlichen Sakramente zustande kommen kann. Wir wissen bereits aus der Glaubenslehre, wie die römische Kirche durch ihre sieben Sakramente das Leben des Gläubigen von der Wiege bis zum Grabe an sich kettet; in diesem Abschnitte haben wir daher bloß zu verfolgen, wie der Mensch seinerseits durch seinen freien Willen sich zum stetigen Empfang der kirchlichen Gnade fähig macht. Darauf läuft doch die ganze Sittlichkeit eines römischen Katholiken praktisch hinaus. Ehe wir aber auf das sittliche Handeln im einzelnen übergehen, suchen wir uns über die sittlichen Grundbegriffe Gesetz und Pflicht, Tugend und höchstes Gut zu orientieren.

§ 47. Das Gute als Norm. Gesetz und Pflicht.

Norm für die Sittlichkeit ist das sittliche Gesetz; indem sich aber der menschliche Wille an dasselbe gebunden fühlt, wird es für ihn zur Pflicht. Das Gesetz bindet äußerlich, die Pflicht innerlich. Beides verfolgen wir.

a) Der gesamte Katholicismus der alte kirchliche und der römische, sehen im Christentum das neue Gesetz (nova lex), welches an die Stelle des alttestamentlichen getreten sei; das ganze Verhalten des Menschen muß demnach ein gesetzmäßiges sein; er muß sich Kenntnis dieses Gesetzes verschaffen und nicht bloß seine Handlungen, sondern auch seine Gesinnung danach regeln. Da nun jedes Gesetz immer nur in Einzelfällen oder Kasus befolgt werden kann, so wird auch das Sittengesetz in vereinzelte Forderungen zerlegt oder atomisiert und die Befolgung desselben durch die kasuistische Methode (von Fall zu Fall) erörtert werden. Da ferner bloß die Kirche feststellt, was in einzelnen Fällen Gesetz Gottes ist, so werden die Entscheidungen der Konzilien und Päpste samt unzähligen Aussprüchen von Kirchenvätern zusammengestellt und so ein Schema für das sittliche Leben entworfen. Seit dem vatikanischen Konzil ist dieser Apparat vereinfacht, denn da nunmehr in allem, was die Sittlichkeit angeht, der römische Oberpriester auf Grund göttlicher Inspirationen Orakel erteilt, so ist der Gehorsam gegen das Gesetz Gottes gleichbedeutend mit dem Gehorsam gegen den Papst. Da der Papst aber das Recht hat, selbst in den von dem göttlichen Gesetz, d. i. der Bibel, verbotenen Fällen „mit Grund“ zu dispensieren, so hebt er gelegentlich die Unwandelbarkeit der sittlichen Weltordnung auf; selbst sie geht in seiner Allgewalt unter. In solchen Fällen aber, wo eine klare kirchliche Vorschrift noch nicht vorhanden ist, darf der Christ, lehrt der Jesuitismus, „einer probablen Ansicht folgen“, d. h. einer Ansicht, die durch irgendeinen Kirchenlehrer vertreten wird; er darf es, selbst wenn er „eine noch probablere Ansicht dadurch beiseite läßt“. Man wählt sich also in solchen Fällen den bequemeren Weg. Du hast z. B. vor drei Tagen zehn Goldstücke gestohlen, bist jetzt krank geworden und verwendest sie zur Erhaltung deines Lebens; bist du zur Wiedererstattung verpflichtet, wenn du in bessere Verhältnisse kommst? „Die gewöhnlichere Meinung verpflichtet dich dazu.“ Nicht unwahrscheinlich (non improbabilis) ist jedoch die Meinung, welche dich jetzt von aller Wieder-

erstattung befreit — lehrt ein Jesuit mit Approbation seines Ordens[3]). Das ist der Probabilismus, der dem Menschen ein
Gummi-Gewissen verleiht, die Moral der Jesuiten, gegen welche
Pascal einst seine Provinzialbriefe geschleudert hat, die dem Orden
„ein unauslöschliches Brandmal aufgedrückt" haben[3a]).

b) Da ferner das Gesetz Gottes eine unwandelbare Autorität
für den Menschen ist und die Kirche oder der Papst es unfehlbar
verkündet, so bleibt der Mensch von der Wiege bis zum Grabe der
Kirche oder dem Papste unterworfen, und kein Katholik hat das
Recht ihn zu fragen, warum er dies oder das verlange. Wenn
der Papst von dem Katholiken einen Eidbruch fordert, muß dieser
gehorchen. Allein es liegt auf der Hand, daß in einem solchen
Falle das Gebot doch nicht mit innerer Nötigung in den Willen
des Handelnden aufgenommen werden kann; dieses Verhältnis ist
aber in der römischen Kirche das gewöhnliche; die Pflicht wird
bloß äußerlich aufgefaßt, als äußerliche Gebundenheit des Willens
an das Gesetz, mag der Mensch dazu eine innere Nötigung empfinden oder nicht. Daher die „Mentalreservation" der Jesuiten, jener „geheime Vorbehalt", nach welchem man einen
Eid schwören und doch an etwas anderes dabei denken darf als
der, welcher den Eid abnimmt. Wenn jemand einen Franzosen
(Gallus) umgebracht hat, kann er, ohne zu lügen, sagen, er habe
keinen Gallus umgebracht, indem er das Wort im Sinne von
„Hahn" nimmt. So lehrte ein spanischer Jesuit unter Approbation des Ordens[4]). Ein Würzburger Professor aus demselben
Orden, dessen Buch von 1769 sogar 1860 neu aufgelegt ist, entblödet sich nicht zu schreiben: „Der Beichtvater muß mehrere Regeln zur Hand haben, wodurch er den Beichtkindern, so oft es
nötig ist, Anleitung erteilt, die Wahrheit zu verhehlen, wie
sich z. B. eine Ehebrecherin zu verhalten hat, wenn sie von
ihrem Gatten aufgefordert wird, eidlich zu erhärten, daß sie die
eheliche Treue nicht gebrochen habe." Das ist gedruckt „mit Erlaubnis der Oberen", ein System der Doppelzüngigkeit[4a]). Diese
Veräußerlichung des Pflichtbegriffs zieht eine schauderhafte Entlee-
rung des Schuldbegriffs nach sich. Wenn die Kirche, d. i. der
Papst, vom Katholiken den Eidbruch verlangt oder ihn vom Ge-

horsam gegen die Staatsgesetze entbindet, so braucht er sich kein
Gewissen daraus zu machen; denn dieselbe Kirche übernimmt ja
die Verantwortung für ihre Forderung; die Blutmenschen der Inquisition haben ohne Gewissensbedenken die Tausende und Abertausende ihrer Opfer gefoltert und hängen und verbrennen lassen.
Nicht bloß das Blut der Albigenser und Waldenser, die von kirchlichen Horden erschlagen wurden, wird einst um Rache schreien;
auch die Millionen verführter Gewissen werden einst den Tag verfluchen, wo die Kirche ihnen die Verantwortung abnahm für die
Verfehlungen, die sie doch selbst büßen müssen. — Da die römische Kirche das Gesetz Gottes in allerlei gegen einander spröde
Einzelgesetze zerlegt, so muß auch die Pflicht als eine dementspre-
chende Summe einzelner Pflichten vorgeführt werden. Der Inhalt
einer katholischen Moraltheologie bietet in der Regel ein buntes
Vielerlei von Pflichten für Bürger und Bauern, für Schüler und
Lehrer, Laien und Geistliche, Beichtväter und Beichtkinder, Schrift-
steller und Künstler, Gelehrte und Beamte, Soldaten und Könige,
Frauen und Jungfrauen, Jünglinge und Greise, und wie die
Kategorien weiter lauten. Für alle solche Fälle werden kirchliche
Entscheidungen aufgesucht und das Verhalten des Menschen ihnen
entsprechend geregelt. Da aber alle diese Fälle als vereinzelte be-
trachtet werden, so gerät ein Fall leicht mit einem anderen in
Widerstreit; die Kollision der Pflichten bildet daher in der Regel
das Tummelfeld für den Scharfsinn des römischen Moralisten [5]).

Wenn der Mensch das Gesetz in seinen Willen aufnimmt, so
wird er tugendhaft.

§ 48. Das Gute als Beschaffenheit des Willens oder die Tugend.

Tugend ist das beharrliche Wollen des Sittengesetzes; da dasselbe aber von der Kirche gelehrt wird, so ist Tugend so viel als
beharrlicher Gehorsam gegen die Kirche oder ihren Repräsentanten,
den Priester. Er fordert die Befolgung der zehn Gebote Gottes
und der fünf Gebote der Kirche und im Beichtstuhl eine Reihe
von genugthuenden Leistungen, Rosenkranz-Beten, Ave-Maria-

Sprechen, Almosen, Fasten, Prozessionen, Wallfahrten. Die Tugend besteht in dem beharrlichen Wollen solcher vom Priester vorgeschriebenen Leistungen und verwirklicht sich als eine Summe einzelner Gehorsamsakte des durch die kirchliche Gnade unterstützten
freien Willens. Dieser Äußerlichkeit des Tugendbegriffs entspricht
die äußerliche Aufzählung von sieben Tugenden, den vier Kardinal-
Tugenden der Alten und drei christlichen Tugenden, die zur natürlichen Sittenlehre hinzugefügt seien. Die ersten vier stammen aus
der griechischen Philosophie. Schon Platon hatte gemäß seiner
Dreiteilung des Menschen in Leib, tierische Seele und Geist drei
Tugenden gefordert, vom Leibe die Selbstbeherrschung, von der
tierischen Seele die Tapferkeit, vom Geiste die Weisheit und dazu
als Harmonie aller drei Teile des Menschen die Gerechtigkeit.
Zu diesen vier Tugenden fügte man die drei christlichen, Glaube,
Hoffnung und Liebe hinzu. So kam die Siebenzahl zustande, aber
bloß durch ein rein mechanisches Verfahren, ohne einen im Wesen
der Tugend liegenden Einteilungsgrund. Die drei Tugenden aber,
durch welche der Katholik doch überhaupt erst selig wird, Glaube,
Hoffnung, Liebe, sind nicht einmal durch sittliche Übung erworben,
sondern werden ihm durch den Priester mittelst der Sakramente
eingegossen. Die Jesuiten haben die Tugendübung vollends erleichtert, indem nach ihrer Praxis „der Zweck die Mittel heiligt". Dieser Satz findet sich zwar nicht wörtlich, aber „trans-
parent" in ihren Schriften dutzendmal, z. B. „der Zweck giebt
den Handlungen ihren eigentlichen (sittlichen) Charakter, und durch
einen guten oder schlechten Zweck werden die Handlungen gut oder
schlecht". „Man kann niemals sündigen, ... wenn man eine
gute Absicht hat." Durch einen guten Zweck wird also auch ein
schlechtes Mittel gut. Zum Beispiel „es ist erlaubt, jemand be-
trunken zu machen, wenn man dadurch ein schweres Übel ab-
wendet". Solche Aussprüche, in ekelhafter Mannigfaltigkeit, mit
Erlaubnis der Ordensoberen veröffentlicht, beweisen zur genüge,
daß mit jesuitischer Moral auch Schurken auf gutem Fuße stehen
können [5a]).

Ihren Höhepunkt findet die katholische Sittlichkeit in der Askese, in der Weltflucht, wie sie in der mönchischen Vollkommenheit

(§ 35) erreicht wird. Das führt auf die Unterscheidung von Tugend ersten und zweiten Grades, einer klösterlichen und einer ordinären Tugend.

Als Christus sprach, daß in der heiligen Liebe zu Gott und zum Nächsten der Inhalt des ganzen Gesetzes Gottes erfüllt sei, war damit gesagt, daß der Wille Gottes an uns eine einheitliche Forderung sei, die stetige Bewährung der heiligen Liebe, eine Forderung, die wieder auf jeden Menschen individuell lautet und die Hingabe seiner ganzen Persönlichkeit umfaßt. Wir Evangelische wissen, daß wir auch trotz des redlichsten Bemühens zu einer lückenlosen Erfüllung dieses heiligen Gotteswillens nicht kommen, daß wir, verglichen mit unserm sittlichen Vorbilde Christus, strenggenommen doch immer „unnütze Knechte" sind (Luk. 17, 10). Statt dessen behauptet die katholische Lehre die Möglichkeit einer vollkommenen Gesetzeserfüllung; der Stand der Ehelosigkeit, der Besitzlosigkeit, der Willenlosigkeit, erscheint ihr nämlich als dieser Stand der Vollkommenheit, in welchen man durch Übernahme der drei „feierlichen, d. i. unverbrüchlichen Gelübde" eintritt (§ 35). Wer sich außerhalb der Klostermauern bewegt, bringt es nur zu einer Tugend zweiten Grades, zu einer ordinären Sittlichkeit. In der Praxis aber ist die „Vollkommenheit" der Klosterbrüder doch manchmal recht ordinär geworden. Das jetzt aufgehobene Kloster Muri in der Schweiz, so berichtete der Nationalrat August Keller 1858, gab einst für Bücher das Jahr hindurch 8 Franken aus, für Geflügelfutter und Kapaunenmästen dagegen 800 Franken [6]).

§ 49. Das Gute in seiner Verwirklichung oder die Lehre vom höchsten Gute.

Indem der tugendhafte Wille sich äußert, erzeugt er Gutes und trägt dadurch an seinem Teile zur Verwirklichung der Idee des Guten oder des höchsten Gutes bei. Da sich nun nach christlicher Anschauung die Idee des Guten mit dem Willen Gottes deckt, so ist das höchste Gut gleichbedeutend mit dem verwirklichten Gotteswillen oder dem Reiche Gottes. Dasselbe stellt sich dar als Organismus aller der Personen, welche den göttlichen Willen

zu dem ihrigen gemacht haben, so daß sie ihm alle in der Form
des freien Willens, in Gesinnung, Wort und That Folge leisten,
vollkommen, wie ihr Vater im Himmel; es ist die Gemeinschaft
heiliger Liebe, welche aus dem Glauben erwächst, wie aus der
Blüte die Frucht. So urteilen wir Evangelische auf Grund un=
serer Wertschätzung jeder einzelnen Persönlichkeit; denn wir wissen,
daß das Reich Gottes inwendig in uns ist (Luk. 17, 21), in un=
serem Willen, wenn er gottgemäß gerichtet ist. In dieser That=
sache haben wir die frohe Gewißheit, daß jeder einzelne Christ,
Mann und Weib, Vater und Kind, hoch und niedrig, reich und
arm, mitarbeiten kann und soll an der Herbeiführung, an dem
„Kommen“ des Reiches Gottes. Da nun kein einziger mensch=
licher Wille still steht, sondern stets in der Bewegung zum Guten
oder zum Schlechten begriffen ist, so muß auch im Leben der gott=
gemäßen Persönlichkeiten eine beständige Bewegung stattfinden, eine
fortgehende immer vollere Verwirklichung des göttlichen Willens,
der Idee des höchsten Gutes, des Reiches Gottes. Jeder Augen=
blick unseres Lebens soll ihm gewidmet sein. Wir haben hier die
wunderbar hohe evangelische Lebensaufgabe von der Verwirklichung
des höchsten Gutes vorangestellt, weil eine ihr entsprechende römi=
sche Lehre überhaupt nicht vorhanden ist. Der römische Christ
darf an der Hervorbringung des Reiches Gottes überhaupt nicht
mitarbeiten; er findet es vielmehr bereits vor; die römische Kirche
ist ja das Reich Gottes selbst. Wenn also die römischen Christen
auch kein einziges Paternoster beten und keinen Finger zu einem
guten Werke rühren würden, das Reich Gottes wäre doch da. Es
ist ferner da als ein für immer fertiges. In der priesterlichen
Sakramentsanstalt findet kein inneres Wachstum statt: sie hat von
ihrem himmlischen Stifter ihre Sakramente und ihre Gesetze; wenn
man von Wachstum derselben spricht, so bezieht sich das bloß auf
ihre äußere Ausdehnung zu Heiden, Juden und Ketzern; im innern
steht sie dagegen so fest, wie ein steinerner Palast, auch wenn kein
Mensch darin wohnt. Zu erzeugen hat also der römische Christ
für das Reich Gottes gar nichts; er kann nur wiederholen, was
in der Kirche da ist; jeder thut, was schon viel tausendmal gethan
ist: er erfüllt formal die Gebote der Kirche; er giebt seinen Willen

ihr preis; er lebt sich in das fertige Kirchentum ein. Will der römische Christ noch mehr thun, so übergiebt er der Kirche nicht bloß seinen Willen, sondern Leib und Leben, Hab und Gut, er geht ins Kloster: die Kirche zieht dabei „nicht bloß den Zehnten" ein, sondern „das Ganze"; aber erzeugt wird für das Reich Gottes auch so vom römischen Christen nichts; denn die Kirche wäre und bliebe doch das fertige Reich Gottes, auch wenn kein Mensch ins Kloster ginge.

So sind wir Evangelische „Mitarbeiter Gottes"; da drüben aber schöpfen die Getreuen des Papstes wie Danaiden in ein bodenloses Faß.

Wo bleiben dann noch die römischen „Verdienste?" Da der tugendhafte römische Christ durch allen seinen Gehorsam gegen die Kirche nichts produziert, so sind die römischen „Verdienste" nichts als leere Worte. Danach darf man ein Urteil fällen über den angeblichen Schatz der überverdienstlichen „Werke", aus welchem der Papst den reumütigen Gläubigen mittelst Ablasses das Defizit deckt, welches sie an genugthuenden Leistungen noch aufzuweisen haben. Sind die Verdienste inhaltslos, so wandert in die angebliche Schatzkammer der Kirche kein einziges wirkliches Gut; denn ihre Heiligen bewähren ihre Heiligkeit ja bloß auf dem negativen Wege der Willenlosigkeit, der Ehelosigkeit, der Vermögenslosigkeit: willenlos, ohne Ehe, ohne Habe sind sie vielleicht 70 Jahre über den Erdkreis gegangen; dieses ihr überverdienstliches Thun war ebenso wenig produktiv, wie jedes römisch-verdienstliche. Die Schatzkammer der Kirche ist also leer, Roms Ablaß — mindestens Selbstbetrug [6a]).

§ 50. Die sittlichen Grundbegriffe nach evangelischer Auffassung.

Wie anders baut sich die evangelische Sittlichkeit auf! Während man drüben die menschliche Willensfreiheit ohne Gewissensskrupel überschätzt und so für die einträgliche Lehre von den Verdiensten Raum gewinnt, verkünden unsere Reformatoren aus Gewissenhaftigkeit die Unfreiheit des unerlösten Willens für die

Vorgänge des geistlichen Lebens; sie haben den Sünder nicht zur „Bestie" gemacht, wie Möhler ihre Worte verdreht, sondern seiner sittlichen Natur wohl zugetraut, eine „bürgerliche Gerechtigkeit (justitia civilis)" zu bewähren; aber was sie ihm absprechen, ist die Fähigkeit, mit eigener Kraft aus dem Sündenleben heraus diejenige Gerechtigkeit zu erfüllen, welche vor Gott gilt[7]); der sündige Wille mag das beste wollen, was er kann, es wird doch nicht gut; denn ein fauler Baum kann keine guten Früchte bringen. **Voraussetzung aller evangelischen Sittlichkeit ist demnach, daß das Gute erst durch Gott im Menschen geschaffen wird; Voraussetzung alles sittlichen Handelns ist die aus dem göttlichen Geiste wiedergeborene sittliche Persönlichkeit.** So schlagen die Reformatoren allerdings das stolze Selbstgefühl des Sünders nieder, aber nur um ihn zum unendlichen Vertrauen auf Gott zu veranlassen und dadurch ihn für die unumgänglich nötige Neugeburt seines Willens fähig zu machen. Der Glaube an den um Christi willen uns gnädigen Gott ist dieses unendliche Vertrauen. Zieht es in die Seele des Sünders ein, so wird er innerlich umgewandelt: wenn die Schuld vergeben ist, das Gewissen schweigt, und der Friede der Seele wiederkehrt, so empfängt die erlöste Persönlichkeit in diesem neuen Verhältnisse zu Gott eine neue, reine, heilige Triebkraft. Das Ich bleibt zwar dasselbe, aber es empfängt neue, reine, heilige Triebe, durch welche die alten, unreinen, sündigen zurückgedrängt und allmählich vernichtet werden sollen. Subjekt der christlichen Sittlichkeit also ist die durch Christus von der Sünde frei gemachte Persönlichkeit; und in der Auswirkung ihrer reinen, heiligen Liebe besteht die ganze Sittlichkeit des evangelischen Christen. Da die Triebkraft derselben eine einheitliche ist, eben die eine heilige Liebe, so ist auch für die wissenschaftliche Darstellung des evangelisch = sittlichen Handelns ein einheitliches Prinzip gegeben, durch dessen Entfaltung der ganze Aufriß unserer Sittlichkeitslehre gewonnen werden kann. Allein da wir alles persönlich fassen, so stellen wir uns auch die heilige Liebe persönlich vor: die Person Jesu Christi ist es, in der sie leibhaftig vor uns steht; gesinnt zu sein wie er und seinen Fußspuren nachzufolgen ist uns Gesetz und Pflicht, ist Tugend und höchstes Gut zugleich.

Die Gnade, welche dem römischen Christen zuteil wird, ist eine über seine Natur hinausragende Liebeskraft; will er sie also vollkommen wirken lassen, so muß er die Schranken der natürlichen Lebensverhältnisse durchbrechen; in der Verneinung der Ehe, des Besitzes, ja des eigenen persönlichen Willens erreicht er den Stand der Vollkommenheit. Wir dagegen, die wir schon in der Glaubenslehre den zauberischen Gnadenbegriff der römischen Kirche haben verwerfen müssen, wir wissen, daß uns die Gnade zuteil wird als Reinigung, Stärkung, Verklärung unserer Persönlichkeit, unserer Vernunft sowohl wie unseres Willens; die Gnade wirkt sittlich, menschlich; wir bleiben, wo sie uns findet, im Beruf, in der Familie, in der Gesellschaft, im Staate; unser sittliches Leben verkriecht sich hinter keine Klostermauern. Während sich der römische Vollkommene vor der Berührung mit der Welt scheu zurück zieht und an der Kulturarbeit unserer Tage keinen Anteil nimmt, greift der evangelische Christ hinein in das volle Menschenleben, um überall, wo er geht und steht, mitzuwirken, daß die Welt entsündigt und geläutert werde, damit das Reich Gottes komme wie der Sauerteig, der vermenget wurde unter die drei Scheffel Mehl, bis daß es ganz durchsäuert war (Matth. 13, 33). Er bildet seinen Charakter im Strome der Welt und steht doch als eine in Christus freie Persönlichkeit da, ein Herr über alle Dinge, und doch auch, wenn es um Christi willen sein muß, aller Dinge Knecht; er nimmt in fester Berufsstellung oder in den Formen freier Vereinsthätigkeit Anteil an der Kulturarbeit seines Volkes und der Menschheit; er gründet im ehelichen Leben eine gottgeweihte Lebensgemeinschaft und in der Familie die Grundlage des Staates; in den Ordnungen des Staates selbst hilft er Gottes Willen durchführen, sei es in der Regierung, sei es in der Gesetzgebung oder der Rechtspflege, in der Verwaltung der Volksgüter und in der Verteidigung des Vaterlandes, in der Erziehung der Jugend und in der Bildung der öffentlichen Meinung; wo immer auch der evangelische Christ stehen mag, er weiß, daß diese bürgerlichen Einrichtungen von Gott geordnet sind, damit sein Reich komme, nicht bloß in der Kirche, sondern auch im bürgerlichen Berufe, in der Familie, in der Gesellschaft, im Staate. Welch ein Unterschied zwischen den Heloten des Papstes und den Freien in Christus!

§ 51. Fortsetzung.

Leicht ist nunmehr die Aufgabe, für die Begriffe Gesetz und Pflicht, für Tugend und höchstes Gut den evangelischen Inhalt zu gewinnen. Gesetz ist dem erlösten Menschen der göttliche Wille, befaßt in das eine Gebot, Gott zu lieben über alles und durch alles; aber nicht mehr als eine äußerliche, ihm fremde Autorität steht ihm dieses Gesetz gegenüber, sondern als innerste Triebkraft seines Willens trägt er es in sich, als die heilige Liebe, welche Christus uns vorgelebt hat, und die ihm nachzuleben die einzige „Passion" ist, die den Christen treibt. Dieses einzige, dieses neue Gebot hat für jeden einzelnen und für die Menschheit unendlichen Inhalt, alles und jedes, großes und kleines ist darin umfaßt, es giebt kein erstes und kein letztes, und mit den Jahren des Menschen wächst der Inhalt dieses einen einheitlichen Gotteswillens, so daß keiner zu wähnen wagen darf, er habe genug gethan. Aber wenn auch dem erlösten Menschen das göttliche Gesetz in der Form des heiligen Liebestriebes innewohnt, wie es dem Herrn Christus Lebensbedürfnis oder „Speise" war, den Willen dessen zu thun, der ihn gesandt hatte: so emanzipiert sich der evangelische Christ nicht etwa vom geschriebenen Buchstaben des göttlichen Willens in der heiligen Schrift; vielmehr da auch im Wiedergeborenen der sündige Wille nicht mit einem Zauberschlage vernichtet, sondern gemäß der sittlichen Natur des Menschen nur auf dem Wege der allmählichen sittlichen Übung überwunden werden kann, so bedarf jeder von uns auch zum Leben der heiligen Liebe eine bestimmte Norm, nach welcher man die sündlichen Affekte zurückdrängen und so sein Leben gottgemäß einrichten kann und soll [7a]). Daraus er- giebt sich, daß bei uns Evangelischen über dem Glauben die heilige Liebe nicht in Mißkredit, sondern erst zu ihrem vollen Rechte kommt: während sie der Katholicismus von unten nach oben in Stufen oder Grade zerstückelt, macht der Protestantismus sie zum einheitlichen Prinzip seines gesamten sittlichen Lebens [8]). Da das göttliche Gesetz dem Erlösten als heilige Liebe innewohnt, so ist auch der Inhalt der Pflicht schon von selbst gegeben.

„Pflicht" ist zwar kein direkt biblischer Begriff (das eine Mal, wo Luther das Wort gebraucht [Röm. 4, 4], ist es gleich= bedeutend mit „Schuldigkeit"); indes können wir ihn wohl aus dem philosophischen Sprachgebrauche herüber nehmen, um die in= nere Gebundenheit des freien persönlichen Willens an das Gesetz damit auszudrücken.

Der Erlöste trägt seine Pflicht in seiner heiligen Liebe in sich, oder vielmehr die ihn treibende heilige Liebe macht jede Pflicht überflüssig; denn während die Pflicht nur die Gebundenheit an das Gesetz enthält, liegt in der Liebe weit mehr, nämlich die freie Neigung zu thun, wozu man verbunden ist; seine „Pflicht" kann man schon mit saurer Miene thun, „Liebe" übt man dagegen nur mit freier, selbstloser Hingabe.   So ist des Christen Wille zwar gebunden an den göttlichen Willen, aber nicht, wie Kant das Christentum mißverstanden hat, als an ein ihm fremdes Gesetz, sondern weil er im Willen Gottes erst seine wahre Freiheit findet; denn, losgelöst von allen ungöttlichen Beweggründen, will er nur das Gute, was Gott selber ist, und verwirklicht in sich des Guten Ebenbild.   Pflicht in diesem Sinne gedacht ist der individuell an= geeignete Gotteswille, die innere Nötigung des Erlösten, welche sein Denken, Fühlen, Wollen und Thun beherrscht und ihm doch so erst seine wahre persönliche Freiheit, nämlich die von der Sünde, ermöglicht (Joh. 8, 30—36).

Die so aufgefaßte Pflicht bindet den Christen immer unver= brüchlich, nie und nirgends soll er sich ihr entziehen, selbst dann nicht, wenn sich dafür ein Vorwand auffinden ließe.   Sie ver= bindet zu allem und jedem sittlichen Handeln, durch welches heilige Liebe geübt werden kann, soweit es in den Umkreis der einzelnen Person gehört; einen Unterschied von notwendigem und überflüssigem, von gebotenem und bloß geratenem sittlichen Handeln giebt es nicht; streng genommen auch keinen Unterschied von gebotenem und bloß erlaubtem Handeln; denn es giebt keinen einzigen Augenblick und keine einzige Lage in unserem Leben, wo unser Wille von der Pflicht heiliger Liebesübung entbunden wäre [8a]).   Einen Widerstreit

von Pflichten giebt es für den evangelischen Christen auch nicht;
denn die eine Pflicht heiliger Liebesübung zerlegt sich ja nur nach
den Umständen in mannigfache besondere Pflichten, so daß eine
Kollision derselben unter einander nur dem Scheine nach, nur für
die mangelnde Einsicht des Christen, nur subjektiv, nie objektiv eintreten kann. Was aber in jedem einzelnen Falle zu thun ist, muß
dem sittlichen Takte des Christen überlassen bleiben. Die Wissenschaft der christlichen Sittlichkeit giebt nur die Grundsätze dafür an
die Hand; eine „Anleitung für einzelne Fälle" zu geben ist unmöglich, weil jeder einzelne Fall durch die Umstände, unter welchen
er eintritt, einen eigenartigen Charakter bekommt; keine Wissenschaft
aber kann dies im voraus überschauen, muß es also den einzelnen
Personen überlassen, die allgemeinen sittlichen Grundsätze den individuell verschiedenen Verhältnissen entsprechend anzuwenden.

Die Tugendlehre des Protestantismus gestaltet sich danach
auch weit einfacher als die des Katholicismus: es giebt für uns
nur eine Tugend; nämlich die charaktervolle heilige Liebe; eine
bloß äußerliche Anbequemung des Willens an das äußerliche Gesetz,
die bloße Gesetzmäßigkeit oder Legalität ist für uns überhaupt keine
Tugend. Eine mechanische Unterscheidung von sieben Tugenden beruht auf reiner Willkür. In jedem Christen aber nimmt die eine
evangelische Tugend einen individuellen Charakter an; wie wir keine
dogmatische Uniformität haben, so auch keine sittliche. Das Werden der christlichen Tugend aber vollzieht sich nach evangelischer
Vorstellung in der Form der Heiligung. Man hat drüben von
den „wunderlichen Heiligen" des Protestantismus geredet, die
„heilig" heißen und es doch nicht sind. Nun, wir wissen, daß
der innere Verlauf der Ablösung des Ich von seinen sündlichen
Neigungen nur allmählich erfolgt, daß es dabei laut der Erfahrung selbst eines Petrus Rückfälle geben kann, so daß sich das
tugendhafte Leben vor dem Auge des gewissenhaften Christen nicht
als stetige Reihe tugendhafter Akte darstellt; wir wissen aber, daß
der barmherzige Gott die Erlösten seines Sohnes durch seinen
Geist, wenn sie nur nicht den Glauben wegwerfen, immer wieder
auf die rechte Bahn leitet. Ihren Höhepunkt erreicht die evangelische Tugend in der christlichen Freiheit [9]), in der Freiheit für

Gott. Auf diesem Höhepunkte ist der Wille befreit von der Knechtschaft des Bösen und bewegt sich im Willen Gottes wie in seinem eigenen Elemente (2 Kor. 5, 17; Joh. 8, 32). Ein Bestandteil dieser Freiheit für Gott ist die Gewissensfreiheit, die mit Recht so gern als protestantisches Privilegium gepriesen wird, obgleich die Kulturverhältnisse der Reformation ihre Anwendung noch nicht zuließen. Denn wenn unser ganzer innerer Mensch Gott gehört, so ist unser Gewissen an menschliche Maßstäbe überhaupt nicht gebunden; weder unsere Nebenmenschen noch unser eigenes Ich kann uns endgültig richten, sondern allein Gott, der sich in Christus uns offenbart hat. In dieser Freiheit für Gott liegt eingeschlossen auch die Freiheit des Denkens; denn Gott ist die Wahrheit, darum gehört dem Menschengeiste die ganze Wahrheit, so weit er sie zu erfassen vermag und kein Mensch kann von uns Opfer des „Intellekts" verlangen. Diese Macht des Protestantismus, die in Gott wurzelnde Persönlichkeit mit ihrer Glaubens-, Gewissens- und Denkfreiheit ist es, die die moderne Welt beherrscht und ihre Kultur erzeugt, während die römische Kirche für die sittliche Persönlichkeit Sklaverei unter Priesterjoch fordert, die Glaubens- und Gewissensfreiheit in den Kerkern der Inquisition begraben hat und das Denken an den Mönchsverstand des dreizehnten Jahrhunderts bindet. Die vollkommene christliche Tugend ist also bei uns gleichbedeutend mit der christlichen Freiheit; drüben in der römischen Kirche aber bleiben auch die tugendhaftesten Katholiken zeitlebens unmündig vor ihren Priestern. Im Gebiet der evangelischen Tugend kann es nunmehr auch keinen eigenen Stand der Vollkommenheit geben, wie ihn die römische Kirche im Mönchtum besitzt, denn vollkommen im evangelischen Sinne soll jeder von uns sein, wie unser Vater im Himmel (Matth. 5, 48). Jene römische „Vollkommenheit" besteht überdies doch bloß in der Verneinung der Sinnlichkeit oder der Askese; solche Unterdrückung der Sinnlichkeit ist aber nur in solchen Fällen tugendhaft, wo die Sinnlichkeit zur Sünde verführt. Wenn ein Feinschmecker sich Fasten auferlegt oder ein Zerstreuter die Einsamkeit aufsucht, um Versuchungen zu entgehen — solche asketische Übungen, zum Zwecke der Selbstverleugnung angestellt, werden

auch wir billigen, weil durch sie der Wille zur Gottgemäßheit geübt werden soll; im übrigen ist aber das gesamte sinnliche Sein
nicht dazu da, daß es verneint, sondern daß es als Mittel der
Sittlichkeit angewandt und soweit möglich zur Darstellung des
Geistes erhoben werde. Gelübbe, so lange sie freiwillige Versprechen bleiben, sind auch uns unverfänglich; aber die „feierlichen" römischen Gelübde müssen wir verwerfen, da sie für das
ganze Leben binden, über das wir nicht eigenmächtig verfügen
dürfen. Es könnten ja Umstände eintreten, unter welchen die Erfüllung solcher Gelübde zur schreiendsten Pflichtverletzung führt
(§ 35).

Unsere Lehre vom höchsten Gute brauchen wir hier nicht
erst noch besonders darzustellen; es ist die durch evangelische Tugend zur Darstellung kommende heilige Liebe oder das Reich Gottes
selbst, wie wir es bereits oben (§ 49) als Vorzug der evangelischen vor der römischen Sittlichkeit erkannt haben.

Zweiter Abschnitt.
Die einzelnen sittlichen Sphären oder der Umfang der Sittlichkeit.

Sittlichkeit ist überall vorhanden, wo bewußtes Wollen gute
Zwecke zu erreichen strebt. Solches Wollen findet sich in dem
einzelnen Menschen, in Gruppen von Menschen, in Völkern, in
der ganzen Menschheit. Der Bereich der Sittlichkeit umfaßt demnach das Leben der Einzelpersönlichkeit und das Gesamtleben der
Menschheit; denn jeder Mensch ist zwar zunächst Individuum, aber
doch auch zugleich Glied im Organismus seiner Familie, seines
Standes, seines Volkes und der ganzen Menschheit. Die Sittlichkeitslehre für den Menschen in allen diesen Beziehungen muß

also Grundsätze aufstellen, nicht nur für jede Einzelperson, sondern auch für ihr Besonderleben in Freundschaft und Familie, in Beruf, Gesellschaft und Staat, endlich für das allgemeine sittliche Verhalten in Kunst, Wissenschaft und Religion. Wir untersuchen demnach die Sittlichkeit im Einzelleben, in den besonderen Gemeinschaftsformen und in ihren allgemeinsten Beziehungen im Gesamtleben der Menschheit.

Erstes Kapitel.
Das sittliche Einzelleben.

§ 52.

Die römische Lehre verlangt vom einzelnen Christen Gehorsam gegen die Kirche, die evangelische hingegen Heranbildung der christlichen Persönlichkeit zur christlichen Freiheit. Da sich die Gebote der Kirche unübersehbar mehren können, so bekommt der römische Christ einen Überblick über den Inhalt und Umfang des sittlichen Einzellebens überhaupt nicht; der evangelische Christ bestimmt dagegen sein sittliches Leben selbst, nämlich aus seiner eigenen, in religiöser Gemeinschaft mit Christus freien Persönlichkeit. Selbstachtung, Selbsterhaltung, Selbstförderung, Selbstvervollkommnung sind die Pflichten, welche jeder gegen sich selbst zu üben hat, damit er dienendes Glied im Reiche Gottes werden und bleiben kann. Aber die Selbstförderung hat ihre Grenze; wo ich meine Mitmenschen durch sie in ihrer eigenen sittlichen Selbstbildung hemmen würde, muß ich aus Liebe mich beschränken. In solchen Fällen wird um des Reiches Gottes willen Selbstverleugnung nötig. Wie der Herr in selbstverleugnender Liebe den Jüngern die Füße wusch, so sollen wir thun — aber auch solche Selbstbeschränkung muß eine That der christlichen Freiheit sein, wenn sie sittlichen Wert haben soll. Jeder Christ soll „durch sich selbst von sich los kommen", durch seinen neuen Menschen oder seine heilige Gottesliebe sich lösen von seinem alten Menschen, von dem Sündenjoche, um so allmählich (2 Kor. 3, 18) in das Bild Christi verklärt zu

werden; der neue Mensch soll durchsichtig werden, eine individuelle
Selbstdarstellung des Guten. Seht den Christus auf Tizians
Zinsgroschen an oder den Christuskopf auf dem sogenannten
„Schweißtuche der Veronika", das sind Beispiele von Selbstdarstellung des Guten in einer Person: aus dem Auge auf dem
einen Bilde spricht die Wahrheit ohne Trug, auf dem anderen
ein unendliches Erbarmen ohne Vorwurf. Diese Selbstdarstellung
der freien christlichen Persönlichkeit (Matth. 5, 48) ist die Aufgabe des sittlichen Einzellebens; jedem Christenmenschen müßte es
auf der Stirn geschrieben stehen, daß er ein seliges Gotteskind ist.
„In Wort und Werk und allem Wesen sei Christus und sonst
nichts zu lesen." —

Diese Vollkommenheit erlangt der Mensch aber nicht als ver-
einzeltes Wesen, sondern als Glied der Menschheit. Die Robin-
sons sind nur Erfindungen der irrigen Rousseauschen Phantasie,
die vergaß, daß jeder Mensch bei seiner Geburt in geschichtliche
Verhältnisse eintritt, die er nicht erst zu machen hat, sondern die
jeder vorfindet und deren Einflüsse er aufnimmt. Mit der Mutter-
milch geht der Geist unserer Familie in uns ein; Schule, Gesellschaft, Staat, Kirche wirken auf uns; endlich, wie der Fisch nur
im Wasser gedeiht, der Vogel nur in der Luft, das Renntier im
Norden, der Löwe im Süden, so der einzelne Mensch nur im
Vaterlande. Mit tausend Fäden sind wir so an die Verhältnisse
gebunden, die wir nicht machen, sondern welche wir vorfinden, in
denen wir aber unsere Persönlichkeit ausbilden und auf welche wir
wieder nach sittlichen Zwecken einwirken sollen, auf daß durch die
sittliche Lebensarbeit eines jeden einzelnen Menschen in der Totalität der Menschheit das Bild Gottes verwirklicht werde und so
das Reich Gottes komme.

Zweites Kapitel.

Die Sittlichkeit in besonderen Gemeinschaftsformen.

§ 53. Der Unterschied zwischen katholischem und evangelischem Verhalten im allgemeinen.

Heilige Liebe ist es, welche die christliche Persönlichkeit erfüllt; sie ist es auch, die sie drängt, von sich aus als von einem Mittelpunkte einen sittlichen Wirkungskreis zu organisieren, um auch die ihr Nahetretenden zu der Freiheit der Kinder Gottes führen zu helfen. Der Wirkungskreis wird zuerst klein sein und nur von innen nach außen sich weiten; je kleiner aber dieser Kreis, desto tiefere Wirksamkeit ist möglich; zuerst in der Freundschaft und in der Familie und Verwandtschaft, dann bei Arbeits- und Standesgenossen, weiter für Volk und Staat. Wer gleich mit universaler Arbeit anfängt, erlahmt notwendigerweise; denn kein einzelner Mensch ist imstande die ganze Menschheit umzubilden. Jeder kann sich glücklich schätzen, wenn er für die Vervollkommnung der ganzen Menschheit zunächst sich selbst und dann vielleicht noch einen kleinen Kreis von sittlichen Arbeitern gewinnt. Aber selbst für diese bescheiden bemessene Aufgabe ist ein unwandelbarer Idealismus nötig, der Glaube nämlich an die Möglichkeit der Verwirklichung des Guten überhaupt. Solcher Idealismus ist keine Schwärmerei: es ist ein Realidealismus, der sich nicht über die gegebenen Hemmnisse der Sittlichkeit, über Sünde und Übel hinweg phantasiert, sondern sie nüchtern zu überwinden sucht und doch an den Sieg des Guten in der Menschheit glaubt. Auf diesem realidealistischen Standpunkte hat man in der Regel die Freude, „Erfolge" zu sehen, während der universalistische Schwärmer enttäuscht im Weltschmerz endet.

Der Wirkungskreis der christlichen Persönlichkeit soll also zunächst ein kleiner sein. Schon hier trennen sich die Wege des Romanismus von uns. In der römischen Kirche sind die sittlichen Personen lauter Atome; was die römischen Christen zusammen hält ist nur der Gehorsam gegen die Kirche; was von

Gemeinschaftsleben existiert ist erst durch die Kirche gemacht. Die freie Persönlichkeit des evangelischen Christen weiß sich dagegen im unendlichen Flusse der Selbstmitteilung von Geist zu Geist; der evangelische Christ ist wesentlich eine soziale Persönlichkeit. Darum existiert nur in den Kreisen der freien Persönlichkeiten eine soziale Frage; wo die römische Kirche wirklich noch regiert, existiert diese Frage nicht, aber nur deshalb nicht, weil die römischen Christen im Gehorsam gegen die Priester aufgehen.

Die Sittlichkeit des römischen Christen ist in höchster Ausbildung die der Vereinzelung; wer „vollkommen" werden will, soll auf Hab und Gut, auf Weib und Kind, ja auf seine eigene Persönlichkeit verzichten, um sich in der Klosterzelle „bei lebendigem Leibe zu begraben". Diese Vereinzelung des Menschen ist überall bemerkbar, selbst in den Brüder- und Schwesterschaften; denn diese sind nur zufällige Summen einzelner Büßer; selbst die „Gesellschaft Jesu" hat kein anderes Prinzip; sie ist nur eine festgekettete Summe willenloser Menschen, die schon durch diese ihre Willenlosigkeit nichts weiter als „Atome" sind [10]). Die evangelisch freie Persönlichkeit beginnt ihre sittliche Arbeit an jeder Person, die mit ihr in Berührung kommt. Die allgemeine Nächstenliebe ist ihre erste Äußerung. Wir beweisen nicht bloß Toleranz oder Duldung; sie wäre eine Beleidigung gegen jeden Ehrenmann; denn auch den „Lump" kann ich „dulden"; wir thun weit mehr: wir achten und fördern jede einzelne Persönlichkeit; denn jede hat ewigen Wert. Keinem entziehen wir diese Nächstenliebe, auch dem Untreuen nicht, dem Juden und dem Heiden auch nicht. Die römische Sittlichkeit aber verbietet den Verkehr mit jedem, der von der Kirchengemeinschaft ausgeschlossen ist; durch den Spruch des Priesters kann ein römischer Handwerker oder Kaufmann brotlos werden, wenn die Exkommunikation ihm die Kundschaft entzieht. Schon danach wird man annehmen müssen, daß sich die allgemeine Nächstenliebe in den besondern sittlichen Gemeinschaftsformen nach römischer und nach evangelischer Anschauung verschieden verwirklicht. Diese besonderen Gemeinschaftsformen selbst sind uns gegeben a) in der Freundschaft, b) in der Familie und Verwandtschaft, c) in der bürgerlichen Gesellschaft, im Beruf und Stand, endlich d) im Staate.

a) Das sittliche Verhalten in der Freundschaft.

§ 54.

Da die römische Sittlichkeitslehre den Menschen als verein-zelten zur Vollkommenheit kommen läßt, so braucht er eine Er-gänzung durch wahlverwandte Naturen überhaupt nicht. Die Freundschaft kann folgerecht im römischen System nicht den Wert haben, wie bei uns. Im Trappistenkloster herrscht ewiges Schwei-gen; die Brüder begegnen sich mit dem Gruße „Memento mori (Gedenke des Todes)" — aber mitzuteilen haben sie einander nichts. Anders der Protestantismus. Er läßt als nächste Sphäre der Sittlichkeit die Freundschaft entstehen. Durch gleichartiges Ge-mütsleben finden sich zwei oder mehrere Einzelpersönlichkeiten wie durch eine geheime Macht zu einander hingezogen; sie schließen Freundschaft; trotz aller Verschiedenheit von Stand und Beruf ruht sie auf der geheimen gleichartigen Naturseite des Seelen-lebens und wird ein mächtiger Hebel zu wechselseitiger sittlicher Förderung.

b) Das sittliche Verhalten in der Ehe, in Familie, Haus und Verwandtschaft.

§ 55.

Nach römischer Lehre besteht die Sittlichkeit in der Verneinung der Sinnlichkeit. Eheliche Liebe ist also an sich unsittlich; erst wenn die römische Kirche das Jawort der Verlobten zum Sakra-ment erhebt, ist die Ehe kirchlich gültig. Erst der römische Priester ist es, der den Bund von Braut und Bräutigam zum Ehebunde macht. Eine sakramentale Handlung kann nach römischer Lehre durch keinen Laien rückgängig gemacht werden; also ist die Ehe unauflöslich [11]). Was davon zu halten ist, wissen wir bereits (§ 22). — Besser als die Ehe ist nach römischer Lehre die Ehe-losigkeit; Keuschheit (castitas) nennt man sie drüben mit unent-schuldbarer Begriffsverwechselung [12]). Welch ein Kontrast! Die Ehe ein Sakrament — aber verächtlich für den Virtuosen der rö-mischen Sittlichkeit! Für den Priester, für den Mönch ist das Weib zu schlecht!

O ihr armen römischen Cölibatäre, die ihr in eure erzwungene
Ehelosigkeit eure Gefühlswelt mit hinein nehmet und — wie
oft! — im fressenden Brande eurer Lüsternheit zufalle kommt,
ihr müßtet doch so gut wie wir wissen, daß zur Gemeinschaft ehe-
licher Liebe Gott den Mann und das Weib geschaffen hat, damit
die gesamte Sinnlichkeit des Einzellebens vor Launenhaftigkeit bewahrt, damit das Natürliche dem Geistig-Sittlichen eingeordnet
werde und die Ehegatten in völliger gegenseitiger Selbstverleugnung sich üben und dadurch vollkommen werden. Das wird freilich eine andere Vollkommenheit als eure eingebildete! Ihr Priester
auf der sicheren Pfründe, ihr Mönche im wohlbesetzten Refektorium,
ihr habt es bequemer, als der Hausvater, der sich für Weib und
Kinder plagt. Wenn dort eine Nonne nach ungestörtem Schlaf
sich zur Morgenandacht wecken läßt, wenn hier dagegen eine Mutter
die Nacht am Bett ihres kranken Kindes durchwacht hat — welche
von beiden ist „vollkommener?" Wie wollt ihr Beichtväter und
Seelsorger sein, ihr ehelosen Männer, die ihr für die höchsten
Freuden und das tiefste Leid eines Vaters, einer Mutter kein Verständnis habt! Ihr armen Priester! Die Seligkeit der Liebe zum
treuen Weibe kennt ihr nicht; euch wird kein Kind geboren, ihr
verliert auch keins, ihr seht auch keins im Himmel wieder — wie
arm seid ihr! —

Durch die künstlichen Tugenden des Romanismus wird das
Familienleben verächtlich gemacht, zuweilen zerstört. Wenn der
Mönch und die Nonne in das Kloster gehen, sterben sie für ihre
Familie und mit Verdrehung des schweren Wortes vom Haß gegen
Eltern und Geschwister (Matth. 10, 37 und Luk. 14, 26) müssen
sie ihr Gewissen beruhigen. „Mönchische Fanatiker würdigten Eltern und Geschwister keines Blickes mehr." Im ganzen Katholicismus aber wird statt des Geburtstages der zufällige „Namens-
tag", der Tauftag, gefeiert. Die Töchter werden mit Vorliebe in
Nonnenklöstern erzogen; Sinn für die Pflichten einer Hausfrau
und Mutter bekommen sie da sicher nicht. In Oberbayern sterben
im ersten Lebensjahre durchschnittlich 41 Prozent der Kinder von
katholischen Eltern, dagegen nur 27—28 Prozent derer von protestantischen Eltern. Im gut katholischen Dachauer Gebiete, wo das

Stillen der Kinder fast unbekannt ist, sterben ihrer im ersten Lebensjahre 40—45 Prozent; in München starben in den siebziger Jahren etwa 37—39 Prozent, in Berlin dagegen gleichzeitig nur 29 Prozent; in dem protestantischen Schweden vollends, „wo die Mütter, welche ihren Kindern die Brust entziehen, korrektionell bestraft werden", ist die Kindersterblichkeit von 1755 bis 1867 von 20 auf 13 Prozent zurückgegangen [13]). — Findelhäuser, diese Depots für Unsittlichkeitsprodukte aller Stände, finden sich, reich besetzt, bei den romanischen Nationen und — in Österreich; die Menschenbrut aber, welche in ihnen groß gefüttert wird, vermehrt die Lust am Verbrechen in schauderhafter Weise. In Frankreich waren 1864 von 8006 eingekerkerten jungen Verbrechern 60 Prozent uneheliche oder elternlose Kinder! — Schauderhaft befördert das Findlingswesen auch die mütterliche Untreue. In Italien wurden in der Neuzeit drei- bis sechsmal mehr Kinder ausgesetzt als unehelich geboren waren! [14])

Das römische Eherecht hat seine große Mission gehabt; es hat rohe Völker mit eiserner Strenge zu einem gesitteten Familienleben erziehen helfen und ist so auch ein „Zuchtmeister auf Christus" geworden. Aber seit durch die Reformation die Völker mündig wurden, bedurften sie der Zuchtrute des Papstes nicht mehr. Man darf auch ja nicht meinen, daß gerade das römische Eherecht unbedingt notwendig gewesen sei; denn tausendfach beweist die neuere evangelische Heidenmission, daß mitten unter heidnischer Polygamie die evangelische Lehre und Praxis der Ehe schnell ein gesittetes Familienleben erzeugt.

Wie die Ehe, so ist auch die Familie nach römischer Anschauung an sich eine rein weltliche Gemeinschaft; sie steht an sich außerhalb der Kirche, also auch außerhalb der Sittlichkeit; erst auf Grund des Sakramentscharakters der Ehe empfängt auch die Familie ihre Sittlichkeit. Der Priester also ist es, der die Familie zu einer sittlichen Gemeinschaft macht. Nach evangelischer Anschauung war dagegen Ehe und Familie eher da, als die ganze römische Priesterschaft; auf Grund der göttlichen Stiftung der Ehe trägt die Familie ihre Rechte selbständig in sich; kein Geistlicher darf dem Familienvater dreinsprechen, wenn er seine Kinder erzieht

Das Familienrecht ift eine ebenfo felbftändige Rechtsfphäre wie das
Recht der Kirche oder auch das des Staates.

Aus der Ehe entfprang die Familie, ihr Gehäufe ift das Haus.
Äußerlich betrachtet giebt es hüben und drüben diefelben Verhält=
niffe: Ehegatten, Eltern und Kinder, Herrfchaft und Gefinde.
Aber fchon beim Eintritt in ein ftreng römifch=katholifches Haus
weht uns ein fremder Geift an.   Über der Thür findet man drei
Buchftaben C+M+B+; der Priefter hat fie felbft angefchrie=
ben; er war es, der das Haus am großen Neujahrstage der Für=
bitte der „heiligen drei Könige (Cafpar, Melchior und Balthafar)"
empfahl.   Das Haus gehört den Heiligen, nicht Gott allein.   Wir
treten in das Zimmer; da fehlt in keinem gut römifchen Haufe
das Bild des Papftes und irgendein fromm fein follendes Marien=
bild, meift eine weichlich asketifche Madonna von Carlo Dolce
oder eine fchwärmerifch liebende von Murillo.   Da ftehen wir
gleich vor den praktifchen Spitzen des konfeffionellen Gegen=
fatzes. — Sehen wir die Menfchen im Haufe an.   Da find zu=
erft die Gatten: im römifchen Haufe hat der Priefter die Ehe
gemacht; wie er einft vor dem Altar zwifchen und über ihnen ge=
ftanden, fo behält er feine regierende Hand auch nach der Trauung
im Spiel: er fteht zwifchen ihnen im Beichtftuhl; was fich zuhaufe
unter vier Augen zwifchen Mann und Weib abfpielt, der Priefter
erfährt es, und fchwiegen die Gatten, er hat das Recht, nach
allem zu fragen.   „Was die geiftigen Intereffen der Frau
betrifft, fo wendet fie fich an ihren Beichtvater.   Diefem,
nicht ihrem Manne fchüttet fie ihr Herz aus ...   Er ift ihr gei=
ftiger Eheherr."   So fchildert felbft der einft viel genannte Kon=
vertit Franz von Florencourt das katholifche Familienleben [15]).   Es
giebt in der römifchen Kirche „fromme Frauen", fogenannte Beicht=
fchweftern, welche alle acht Tage zur Beichte gehen.   „Sie und
ihre Gewiffensräte ziehen fich oft magnetifch an ...   Säße eine
Äbtiffin oder eine Novizenmeifterin im Beichtftuhl, fo würden fie
nicht alle acht Tage Gewiffenspein fühlen."   Das priefterlich=kirch=
liche Intereffe beherrfcht die Häufer.   „Daß in Altbayern fo
viel Gewaltthätigkeiten zwifchen Familiengliedern vorkommen, hängt
wefentlich mit dem Vermachen zur Kirche zufammen; die Nach=

kommen, werden (in solchen Fällen) um den elterlichen Nachlaß rein beschwindelt", urteilt ein Münchener katholischer Gelehrter, der den Schwindel kennt [16]). Im evangelischen Hause aber steht niemand trennend zwischen Mann und Weib. —

Das Verhältnis der Eltern zu den Kindern ferner wird im römischen Hause natürlich wieder durch die Priester bestimmt. Weil der Mensch nach römischer Anschauung nur durch die römisch-katholische Kirche das Heil empfängt, so muß vor allem Bedacht genommen werden, jedes Kind in die römische Kirche zu bringen und zum Gehorsam gegen die Priester zu erziehen: die Willenlosigkeit, die ja eine wesentliche Seite der katholischen Vollkommenheit ist, muß hier als Ideal vorschweben. Die Jesuiten wußten, daß sie auf diesem Wege die römische Kirche am besten stützten, indem sie den Unterricht in die Hand nahmen, und zwar den höheren Unterricht, um gerade die Kreise der Gebildeten zum Kadaver-Gehorsam zu dressieren.

Im evangelischen Hause dagegen wird jedes Kind zur christlichen Freiheit erzogen; daher sind die Mittel der Erziehung bei uns ganz andere als in dem römischen Hause: dort Abrichtung des Verstands zum Auswendiglernen von „offenbarten" Dogmen, bei uns Belehrung durch Gründe, damit das Kind Rechenschaft geben lernt auch von dem Grunde seiner Heilshoffnung; dort Ertötung des Willens zum Kadaver-Gehorsam gegen die Priesterschaft, bei uns Bildung des Willens zur freien Persönlichkeit. Kirchlicher Sinn wird dabei in jedem evangelisch-kirchlichen Hause gepflegt, aber doch nur als Hilfsmittel der Erziehung. Auch in den übrigen Verhältnissen des römischen Hauses, zwischen Geschwistern unter einander und in Dienstbotenverhältnissen wird der Priester als Autorität obenan stehen, während im evangelischen Hause die Kinder und das Gesinde in dem Hausvater ihren Patriarchen haben.

Die Kinder reifen zu freien Persönlichkeiten heran, sie treten selbständig auseinander und gründen sich ihren eigenen Herd: aus dem Boden der Familie erwächst die Verwandtschaft.

Die Verwandtschaft wird eine neue Art sittlicher Gemeinschaft; jedes Glied derselben wirkt in ihr organisierend je nach der Fähigkeit von seiner und dem Entgegenkommen von anderer Seite. Die konfessionelle Verschiedenheit der Sittlichkeit wird sich aber auch hier geltend machen: in der katholischen Verwandtschaft wird man kirchliche Zwecke verfolgen, in der protestantischen dagegen die religiös-sittliche Selbständigkeit der einzelnen Personen erstreben. — Wir schließen mit dem Urteil Marianos, der Deutschland und Italien kennt, „der Protestantismus hat ein sittlich besseres Familienleben als die lateinischen Völker" [17]).

c) Das sittliche Verhalten in der bürgerlichen Gesellschaft.

§ 56.

Indem sich die verschiedenen selbständigen Personen in den Dienst ihrer Mitmenschen stellen, entsteht die bürgerliche Gesellschaft. Sie ist eine Sphäre der Gemeinsamkeit, in welcher jeder seinem Berufe und Stande gemäß für andere arbeitet und doch zugleich dadurch sein eigenes Wohl fördert. Die römische Kirche hat sich jederzeit auch als Ordnerin des gesellschaftlichen Lebens gezeigt: durch die im Beichtstuhl gegebenen Büßungen, besonders die finanziellen, wie Almosen und Stiftungen, durch die bürgerlichen Wirkungen der Exkommunikation, durch das Interdikt, durch Feiertage und Fasten, durch Wallfahrten und Prozessionen, durch die Regelung der Bildungsmittel, indem sie dem Katholiken Lektüre vorschreibt, durch die Beeinflussung der öffentlichen Meinung in der Presse, vor allem aber durch die Forderung des Zehnten und durch das Mönchtum greift sie tief in das bürgerliche Leben ein. Ihr Zweck ist auch hier die gemeinsame Abtötung der Sinnlichkeit im Gehorsam gegen die Kirche. Auf Selbständigkeit darf die bürgerliche Gesellschaft im römischen Katholicismus keinen Anspruch machen; selbst in den modernen katholischen Kasinos sitzen bei Konzert und Tabaksqualm die schwarzen Herrn wie zur Aufsicht am Ehrentische, und Leo XIII. zieht die ganze katholische Welt in den „dritten Orden" der Franziskaner (§ 88).

Eine selbständige bürgerliche Gesellschaft ist erst die Schöpfung des Protestantismus. Da nämlich bei uns die Sittlichkeit weiter reicht als die bloße Kirchlichkeit, da sie doch alle Formen des Kommens des Reiches Gottes umfaßt und außer in der Kirche auch in Familie, Gesellschaft, Staat, Kunst und Wissenschaft sich erweisen soll, so hat Beruf und Gesellschaft eine selbständige Stellung neben der Kirche. Sie tragen ihr Recht nicht erst von der Kirche zu Lehen. Die Gesellschaft soll sich zwar durch die Kirche mit christlichen Grundsätzen befruchten lassen, aber autorisiert zu werden braucht sie von ihr nicht; sie hat ihr Recht in der gesellschaftlichen Veranlagung der Menschen von selbst.

Der Ertrag der evangelisch aufgefaßten Gesellschaftsarbeit ist das gesamte Gebiet der Zivilisation und Kultur. Zivilisation ist Erhebung des Geistes über die Roheit, Bildung, nicht bloß einzelner Menschen, sondern immer einer Gesamtheit; wir sprechen von zivilisierten Völkern und denken dabei an Lebenssitte, Verkehr, Arbeit und Erwerb, Feier und Genuß, kurz an das gesamte gesellschaftliche Leben eines Volkes.

Da die evangelische bürgerliche Gesellschaft aus freien Persönlichkeiten besteht, die nicht bloß auf das Gebiet der Kirche angewiesen sind, so ist die Zivilisation des Protestantismus unendlich reifer, als die des Katholicismus. Luther und Melanchthon, Kepler und Newton, Shakespeare, Goethe und Schiller, Kant, Schelling, Fichte, Hegel — sie alle, die Träger der Zivilisation, haben die Luft des Protestantismus geatmet. Alle Welt weiß, daß die Sklaverei der Gegensatz der Zivilisation ist, weil durch sie der Mensch, welcher als Gottes Ebenbild über die Natur herrschen soll, zum Lasttier erniedrigt wird. Wer hat die Sklaverei in die Welt der Neuzeit eingeführt? ein katholischer Kaiser war es, Karl V., derselbe, welcher Luther ächten ließ; wer hat den Sklaven die Freiheit verschafft? ein protestantisches Land war es, England, angeregt gerade von den Kreisen, in welchen das innigste evangelische Glaubensleben herrschte. Wer hat in Nord-Amerika die Freiheit der Religion geschaffen, welche heut von den dortigen Ultramontanen so staunenswert ausgenutzt wird? Die evangelischen Dissenters waren es, welche den Grundstock des Volkes der Vereinigten Staaten bilden. Das katholische Süd-Amerika ist noch heut verkommen.

Indem die zivilisierte Menschheit ihre Bildung zur Beherrschung der Natur anwendet, produziert sie die Kultur. Wir ver-

13*

stehen unter Kultur die Herrschaft des Geistes über den Stoff,
die Dienstbarmachung der Natur für den Geist. Das kann natürlich kein einzelner für sich erreichen; die Kultur ist immer Erzeugnis der Gesellschaft, der Menschheit, welche allmählich die gesamte Natur in ihren Dienst nimmt. Das ungeheuere Gebiet der
Erfindungen, die unübersehbaren Errungenschaften der Naturwissenschaften, die Verkehrsmittel der Neuzeit, das Maschinenwesen, das
Kunsthandwerk, der Bücherdruck, und tausend andere Leistungen des
Menschengeistes sind Kulturerzeugnisse der modernen Gesellschaft,
aber meist der **germanischen**, der englischen, nordamerikanischen,
deutschen. Alle drei Nationen sind überwiegend protestantisch.
Von den romanischen ist Kulturträgerin nur die französische, aber
gewiß nicht durch ihre römischen Kreise. Denn wo der bequeme
Bettel des Mönchstums als sittliche Vollkommenheit verehrt wird,
ist die saure Arbeit der Naturbeherrschung — eine Verirrung.
Als die Eisenbahnen erfunden waren und überall in Europa angelegt wurden, regierte bis 1846 auf dem päpstlichen Stuhle der
finstere Mönch Gregor XVI.; so lange er lebte, durfte im römischen Kirchenstaat keine Eisenbahn gebaut werden; er haßte sie als
„die Geleise des Satans“. In unseren Tagen haben wir erlebt,
daß ein Mensch, der sich einst in Rom seine Mahlzeit demütig
aus dem Kehricht aufgelesen hat, von Leo XIII. unter Assistenz
der gesamten Diplomatie der Kurie — für heilig erklärt wurde.
Nach evangelischer Anschauung war er im günstigsten Falle ein
harmloser Tagedieb, und Tagediebe sind alle die beschaulichen
Mönche und Nonnen, die sich täglich sechs- oder zehnmal zum
Gebet vereinigen, ihre Litaneien herunterleiern und Gott und der
Welt nichts nützen, die Parasiten am Leibe der Menschheit. —

Noch einen anderen Vorzug müssen wir an der evangelischen
bürgerlichen Gesellschaft hervorheben, ihre Toleranz — im Vergleich
mit der römischen Intoleranz. Während die römische Gesellschaft
durch die Kirche reguliert wird, regiert sich die evangelische selbst.
Grundlage ihrer Selbstregierung aber ist der Wert, welchen hier
jede freie Einzelpersönlichkeit hat. Jeder Mensch, der am Gemein-
wohl mitarbeitet, hat Anspruch auf Achtung. Darum kann die
evangelische Gesellschaft nicht bloß die Unterschiede von Beruf und

Stand, sondern auch die der Konfessionen in sich tragen. Der gesellschaftliche Verkehr mit Katholiken ist durch nichts gehindert; wir können brieflich, gewerblich, gastlich mit ihnen verkehren, ohne als Proselytenmacher sie zu umgarnen. In der Konsequenz des römischen Prinzips dagegen liegt das Proselytenmachen, oder wo das nicht gelingt, die Ausschließung des Nicht=Katholiken aus der Gesellschaft. Auf dem platten Lande hat wohl mancher katholische Geistliche, dessen Wirkungskreis in einer Gegend mit gemischter Bevölkerung liegt, den Versuch gemacht, sein Dorf zu purifizieren. Es wird ein protestantisches Bauerngut frei; flugs eilt der katholische Pfarrer, einen katholischen Besitzer darauf zu setzen; er schießt ihm aus der Kirchenkasse oder von einer „frommen" Seele das Geld vor und — das Dorf ist um einen evangelischen Besitzer ärmer; der katholische Bauer aber ist Trabant des Pfarrers geworden. In Rom betreibt man solch Geschäft in großem Stil. Da umgarnt man vornehme Fremde, besonders gern Damen höherer Stände, zumal Engländerinnen. Man zeigt ihnen bereitwillig die Schätze des Vatikans, ladet sie zum Besuch, nimmt sie mit zur Audienz beim Papst; man überhäuft sie mit Liebenswürdigkeit — bis man die schwachen Gemüter auch noch zum Übertritt verführt. Die konsequent römisch=katholische Gesellschaft muß intolerant werden.

d) Das sittliche Verhalten inbezug auf den Staat und die Erzeugung des Völkerrechts.

§ 57.

Die Gesellschaft organisiert sich zum Staate. Derselbe ist zunächst die rechtliche Organisation des gesamten Volkes. Allein der Begriff des Rechtsstaates genügt nicht. Denn da in der Nation der Unterschied von Mündigen und Unmündigen, von Starken und Schwachen, von Arbeitern und Erwerbsunfähigen vorhanden ist, so muß dementsprechend auch der Unterschied von Leitenden und Geleiteten, von Regierenden und Regierten eintreten. Kein Volk kann existieren ohne Obrigkeit, mag sie auch noch so einfach sein. Darum ist die Obrigkeit eine Ordnung Gottes, und der Staat selbst ist keine sittlich neutrale Größe, sondern hat sittliche Auf=

gaben, das Volkswohl zu fördern, die Jugend zu erziehen, den nationalen Erwerb zu behüten, die Verbrecher zu bestrafen. Die beste Regierungsform ist die sittlich reife Monarchie; denn das Ideal der staatlichen Tugend muß uns in einer Person verkörpert entgegen treten; Institutionen bändigen, Personen begeistern.

Aber die Monarchie muß erblich sein, damit nicht beim Tode eines Fürsten wie bei der Wahl republikanischer Präsidenten alles auf den Kopf gestellt wird. Ohne Mängel geht es in keiner Verfassung ab, aber die der erblichen Monarchie, wo Volk und Fürstenhaus in gegenseitigem sittlichen Verhältnisse stehen, sind nicht im entferntesten so groß, wie in einer Republik, wo niemand weiß, wer im nächsten Monate regiert. Bei der unübersehbar wachsenden Mannigfaltigkeit des modernen Lebens kann aber kein einzelner Mensch mehr die ganze Regierung führen; der Absolutismus ist veraltet; es müssen der Regierung aus dem gesamten Bereich des Volkslebens Hilfskräfte erwachsen. Das geschieht durch frei gewählte Landesvertretungen, welche teilnehmen an der Gesetzgebung sowohl, als auch an der Feststellung und Beaufsichtigung des Staatshaushaltes. Die beste Regierungsform ist also die konstitutionell-monarchische.) Das Christentum verträgt sich mit jeder Staatsform, in welcher die Obrigkeit als göttliche Institution geehrt wird. Es kann in jeder Staatsform seine eigene sittliche Kraft wirken lassen, in der absolutistischen wie der konstitutionellen, in der monarchischen wie in der republikanischen. Christus und seine Apostel haben angeordnet, sich in die Staatsordnung zu fügen, nicht aus Not oder Zwang, sondern um Gottes und des Gewissens willen (Matth. 22, 15—21; Mark. 12, 13—17; Luk. 20, 20—26; Röm. 13, 1—7; 1 Petr. 2, 12—16).

Die Staatsidee ist älter als das Christentum. In Hellas und Rom hatte die republikanische Idee ihre Geschichte durchlebt, im Orient und im römischen Imperialstaat herrschte der Absolutismus. Allein das Christentum hat die heidnische Staatsidee umgebildet; es erzeugte den christlichen Staat. Im Mittelalter verstand man darunter den Staat, welcher sich nach den Gesetzen der römischen Kirche richtete; heut verstehen wir unter dem christlichen Staate denjenigen, welcher sich für Gesetzgebung, Rechtspflege und

Verwaltung von den Grundgedanken des Christentums leiten läßt.
Die christliche Sittlichkeitslehre kann selbstverständlich nur diesen
Staat als Ideal hinstellen, muß es aber auch; denn da die Familie und die Gesellschaft christlich sein sollen, so muß es doch
auch der Staat sein, der aus beiden erwächst. Als Rechts= und
Regierungsorganismus ist der Staat ein sittliches Institut: er ist
in dieser seiner Eigenschaft ein selbständiges Organ zur Heraus-
bildung des Reiches Gottes. Auch durch den Staat „kommt"
dasselbe, wenn er sich von christlichen Grundsätzen leiten läßt.
Daraus folgt, daß zwischen Staat und Kirche eine gegenseitige
Wechselwirkung, keine Trennung zu erstreben ist. Der Staat
braucht die Kirche, und die Kirche den Staat. Der Staat ist ja
auf die sittliche Gesinnung seiner Bürger angewiesen; er kann wohl
Worte und Handlungen verbieten, aber der Gesinnung, aus der
sie fließen, steht er machtlos gegenüber. Die rechte sittliche Gesinnung wird aber gerade durch die christliche Kirche erzeugt werden.
Sie wiederum braucht den Staat zur Regelung ihrer Rechtsverhältnisse und zum Schutze gegen Vergewaltigungen. Das ist evangelische Auffassung vom Staate; ihr aber steht die römische schnur-
stracks gegenüber. Nach römischer Grundanschauung braucht das
Reich Gottes ja überhaupt nicht erst zu „kommen"; es ist längst
fertig da, nämlich in der Form der römischen Kirche. Alles was
außerhalb der römischen Kirche ist, ist auch außerhalb des Reiches
Gottes; also auch der moderne Staat, den man beurteilt, wie
Augustin den heidnischen Imperatorenstaat, als „Staat des Teufels (civitas diaboli)" im Gegensatz zur römischen Kirche als zum
„Staate Gottes (civitas dei)". Die römische Kirche kann grundsätzlich also nur denjenigen Staat dulden, welchen sie autorisiert:
nur denjenigen, der seine Gesetzgebung nach dem kanonischen Recht
einrichtet und dessen Regierung sich zur Lehnsträgerin des römischen Papstes erniedrigt, wie die gang und gäbe Theorie der Ro-
manisten fordert.

Die römische Kirche meint, das Reich Gottes zu sein; ihr
monarchischer Regent hält sich für den Stellvertreter Gottes auf
Erden. Auf Grund dieser Anschauungen bildet die römische Kirche
„eine Anstalt über den Staaten"; ihr Regent hält alle Macht auf

Erden in seiner Hand. „Daß jede menschliche Kreatur dem Papste unterthan sei", ist notwendiger Glaubenssatz für jeden, der selig werden will. So hat einst der Papst Bonifacius VIII. in seiner berüchtigten Bulle, die von ihren Anfangsworten Unam sanctam heißt, im Jahre 1302 geurteilt; bis heut aber ist diese Bulle nicht zurück genommen worden und kann es nach der vatikanischen Unfehlbarkeitslehre auch nicht mehr. Papst Bonifacius sprach ja auch nur aus, wonach längst vor ihm Gregor VII., Alexander III. und Innocenz III. sich gerichtet hatten. Die römische Kirche hat zu diesem Zwecke eine besondere Rechtstheorie gebildet, die von den zwei Schwertern, welche von Christus selbst in die Hand des Petrus und dadurch auch in die seiner Amtsnachfolger gelegt worden seien. Als in Gethsemane nahe vor der Scheidestunde der Herr seinen Jüngern (Luk. 22) die Aussicht eröffnete, daß Zeiten des Kampfes und des Streites kommen würden, rief er aus: „wer kein Schwert hat, der kaufe sich eins!" Da antworteten sie: „Herr, hier sind zwei Schwerter". Der Herr erwiderte: „es ist genug". Hier liest nun die katholische Schrifterklärung zwischen den Zeilen, es ist genug, nämlich an den zwei Schwertern, welche ihr jetzt habt; in ihnen ist alle Macht beschlossen. Das eine war das geistliche, das andere das weltliche; beide führte der Apostolat oder sein Repräsentant Petrus nach dieser Anschauung auf Grund des Befehles Christi oder nach göttlichem Rechte. Bloß der Bequemlichkeit wegen übergiebt er das eine, das niedere, das weltliche den irdischen Herrschern; sie bleiben aber dafür seine Kommissare. Petrus und jeder Papst gebietet über sie, wie der Herr über seine Diener. Als Dogma ist diese Ansicht freilich bis heut noch nicht ausgesprochen; allein sie ergiebt sich als Folgerung aus der dogmatisierten Anschauung, daß der Bischof von Rom Vize-Gott auf Erden ist.

Da wir Evangelische diese Anschauung verwerfen, so erklären wir auch die Herrschaft des Papstes über Kaiser und Könige für eine bodenlose Anmaßung. Unwillkürlich wird man dabei an die Versuchung Christi erinnert und fragt sich, ob sein angeblicher Stellvertreter nicht doch gefallen sei; gehören ihm nicht wenigstens in der Theorie „alle Reiche der Welt und ihre Herrlichkeit?"

Gedanken solcher Art sind es gewesen, die bei den Reformatoren die Ansicht aufkommen ließen, welche vor ihnen doch auch schon mancher edle Katholik ausgesprochen hatte, daß das Papsttum selbst die Erscheinung des Antichristes sei.

Sollen wir aber über die sogenannte Zwei-Schwertertheorie noch ein Wort sagen, so muß die römische Erklärung von Luk. 22, 38 als unrichtig abgewiesen werden: derselbe Herr, der den Petrus das Schwert in die Scheide stecken hieß, kann hier nicht die Führung von zwei wirklichen Schwertern gemeint, sondern nur bildlich den Gedanken ausgesprochen haben, wer kein Schwert hat, keine Waffe im nahen Entscheidungskampf, der erwerbe sich eine solche um jeden Preis: er meinte das Schwert heiligen Geistes. Als aber die Jünger ungestüm die unverständige Antwort gaben „hier sind sogar zwei Schwerter", da verzichtete der Herr zunächst, wie so manches Mal, auf eine weitere Verständigung: es ist genug — wir wollen jetzt nicht weiter davon sprechen; ihr versteht mich jetzt doch noch nicht. „Ich habe euch viel zu sagen, aber ihr könnet es jetzt nicht tragen", das wird der Ton gewesen sein, in welchem er sein Wort „es ist genug", gesprochen hat. Irdische Macht-Ansprüche des Papsttums lassen sich daraus auf keinen Fall ableiten.

Als Reich Gottes fordert die römische Kirche zu allernächst „Freiheit vom Staate": kein Staat darf sich in die Angelegenheiten der römischen Kirche mischen, auch in ihre Moral nicht [18]). Über diese „Freiheit", wie die modernen Ultramontanen sie verstehen, und über den Anspruch, daß die römische Kirche die festeste Stütze des Thrones sei, wollen wir der Wichtigkeit wegen unten (§ 76 u. 88) besonders sprechen.

Die höchste Tugend des Staatsbürgers ist die Vaterlandsliebe. Aber auf den Patriotismus dürfen wir uns nicht beschränken; wir zögen ja sonst eine chinesische Mauer um unser Vaterland und verleugneten die Nächstenliebe gegen Fremde. Denn die Völker existieren ebenso wenig als Atome wie die einzelnen Glieder der Familie oder die des Staates. Im Organismus der ganzen Menschheit sollen vielmehr die Volksindividualitäten zur gegenseitigen Förderung mit einander Verkehr pflegen. Die Normen

dieses Verkehrs aber stellt das Völkerrecht auf, welches so
oft als die höchste Schöpfung des Rechtssinns der Menschheit
gerühmt wird. Die christliche Sittlichkeit fordert nun, daß wie
das Staatsrecht, so auch das Völkerrecht von den christlich-sittlichen
Grundgedanken getragen sei; daß wie jede Einzelpersönlichkeit, so
auch jede Volks-Individualität Achtung verdient und in die Sphäre
der christlichen Freiheit erhoben werden soll. Dieser universale
Zug der christlichen Sittlichkeit unterscheidet sich von allem Kos-
mopolitismus, der seinem Wesen nach vaterlandslos ist. Denn
wenn wir auf die Welt wirken wollen, müssen wir auf dem festen
Boden des eigenen Vaterlandes stehen. Haben wir doch unser
Naturell vom Vaterlande, von der Scholle, auf der wir geboren
sind, von dem Boden, der uns gespeist hat, von der Luft, die wir
eingeatmet, von dem Klima, unter dem wir aufgewachsen, von der
Lebenssitte, in welcher wir erzogen sind. So wird der heimische
Boden der feste Punkt, von welchem aus man auf die Welt wirkt.
Die christliche Sittlichkeit lehrt die rechte Einheit von Patriotismus
und Universalismus. Der Nationalhaß ist durchaus verwerflich.
Tritt zwischen zwei Völker ein Anlaß zum Streit, so sollten sie
friedlichen Ausgleich suchen; nur wo der eine Teil sich nicht fügt,
sollte der Krieg die Entscheidung herbeiführen dürfen. Sittlich
ist der Krieg aber auch dann nur als Verteidigungskrieg, weil
jedes Volk gerade so wie jede Einzelpersönlichkeit die Pflicht der
Selbsterhaltung hat, um an seinem Teile beizutragen, daß auch
durch seine staatlichen Formen das Reich Gottes komme. Aber
auch für die berechtigte Kriegführung müssen die Grundsätze der
christlichen Nächstenliebe maßgebend bleiben, nicht die Vernichtung,
sondern nur die Unschädlichmachung des Feindes muß das Ziel des
Feldherrn sein. Die moderne Kriegführung ist ja auch im Vergleich mit der antiken und mittelalterlichen sittlicher geworden, indem durch die neueren Kriegsmittel der Einzelkampf mit seiner bar-
barischen Leidenschaftlichkeit zurückgetreten ist, während allerdings
die Zahl der fallenden Menschenopfer ins ungeheure wächst. Ein
Übel bleibt freilich auch der gerechte Krieg; sein Zweck aber soll
der Friede sein, die Herstellung der wahren Wohlfahrt der Völker.
So etwa läßt sich die evangelische Anschauung des gegenseitigen

Verhältnisses der Völker andeuten; sie ruht auf der Achtung jeder einzelnen Volksindividualität. Die römische Kurie dagegen, so lehrt die Geschichte, hat die Volksindividualitäten jederzeit ignoriert und sich selbst zur Weltherrscherin gemacht. Ein freies Völker= recht kennt sie nicht. Wie den Protestantismus und die moderne Philosophie, so hat Leo XIII. auch das moderne Recht verdammt. Wie die eine tote Kirchensprache die katholische Welt beherrscht, so nimmt der römische Hochpriester die Herrschaft über die Völker in Anspruch; ihm zu gehorchen ist die erste Pflicht; Vaterlandsliebe ist erst die zweite Tugend des katholischen Staatsbürgers. Der Jesuit hat überhaupt kein Vaterland; und der Jesuit ist doch der Muster= Katholik. Wenn der Volksmund von einer „schwarzen Internatio= nale“ spricht, so hat er recht: es ist die von amtswegen über alle nationalen Pflichten erhabene römisch=katholische Priesterschaft.

Drittes Kapitel.

Das sittliche Verhalten in seinem allgemeinen Umfange, in seiner Beziehung auf das Schöne, das Wahre und das Gute überhaupt. Sittlichkeit in Kunst, Wissenschaft und Religion.

a) Sittlichkeit in der Kunst.

§ 58.

Die Kunst ist die Darstellung des Idealen durch sinnliche Mittel, ihr Zweck die Hervorbringung des Schönen; das Schöne aber ist die Einheit von Idee und Wirklichkeit. Je nach den an= gewandten Mitteln gruppieren sich die Künste in die Kunst des Wortes (Dichtkunst und Rhetorik), die Kunst des Tones (Musik) und die drei bildenden Künste (Baukunst, Bildnerei und Malerei). Die Gesetze für die Arbeit dieser Künste nach ihrer Außenseite lehrt die Ästhetik; aber die Sittlichkeit soll hier vor aller Ästhetik ihre Stimme erheben, um die Konzeption der künstlerischen Motive zu beeinflussen. Denn da das Schaffen des Künstlers doch ein persönliches ist, so soll er sich auch in jedem Momente durch die Grundsätze der Sittlichkeit bestimmen lassen. Die Kunst soll christlich sein, d. h. nicht etwa bloß biblisch oder bloß kirchlich, sondern das gesamte Geistesleben der Menschheit im Lichte des Christentums zur Anschauung bringen. Der Geist des Christentums soll den Künstler beseelen. Dieser Geist umfaßt Himmel und Erde, durchdringt Personen und Natur, beherrscht Vergangenheit, Gegenwart und Zukunft. Äußere Grenzen seines Schaffens braucht also auch der christliche Künstler sich nicht setzen zu lassen; aber eine innere Schranke soll er sich selbst unweigerlich setzen, nämlich nur darstellen zu wollen, was sich als Harmonie von göttlichem Geist und verklärtem Stoff legitimiert. Überall wo in einem Kunstwerke das Fleisch den Geist beherrscht, liegt eine Verleugnung des Christentums vor: Wenn Rubens auf seinem großen jüngsten Gerichte seine Seligen so darstellt, daß sie noch bei ihrem Eingang in das ewige Leben mit feisten Gliedern kokettieren, so ist das Vergötterung des Fleisches. Wenn Correggio seine büßende Magdalena die schönen Gliedmaßen bequem zur Ruhe strecken läßt, wenn Battoni der gleichnamigen Schönen raffinierte Gefallsucht in ihre Einsamkeit mitgiebt, so machen sie der Sinnlichkeit Komplimente. Correggios Licht-Zauberei, Rembrandts Zuchtlosigkeit der Farbe, vollends Makarts Fleischeskult — das alles ist Herrschaft der materiellen Natur über den Geist. Dagegen ist Raffaels Sixtina christlich, weil der Geist der staubfreien Keuschheit und glaubensfrohen Demut diese Magd des Herrn bis in den letzten Saum ihres Gewandes beherrscht. Ich erinnere an Michelangelos delphische Sibylle, an Tizians Christus mit dem Zinsgroschen, Bellinis (jetzt Cimas da Conegliano) lehrenden Christus, Riberas Maria von Ägypten, Dürers Kruzifixus, Holbeins Darmstädter oder Dresdener Madonna, sie alle sind christlich, weil hier der Geist das Fleisch beherrscht, weil durch die fleischliche Hülle göttlicher Geist hindurch leuchtet. Sein Schönheitsideal soll also der Künstler durch das Christentum beherrscht werden lassen; die Schönheit soll Erscheinung heiligen Geistes in der Materie sein, so daß der Geist in der Materie durchsichtig wird: alles Unchristliche, alle Kreaturvergötterung, alle Fleischeslust, alles Häßliche, Grausige,

Schamlose soll er fliehen wie die Pest. So konstruieren wir evangelische Christen unsere sittlichen Forderungen für die Kunst. Zu unserer Freude sind wir auch schon längst über die Theorie hinaus zu ihrer Anwendung vorgeschritten. Fragt nur die Meister unserer religiösen Dichtkunst von Luther bis Paul Gerhardt und hinauf zu Gerok, Sturm, Spitta und die unzähligen sangesfrohen Christen unserer Tage; wir haben eine Kunst heiligen Wortes aus Christenmund. Fragt die Meister des Tones, Händel und Bach: sie schufen so, daß das Ohr die Macht des Geistes durch alle Töne fühlt und sich nicht in den Rausch der Sinnlichkeit verliert. Die bildenden Künste endlich stellen ganze Reihen von edlen schaffen= den Geistern; wir haben unsere Baumeister, Schlüter und Schinkel, haben unsere Bildner, wie Thorwaldsen und Rauch, dazu die Maler, Schnorr von Carolsfeld, Kaulbach, Pfannschmidt und viele, viele andere. Aber was sind sie alle gegenüber dem strahlenden Himmel römischer Kunst? wird man fragen. Nun, wo die römi= sche Kirche folgerichtig nach ihrem Dogma handelt, muß sie die christliche Schönheit zerstören. Denn nach ihrer Moral besteht die höchste Sittlichkeit in der Abtötung, also in der Vernichtung des Fleisches, in der Verneinung der Sinnlichkeit. Darum sind ja auch ihre verehrtesten Heiligenbilder in der Regel die häßlichsten; die wunderthätigen sind gewöhnlich abscheulich — und am höchsten in der Verehrung stehen bekanntlich die fleischlosen Knochen, die Gerippe der Heiligen. Römischer Schönheitssinn müßte asketisch an absoluter Geistigkeit Gefallen finden, das Schöne müßte in der völligen Abstraktion von der Leiblichkeit bestehen. In der That pflegen auch die frömmsten römisch=katholischen Maler, Fiesole und Overbeck, die Frömmigkeit blaßwangig und abgezehrt darzustellen, denn so fordert es der Begriff der römisch asketischen Sittlichkeit; Carlo Dolces brotbrechender Christus, und seine Mater dolorosa, die sich in Tausenden katholischer Häuser und Andachtsbücher fin= den, sind blutlos. In der Plastik charakterisiert sich die römische Frömmigkeit meist durch peinliche Verrenkung der Glieder. Maria erscheint gewöhnlich mit schiefgebeugtem Haupt, die Nepomukstatuen auf den Brücken in Böhmen und Ostdeutschland wissen vor Fröm= migkeit in der Regel nicht, wohin sie mit dem Kopfe neigen sollen und die Linienführung des Rückgrates erinnert an die Spirale. Allein die Verneinung der schönen Sinnlichkeit ist nur die eine allerdings folgerichtige Seite des römisch-sittlichen Kunstideals. Im Gegensatz dazu steht eine andere.

Wir wissen bereits, daß durch die römische Anschauung vom Wunder und durch den Heiligen-, Reliquien- und Bilderdienst Gott in die Sinnlichkeit herabgezogen wird (§ 27). Während in der sittlichen Theorie des Romanismus die Sinnlichkeit verneint wird, so daß der Vollkommene sich aus ihr flüchten soll, läßt man sie in der dogmatischen Weltanschauung wuchern, so daß sich der Fromme in sie fast verliert. Die Materialisierung des Geistigen im Dogma bringt in der Kunst die Herrschaft der Materie über den Geist hervor: Die Baukunst der römischen Kirche soll den Völkern imponieren, wie der erste Renaissance-Papst Nikolaus V. auf dem Sterbebette sagte, die Bildnerei soll diesen Eindruck verstärken und die Malerei vollends die Sinne blenden. Aus diesem Motiv sind die Riesenhallen von St. Peter und St. Paul in Rom gebaut, aus demselben Motiv werden sie mit Altären und Heiligenstatuen, mit Engelglorien und Grabdenkmälern überladen, ewige Lampen, im St. Peter viel Dutzende, an Festtagen ein Lichtmeer von Kerzen, schreiend rote Teppiche und bunte Bänder in blendender Pracht, Weihgeschenke in Hülle und Fülle, Herzen von Gold und von Wachs, Kreuze von Gold, Silber und Edelstein, Bilder in allen Farben — eine unübersehbare Augenweide für Schaulustige. Aus demselben Motiv schmücken die Jesuiten ihre Kirchen mit Goldglanz und allem möglichen Flitter und kontrastierenden Farben, Gold und Purpur und Weiß und Schwarz, alles womöglich grell nebeneinander, damit die Phantasie des zu gängelnden Volkes in der Kirche beschäftigt bleibt. So wird das Geistige in das Sinnliche herabgezogen; die Materie beherrscht den Geist. Wer daran zweifelt, mag sich bloß eine der Herrgotts- und Heiligen-Fabriken ansehen, wo in Italien, z. B. in Neapel, aus Thon die römischen „Herrgötter" gemacht werden und hunderte von Leuten ihr Brot verdienen wie mit „der Diana der Epheser". Solche Fabrikheiligen aus Thon sehen entsetzlich unbeholfen aus, besonders die heiligen Frauen, bei denen man doch ein

klein wenig Grazie auch in der Kirche wünscht. Noch schrecklicher
vielleicht sind die großen blutlosen Gestalten aus Wachs. Ich
denke an eine solche Dame, die in einem gründlich eingestäubten
schwarzen Kleide in der alten und berühmten Kirche San Pietro
in Neapel fast mitten im Schiff steht; sie soll eine Mater dolorosa sein. Nun stelle man sich diese Dame vor mit gläsernen
Augen, in ihrer Rechten ein bestäubtes großes Spitzen-Taschentuch
zum Abwischen der Glasthränen, unter das Brusttuch wie in das
Herz einen dicken Dolch gesteckt (das „Schwert, das durch ihre
Seele geht"), wobei aber der ganze Griff noch heraus ragt —
eine abscheuliche Theaterfigur! Vor ihr sollen die Mühseligen und
Beladenen auf einem Bänkchen nieder knieen, um durch ihre Für-
bitte bei Gott Gnade zu finden! — Wenige Schritte davon waren
an einem Altar am Vorabend des Josephstags zwei Kirchendiener
damit beschäftigt, dem zwei Fuß hohen heiligen Joseph zu seinem
Namenstage ein himmelblaues Sonntagskleid mit safrangelbem
Überwurf anzuziehen; die Leute nahmen es aber nicht so genau,
wie unsere Kinder mit ihren Puppen. Die Kunst der römischen
Kirche erstickt den Geist in der Materie. Aber stammen nicht die
Rafael und Michelangelo, die Lionardo, Correggio und Tizian, die
Murillo, die Cornelius — die Brunelleschi, Bramante und Pal-
ladio —, die Sansovino und Canova und tausend andere —
stammen sie nicht alle aus der römischen Kirche? Gewiß; sie sind
in ihr getauft, sie haben ihre Luft geatmet, sie haben aus der Ge-
danken- und Bilderwelt ihrer Kirche gemalt, gemeißelt, gebaut —
sie haben oft im Auftrage der Kirche gearbeitet, haben durch die
Reichtümer der Kirche ihre Schöpfungen hervorgezaubert — kurz
die italienische Renaissance ist nicht ohne die römische Kirche geworden, was sie ist; aber sie ist nicht von der Kirche erzeugt: sie
war schon über ein halb Jahrhundert da, ehe Julius II. und
Leo X. sie förderten, und was die Hauptsache ist, ihre Kunstformen
hat sie nicht aus der Kirche, sondern aus der wiederentdeckten Antike genommen. Das schöne Menschentum der Hellenen war das
Ideal der Renaissance, das sie in dem modernen Empfindungs-
leben realisierte. Der Mensch des Cinquecento konnte doch seine
Zeit nicht verleugnen. So ward die Antike in den Formen der

Subjektivität Charakter der Renaissance. Weil die Subjektivität
des Künstlers den Inhalt der Renaissance-Formen schafft, wurde
damals die subjektivste aller bildenden Künste, die Malerei, Königin
im Reiche des Schönen; selbst in die Plastik bringt sie ein in den
Flügelthüren Ghibertis am Baptisterium zu Florenz. Nur in der
Baukunst bleibt der Geist der Antike allmächtig; die Horizontal=
Linie herrscht wieder, wie am griechischen Tempel, dem Gotteshause
des Diesseits; die kühne Höhenrichtung des Gewölbebaustils von
Worms und Speier und der Spitzbogenstil von Köln und Rheims
und Notre=dame=de=Paris wird verachtet. Ebenso gefällt man sich
in der Verleugnung der Längenrichtung des Kirchenschiffs; die Tra=
dition der alten Basilika und der Dome des Mittelalters wird
gebrochen: man baut zentral, dreht sich gleichsam hienieden um
einen Punkt im Kreise herum und dementsprechend schließt man
das Gotteshaus oben durch den Kuppelabschluß ab, welcher den
Blick des Andächtigen im Diesseits in der Schwebe hält; selbst
Michelangelos Wunderbau, die Riesenkuppel St. Peters, bringt
keinen anderen Eindruck hervor: dieses mächtigste Denkmal der
Raumbeherrschung eignet sich doch nur für einen Kirchenbaustil des
Diesseits. Wenn die Kirche schon im Diesseits das fertige Reich
Gottes ist, so wird sie einem solchen Stil nicht feindlich gegenüber
stehen. So hat sich denn auch das päpstliche Rom ein paar hun=
dert solche Kirchen bauen lassen, in welchen die Seele weder vor=
wärts noch aufwärts geleitet wird: ein paar hundert Kuppeln ragen
über die platten Dächer der ewigen Stadt, aber an imposanten
Kirchtürmen hat sie nicht einen einzigen römisch=katholischen.

Die modernisierte Antike ist in der römischen Kirche heimisch
geworden, weil sie hier heidnische Anknüpfungspunkte genug fand
in der Idee der Kirche als des diesseitigen Reiches Gottes und in
der Kreaturvergötterung mit ihrem für den Kunstbetrieb so frucht=
baren Heiligen= und Reliquienkult. Mit Christus hat sich die
Renaissance wenig beschäftigt; die paar Christusbilder, welche uns
begegnen, sind zu zählen, und Christusstatuen gehören vollends zu
den Seltenheiten. Die Kunstepoche der Renaissance kann also in
ihrer Totalität nicht als eine christliche angesehen werden. Aller=
dings sind von den Künstlern, die sich innerhalb der römischen Kirche

den wahren Christentumsgehalt angeeignet haben, auch echt christ=
liche Werke geschaffen worden; aber die Motive dafür gab
ihnen weder Rom noch die Renaissance, sondern ihr persön=
liches Christentum. Bei dieser Beurteilung der Renaissance ist
hauptsächlich die italienische berücksichtigt; über die französi=
sche und die spanische wird noch ungünstiger geurteilt werden
müssen.

Die Madonnen Murillos sind lauter verzückte schöne Spanie=
rinnen; doch hat Ribera in Dresden in der „Maria von Ägypten"
ein Bild von wahrhafter Christlichkeit geschaffen. Die deutsche und
die niederländische Renaissance bietet mehr christliche Schöpfungen;
Holbeins Madonna ist wohl ebenso reich an Frauen=Christentum
wie Rafaels Sixtina an jungfräulichem, Dürers Kruzifixus ein
gemaltes „Es ist vollbracht"; aber den Nürnberger Meister dürfen
wir mit Fug und Recht auf die evangelische Seite stellen.
Aus den Niederlanden ist Rubens' Kreuzabnahme christlich und
klassisch zugleich. Wir finden also in der Kunstproduktion der
Renaissance auch einzelne christliche Meisterwerke; aber sie sind
dem persönlichen Christentum der Künstler, nicht der Kunstepoche
als solcher zuzuschreiben.

Wir haben von der Renaissance gesprochen, weil sie im Gebiet
des römischen Katholicismus erwachsen ist und weil in ihr das
Papsttum zum erstenmal in großartiger Weise eine Mäcenasrolle
gespielt hat. Dürften aber nicht vielleicht die früheren Kunst=
perioden mit weit größerer Beweiskraft zugunsten des Katholicis=
mus eintreten? Der alte Katholicismus baute mit erhabener Ein=
fachheit die Basilika, der mittelalterliche den Gewölbebau am Rhein
und die gotischen Dome in Westeuropa. Der Basilikastil reprä=
sentiert durch seine Längenrichtung den Trieb der Gemeinde „dem
Herrn entgegen!"; denn das war in der Märtyrerzeit der einzige
Herzenswunsch der Frommen, und noch durch das vierte Jahr=
hundert hin spricht er sich in den Altarbildern und am Triumph=
bogen aus, wo Christus als Weltenrichter auf die ihm entgegen
kommende Gemeinde blickt. In den beiden mittelalterlichen Stilen
ist diese Grundrichtung mit ihrer Vorwärtsbewegung nach Osten
beibehalten; aber es tritt die Höhenrichtung mit majestätischen

Turmsystemen hinzu; „aufwärts die Herzen!" predigen alle ihre
Dome, der Kölner voran, dessen Gestein unaufhaltsam gen Himmel
strebt. Diese Stile sind also christlich schon wegen ihrer Grund-
ideen, christlich auch, weil die Materie von der Form beherrscht
wird, was freilich erst in der Gotik großartig gelingt, wo die
Materie wie durchgeistigt erscheint. Es war also lebendiges persönliches Christentum, durch welches diese Kunstepochen ihre Grund-
ideen empfingen. Unsere Pflicht ist es, dies anzuerkennen. Wie
auf dem religiösen Gebiete das Christentum auch unter dem Papsttum nicht aufgehört hat zu existieren, so ist auch der sittliche Geist
des Christentums in der Kunst des Katholicismus wirksam gewesen. Wir Evangelische verhalten uns aber zur altkirchlichen und
mittelalterlichen Kunst, wie unsere Reformatoren zum katholischen
Dogma: alles Echt-christliche wird konserviert, das Unchristliche
abgethan.

b) Sittlichkeit in der Wissenschaft.

§ 59.

Das künstlerische Handeln bringt die Schönheit, das wissenschaftliche die Wahrheit hervor. Die römische Kirche ist stolz auf
ihre wissenschaftliche Arbeit von Jahrhunderten; allein hier stehen
wir schon wieder vor einer Grenzscheide der Geister. Von Wissenschaft und Wahrheit hat man in der römischen Kirche einen anderen Begriff als außer ihr. Denn 1) wahr ist nur, was
die Kirche als solches beglaubigt. So lange Gallileis Sätze von
der Bewegung der Erde um die Sonne verdammt waren, von
1633—1822, war seine Lehre keine Wahrheit; erst als der Papst
sie zuließ, war sie Wahrheit. Am 25. Februar 1616 wurde diese
copernikanische Lehre Gallileis von der römischen Inquisition auf
Befehl Pauls V. verdammt; Copernikus kam 1616, Kepler 1619
auf den Index, dazu insgesamt „alle Bücher, welche die
Bewegung der Erde und die Unbeweglichkeit der
Sonne lehren (Libri omnes docentes mobilitatem terrae
et immobilitatem solis)". Aber am 25. September 1822, wo
die ganze Welt wie Copernikus und Gallilei dachte, bestätigte
Pius VII. ein Dekret der Indexkongregation, nach welchem es in

Rom gestattet sein sollte, Werke zu drucken, „in welchen von der Beweglichkeit der Erde und der Unbeweglichkeit der Sonne gemäß der allgemeinen Ansicht der modernen Astronomen gehandelt werde". In der nächsten Ausgabe des „Index der verbotenen Bücher", in der von 1835, wurden die Schriften von Copernikus, Kepler und Gallilei — weggelassen [19]). Die Wissenschaft ordnet sich danach der Kirche unter, und hat nur die Freiheit, auf neue Beweismittel für die „kirchliche" Wahrheit zu sinnen. Nachdem der theologisch ungebildete Papst Pius IX. aller Kirchengeschichte Hohn gesprochen und Bischof Hefele in römischer Gewissenhaftigkeit das „Opfer des Intellekts" gebracht hatte, erklärte dieser berühmte Verfasser der Konziliengeschichte, die Kirche habe zwar das Z i e l der wissen= schaftlichen Arbeit fixiert, aber der Wissenschaft d i e W e g e frei gelassen, auf welchen sie zu diesem Ziele gelangen könne. Die römisch=katholischen Vertreter der Wissenschaft sind demnach gerade so frei, wie der Vogel im Käfig. Die Wahrheit produziert im römischen Katholicismus der Papst; sie wird fertig, ohne jede Bei= hilfe der Wissenschaft. Nichtsdestoweniger bleibt den Vertretern derselben noch ein großer Spielraum; sämtliche römische Kirchen= historiker müssen sich zum Beispiel jetzt die Augen aussehen, um in den Quellen aller Jahrhunderte die persönliche Unfehlbarkeit des Papstes zu entdecken.

2) Da die wissenschaftliche Arbeit ein Akt der Sittlichkeit ist, alle Sittlichkeit aber vom unfehlbarem Papste normiert wird, so ist der Gehorsam gegen den Papst die erste Tugend jedes rö= misch=katholischen Vertreters der Wissenschaft. Alle Schriften, welche den Glauben und die Sittlichkeit betreffen, müssen deshalb einer kirchlichen Behörde zur Prüfung unterbreitet werden. Findet sie nichts Anstößiges darin, so gestattet sie den Druck; nicht beliebte Geisteswerke werden auf den „Index der verbotenen Bücher" gesetzt; ein Federstrich aus Rom kann die ganze Lebensarbeit eines Gelehrten zunichte machen. Die katholische Vernunft trägt Sklavenketten; denn die Inquisitionskommission besteht noch heut; sie dekretiert nur nicht mehr zum Feuer, weil das heut in Rom „nicht opportun" wäre. Die königlich italienische Polizei dürfte solche Verbrechen an der Menschheit doch nicht erlauben. Aber

das Recht, unbeschränkt „Gewalt zu brauchen", ist päpstliche Wahrheit, wie der berüchtigte Syllabus („Irrtum 24")
lehrt.

3) Der wissenschaftliche Unterricht kann auf diesem Standpunkte nur Dressur sein, nicht daß der Mensch intellektuell selbständig, sondern daß er der Kirche gehorsam wird, ist sein Zweck.
Die Bildung auf Priesterseminaren besteht in der Abrichtung zum
Nachsprechen der fertigen kirchlichen Lehre. Gegnerische Bücher bekommen die Zöglinge nicht zu Gesicht; diese „Studierenden" dürfen
nur lesen, was der vom Bischof angestellte „Professor" ihnen erlaubt; im Beichtstuhl aber kann jederzeit die Kontrolle erfolgen.
Auf deutschen Universitäten mit katholisch-theologischen Fakultäten
kommen die jungen katholischen Theologen wenigstens noch mit anderen Kommilitonen zusammen, so daß sich ihr Blick doch etwas
über den Horizont der Hörsäle erhebt. Aber die Bischöfe wachen,
daß ihr klerikaler Nachwuchs auch dort gut römisch unterwiesen
wird; weicht ein Professor vom Romanismus ab, wie Baltzer in
Breslau und Döllinger in München, so verbietet der Bischof den
Studierenden den Besuch seiner Vorlesungen und — die Audi-
torien veröden. So hat Bischof Ketteler von Mainz einst die
ganze katholisch-theologische Fakultät von Gießen mit einem Schlage
lahm gelegt, indem er sämtliche Studierende der Theologie seiner
Diöcese auf das Priesterseminar nach Mainz kommandierte. Wie
überall, so zerstört auch hier die Kirche die Selbständigkeit der
Persönlichkeit. Diese Guillotinierung der Vernunft aber, welche
drüben für sittlich gilt, ist nach evangelischer Anschauung des Menschen unwürdig (§ 91).

Dem menschlichen Geiste eignet die Vernunft, d. h. die Fähigkeit, für alles Werden und Geschehen Gründe aufzusuchen, und
diese Fähigkeit wendet der Geist vermöge eines innern Dranges
an; sie auszubilden ist also sittliche Pflicht. Da aber die Men-
schenvernunft nur eine endliche ist, die aufzusuchenden Gründe hingegen unendlich, so giebt es für das Streben der Vernunft keine
Grenze; ihre Arbeit bleibt in stetem Flusse. Das Produkt dieser
Vernunftarbeit ist eine aus Gründen abgeleitete zusammenhängende
Erkenntnis, ein System, die Wissenschaft.

Je nach den Gegenständen der wissenschaftlichen Arbeit unterscheiden wir Geistes= und Naturwissenschaften. Aber mag das
Leben und die Geschichte des Geistes oder das geheime Wachstum
der Pflanze, mag die Pracht des Sternenhimmels oder die Lage-
rung der Erdschichten Gegenstand wissenschaftlicher Bearbeitung sein:
jeder Vertreter der Wissenschaft soll nur ein Ziel im Auge haben,
die Erforschung der Wahrheit. Da nun die Vernunftarbeit nie
fertig wird, so kann auch ihr Produkt, die erkannte Wahrheit, nie
fertig sein. Jede Generation der Menschheit und in ihr jeder einzelne Mensch soll demnach je nach dem Maße seiner Vernunftkraft
die von den Vätern ererbte Wahrheit kritisch revidieren und neu
bearbeiten, damit er und durch ihn die Menschheit in der Erkenntnis der Wahrheit vorwärts komme. Nicht mit dem Zweifel soll
die Erkenntnis beginnen, wie Abälard und Cartesius, zwei Katholiken, der eine aus Zweifelsucht, der andere aus Gleichgültigkeit
gegen das Dogma, es gewünscht haben; sie soll vielmehr beginnen
mit der naturgemäßen Anspannung des Erkenntnistriebes. Wenn
das Kind anfängt einen Gegenstand seiner Umgebung kennen zu
lernen, so fängt es an ihn zu betasten, nach allen Seiten zu drehen
und zu wenden; es kennt gar keinen „Zweifel“, sondern bethätigt
einfach den naturgemäßen Trieb seiner Vernunft, den Untersuchungs-
trieb, den Instinkt für die Wahrheit.

Mittelst der Wissenschaft sucht die Persönlichkeit intellektuell die
Welt zu beherrschen; sie erhebt sich über die Welt, indem sie dieselbe erkennt; der Mann der Wissenschaft steht über dem zufälligen
Wirrwar der Erscheinungen. Aller wissenschaftliche Unterricht wird
so bei uns Anleitung zur geistigen Selbständigkeit. Dieses Streben
ist echt christlich; Christus, der die Wahrheit, die religiöse und die
sittliche in Person ist, er will ja selbst erkannt sein; in ihm
liegen verborgen alle Schätze der Weisheit und der Erkenntnis
Gottes.

Es muß daher auch eine Wissenschaft vom Christentum geben
können. Die Offenbarung Gottes würde unverständlich bleiben,
wenn sie nicht mit unserer Vernnnft aufzunehmen wäre; sie kann
nicht vernunftwidrig sein. Allein da sich jede Erkenntnis nach
ihrem Gegenstand richtet, da die Gesetze des Erkennens jedesmal

durch die Natur des Gegenstandes gegeben werden, so müssen auch die Gesetze für die Erkenntnis der religiösen und sittlichen Wahrheit des Christentums aus dem Wesen des Christentums selbst entnommen werden. Die Wissenschaft hat das Christentum also zunächst als Thatsache hinzunehmen, keineswegs erst zu konstruieren; sie hat dann einerseits die innere Vernünftigkeit desselben, anderseits die Möglichkeit seines übernatürlichen Eintritts in die Geschichte darzuthun. So hält auch der offenbarungsgläubige Christ an der Einheit der gesamten Wissenschaft fest, und die Sittlichkeit auch des christlich-frommen wissenschaftlichen Arbeiters besteht in dem unentwegten Streben nach der Wahrheit, nicht in dem blinden Gehorsam gegen eine kleine, meist italienische Priesterclique, welche in Rom das „heilige Offizium der Inquisition" ausmacht.

Subjekt der Sittlichkeit ist auch in der Wissenschaft, wie wir sie denken, die in Christus wiedergeborene Persönlichkeit; sie will das objektive Wahre erkennen, um in sich die christliche Weisheit zu erzeugen. Was dem Stoiker als Ideal vorschwebte, hier wird es verwirklicht und verklärt; eine in sich und in der Welt sicher stehende Persönlichkeit, die auf Grund ihrer Erkenntnis ebenso sicher ihr Leben ausgestaltet. Solche Menschen stehen, wie wir wissen, nicht isoliert, sondern leben als Glieder der einen großen geistlichen Gemeinschaft der Gläubigen. Jeder von ihnen erstrebt also in den Sphären des Gemeinschaftslebens, in der Freundschaft, Familie und Gesellschaft eine gemeinsame Überzeugung; sie bildet sich durch „freie neidlose Wechselwirkung von Person zu Person". In der Familie gestaltet sich diese gemeinsame Überzeugung zum Hausgeiste, der das einzelne Glied der Familie trägt und von ihm wieder befruchtet wird. Das Gesellschaftsleben empfängt eine geistige Richtung; im zwanglosen Geben und Nehmen weitet sich der Blick und vertieft sich das Urteil derer, die mit einander im Verkehr stehen. Die Kritik, sittlich gehandhabt, hilft die öffentliche Meinung regulieren. Der Staat nimmt den öffentlichen Unterricht in die Hand; was der einzelne Bürger nicht leisten kann, ermöglicht er, indem er für Schulen, Universitäten, Akademieen sorgt und die Oberaufsicht über das gesamte Unterrichtswesen übernimmt.

Der gemeinsame öffentliche Unterricht liegt auch im Interesse des Staates; denn nur so kann die Regierung hoffen, daß die Staatsbürger im späteren Leben einander verstehen und zum Wohl des Staates gemeinsam arbeiten. Öffentliche Anstalten, Bibliotheken und Museen, sind für die gemeinsame Volksbildung durchaus wünschenswert. Auch durch eine sittlich gehaltene Redefreiheit die öffentliche Meinung des Volkes sich klären zu lassen, ist heut selbstverständliche Forderung. Darum sind auch Versammlungs- und Preßfreiheit sittliche Güter, wenn sie mit sittlichem Geist gehandhabt werden. So führt die evangelische Sittlichkeit auch hier zur wahren Freiheit.

Die Kunst produziert das Schöne, die Wissenschaft das Wahre; aber erst durch die Frömmigkeit bezieht sich der Mensch direkt auf Gott.

c) Sittlichkeit in der Religion (Frömmigkeit, Religiosität).

§ 60.

Das sittliche Verhalten des Menschen erstreckt sich weiter als auf den Verkehr von Mensch zu Mensch; denn da Gott selbst Person ist und unser Verhältnis zu ihm ein persönliches sein soll, müssen wir noch ganz besonders die Gesinnung und das Handeln des Menschen in Beziehung auf Gott, oder seine Frömmigkeit, seine Religiosität ins Auge fassen.

Frömmigkeit ist überall da vorhanden, wo man die Gottheit scheut. Es giebt falsche und giebt wahre Frömmigkeit, je nachdem man die Gottheit entweder wie ein Gespenst fürchtet und sie flieht oder aber ihr Ehrfurcht bezeugt und vertraut. Bei vielen Negervölkern Afrikas und den Schamanen Hinterasiens tritt die Religion nur als Gespensterfurcht auf; die Frömmigkeit besteht dann darin, daß man durch Beschwörungen und Opfer die bösen Geister fern zu halten strebt. Erst in der Offenbarungsreligion ist das Verhältnis des Menschen zu Gott das wahre, weil hier der wahre Gott sich dem innern Menschen zu erkennen gegeben hat. Durch Christus ist die Gnade und die Wahrheit offenbar geworden (Joh. 1, 18); wer ihn siehet, siehet den Vater (Joh. 14, 9); wer Gott nicht in Christus hat, hat ihn überhaupt nicht. Grundbestandteil aller wahren Frömmigkeit ist also erstens die richtige Erkenntnis Gottes. Aber ein bloßes Wissen um Gott kann in ein und demselben Geiste mit thatsächlicher Gottlosigkeit zusammen bestehen (Jak. 2, 19). Soll daher die Erkenntnis Gottes zu wahrer Frömmigkeit führen, so muß der Mensch sich persönlich in seinem Innern an Gott gebunden wissen und fühlen; es gehört demnach zur wahren Frömmigkeit, zweitens die unmittelbare Gewißheit von der inneren Gebundenheit an Gott, das Gefühl der völligen Abhängigkeit von Gott, wie man dies Verhältnis auch genannt hat, die heilige Scheu, die Ehrfurcht vor Gott. Da der Gott aber, zu dem wir so in heiliger Scheu aufblicken, der Vater unseres Herrn Jesus Christus und durch ihn auch unser Vater ist, so giebt sich der Fromme ihm mit kindlichem Geiste hin; die Selbsthingabe des Willens in der Form des zweifellosen Vertrauens wird so der dritte Grundbestandteil der christlichen Frömmigkeit (Röm. 8, 15). So wird der Christ ein „Mensch Gottes", zu allem guten Werk geschickt (1 Tim. 6, 11); die Frömmigkeit wird Triebkraft alles sittlichen Handelns (1 Tim. 4, 7. 8). Sie äußert sich im Gebet und im Bekenntnis (Hebr. 13, 15) und in dem Opfer des eigenen Willens (Röm. 12, 1). So wandelt der Christ „vor Gott", im Geiste, im Lichte, er lebt Gotte, lebt Christo. (1 Mos. 17, 1; Gal. 5, 25; 1 Joh. 1, 7; Gal. 2, 19; Phil. 1, 21.)

So verschieden die Menschen sind, so verschieden wird auch die Frömmigkeit sein; Individualität, Temperament, Geschlecht, Lebensalter werden ihren Einfluß geltend machen; anders war die Frömmigkeit eines Petrus, anders die eines Johannes; eine andere die der Martha, eine andere die der Maria (Luk. 10, 38—42) verschieden ist die des Weibes von der des Mannes, verschieden die des Kindes, des Mannes, des Greises; aber so verschieden die Stufen und Formen der christlichen Frömmigkeit sein mögen, sie alle sind gesund, wenn der Wille der Frommen wahrhaftig, ohne Heuchelei, Gott ergeben ist [20]).

Frömmigkeit in diesem Sinne ist nicht gleichbedeutend mit Kirchlichkeit, aber sie wird auch nicht ohne Kirchlichkeit bestehen;

denn die Kirche im evangelischen Sinne, die gläubige Gemeinde, ist die Sphäre der Offenbarung Gottes, im göttlichen Wort, in Taufe und Abendmahl; niemand kann Gemeinschaft mit Gott haben und diese Kirche verachten; echte evangelische Kirchlichkeit ist das beste Mittel zur Erzeugung reiner Frömmigkeit.

Das sind die Grundzüge einer Lehre von der christlichen Frömmigkeit oder Religiofität. Vergleichen wir damit, was man in der römischen Kirche unter Frömmigkeit versteht, so thut sich auch hier eine weite Kluft zwischen römischer und evangelischer Anschauung auf. Da nach römischer Lehre alle Offenbarung Gottes allein durch die Kirche, d. h. durch den Papst, mitgeteilt wird, so ist wiederum alle Beziehung auf Gott durch die Kirche, d. h. durch den Papst, vermittelt; fromm sein heißt dann so viel wie römisch-kirchlich sein, Frömmigkeit deckt sich mit römischer Kirchlichkeit.

Fromm ist, wer den kirchlichen Glauben bekennt, an den kirchlichen Sakramenten teil nimmt und den kirchlichen Priestern mit dem Papst an der Spitze in allen Dingen Gehorsam leistet; das Interesse der römischen Kirche gilt als das Interesse Gottes. Fromm handelt ein Fürst, wenn er römische Gotteshäuser baut, römische Schulen errichtet, seine nicht-katholischen Unterthanen zum römischen Glauben bringt, wenn er Peterspfennige nach Rom schickt und für den Papst das Schwert zieht. Fromm handelten seit Theodosius die Kaiser, indem sie die Härefie wie Majestätsverbrechen ahndeten; fromm handelten die Torquemada und Peter Arbues, als sie ihre Opfer auf den Scheiterhaufen schickten, fromm auch die Horden, welche sich zu Ehren der römischen Kirche wie Tiger auf die Katharer und Waldenser stürzten; fromm handelt der Sohn, wenn er in das Kloster geht, sollte er auch seinen eigenen Vater dabei mit Füßen treten müssen, wie Hieronymus lehrte, als ob das vierte Gebot für Mönche und Nonnen nicht gegeben wäre; fromm war auch der heilige Aloysius, der sich rühmen durfte, so „keusch" zu sein, daß er seiner Mutter nicht wagte in das Angesicht zu schauen, als ob nicht gerade erst durch die Mutterliebe die heilige Gottesliebe im Herzen des Kindes erblühte. So führt die römische Lehre zu einem Begriffe von Fröm-

migkeit, die von Grausamkeit nicht mehr zu unterscheiden ist.
„Grausam zu sein für Gott ist Frömmigkeit (non est crudelitas
pro deo pietas)", sagte derselbe Hieronymus, als er jenen gottlosen Rat zur Übertretung des vierten Gebotes gab (§ 35. 55).
Der Jesuit Bellarmin hat ausgeführt, daß man, um Mitglied
der römischen Kirche zu sein, keine „inneren Regungen (motus
interiores)", wie Herzensglaube, persönliches Vertrauen auf Gott
u. s. w. zu haben brauche; denn es genüge das äußere Bekenntnis
des Kirchenglaubens, der Sakramentsgenuß und der Gehorsam gegen
den Papst. Wenn sich nun die Frömmigkeit mit Kirchlichkeit deckt,
so kann man drüben wohl auch ohne „innere Regungen" fromm
sein, indem man die äußern kirchlichen Handlungen vollbringt, welche
der Priester verlangt: Die Messe besuchen, Messen stiften, zur
Beichte gehen, den Rosenkranz abbeten, Almosengeben, Prozessionen
und Wallfahrten mitmachen und unzählige andere Leistungen, welche
den Mechanismus der römischen Religiosität ausmachen. Solch
äußeres Thun ist Frömmigkeit. Religiosität wird geradezu als
sachliche Eigenschaft aufgefaßt; in Loreto verkauft man die tausende von geweihten Bildern, Kreuzchen und Rosenkränzchen einfach als „religiöse Gegenstände (oggetti religiosi)". Aus diesem
Mechanismus zieht obendrein die Priesterschaft unübersehbare finan-
zielle Vorteile, wie das riesenhafte Kirchenvermögen in Bayern
beweist, das in neuerer Zeit bis 1875 allein durch Messestiftungen
jährlich um eine halbe Million Mark gewachsen ist (§ 78).
Ohne diesen Mechanismus könnte die römische Kirche, wie sie ist,
gar nicht bestehen. Das ist der Grund, weshalb die Männer
und Frauen von rein innerlicher Frömmigkeit wie Molinos oder
Frau von Guyon im Kerker schmachten mußten; das ist auch
der Grund, weshalb die ihnen verwandten Sailer und Diepen-
brock heut in der römischen Hierarchie ausgestorben sind. Im
Gegensatz zum Mechanismus der römischen Frömmigkeit kennen
wir Evangelische kein anderes Ideal, als das, welches vorhin
nach seinen drei Grundbestandteilen aus dem Neuen Testamente
heraus gelesen worden ist. Das ist der Weg, auf welchem der
Christ ein „Mensch Gottes" wird (1 Tim. 6, 11); aber demütig,
wie wir vor Gott sein sollen, wissen wir, daß wir das Ziel

noch nicht ergriffen haben, sondern uns nach dem „strecken, das
da vorne ist", wissen auch, daß, wenn das Herz fest werden soll,
es nur geschieht, „durch Gnade" (Hebr. 13, 9). Daß aber
zwischen Rom und uns auf dem sittlichem Gebiete die Kluft
noch tiefer ist als auf dem dogmatischen, darf wohl als bewiesen gelten.

Drittes Buch.

Der Kultus im Katholicismus und im Protestantismus.

—

§ 61. Die Grundverschiedenheit beider Kultusformen.

Im Kultus sind wir zunächst dankbare Schüler des Katholicismus; unser öffentlicher kirchlicher Gottesdienst ist nur die Evangelisierung des katholischen (§ 3). Aber wir unterscheiden uns doch auch hier wieder entschieden von der römischen Kirche und so augenfällig, daß gerade am kirchlichen Gottesdienst die Unterschiede der Kirchen auch von solchen gemerkt werden, welche die Lehrunterschiede nicht verstehen. Manche deutsche Stadt ist für die Reformation, nicht durch eine theologische Disputation, sondern durch ein evangelisches Kirchenlied gewonnen worden. —

Schon das ganze Wesen des Kultus wird drüben anders aufgefaßt als bei uns: da dort die Kirche das Reich Gottes ist, so ist aller Gottesdienst durch die Kirche bestimmt und wird von ihr gesetzlich gefordert; auch die häuslichen Übungen, zumal die Gebete, sind gesetzlich von ihr vorgeschrieben. Alle kirchliche Feier besteht in priesterlichen Handlungen; die Laien dürfen und sollen die Zeremonieen mitmachen; aber auch ohne ihre Beteiligung ist die gottesdienstliche Feier vollständig, wie jede Messe zeigt. Nach evangelischer Anschauung dagegen verläuft alle gottesdienstliche Feier der Gemeinde und des einzelnen Christen als ein persönliches Verhalten, als Selbsthingabe des Herzens an Gott und zwar nur an Gott.

Wo im Katholicismus Hingabe an Gott stattfindet, muß sie durch den Priester vermittelt sein; bei uns verkehrt jeder Christ unmittelbar mit Gott; er ist sich selbst Priester, indem er das Selbstopfer seines Herzens darbringt.

Drüben besteht der Gottesdienst in einer unübersehbaren Summe von äußeren Leistungen; bei uns ist er kindlich einfach, wie die lautere Liebe selbst, welche keine Vorschriften braucht.

Der ganze Zweck des römischen Kultus ist die Eingießung übernatürlicher Gnadenkräfte; bei uns bezweckt alle gottesdienstliche Feier die Erbauung der Gemeinde, daß sie sich aufbaue zu einem Tempel Gottes im Geist.

Am auffälligsten wird der Unterschied zwischen beiden Gottesdienstformen im Gebrauch der Kultussprache.

Weil das Volk Nebensache ist, so braucht die römische Kirche im Kultus keine Volkssprache; Kultussprache ist die römische, damit das Volk selbst vor seinem Gott in der Hand des Priesters bleibt. Wir sehen darin eine unerträgliche Tyrannei; wie in der Sittlichkeitslehre die römische Kirche das ewige Recht der Persönlichkeit mit Füßen tritt, so zertritt sie auch im Kultus die Individualität der Völker; denn in seine eigene Sprache legt jedes Volk sein Gemüt, das Gott der Herr ihm gegeben hat. Zur Beschönigung dieser römischen Tyrannei reden drüben die Theologen sich und anderen vor, daß gerade dadurch die Einheit der Kirche und des Glaubens erhalten werde. Einheit? Gewiß dieselbe Einheit, welcher die Bischöfe 1870 ihre Vernunft zum Opfer brachten. Wahrhaft widerlich klingt es, wenn zur Begründung dieser Völkertyrannei ein Mann, dem die Natur, wie es scheint aus Versehen eine deutsche Zunge gegeben hat, uns vorredet, die lateinische Sprache „erhöhe die Andacht und Erbauung des Volkes". Denn die Umgangssprache beleidige das religiöse Gefühl, weil sie „durch sündhafte Reden tausendfältig von Menschen entweiht" werde [1]). Als ob das Latein nicht entweiht würde, wenn die römischen Oberpriester ihre Mitmenschen verfluchen! Nur da, wo Belehrung und Erbauung erreicht werden soll, bedient sich die Kirche der Landessprache, wie bei der Predigt und den kirchlichen Andachten. Diese sind

aber, wie sich herausstellen wird, im römischen Kultus Neben=
sache[3]).

Eine eingehende Betrachtung desselben im einzelnen wird seinen
Abstand vom evangelischen Gottesdienst deutlicher erkennen lassen.
Wir folgen dabei einem allgemeinverständlichen Leitfaden, welcher
von einem Wiener Universitätsprofessor mit Approbation der vor=
gesetzten geistlichen Behörde veröffentlicht worden ist[4]).

Als Grundbestandteile des Kultus treten hervor, Gebete,
Opfer, Sakramente, Sakramentalien und Lesung von
Schriftabschnitten. Darauf besprechen wir die Zeremo=
nieen und Symbole, das Gotteshaus, die Feste und die
Kultussitte.

Erster Abschnitt.
Die Grundbestandteile des römischen Kultus.

Erstes Kapitel.
Das Gebet.

§ 62. Anbetung Gottes und Christi. Anbetung der geweihten
Hostie und des heiligsten Herzens Jesu.

1) Gott den Herrn anzubeten, ihn zu loben und ihm zu
danken, ist das innigste Bedürfnis jedes frommen Christen, mag er
katholisch oder evangelisch getauft sein. Wir sind einig mit allen
frommen Katholiken in der Anbetung und Lobpreisung Gottes und
dessen, der alle Wirkung Gottes auf uns vermittelt, in der An=
betung und Lobpreisung Jesu Christi, unseres Herrn (Phil. 2, 10;
Hebr. 1, 6; Joh. 5, 23). Aber wir verwerfen die Anbetung der
geweihten Hostie. Damit scheiden sich schon hier unsere Wege für
immer. Denn was drüben wesentlicher Bestandteil des Kultus ist,
gilt bei uns als Abgötterei (§ 13).

Sobald der Priester über der Hostie das Weihegebet gesprochen hat, ist sie der Gottmensch: die geweihte Hostie wird eingeschlossen, Gott in einer Schachtel verwahrt (Deus in pyxide) und dem gläubigen Volke in der Monstranz zur Anbetung vorgehalten. Wenn der Priester dieses Allerheiligste vorbeiträgt, muß jeder Katholik niederknieen, in Bayern mußte es noch 1835 sogar das Militär in Reih und Glied auf Kommando, wenn zufällig eine Compagnie Soldaten einem Priester mit dem Sanctissimum begegnete; auch protestantische Soldaten mußten mit knieen, wurden also zur Abgötterei gezwungen, und damals hat das selbst ein Döllinger verteidigt — als bloß militärischen Brauch.

Der ganze Pomp des Frohnleichnamsfestes ist dieser Abgötterei gewidmet. Die Dome des Katholicismus sind alle für Prozessionen mit der Hostie konstruiert! Die Blüte der Gotik fällt zusammen mit der Einführung des Frohnleichnamsfestes (1264), nachdem die Lehre von der Verwandelung der Hostie (1215) zum Dogma erhoben war.

Die Evangelischen meiden solchen Greuel; sie beten allein Gott an; selbst für den strengsten Lutheraner enthält das gesegnete Brot den verklärten Leib Christi doch nur im Moment des Genusses; vor dem Genuß ist es ihm bloß irdische Substanz, und jede Hostie, welche nicht genossen wird, bleibt irdisch Brot, auch wenn der Geistliche die Einsetzungsworte darüber bereits gesprochen hätte.

Neuerdings ist die „Anbetung des heiligsten Herzens Jesu" aufgekommen. Das Herz, losgetrennt von der Person, ist eine Sache; die Anbetung derselben eine neue Abgötterei. Mit demselben Recht könnte man doch nächstens auch eine Anbetung des Auges Jesu einführen, weil das Herz am besten durch das Auge spricht, oder der Hand Jesu, weil sie segnet und schützt. In der einen Kirche Roms hält eine hochgeehrte Jesusstatue aus dem verschlossenen Glasschrank, in dem sie steht, eine große Zehe den Gläubigen zum Küssen heraus. So ließe sich etwa auch die Anbetung der Füße erwarten. Unmöglich ist es nicht; es giebt ja am Karfreitage schon eine Andacht zu den fünf Wunden Jesu; man betet erst zu der Wunde am linken, dann zu der am rechten

Fuße, dann zu denen an beiden Händen, endlich zu der Seiten-
wunde, jedesmal mit den Worten, ich bete dich an, heiligste Wunde
(vi adoro, piaga santissima) [5]), und der Reliquiendienst zeigt ja
die Verehrung sogar des — sanctum praeputium.

2) Im Dankgebet zu Gott dagegen sind wir einig; auch in
der Fürbitte zu Gott; selbst die Fürbitte für die Verstorbenen
bleibt bei uns unverboten; aber wir können kein Gebot daraus
machen, da die heilige Schrift über den Zustand zwischen Tod und
Auferstehung nur Andeutungen enthält. Aus dem vorchristlichen
zweiten Makkabäerbuche, das aus der Sphäre des alexandrinischen
Judentums kommt und keine göttliche Offenbarung enthält, darf
man doch keine christliche Feier bestimmen.

3) Das Gebet in poetischer Form, das wie mit schwel-
lenden Accorden gen Himmel steigt, das Kirchenlied und die
zur Hebung desselben beitragende Kirchenmusik ist auch uns
eigen. Der Widerwille der Reformierten gegen beides war im
Anfang gegenüber dem äußeren Kirchentum wohl erklärlich, aber
einseitig. Jetzt weicht er allmählich. In der lutherischen Reformation ist beides immer hochgehalten worden; Luther selbst setzte
die Musika gleich nach der Theologie; ja trotz der vielen schönen
geistlichen Lieder des Mittelalters ist das eigentliche Kirchenlied,
das Lied der betenden Gemeinde, erst durch die lutherische Reformation geschaffen worden. Luther war es, der die erste Sammlung von deutschen Kirchenliedern 1524 herausgab; und erst um
ihr entgegenzuarbeiten, veranstaltete 1537 ein Augustiner zu
Halle a. d. S. das erste deutsche katholische Gesangbuch. In der
Instrumentalmusik haben die Römischen mehr geleistet als wir,
obgleich auch wir unseren Händel und Bach haben; diese Musik
entspricht dem römischen Kultus mehr, als der Gesang des Liedes,
weil in ihr die Persönlichkeiten der Gemeinde schweigen müssen.
Die schönste Musik liefert darum der katholische Künstler für die
Messen, wobei die Gemeinde zuschaut und zuhört; alle Instru-
mentalmusik aber dient dabei nur zur Verherrlichung der priesterlichen Opferhandlung. Bei uns dagegen soll die Musik nur den
Gemeindegottesdienst beleben; jedes selbständige Hervortreten eines
Chores im Unterschiede von der Gemeinde ist streng genommen

unevangelisch. Für solche Zwecke können geistliche Konzerte veranstaltet werden.

§ 63. Die römischen Gebetsformulare.

Die römische Kirche fordert das Abbeten bestimmter Gebetsformulare; die wichtigsten derselben sind: das Vaterunser, der engelische Gruß an Maria, die Litaneien und das Rosenkranzgebet.

a) Im Vaterunser der römischen Kirche fehlt die Lobpreisung am Schluß: „Denn dein ist das Reich u. s. w."; dieser Zusatz findet sich allerdings im ursprünglichen Texte nicht; allein er ist ganz aus dem Geiste des Vaterunsers gebetet und Gott dem Herrn gewiß angenehm. Schon im zweiten Jahrhundert sprachen ihn die Christen fast in derselben Form wie wir Evangelische [6]).

b) Der engelische Gruß, das Ave-Maria, ist eine Lobpreisung und Anrufung Marias. Die Lobpreisung lautet: „Gegrüßet seist du Maria, du bist voll der Gnade, der Herr ist mit dir, du bist gebenedeit unter den Weibern und gebenedeit ist die Frucht deines Leibes". Diese Anrede ist biblisch (Luk. 1, 28. 42); mit Ausnahme des Satzes „Du bist voll der Gnade", was die päpstlichen Theologen dahin erklären, daß sie den Urheber der Gnade geboren habe, also selbst Quelle der Gnade sei; im neuen Testamente steht vielmehr nur „du bist begnadigt", hast Gnade gefunden vor Gott, was kein evangelischer Christ ihr streitig macht. Die Anrufung aber, welche sich im Ave Maria daran schließt, „heilige Maria, Mutter Gottes, bitt für uns arme Sünder jetzt und in der Stunde unseres Absterbens" verwerfen wir, weil wir außer Christus keinen Mittler zwischen Gott und uns haben können und sollen (§ 31. 38) [7]).

c) Litaneien, Wechselgebete, die in kurzen Anrufungen und Antworten bestehen, kann man sich unter Umständen auch als evangelischer Christ gefallen lassen, obgleich sie nie Mustergebete werden. Eine Litanei z. B. auf den heiligen Namen Jesu lautet: „Herr, erbarme dich unser, Christe, erbarme dich unser, Herr erbarme dich unser, Jesu Christe, erhöre uns, Herr Christe, erhöre uns u. s. w. Du heiliger Jesu, erbarme dich unser, du allmächtiger Jesu, erbarme dich unser, du holdseligster Jesu, erbarme dich unser, du geduldigster Jesu, erbarme dich unser u. s. w. Die lauretanische Litanei, die von Loreto aus verbreitete Lobpreisung und Anrufung Marias, können wir aber nimmermehr mitsprechen; denn sie ist ein unevangelischer Greuel (§ 31).

Die Allerheiligenlitanei fällt für uns ohne weiteres weg, da wir keine Heiligen anrufen. Als Gebetsmechanismus von unausstehlicher Einförmigkeit verfällt sie dem Verdammungsurteil Christi, der das „viele Plappern" als heidnisch verboten hat (Matth. 6, 7). Sie lautet: „Maria, Michael, Rafael, Joseph und alle Engel und Erzengel, Johannes der Täufer, Patriarchen, Propheten, ferner Petrus, Paulus, Andreas, Jakobus und alle anderen Apostel, Barnabas, Lukas, Markus, alle Apostel und Evangelisten, alle Jünger des Herrn, alle unschuldigen Kinder, Stephanus, Laurentius, Vincentius, Fabianus, Sebastianus u. s. w., Märtyrer, Bischöfe und Bekenner, Kirchenlehrer, Priester und Leviten, Mönche und Einsiedler, Jungfrauen und Witfrauen, alle Auserwählten Gottes — bittet für uns"; und zwar wird jeder einzelne Heilige besonders gebeten!

d) Das Rosenkranzgebet dient der Verehrung Marias. Der Rosenkranz ist eine Perlenschnur, welche ihren Namen von den Rosengewinden hat, welche man auf die Altäre der Gottesmutter zu legen pflegte. Nachdem das Glaubensbekenntnis, das Vaterunser und drei Ave-Maria gebetet sind, folgt in fünf Absätzen das eigentliche Rosenkranzgebet: fünfmal ein Vaterunser und zehn Ave-Maria, zusammen 5 Vaterunser und 50 Ave-Maria. Das wird dreimal wiederholt, macht 15 Vaterunser und 150 Ave-Maria — ein neuer Psalter, der Marienpsalter, ein römischer neben dem biblischen. Dazwischen wird eingeschaltet das Andenken 1) an die Menschwerdung Gottes und die Kindheit Jesu, 2) an sein Leiden und Sterben und 3) an die Verherrlichung Jesu und der Maria, ihre leibliche Aufnahme in den Himmel und ihre Krönung daselbst (§ 31. 38. 44). Um sich beim Abbeten des vorgeschriebenen Formulars nicht zu irren, unterstützt den Beter die Perlenschnur, an welcher so viel Perlen oder kleine Kugeln aufgereiht sind, als Gebete gesprochen werden sollen. Zehnfach wird

in diesem Gebet Maria angerufen, der himmlische Vater nur einmal, und des Heilandes wird nur nebenbei gedacht! Diese Verherrlichung der Maria ist von dem Stifter des Dominikanerordens,
Dominikus, erfunden worden, als das Volk in ganz Südfrankreich
in hellen Haufen vom katholischen Glauben abfiel; durch die neue
Erfindung sollte jung und alt im römischen Glauben geübt und
erhalten werden. Denselben Zweck verfolgte Leo XIII., als er im
Lutherjahre 1883 im September verordnete, daß vom 1. Oktober
bis zum 2. November das Gebet des Marianischen Rosenkranzes
und die lauretanische Litanei in allen Pfarrkirchen gebetet werden
solle; denen aber, die ihn zehnmal abbeten würden, stellte der
Papst vollkommenen Ablaß in Aussicht. 1500 Ave-Maria und
150 Vaterunser! Wie muß dadurch der Beter abgestumpft werden! Da können wir Evangelische nicht umhin, wieder das Wort
des Herrn Matth. 6, 7 auf die Römischen anzuwenden, die da
„meinen, sie werden erhöret, wenn sie viel Worte machen". In
Tibet machen es sich die Leute bequemer: sie schreiben ein Gebet
auf eine Mühle und drehen sie; durch jede Drehung ist dem Gotte
ein Gebet dargebracht. Der Rosenkranz und die Gebetsmühle
haben eine greuliche Verwandtschaft.

§ 64. Prozessionen und Wallfahrten. Heiligenkult.

Eigentümliche Gebetsübungen pflegt die römische Kirche ferner
in den Prozessionen und Wallfahrten. Prozessionen,
öffentliche gemeinsame Umzüge von Priestern und Laien unter
Gebeten und Gesängen mit Kreuz und Siegesfahnen, haben ja
einen schönen Sinn, etwa als öffentliches Bekenntnis und als
Symbol unserer Pilgerreise nach der seligen Ewigkeit. Aber jedes
unnötige Heraustreten der Andacht auf die Straße verfällt dem
Verwerfungsurteil des Herrn, gerade so wie die Straßenfrömmig-
keit der Pharisäer. Wie ferner die Prozessionen jetzt in vorwiegend römisch-katholischen Gegenden gehandhabt werden, fordern sie
die Strafgewalt des Staates heraus; denn sie führen zur Be-
lästigung der Freiheit der nicht-römischen Staatsbürger. Wie
mancher Protestant ist bei Frohnleichnamsprozessionen schon auf
der Straße insultiert worden, wenn er sich weigerte, den Hut vor

der vergötterten Hostie zu ziehen, die der Priester trug! Wenn die römische Kirche diese Gebetsspaziergänge dem Volke erhalten will, so sollen sie in die Kirchen verlegt werden, von denen ja gerade die größten schon dazu gebaut sind (§ 62).

Wallfahrten, Reisen zum Besuch heiliger Örter, Reliquien oder Bilder sind als gemeinschaftliche Volksreisen im ganzen Katholicismus ebenfalls populär, zumal sie von der Kirche mit Ablaß belohnt werden. Eine Reise zu machen ist schon ohne Ablaß für Millionen Menschen ein Vergnügen; die römische Kirche aber ermöglicht das durch Wallfahrten auch solchen, denen es an Reisegeld fehlt. Als 1844 nach der Ernte, wo die Landleute Zeit und gute Laune hatten, der heilige Rock zu Trier ausgestellt wurde, sind über eine Million Menschen dahin gewallfahrtet. Wir Evangelische verwerfen die Wallfahrten, denn Gott ist allgegenwärtig und hat seine Gnade nicht an bestimmte Orte gebunden. Auch halten diese Prozessionen das Volk von der Arbeit ab und bringen es in sittliche Gefahren.

Die römische Kirche verlangt ferner Verehrung von Engeln und Heiligen; man soll sie vertrauensvoll um ihre Fürbitte und Hilfe anrufen, zu ihrer Ehre Kirchen und Altäre errichten, das Meßopfer und Feste feiern. Für die Heiligen wird dazu noch Aussetzung ihrer Reliquien zur öffentlichen Verehrung verlangt, seien dies Reste von ihren Leibern oder auch von Gegenständen, welche ihnen gehörten, wie Kleidungsstücke, und welche sonst auf sie Bezug haben, z. B. Märtyrerwerkzeuge und ähnliches; man verlangt auch Aufstellung von Statuen und Bildern der Heiligen. Solche Heilige sind 1) die Jungfrau Maria, die Apostel und Johannes der Täufer, 2) die Märtyrer der altchristlichen Zeit; endlich 3) die vom Papste kanonisierten Heiligen. Warum wir diesen ganzen Kult verwerfen müssen, ist oben (§ 31 und 36—40) bereits nachgewiesen.

§ 65. Das Gebetbuch der römischen Priester (Breviarium Romanum).

Eine besondere Gebetsübung ist für alle Priester vorgeschrieben, die Abbetung des Breviers. Zur Lesung dieses Gebetbuches

ist jeder römische Weltgeistliche zu festgesetzten Stunden täglich
verpflichtet; er mag gehen oder stehen wo er will, zuhause oder
im Eisenbahnwagen sich befinden, wenn die Stunde des Gebetes
schlägt, muß er die vorgeschriebenen Gebete verrichten. Das Brevier enthält das Vaterunser, das Ave-Maria, die altkirchlichen
Glaubensbekenntnisse, Schriftabschnitte, aus dem Alten Testamente
z. B. die Psalmen, aus dem Neuen Testamente verschiedene Stücke,
dazu die schönsten Hymnen der mittelalterlichen Kirche und viel
herrliche Gebete. Es enthält auch eine reiche Auswahl von
Stücken aus Heiligengeschichten und Legenden, dient daher dem
Geistlichen zugleich als Lesebuch der Kirchengeschichte. Gregor VII. soll zuerst eine solche kurze Sammlung angefertigt haben,
welche „Brevier" genannt wurde. Die jetzige Ausgabe ist nach
der Reformation von den Päpsten Pius V. (1568), Clemens VIII.
(1602) und Urban VII. (1631) festgestellt. Wir zweifeln nicht,
daß die regelmäßige Lesung solcher Stücke den Leser zur Andacht
stimmen kann, zumal jeder Priester weiß, daß hunderttausende seiner
Amtsgenossen zu derselben Stunde in der ganzen katholischen Welt
mit ihm dasselbe Gebet auf ihre Lippen nehmen; für ernste Beter
gewiß ein erhebendes Bewußtsein; aber es ist zu fürchten, daß die
Priester in Gefahr kommen, mit den abgelesenen Gebeten sich zu
begnügen und dieses Abbeten des Breviers gerade so mechanisch
abmachen, wie die Kollegen Luthers das Messelesen Anno 1511
in Rom. Das ist eine Vermutung; aber bei dem Gebetsmechanismus der römischen Kirche wäre es auffällig, wenn sie nicht
zuträfe. Dazu kommt ein anderer Umstand, welcher uns zwingt,
gegen das römische Brevier laut unsere protestantische Stimme zu
erheben. In den geschichtlichen Lesestücken des Breviers stehen
zahlreiche Auszüge aus Heiligenlegenden, deren Geschichtlichkeit teils
unerweisbar, teils unmöglich ist. Gott ist die Wahrheit; darum
wehe dem Menschen, der im Gebet ihm etwas vorredet; solch ein
Mensch stumpft seinen eigenen Wahrheitssinn ab und demoralisiert
sich selbst. Auf Befehl seiner Kirche muß aber jeder
römische Priester seinem Gott Geschichten erzählen,
die jeder gebildete Mensch für Fabeln hält.

Wir geben eine Blütenlese solcher „tausendjähriger Märchen", welche Gott dem Herrn im Gebet als Geschichten vorgetragen werden müssen. Zum 30. November wird die Kreuzigung des Apostels Andreas zu Paträ in Achaja erzählt; zwei Tage habe er lebendig am Kreuze gehangen und den christlichen Glauben ohne Aufhören verkündigt [8]). Am 10. Dezember wird gebetet, „Gott, der du das steinerne Haus der h. Jungfrau Maria (von Nazareth) auf wunderbare Weise in den Schoß der Kirche (d. h. durch Engel über das adriatische Meer hinüber auf den Bergrücken von Loreto, südlich von Ancona) gestellt hast, u. s. w. [9]). Zum 13. Dezember: die h. Lucia von Syrakus kommt nach Cattania, um den Leichnam der h. Agathe zu verehren, damit durch ihre Fürsprache ihre Mutter vom Blutfluß geheilt werde. Das geschieht — aber die h. Agathe hat wahrscheinlich überhaupt nicht gelebt, konnte also auch nach ihrem Tode keiner Kranken zur Gesundheit verhelfen und auch der h. Lucia während ihres Gebetes nicht erscheinen [10]). Zum 15. Januar wird gelesen, daß der heilige Eremit Paulus von Theben in der Wüste von einem Raben immer ein halbes Brot zu seiner Nahrung zugetragen bekam; als ihn aber der heilige Antonius von Theben besuchte, brachte der Rabe ein ganzes. Als derselbe Antonius den eben verstorbenen Eremiten Paulus in der Wüste begraben wollte, aber keinen Spaten hatte, um ein Grab zu graben, stürzten zwei Löwen aus der Wüste herbei und kratzten mit ihren Klauen um die Wette eine Grube, in welche bequem ein Mensch hinein gelegt werden konnte. Darauf gingen sie davon, und Antonius begrub den Toten. Dieser Roman stammt aus der Feder des Hieronymus, der bei dem blasierten Geschmack seiner Zeit durch pikanten Stoff Sensation machen wollte. Da kein kirchlicher Schriftsteller den Wunder-Eremiten Paulus kennt, so ist er wohl von Hieronymus — erfunden [11]). Zum 21. und 28. Januar: Auf die Fürbitte der heiligen Agnes ist an ihrem Grabe vor Porta Pia bei Rom Constantia, die Tochter Constantins des Großen, von einer unheilbaren Krankheit befreit worden und hat zum Dank dafür die Kirche Sant 'Agnese erbauen lassen — aber die Kirche ist wohl erst unter Papst Honorius I. gegen 630 errichtet [12]). Zum 23. Januar wird von den vielen Wundern des Raymundes von Pennaforte als das berühm-

teste berichtet, er habe, um von der Insel Majorka nach Barce-
lona zu gelangen, seinen Mantel auf das Meer gebreitet, habe so
160 römische (= 32 geographische) Meilen in sechs Stunden
zurückgelegt und sei dann bei verschlossenen Thüren in sein Kloster
eingetreten. Darauf hin betet der Priester, „Gott, der du den
seligen Raymundus über die Wogen des Meeres wunderbar hin-
übergeführt haft, gieb, u. s. w." [13]). Zum 5. Februar wird die
Legende der heiligen Agathe, der Schutzpatronin gegen die Aus-
brüche des Ätna, als Geschichte erzählt. Aber die über sie vorhandenen Märtyrerakten und Lebensbeschreibungen sind, wie vorhin
bereits angedeutet wurde, derartig von Sage und Dichtungen durch-
woben, daß sich nicht einmal festitellen läßt, ob sie überhaupt gelebt hat [14]). Zum 10. Februar wird im Gebet Gott dem Herrn
in Erinnerung gebracht, daß er die Seele der heiligen Scholastica,
der Schwester Benedikts von Nursia, in Gestalt einer Taube habe
lassen in den Himmel eintreten [15]). Zum 8. März, am Festtage
des Portugiesen Johann mit dem Ehrennamen „von Gott, di
Dio", des Stifters des Ordens der barmherzigen Brüder (geb.
1495) wird gebetet, „Gott, der du den heiligen Johannes (von
Gott) haft zwischen den Flammen unversehrt einherschreiten lassen";
er soll nämlich, so wird daselbst gelesen, um andern Rettung zu
bringen, bei einer Feuersbrunst eine halbe Stunde lang unter den
ungeheuer aufschlagenden Flammen verweilt haben und unversehrt
daraus hervorgegangen sein [16]). Zum 3. Mai wird das Wunder
der Auffindung des Kreuzes Christi gelesen. Der Kaiserin Helena,
der Mutter Constantins, wurde durch Christus selbst die Stelle
offenbart, wo sein Kreuz verborgen lag. Man fand drei Kreuze
tief vergraben, abseits von ihnen die Überschrift vom Kreuze Christi;
aber zu welchem der drei Kreuze gehört sie? Der Bischof von
Jerusalem hält eins nach dem andern von den dreien an eine
schwer kranke Frau; zwei von ihnen nutzen nichts, das dritte aber
hilft sofort; die Frau wird auf der Stelle gesund. Darauf bezieht sich das Gebet, „Gott, der du bei der herrlichen Auffindung
des heilbringenden Kreuzes die Wunder deiner Passion wieder erweckt haft u. s. w." [17]). Zum 6. Mai: der Apostel Johannes
ist in ein Faß mit siedendem Öl geworfen worden, aber durch

Gottes Gnade beschützt daraus unversehrt hervorgegangen [18]). Zum 29. Juni wird als Thatsache verkündet „heut stieg Petrus auf das Holz des Kreuzes .... heut beugte Paulus sein Haupt zum Streiche und ward mit dem Martyrium gekrönt" [19]). Zum 17. September wird die Stigmatisierung des heiligen Franziskus im Gebet als Thatsache vorgetragen, „Herr Jesus Christus, der du ... am Fleische des heiligen Franziskus die heiligen Wundmale deines Leidens erneuert hat", und doch hat sie unmittelbar nach dem Tode des Heiligen nur dessen schlauer und vom Orden selbst gebrandmarkter Schüler Elias von Cortona gesehen; der Papst aber, welcher ihn heilig sprach, erwähnte sie nicht, kannte sie also doch wohl auch nicht, so daß sie wahrscheinlich bloß eine Erfindung dessen sind, der sie zuerst erwähnt hat [20]). Am 21. Oktober wird die wunderliche Sage von der heiligen Ursula und ihren elftausend Jungfrauen gelesen, welche unter der Regierung des Kaisers Gratianus von den Hunnen (am Rhein) ermordet und von den Bewohnern Kölns bestattet worden seien. Aber von Hunnen in Deutschland unter Kaiser Gratian weiß die Geschichte nichts [21]). Von der heiligen Cäcilia, einer vornehmen Römerin, die 230 gestorben sein soll, werden zum 22. November ganz unglaubliche Geschichten erzählt. Der heidnische römische Präfekt macht den Versuch, sie im Bade verbrennen zu lassen; die Flamme aber berührt sie nicht und das einen Tag und eine Nacht lang. Darauf wird der Henker hineingeschickt, er versucht dreimal ihr das Haupt abzuschlagen, auch das gelingt nicht; er läßt sie halbtot zurück. Erst nach drei Tagen entfloh ihre Seele gen Himmel. Auf diese grausige Mordlegende folgt dann wieder ein Gebet, welches sie als Thatsache voraussetzt: „Herr Jesus Christus, guter Hirte, der du keuschen Sinn ausstreust, nimm auf die Früchte des Samens, welchen du in Cäcilia gestreut hast u. s. w." [22]). Noch haarsträubender sind die Lektionen zum 23. November aus dem Leben des heiligen Clemens, des angeblichen Papstes zur Zeit Trajans. Derselbe hatte ihn, so wird erzählt, in die Einöde der Stadt Cherson am schwarzen Meere verbannt. Da er aber dort von den Christen als Heiliger verehrt wurde, ließ ihn der Kaiser mit einem Anker am Halse in die Tiefe des Meeres werfen. Da beteten die Christen am Ufer, und das Meer wich drei (römische) Meilen zurück. Auf dem freiliegenden Meeresgrunde aber fanden sie ein kleines Marmorhaus wie einen Tempel und darin eine steinerne Kiste (arca), in welcher der Leichnam des Märtyrers beigesetzt war, und daneben den Anker, den er am Halse gehabt hatte [23]). Der heiligen Katharina von Alexandrien ist der 25. November gewidmet. Als sie in der Verfolgung des Maximinus gefoltert werden soll, zerbricht auf ihr Gebet das Rad, das vorn mit Schwertern besetzt ihren Leib hatte zerfleischen sollen. Da wurde Befehl gegeben, sie zu enthaupten; aber es geschah ein neues Wunder; Engel trugen ihr Haupt auf den Sinai. Das Gebet aber lautet, „Gott, der du Mose das Gesetz auf der Spitze des Berges Sinai gegeben und auf derselben Stelle durch deine heiligen Engel den Leichnam der heiligen Katharina wunderbar hast beisetzen lassen — u. s. w." [24]).

Papst Benedikt XIV., ein erleuchteter Mann im Zeitalter der Aufklärung (1740—58), bestellte eine historisch-kritische Kommission zur Reinigung des Breviers von abgeschmackten Fabeleien; nach seinem Tode aber wurden die Vorarbeiten dazu in der Bibliothek des Vatikans begraben [24a]).

Wenn die römischen Priester bei ihrer Seligkeit verpflichtet sind, solche Dichtungen jahraus jahrein Gott dem Herrn als Geschichte vorzutragen, wenn so durch den Papst der Wahrheitssinn in Hunderttausenden studierter Männer im Gebet erstickt wird — so betrauern wir darin eine furchtbare Verirrung des sittlichen und des religiösen Geistes. Wir erinnern dabei aber auch die Gesetzgeber in den Kulturkampfstaaten daran, daß der moderne Staat, auch wenn er zehntausendmal die römisch-katholischen Theologie-Studierenden in ein Kulturexamen zwingen würde, eine wissenschaftliche Bildung des römisch-katholischen Klerus doch nicht erreichen kann; denn jeder römisch-katholische Priester wird seine Brevier-Fabeln ruhig weiter beten, und alle Geschichtsvorlesungen auf deutschen Universitäten bleiben für die römische Kirche in den Wind gesprochen.

Zweites Kapitel.
Das Opfer.

§ 66.

Der römische Kultus verlangt Opfer als „sichtbare Gaben, welche Gott dem Herrn in der Absicht dargebracht werden, um durch die Vernichtung derselben die oberste Herrschaft Gottes zu bekennen, um Gott als den höchsten Herrn zu ehren, ihm zu danken, ihn zu bitten oder auch um ihn zu versöhnen". Als inneren Grund dafür giebt man an, daß der Mensch, weil er ein geistig-körperliches Wesen sei, nicht bloß durch den innern Akt der Anbetung, sondern auch durch äußere Akte Gott verehren solle [25]). An Wert steht dabei obenan das Meßopfer (§ 13) [26]). Denn dasselbe ist keineswegs bloß die unblutige Fortsetzung des blutigen Kreuzopfers Jesu Christi, sondern auch ein Opfer vonseiten der Gläubigen. „Die Gläubigen bringen durch ihren Priester den Leib und das Blut Jesu Christi, als die heiligste, reinste und gottgefälligste Opfergabe dem himmlischen Vater dar und knüpfen an diese Darbringung ihre Anbetung und Lobpreisung, sowie auch ihre Danksagung und die Bitte, Gott möge, um des Opfers Christi willen, ihnen Gnade erweisen." Im Gefühle ihrer Unwürdigkeit feiern die Gläubigen bei der Messe auch das Andenken und die Ehre der Heiligen, indem sie Gott für die ihnen verliehene Gnade und Fürbitte danken und sie um ihre Fürbitte anrufen [27]). Das Meßopfer soll also den Opfernden die Huld Gottes und die Gunst der Heiligen erwerben. Da solche Opfer vom Priester für die Gläubigen auf Bestellung gegen Entgelt übernommen werden, so eröffnet hier der römische Kultus ein lukratives Geldgeschäft, dessen schwunghaften Betrieb wir noch besonders (§ 77. 78) behandeln werden. Daß das Meßopfer selbst dogmatisch zu verurteilen ist, wissen wir bereits (§ 13).

Drittes Kapitel.
Die Feier der Sakramente.

§ 67.

Die Feier der Sakramente vollzieht sich rein als äußere Handlung. Weder vonseiten des Empfängers noch vonseiten des Spenders werden sittliche Beschaffenheiten als Voraussetzung verlangt; auf der Seite des Spenders braucht bloß die Absicht da zu sein, das Sakrament im Sinne der Kirche zu spenden; der Empfänger braucht der Wirksamkeit desselben bloß keinen Riegel vorzuschieben. Dann gilt die Wirkung als gesichert, vermöge der den Sakramenten angeblich „innewohnenden Kraft“. Die Feier der Sakramente aber ist von Zeremonieen umrankt, welche der dogmatischen Anschauung von denselben (§ 14—22) entsprechen.

Viertes Kapitel.
Heilige Gebräuche zur Verleihung verschiedener Gnaden und Wohlthaten (Sakramentalien). Beschwörungen und Segnungen samt Weihungen.

§ 68.

Da die römische Kirche die Vollmacht in Anspruch nimmt, „die Früchte der Erlösung den einzelnen Menschen zuzuwenden“, so schreibt sie sich auch die Gewalt zu, „Personen und Sachen dem Einflusse des Teufels zu entziehen und die besondere Huld und Gnade Gottes über sie zu erflehen“.

Die Beschwörungen oder Exorcismen übt die Kirche seit frühen Zeiten, indem sie durch einen ihrer Beamten dem Teufel befiehlt, sich aller Anfeindung des Menschen zu enthalten. Nun sind ja die Dämonischen in der Zeit Jesu geschichtliche Personen; aber ob je später noch solche Erscheinungen vorgekommen sind, muß fraglich bleiben. Jedenfalls entbehrt die kirchliche Teufelbeschwö=

rung des biblischen Grundes und ist lediglich dem Einflusse des
wüsten Dämonenglaubens des zweiten und dritten Jahrhunderts
zuzuschreiben, wo man die Atmosphäre von bösen Geistern beherrscht glaubte wie heut von Bakterien. Die Schriften heidnischer
und christlicher Schriftsteller jener Zeiten, des Apulejus von Madaura und der Neoplatoniker wie die der christlichen Apologeten
sind voll von solchem Geisterspuk. Das Mittelalter hat ihn weiter
gepflegt, und das Teufelsbild mit dem Schwanz und Pferdefuß
ist die deutsche Zugabe zu dem Aberglauben des absterbenden klassischen Heidentums. Ein Exorcismus über eine S a c h e ausgesprochen ist vollends ohne Sinn; denn böse ist nicht die Sache, sondern der Mensch, der sie schlimm gebraucht.

Die S e g n u n g e n , B e n e d i k t i o n e n , sind Handlungen,
durch welche Gottes Huld und Gnade auf Personen und Sachen
herabgefleht wird. Man unterscheidet kirchliche und private Segnungen und schreibt jenen eine größere Kraft zu als diesen [28]).
Wenn also z. B. ein Priester auf ein Kind die Gnade Gottes
herabfleht, so soll das größere Kraft haben, als wenn es der
eigene Vater thut. Das ist hierarchisch, nicht evangelisch, und
Matth. 10, 13, auf das man sich in der römischen Kirche beruft,
gilt den Jüngern, den Christusgläubigen, nicht den römischen Priestern. Der Segenswunsch eines „gerechten“ Holzhackers vermag
gewiß ebenso viel, wie der eines frommen Priesters. — Das
Segnen ist gut christlich. Christus hat die Kinder, hat die Jünger
gesegnet. Auch die Kirche mag segnen, das Kind, wenn wir es
zur Taufe tragen, den Knaben, wenn er konfirmiert wird, den
Mann wenn er in die Ehe tritt, den Kranken und den, der sterben
will, mag sie mit ihrem Segen geleiten. Wenn darunter die Bitte
um Gottes Huld verstanden wird, so sind wir damit einverstanden.
Auch daß jeder römische Christ beim Gebet, beim Eintritt in
das Gotteshaus und beim Verlassen desselben sich selbst mit dem
Kreuzeszeichen segnet auf Stirn, Mund und Brust, ist ein löblicher
Brauch. Er bedeutet, daß Gedanken, Wort und Handlung unter
der Gnade Gottes stehen sollen. Auf unser täglich Brot, auf
unser Thun und Lassen, auf unsern Ausgang und Eingang, auf
Leben und Sterben flehen auch wir Gottes Huld herab: er möge

uns alles zum ewigen Heil gereichen lassen. Aber nur einer ist's,
der segnet, Gott selbst; wenn Menschen segnen, geschieht es nur
fürbittend und in der Hoffnung, daß Gott das aufrichtige Flehen
erhört. Verwerflich und abscheulich ist deshalb der Aberglaube,
welcher im Katholicismus durch die kirchlichen Segnungen und
Weihungen groß gezogen wird. Da trägt ein Soldat eine vom
Priester gesegnete Medaille der heiligen Jungfrau auf seiner Brust
und hofft, die feindliche Kugel werde ihn nicht treffen. Der Katholik glaubt, daß in eine Sache, sobald der Priester mit seiner
Hand über sie sein Kreuzeszeichen gemacht hat, eine übernatürliche
Kraft fahre. Daher werden die Millionen von geweihten Gegenständen mit Vorliebe gekauft, Rosenkränze, Kreuze, Gebetbücher,
Bilder, Medaillen, geweihtes Wasser; in den Vorhallen vieler
großen Kirchen Italiens sieht es aus wie in den Groschenbuden
auf unsern Jahrmärkten. Zo Loreto strotzen die Läden von „Oggetti religiosi“, von „religiösen Objekten“, welche zum Verkauf
feilgehalten werden; und sie werden getragen und hochgehalten wie
bei den Heiden die Amulette. Das ist eben Paganismus oder
Bauernreligion. In Rom haben auch die Esel ihren hohen Fest-
tag, wenn man zwischen dem 17. und 25. Januar das Andenken
an den heiligen Antonio Abbate († 1231) feiert. Da wird das
liebe Vieh, Esel, Maultiere, Pferde, Kühe, Schafe, Ziegen und
Hunde an Köpfen, Hälsen und Schwänzen mit Bändern und
Flittern geschmückt und in Scharen zur Kirche des Heiligen am
Esquilin (unweit von Maria Maggiore) getrieben, so daß der freie
Platz davor wie ein bunter Viehmarkt aussieht. Auf der Schwelle
des Kirchenportals aber steht der Priester und besprengt die Tiere
mit Weihwasser und murmelt bei jedem Sprühregen „durch die
Fürsprache des heiligen Antonio Abbate werden diese Tiere frei
von Übeln im Namen Gottes des Vaters und des Sohnes und
des heiligen Geistes“. „Per intercessionem b. Antonii Abbatis
haec animalia liberantur a malis in nomine patris et filii et
spiritus sancti, Amen [29]“. Die Treiber aber entrichten ein
Geldopfer, bekommen ein kleines Heiligenbild mit, welches sie, um
Unglück abzuwehren, zuhause an die Stallthür nageln sollen, und
treiben wieder davon. Auch Equipagen fahren vor; aber die In-

fassen bleiben sitzen und behalten den Hut auf; heut werden allein ihre Pferde gesegnet. — Dieses idyllische Fest wird auf Antonios= tag gefeiert, weil er, ein kindlich frommer Schüler des heiligen Franziskus, von einem treuen Eber begleitet das Evangelium (nach Mark. 16, 15) aller Kreatur gepredigt habe, und so andächtig hätten die Tiere zugehört, daß einst, wie ein Bild im Mailänder Dom zeigt, ein Maulesel den Hafer stehen ließ, um die Hostie anzubeten [30]). In Italien aber wirkt dieses Tierweihfest demorali= sierend; denn die Maultiertreiber, die auf ein Jahr ihr Tier haben weihen und feien lassen, glauben damit genug gethan zu haben; nirgends in der Welt werden die Tiere so erbarmungslos gequält als in Italien, besonders in Neapel; das Hospital für zerschlagene Esel, das der dortige Tierschutzverein gründete, blieb leer stehen. Die römische Kirche lehrt weiter, daß eine gesegnete Sache auch dem nütze, „der sie unbewußt oder ohne vollen Glauben an ihre Wirksamkeit gebraucht" [31]). Das ist ja geradezu Zauberei, über= natürliche Einwirkung auf andere ohne deren Willen. Der alt= katholisch frommen, edlen Oberin Amalie von Lasaulx sandte noch in ihrer Sterbestunde ihre vatikanisch fromme Schwester ein Amu= lett zu, um sie wider ihren Willen zum Glauben an die Unfehl= barkeit des Papstes zu bekehren [31a]).

Welche rastlose Betriebsamkeit die römische Geistlichkeit auf diesem Gebiete entfaltet, sieht man aus der bunten Fülle ihrer Segnungen und Weihungen. Unter den Personen, die geweiht werden, sind zu nennen die Priester, Mönche und Nonnen; an Sachen die Gotteshäuser, Altäre, Gottesäcker, Opfergerätschaften, priesterliche Gewänder, Glocken, Bilder, Kruzifixe, Öl und Tauf= wasser; man segnet Medaillen zum Privatgebrauch, segnet Felder und Früchte, Speise und Trank, auch Räumlichkeiten, wie Schulen und fromme Anstalten, endlich sogar Verkehrsmittel, alte und neue, Schiffe und Eisenbahnen [32]). Die Einweihung einer Kirche geschieht durch den Bischof, welcher die ganze Baustätte und die vier Wände mit Weihwasser besprengt. Bei der Einweihung eines Hochaltars streicht der Bischof mit dem in Chrisam (Olivenöl und Balsam) getauchten Daumen auf den Altar ein Kreuz und ver= schließt Reliquien hinein. Bei der Einweihung eines Gottesackers

geht er um das ganze Grundstück herum und besprengt es mit
Weihwasser. Glocken weiht er, indem er sie mit Weihwasser
wäscht und mit Öl und Chrisam salbt. Die für den Kultus nö-
tigen heiligen Öle weiht der Bischof an jedem Gründonnerstage
und schickt einen Jahresbedarf alsbald an die Pfarrkirchen seiner
Diöcese; nur das Weihwasser weiht der Priester gewöhnlich an
jedem Sonntage, indem er dabei Salz unter das Wasser mischt.

Fünftes Kapitel.
Die heilige Schrift im römischen Kultus.

§ 69.

Erst spät, sehr spät trifft man im römischen Kultus auch die
Benutzung der heiligen Schrift. Geboten sind an Sonn- und Festtagen Lesungen der Perikopen; die Predigt des Wortes
Gottes ist nicht unbedingt notwendig. Die Lehrthätigkeit
unseres ewigen Propheten Jesus Christus wird lahm gelegt. Dem
entspricht, daß die Kirche die Anwesenheit der Gläubigen bei der
Messe „gebietet", dagegen die Anwesenheit bei der Predigt nur
„wünscht".

Zweiter Abschnitt.
Zeremonieen und Symbole. Das Gotteshaus.
Feste und Kultussitte.

---

§ 70. Zeremonieen und Symbole.

Zeremonieen, sinnvolle Zeichen zur Erhöhung der Feierlichkeit
im Kultus zu beobachten ist im Katholicismus [83]) und im Protestantismus Brauch, weil ohne sie kein Gottesdienst besteht. Wes
das Herz voll ist, des geht der Mund über; die Vorgänge des

Seelenlebens werden sich naturgemäß äußern, und die Zeremonieen werden wiederum auf die Erhöhung der Seelenstimmung des Feiernden zurückwirken. Wir entblößen unser Haupt zum Zeichen der Ehrfurcht und Demut; wir falten unsere Hände im Gebet und drücken damit unsere Gebundenheit und Hilflosigkeit aus, in der wir uns zu Gott wenden; wir beugen die Knie, weil wir uns vor der Majestät Gottes erniedrigen. Aber gerade hier, in dem Maße der Anwendung von Zeremonieen, kann man wieder den Unterschied von Katholiken und Protestanten deutlich wahrnehmen. Steht in einer Stadt mit gemischter Bevölkerung auf einer Brücke, z. B. eine Marien- oder Nepomukstatue, so nimmt der Katholik seinen Hut im Vorübergehen ab, der Protestant aber hat keine Veranlassung dazu. Dort auf der Brücke scheiden sich die Konfessionen von Jugend auf. Die Verehrung gilt dem Urbild, nicht dem Abbilde, sagt die römische Theorie, in der Praxis aber verehrt doch das Volk die Statue wie einen stummen Götzen. Wer daran zweifelt, sei auf die Kirche „der heiligen Maria von Loreto" auf dem Trajansforum in Rom verwiesen; sie ist in Rom zu Ehren der Maria von Loreto erbaut; unwillkürlich ist also die Maria, welche in Loreto verehrt wird, zu einer selbständigen Person gemacht worden, zu einer zweiten Maria. Dieser Fall wiederholt sich unzählig oft in römisch-katholischen Ländern (§ 38).

Wir Evangelische beugen das Knie nicht vor der geweihten Hostie, weil sie uns kein neuer Gott ist; wir knieen nicht vor Reliquien, nicht vor Bildern oder Statuen; wir knieen nur vor Gott und vor Christus, leider nur zu wenig. Wir Protestanten können in dieser Beziehung von den Katholiken viel lernen. Mit welcher Willigkeit kniet in Italien jede vornehme Dame in der Kirche, obgleich dort ihr Reinlichkeitsgefühl bei dem starken und ungenierten Speichelauswurf der Südländer eine Selbstüberwindung übt, zu welcher wir im Norden gar nicht einmal veranlaßt werden. Bei uns Protestanten sind aber die Kirchenbänke leider oft so unbrauchbar eingerichtet, daß man in ihnen gar nicht knieen kann; daher die gewöhnlichen Gottesdienste in der Regel ohne Kniebeugung verlaufen, obgleich jeder, der im Schuldbewußtsein betet, ein Bedürfnis hat, in den Staub zu sinken.

Auch gegen Symbole, sinnbildliche Gegenstände, die Geistiges zur sinnlichen Anschauung bringen sollen, ist an sich nichts einzuwenden, wenn sie nur dem Wesen des christlichen Gottesdienstes entsprechen. Unsere Altarlichter, unsere Kronleuchter sind solche Gegenstände, die zur Anschauung bringen, daß hier die Wahrheit leuchtet und die Freude glänzt. Aber die Symbole müssen einfach und deutlich sein, daß jeder Gläubige sie ohne Grübeln versteht, wie den Kirchturm, der nach oben zeigt. Es darf auch nur wenig Symbole geben, damit der einfache Christ nicht verwirrt wird; er könnte sonst leicht in den Wahn verfallen, daß von der peinlichen Anwendung derselben der Segen des Gottesdienstes überhaupt abhängt. Betrachten wir die einzelnen Symbole nach einander.

1) Die Besprengung mit Weihwasser versinnbildlicht angeblich die ernste Mahnung, daß wir vor Gott rein erscheinen sollen. So könnte man sie sich auch als Protestant gefallen lassen; aber die römische Kirche behauptet mehr. Indem ihr Priester Personen und Sachen mit geweihtem Wasser besprengt, will er Schutz gegen alle Anfeindung der bösen Geister und geistige Kraft zu allem Guten erflehen und auch fürbittweise zuwenden [34]). Damit verglichen machen es die indischen Heiden weit besser, indem sie statt einer bloßen Besprengung ein Vollbad im Ganges nehmen, um gegen die bösen Geister geschützt und zum Guten gekräftigt zu werden. Beides ist heidnisch; denn nur auf sittlichem Wege, nicht durch äußere Besprengung oder Waschung, kann man vor Versuchungen bewahrt und zum Guten gestärkt werden. Wir verwerfen also jede Anwendung des römischen Weihwassers.

2) Der Gebrauch des Salzes hat ja auch seinen guten Sinn; die römische Kirche mischt mit Salz das Weihwasser und Taufwasser, um anzuzeigen, daß das himmlische Salz, die wahre Weisheit, uns vor dem ewigen Verderben bewahrt. Dem schlichten Christen aber liegt dieses Symbol viel zu fern; darum lassen wir es lieber weg.

3) Das Licht, ein Sinnbild Christi, der das Licht der Welt ist, ein Sinnbild unseres Glaubens, in welchem wir scheinen sollen, wie die Lichter in der Welt, ein Sinnbild auch unserer An-

Tschackert, Evang. Polemik.						16

dacht, die wie die Flamme gen Himmel lodern soll, und unserer
Liebe, durch die wir unser Licht leuchten lassen sollen vor den
Menschen, daß sie unsere guten Werke sehen und den Vater im
Himmel preisen — wir haben es beibehalten, weil sein guter Sinn
leicht verständlich ist, auch wohl, weil der Lichterglanz zur Freude
stimmt, und wir uns doch in Christo freuen dürfen und sollen
alle Zeit.   Nur das sogenannte ewige Licht, die ewige Lampe,
fällt bei uns weg; denn vor dem Altar, welcher die verwandelte
Hostie enthält, versinnbildlicht dieses „ewige Licht" die ununter=
brochene Gegenwart des „Gottes in der Schachtel", vor dem wir
unsere Kniee nicht beugen (§ 13).

   4) Der Weihrauch ist Sinnbild der Verehrung und Anbe=
tung.   „Wie der Weihrauch über dem Feuer gleichsam vernichtet
wird und als Wohlgeruch aufsteigt", so die Seele des Gläubigen
in der Andacht vor Gott.   Das ist wieder ein schöner Sinn;
aber geräuchert wird auch vor der verwandelten Hostie, was wir
verwerfen müssen; geräuchert ferner vor allem und an alles, was
der katholischen Kirche verehrungswert ist; Reliquien, Evangelien=
bücher, Opfergaben werden angeräuchert — das machen wir gleich=
falls nicht mit; die Anräucherung des Bischofs vollends, wenn er
in die Kirche tritt, und die Anräucherung des Priesters am Altar,
wenn er die Messe feiert, ist uns widerlich als symbolische
Vergötterung der Kreatur.

   5) Das Kreuz ist auch uns Evangelischen das liebste Sym=
bol; auch wir stellen es auf den Altar und über die Portale und
auf die Türme unserer Kirchen; kirchlichen Anstalten giebt man es
oft als Erkennungszeichen; wir haben es auch gern in unseren
Häusern; die Fürsten tragen es in ihrer Krone.   Darin wissen
wir uns einig mit der alten Kirche bis hinauf zu den Tagen der
Apostel; das Symbol des Kreuzes fehlt schon in der Katakomben=
kunst nicht, obgleich die Darstellung des gekreuzigten Leichnams
Jesu, des Kruzifixus, erst im Mittelalter recht in Aufnahme ge=
kommen ist.   Aber die abergläubische Verehrung, welche mit ge=
weihten Kreuzen in der römischen Kirche getrieben wird, ist uns
ein Greuel.   Das Kreuz tritt dort in vielen Fällen an die Stelle
des Gekreuzigten; man kniet vor dem Kreuze und verehrt es durch

Küsse; es wird wie ein Zaubermittel behandelt, das vor Gefahren
Leibes und der Seele schützt! In Gegenden mit schroffen kon=
fessionellen Gegensätzen, am Rhein z. B., giebt es daher Orte, wo
Gemeindevorstände sich scheuen, auf Kirchen und Schulen Kreuze
anzubringen, weil sie fürchten, ihre Gemeinden könnten schon darin
eine Anbequemung an römischen Aberglauben sehen.

6) Religiöse Bilder wurden im Kultus in den ersten
christlichen Jahrhunderten aus berechtigtem Gegensatz gegen das
bilderfrohe griechisch=römische Heidentum nicht gebraucht. Als aber
die Kirche die Kunst in ihren Dienst nahm, zogen auch die Bil=
der in das Gotteshaus. Der Protestantismus braucht sie nicht
daraus zu verscheuchen, obgleich er sie nicht verehrt. Bilder
Gottes freilich verpönen wir (§ 40). Über Bilder Jesu
denken wir milder. Die alte Kirche hatte zwar noch keine; sie
war so keusch, daß sie ihn nur unter Symbolen darzustellen
pflegte, etwa als guten Hirten, der das Lamm auf der Schulter
trägt, oder als Fisch, weil dieses Wort in der griechischen Sprache
Ichthys (J—ch—th—y—s) die fünf Anfangsbuchstaben des Be=
kenntnisses „Jesus Christus, Gottes Sohn, Heiland — (Jesus
Christos, Theu Yos, Soter)" enthält. Allmählich bildete sich
unter dem Einfluß der zwar steifen, aber würdevollen byzantini=
schen Kunst ein Typus Christi, eine Gestalt im blühenden Mannes=
alter, der Kopf edel, und edel das volle Haar, das über der
Stirn in der Mitte gescheitelt, ernst und würdig in langen Locken
herabfällt, während Mund und Kinn gleichfalls einen edlen, vollen
Bartwuchs zeigen. Je weniger individuell dieses Christusbild ge=
halten ist, desto mehr stimmt es zur Andacht; denn Christus, der
einzige, war keine bloß individuelle Persönlichkeit, sondern der
zentrale himmlische Mensch, die Realisierung der Menschheitsidee.
Dieser Typus, wie er uns z. B. bei Michelangelo und Raffael,
bei Tizian und Cima da Conegliano (Bellini), bei Dürer und
Thorwaldsen begegnet, stammt aus dem fünften Jahrhundert; auf
Porträtähnlichkeit kann er aber keinen Anspruch machen; denn nie=
mand weiß, wie der Gottmensch aussah, und das ist recht gut.
Wir Christen sehen gerade darin eine Fügung Gottes, daß uns
das bloß Zeitgeschichtliche an Christus und den Aposteln, Ge=

stalt, Wuchs und Gang, Gesichtsfarbe und Haupthaar, ihre Schrift=
züge u. dergl. nicht aufbewahrt sind; denn alle solche Nebensachen
bilden keinen notwendigen Bestandteil der Heilsgeschichte; vor einem
„illustrierten Leben Jesu" möge uns Gott bewahren! Aber Bilder
der heiligen Geschichte lieben allerdings auch wir Evangelische. Seit
uns Raffael in seinen Zeichnungen zu den sixtinischen Teppichen
die Musterbilder biblischer Geschichtsmalerei geschenkt hat, zeichnet
und malt die ganze neue Zeit im Katholicismus und im Protestan=
tismus danach. Im Protestantismus ist die bildende Kunst neben
der wissenschaftlichen Schrifterklärung ein zweiter Kommentator der
Bibel geworden. In der römischen Kirche werden insbesondere
die Bilder des Kreuzweges gemalt. Unter Kreuzweg versteht
man die Strecke Weges, welche der Herr in Jerusalem vom
Richthause des Pilatus bis zur Schädelstätte (Kalvarienberg) zu=
rückgelegt hat. Auf diesem Wege verzeichnet man vierzehn Punkte,
an welchen „denkwürdige Begebenheiten" stattgefunden haben sollen.
An jedem dieser Punkte soll man stehen bleiben und beten; daher
werden sie Stationen genannt. Die vierzehnte Station bildet die
Kapelle des heiligen Grabes, in welcher Priester vom Orden des
heiligen Franciscus Tag und Nacht beten. Diese Kreuzwege
werden in aller Welt nachgeahmt; aber die Vollmacht, sie einzu=
weihen, ist vom römischen Stuhle ausschließlich den Priestern des
Franziskaner=Ordens übertragen [35]). Wir Evangelische haben keinen
solchen „Kreuzweg"; denn seine vierzehn Stationen beruhen auf
Erfindung. Das Leiden Christi würde ja auf den Weg verlegt
werden. In der römischen Kirche selbst erheben sich Stimmen gegen
diesen vom Papste privilegierten Unfug.

Von Maria ferner, von Engeln, Aposteln, Evangelisten und
Heiligen werden in der römischen Kirche Bilder aufgestellt, teils
zur Ehre der Dargestellten, teils zur Erbauung der Gemeinde.
Der evangelische Standpunkt läßt sich diesen Gebräuchen gegenüber
leicht bestimmen. Wegen des Aberglaubens, der sich an die Ver=
ehrung Marias in der römischen Kirche hängt, wird es gut sein,
Marienbilder möglichst vorsichtig zur Anwendung zu bringen;
jedenfalls aber dabei alle solche Darstellungen zu vermeiden, welche
durch das römische Mariendogma geschaffen sind. Wenn sie z. B.

die Schlange unter ihre Füße tritt, so ist sie schon an die Stelle
Jesu Christi selbst getreten. Nie darf sie als „Himmelskönigin",
sondern immer nur als „Magd des Herrn" auftreten, nie als
allmächtige Mutter des himmlischen Sohnes, sondern als demütige,
keusche Vertreterin des Glaubens an die göttliche Verheißung:
„mir geschehe, wie du willst". Nimmt man aus Raffaels Sixtina
das Brustbild der Madonna mit dem Kinde heraus, so hat man
ohngefähr ein Beispiel, wie wir Evangelische uns ein Marienbild
wohl gefallen lassen können. Dagegen, wie sie der Marienschwär-
mer Pius IX. in Rom auf dem spanischen Platze vor dem römischen Missionsinstitut hat meißeln lassen, als königliche Frau
ohne das Jesuskind, ist sie ein unchristlicher Abgott. Ferner
wollen wir uns bei allen Mariendarstellungen daran erinnern, daß
sie bloße Phantasieschöpfungen sind. Alles, was die bildende Kunst
ferner an „heiligen Familien" produziert hat, gehört nicht in die
Kirche; sie sind freie Erzeugnisse des christlichen Kunstsinnes und
mögen im christlichen Hause ihre Stelle haben, aber da ihnen der
direkt biblische Charakter abgeht, dürfen sie nicht in der Kirche
aufgehängt werden.

Engelbilder sind vollends ein Wagstück. Will der Künstler
die Darstellung der „dienenden Geister" versuchen, so mag er sich
an die Visionen Jesaias und Ezechiels halten. Die würdigste
Darstellung des Engels wird dann eine vollendete durchgeistigte
Jünglingsgestalt sein, mit Flügeln versehen, als Bote Gottes,
etwa wie sie Teschner auf seiner herrlichen Pietagruppe für die
Berliner Schloßkapelle gemalt hat. Engel als kleine Kinder zu
malen, ist durchaus unbiblisch. Alle Engelglorien Raffaels sind
ja entzückend, aber nicht aus dem Geiste der Bibel geboren. Die
Renaissance hat diese Spielereien kultiviert und die Roccocoperiode
alle Kirchen damit förmlich bevölkert; Altäre, Orgel, Kanzeldeckel,
Säulen, Baldachine — alles wurde mit pausbackigen, turnenden
oder blasenden Engelknaben überladen. Dieser ganze Wust gehört
zum größten Teil in Rumpelkammern, zum kleinsten in Museen,
nicht in Kirchen. Jedenfalls darf im evangelischen Gotteshause kein
Engel als Altarbild oder Altarstatue auftreten; das hieße Gott die
Ehre rauben. Gebetsengel, die ein Rauchfaß schwingen und

so gleichsam die Gebete der Christen vor Gottes Thron bringen, sind ebenfalls nicht biblisch und darum in unseren Kirchen unstatt= haft, wie auch von den Gräbern die Gebetsengel fern bleiben mögen.

Die Apostel haben in der christlichen Kunst zum Teil fest= stehende Symbole bekommen, Petrus die Schlüssel, Paulus Buch und Schwert, Johannes Buch und Kelch; alle empfangen dazu nach der Tradition ihre Märtyrerwerkzeuge. Das können wir uns alles nach Thorwaldsens großartigem Kopenhagener Vorbilde wohl gefallen lassen, obgleich die Apostelgestalten und alle ihre Sym= bole freie Erfindungen sind.

Die Evangelisten haben seit alter Zeit auch ihre Symbole: Matthäus die Menschengestalt, Markus den Löwen, Lukas den Stier, Johannes den Adler; auch sie können wir ohne Bedenken beibehalten.

Bilder heimgegangener Christen, Kirchenväter und Reformatoren dürfen auch einen Platz im Gotteshause finden; denn da wir die „Gemeinschaft der Heiligen" glauben, d. h. den Zusammenhang der Abgeschiedenen mit der hienieden noch streiten= den Gemeinde, so können wir uns auch die Repräsentanten der= selben in unseren Gottesdiensten gegenwärtig halten, um uns durch ihr Beispiel zur Nacheiferung anregen zu lassen. Nur dürfen sie nie an den Altar kommen, wie die katholischen Marien, Engel und Heiligen; denn der Altar ist symbolische Stätte der Gnaden= mitteilung Gottes; sie mögen vielmehr im Schiff der Kirche mitten zwischen den Sitzplätzen der Gemeinde, an Wänden oder in Fen= stern angebracht werden; denn sie gehören in die Gemeinde. Zu verwerfen aber ist die Strahlenkrone, der Nimbus am Haupte „der Heiligen". Wir wissen von keinem Heimgegangenen sicher, daß er schon jetzt mit Christus verherrlicht ist. Darin stehen wir Evangelische leider noch vielfach unter dem Banne der römischen Tradition; selbst Schnorr von Carolsfeld hat in seiner „Bibel in Bildern" an Maria und den Aposteln den Nimbus noch nicht weggelassen. Nur einer soll ihn haben, Jesus Christus. Zu verwerfen ist auch die Palme, welche die Kirche reicht; Christus wird sie denen geben, die überwunden haben; schon hienieden sie zu reichen, beleidigt das empfindliche evangelische Gewissen, wie der Lorbeerkranz, den man auf Särge legt oder auf Grabdenkmäler malt und meißelt.

§ 71. Das Gotteshaus.

Das Gotteshaus ist Versammlungsstätte der gläubigen Gemeinde; als solche darf es einen auch symbolischen Charakter annehmen, wenn man überhaupt Symbole im Kultus zuläßt. Unter dieser Voraussetzung betrachten wir den Aufbau, das Innere, die Einrichtung und den Schmuck des katholischen und des evangelischen Gotteshauses.

1) Im Katholicismus gipfelt der Gottesdienst im Meßopfer: daraufhin sind die majestätischen Kirchen des Mittelalters gebaut; die Kathedralen des Katholicismus sind lauter Prozessionskirchen, in der Regel ohne festes Gestühl, ohne feste Bänke. Wir werden nicht verkennen, welche Glanzleistungen die kirchliche Baukunst aller Jahrhunderte gerade durch diese Zweckbestimmung hat zustande bringen können; aber wir Evangelische wollen diese Dome nicht nachahmen; denn wie aller Kultus bei uns die geistliche Erbauung der Lokalgemeinde zum Zweck hat, so auch das evangelische Gotteshaus als Kultusmittel. Es ist, davon gingen wir aus, erstens Versammlungsstätte der feiernden Gemeinde; sie muß also darin Platz finden; es ist zweitens Sinnbild ihrer Feier; daher darf hier die Kunst ihre ganze Kraft entfalten.

Die Feier besteht in der freiwilligen Hingabe an Gott, der sich in Christus uns naht, in einer Vorwärtsbewegung auf Gott hin. Daher hat der Grundriß des evangelischen Gotteshauses die Längenrichtung einzuhalten; die Form eines Rechtecks, nach Osten zu orientiert, dem aufgehenden Lichte Christo entgegen; erst am Altar findet die dem Herrn entgegengehende Gemeinde Ruhe. So hielt es die alte Kirche in der Basilika, und das ganze Mittelalter blieb bei dem Langhause. Wir lehnen also den Zentralbau ab, mag er kreisförmig, viereckig oder vieleckig konstruiert sein; denn zentrale Hallen versinnbildlichen kein Vorwärtsstreben der gläubigen Gemeinde. Die Renaissancekirchen, mit denen z. B.

Rom überladen ist, verwerfen wir alle. Die Gemeinde bewegt sich aber in der Feier nicht bloß vorwärts, sondern auch aufwärts. „Aufwärts die Herzen zu Gott" ist altkirchlicher Grundton aller Feier. Demnach muß das Gotteshaus wie der Glaube himmelwärts streben, und in der Höhe soll es würdevoll abschließen, weil das der Majestät Gottes entspricht; eine gewölbte Decke wird deshalb zu wünschen sein. Wir bauen also mit entschiedenem Vorwärts- und Aufwärtsstreben, aber für beides giebt die Erbauung der Gemeinde die Maße an; da die Erbauung hauptsächlich durch das verlesene und gepredigte Gotteswort erzielt wird, so soll jedes Gotteshaus in Länge und Höhe auf die normale Mannesstimme konstruiert werden. Wir bauen zu diesem Zwecke aber nicht im Stil der alten Basilika; denn sie ist noch zu wenig gegliedert, noch zu wenig durchgeistigt. Wir bauen auch nicht im Stil des mittelalterlich-romanischen Baus; denn er ist ein massiger gewaltiger Festungsstil, für Burgen geeigneter als für Kirchen, der Stil der weltbeherrschenden Hierarchie nach dem Herzen Gregors VII. Wir bauen auch nicht im Stil der mittelalterlich-gotischen Dome; denn unter der schwindelnden Höhe ihrer Wölbungen verhallt die normale Mannesstimme in Schriftlesung und Predigt, ohne welche die Erbauung der Gemeinde unmöglich wäre. Aber wir schließen uns im Vertikalbau an die mittelalterlichen Stile an. Entweder vergeistigen wir den romanischen, den Gewölbebaustil, indem wir seine schwerfälligen Mauermassen durch schlanke Rundbogenfenster beleben und so einen evangelischen Rundbogenstil gewinnen, oder aber wir bauen im Stil des breit gespannten Spitzbogens, der uns gestattet, nur so weit in die Höhe zu bauen, daß die normale Mannesstimme des Liturgen und des Predigers unter der Wölbung nicht verhallt, also in Anlehnung an die Frühgotik, aber ohne die ihr noch anhaftende Schwerfälligkeit.

2) Treten wir in das Innere der Kirche ein. In der römischen Kirche ist der Hochaltar mit dem Priesterplatze durch die Altarschranken oder den Lettner (Lektorium, Lesestätte) verschlossen; das entspricht der Scheidung von Priesterschaft und Laienstand, welche durch das römische Dogma von der Kirche ge-

boten ist (§ 6). Im evangelischen Gotteshause hat die Gemeinde freien Zutritt zum Altar, weil wir keine Scheidung von Priestern und Laien kennen, sondern alle zusammen ein königliches Priestertum bilden, das sich selbst Gotte zum Opfer darbringen soll.

3) Am auffälligsten wird der Unterschied des evangelischen vom römischen Gotteshause aber erst durch seine Einrichtung und seinen Schmuck. Die Einrichtung umfaßt die für den Kultus notwendigen Stücke im Gotteshause. Dazu gehört zuerst der Altar mit seinen Geräten. In jeder römischen Kirche steht wenigstens im Osten ein Altar, in welchem durch den Bischof Reliquien eingelassen sind, über denen die Messe gefeiert wird. Wir Evangelische haben keinen Meßaltar nötig; aber den Altar selbst brauchen wir nicht zu verwerfen. Der Tisch ist zwar durchaus schriftgemäß; aber der Altar mit seiner Sarkophagform erinnert an die Abendmahlsfeier über den Märtyrergräbern und kann deshalb auch in der evangelischen Kirche beibehalten werden. Der Altarraum wird in dem römischen Gotteshause über das Kirchenschiff erhöht; denn der Opferdienst der priviligierten Priester ist erhaben über die Gemeinde. In der evangelischen Kirche ist der Altar nur die symbolische Stätte der Vereinigung Christi und der Gläubigen, alle Feier der Gemeinde strebt diesem Ziele zu. Der Altar darf also nicht erheblich über den Fußboden des Gemeindeplatzes, des Kirchenschiffes erhöht werden; nur eine oder zwei Stufen mag man ihn erhöhen, damit der am Altar thätige Geistliche von der ganzen Gemeinde besser gesehen wird. Das römische Kirchengebäude enthält in der Regel mehrere Altäre, unter denen der im Osten als der Hochaltar ausgezeichnet wird. An diesen Altären werden der Maria oder den Aposteln und Heiligen Meßopfer dargebracht. Da wir die Messe verwerfen, fallen alle Nebenaltäre für uns weg. Weil wir ferner keine Verwandlung der Hostie im Abendmahle lehren, so haben wir auch keine Pflicht für die verwandelte Hostie eine besondere Wohnstätte, den Tabernakel auf dem Altar herzurichten. Auch die Monstranz, das Gefäß, in welchem die Hostie im Tabernakel aufbewahrt und in Prozessionen dem Volke gezeigt wird, fällt bei uns weg. Die

kirchliche Kleinkunst verliert so bei uns manchen Gegenstand, aber sie kann noch Arbeit genug finden.

Kanzel und Taufstein haben wir gemeinsam; über die Auf=stellung beider herrscht indes drüben und hüben die gleiche Ver=wirrung. Die römischen Beichtstühle aber, die kleinen Holz=häuschen mit vergitterten Fenstern, brauchen wir nicht. Doch sind mit Unrecht alle Beichtstühle aus evangelischen Kirchen fortgebracht; denn die Privatbeichte muß doch auch bei uns für geängstete Ge=wissen gestattet bleiben. Die evangelische Kirche darf solche Seelen nicht auf die Privatwohnung des Geistlichen schicken; denn in manchen Pfarrhäusern oder vollends, wo der Geistliche zur Miete wohnen muß, würde die Beichte vielleicht durch die Wände und Thüren hindurch gehört (§ 20).

Zur Erhöhung des Gemeindegesanges haben beiderlei Kirchen die Orgel. Andere kirchliche Kleinigkeiten, die zur Einrichtung gehören, übergehen wir. Opferstöcke, Lesepulte, Licht=träger (Kron= und Wachsleuchter) haben wir gemeinsam; nur fallen bei uns wieder die Weihwasserbecken weg. Für die Bekleidung von Altar, Taufstein und Kanzel behalten wir die fünf kirchlichen Farben des Mittelalters bei; denn sie sind sinngemäß gewählt, weiß, rot, schwarz, violett, grün: die reine Kindesfreude zu Weihnacht; die durch Todesleid gegangene Liebe zu Ostern, zu Pfingsten, am Reformationsfeste; die Trauer in der Karwoche und am Totenfeste; die Halbtrauer in der Advents= und Fastenzeit, an Bet= und Bußtagen; endlich das Grün für die ruhigen Zeiten der Kirche, wo sie an Erkenntnis des Herrn so still und stätig wachsen soll, wie die Natur in ihrem Alltagskleide, in der ganzen festlosen Hälfte des Kirchenjahres und in der Epi=phanienzeit.

Bis zu welchem Maße und in welchem Geiste Bilder und Statuen im evangelischen Gotteshause angebracht werden können, ist oben (§ 40 und 70, 6) bereits besprochen.

Unbedingt wegfallen aber müssen die unzähligen Weihge=schenke, mit welchen die römische Frömmigkeit die Kirchen, be=sonders in römisch=katholischen Gegenden zu beladen pflegt: die Wachsbeinchen und Wachshändchen, die Herzen und Kerzen, die

Tafeln, Schilder und Bilder, und all die anderen Artikel, die solch kirchliches Waarenlager füllen. Wer einen Blick in die Franziskanerkirche zu Salzburg gethan hat oder in die von Gold und Edelstein strotzende Schatzkammer der h. Jungfrau im Dom zu Loreto, wird bestätigen, daß aus solch römisch-katholischen Gotteshäusern Magazine geworden sind, „zur Erbauung der Abergläubischen, zum Mitleid aller wahrhaft Gebildeten, zum Gespött der Profanen."

In der katholischen Welt ist es Brauch, die Kirchengebäude den größten Teil des Tages offen stehen zu lassen, damit die Gläubigen tagtäglich, wie es ihnen ihre Zeit erlaubt, an geweihter Stätte ihre Andacht verrichten können, während die Protestanten, so spottet man drüben, ihrem Herrgott nur Sonntagsbesuche machen. Die römische Sitte ist gewiß schön, aber nicht notwendig. Für uns Protestanten ist längst die Zeit gekommen, wo man weder in Jerusalem noch auf dem Berge Garizim anbetet, wo der Verkehr mit Gott nicht an besonders geweihte Orte oder Räume, also auch nicht an die Kirchengebäude gebunden ist. Als wahrhaftiger Anbeter Gottes soll man Gott im Geist und in der Wahrheit anbeten, mit der selbstlosen Hingabe des Herzens an ihn. Das kann aber zuhause gerade so gut geschehen als innerhalb des Kirchengebäudes. Die römische Anschauung ruht dagegen auf der heidnischen Vorstellung, daß zwischen den Steinen des Kirchengebäudes die Gottheit wohne, der Gottmensch in der Monstranz auf dem Hochaltar, so daß ein Gebet an solchem Gnadenorte leichter Erhörung findet, als draußen in der Welt [36]).

§ 72. Feste und Kultussitte.

Die Feier des Kirchenjahres ist allmählich entstanden; alle unsere kirchlichen Feste haben wir Evangelische mit Ausnahme des Reformationsfestes aus der katholischen Kirche herübergenommen. Wir feiern gleichzeitig mit ihr Weihnacht, Ostern, Pfingsten und das Fest der heiligen Dreieinigkeit (§ 3). Zu Ehren Jesu Christi feiert die römische Kirche aber noch drei andere Feste, welche wir verwerfen.

1) Das Frohnleichnamsfest (Frohnleichnam = Herrn-
leichnam, Herrnleib), festum corporis domini, am Donnerstag
nach dem Trinitatisfeste. Es ist das Fest zu Ehren nicht des
lebendigen Herrn Jesus Christus, sondern der verwandelten Hostie,
des Herrnleibes, welchen der Priester durch sein Machtwort hervorgebracht hat und nun in einem geweihten Gefäß (Monstranz)
der gläubigen Menge wie einen Abgott zur Anbetung vorhält.
Man darf so mit Recht sagen, daß dieses Fest recht eigentlich der
Selbstverherrlichung der römischen Kirche dient. Es ist ihr
Triumphfest über alle Ketzer, welche die Verwandlung der Hostie
nicht glauben wollen; gegen Albigenser und Waldenser ist es im
dreizehnten Jahrhundert (1254) eingeführt und gegen die Protestanten wird es heut mit allem erdenklichen Glanz Jahr aus,
Jahr ein gefeiert. Darum fallen die Prozessionen an diesem
Feste glänzender aus als an allen anderen. Die Straßen prangen
im Festschmuck; Zweige und Blumen streut man auf den Weg,
welchen der Gottmensch in der Hand des Priesters passieren soll;
Glockengeläut und Jubellieder erschallen. Im langen Festzuge
reihen sich die Schulen und die Brüderschaften mit Fahnen und
Kerzen an einander; es folgen die Priester in weißen Gewändern,
unter einem Baldachin wird die Hostie getragen; dahinter ziehen
die obrigkeitlichen Personen und die vornehmsten Glieder der Kir-
chengemeinde und zahlreiche Scharen der Gläubigen. Der Zug
bewegt sich zu vier Altären, wo der Anfang der vier Evangelien
in die vier Weltgegenden hinaus verlesen wird. Für uns Evangelische aber fällt mit der Verwandlung der Hostie auch dieses
Fest ihrer Vergötterung weg.

2) Neun Tage nach Frohnleichnam an einem Freitage wird
das Fest des heiligsten Herzens Jesu gefeiert. Da nach unserer
Ansicht die Andacht zu dem leiblichen Herzen Jesu, losgelöst von
seiner Person, eine neue heidnische Verirrung der päpstlichen Kirche
ist, verwerfen wir auch dieses Fest (§ 62).

3) Die Kreuzfeste, die Auffindung des Kreuzes Christi
(3. Mai) und die Aufrichtung desselben (14. September), entbehren jeglichen geschichtlichen Grundes. Gefunden soll es durch
die Kaiserin Helena im Jahre 326 in Jerusalem sein; aufge-

richtet gleichfalls zu Jerusalem in der über dem heiligen Grabe erbauten Kirche.

Auch die Marienfeste, Engelfeste und Heiligenfeste haben wir aufgegeben. An Marienfesten feiert die römische Kirche 1) Marias Empfängnis am 8. Dezember, 2) Marias Geburt am 8. September, 3) das Fest des Namens Marias am Sonntage darauf, 4) die Verkündigung am 25. März, 5) Marias Reinigung (oder Lichtmesse, so genannt, weil mit geweihten Kerzen Messe gehalten wird) am 2. Februar, 6) Marias Himmelfahrt am 15. August, „das höchste aller Marienfeste", an welchem die leibliche Aufnahme der Maria in den Himmel gefeiert wird. 7) Das Rosenkranzfest am ersten Sonntage im Oktober. Außer diesen sieben gebotenen Marienfesten giebt es noch acht nicht gebotene, deren Feier aber doch gewünscht wird; es sind: Marias Opferung (21. November), Verlobung (23. Januar) und Heimsuchung (2. Juli), Marias Schmerzen (Freitag vor Palmsonntag), Marias Schutz (am dritten Novembersonntage), das Fest der Maria vom Berge Karmel (16. Juli), das der Maria vom Schnee (5. August) und das der Maria von der Erlösung der Gefangenen (24. September).

An Engelfesten werden gefeiert das Fest der Schutzengel, und als nicht gebotene Feste die der Erzengel Gabriel und Michael. An Heiligenfesten sind geboten das Fest des Stephanus, des Petrus und Paulus (29. Juni), die Feste der Schutzheiligen (Patrociniumsfeste) und das Fest Allerheiligen (1. November). Dazu kommen das Kirchweihfest (am 3. Sonntage im Oktober), der Allerseelentag zum Gedächtnis aller verstorbenen Christen, die noch im Fegefeuer leiden (2. November) und die vier Quatembertage (der Name von quarta tempora, die vierten Zeiten), vier Buß- und Bettage in den vier Vierteljahren. Als nicht gebotene Heiligenfeste werden gefeiert, die Geburt Johannes des Täufers (24. Juni), das Fest des Nährvaters Joseph (19. März) und die Feste der einzelnen Apostel, ferner Petri Stuhlfeier, Petri Kettenfeier, Pauli Bekehrung, der Tag des Heiligen, dessen Namen man in der Taufe erhalten hat (der Tauftag statt des Geburtstages, § 54). Welche erstaunliche Anzahl

von gebotenen und gewünschten Festen! Nimmt man zu den 52
Sonntagen noch die 23 möglicherweise nicht auf einen Sonntag
fallenden gebotenen Feste zusammen, so ergiebt sich die stattliche
Zahl von 75 gebotenen Feiertagen. Während der Mensch nach
Gottes Ordnung 6 Tage arbeiten soll, um sein Brot im Schweiße
seines Angesichtes zu verdienen, soll sich der Katholik dazwischen
noch 23 frohe Tage machen. Ist er aber eifrig kirchlich, so wird
er auch noch ohngefähr 20 nicht gebotene Festtage feiern, und die
eine oder die andere Wallfahrt tagelang machen, so daß sich seine
Arbeitswoche dann durchschnittlich nur auf 5 Tage beläuft.
So erzieht die römische Kirche zum Müssiggang; was das für die
soziale Frage bedeutet, wollen wir unten betrachten (§ 88).

Durch die Feste und ihre Zeremonieen ist die Kultus- und
Lebenssitte der Katholiken bedingt. —

Zur Anspannung des Geistes, zur Ertötung der Sinnlichkeit
gebietet die römische Kirche für die kirchlichen Feiern die Beobachtung von Fasten und Abstinenz. Wer fastet, sättigt sich nur einmal am Tage und ißt sonst möglichst wenig; wer sich Abstinenz
auferlegt, enthält sich aller Speisen von Tieren, die auf dem
trockenen Lande leben. Wer das Bedürfnis dazu hat, mag das
auch bei uns thun; aber zwingen darf dazu niemand; denn ein
Christenmensch ist niemand unterthan als seinem Gott durch
Christus. Die römischen Fasten sind zum Teil auch die reine
Illusion; da nämlich alle Fischspeisen erlaubt sind, kann selbst an
Fasttagen jeder Feinschmecker seine stillen Wünsche befriedigen, wie
z. B. jede Fischspeisen-Karte in den großen Speisehäusern Nea-
pels zeigt. Die Bischöfe haben außerdem die Vollmacht, die Fasten-
gebote zu mildern, so daß sich jeder Katholik auch in den gebotenen Fastzeiten satt essen kann. — Am Epiphanienfeste oder in
der Epiphanienzeit empfiehlt der Priester das katholische Haus
der Fürbitte der drei Könige „Caspar, Melchior und Balthasar
und schreibt zum Zeichen dafür über die Thür des Hauses oder
der Wohnung C + M + B + (§ 55). Wir wissen genau, daß
keine Könige, sondern nur Magier (Weise) aus Morgenland nach
Bethlehem kamen; ob es ihrer aber gerade drei gewesen sind, oder
bloß zwei oder gar sechs — weiß weder der Papst noch sonst

jemand. Die Kirche hat in der Zahl stets geschwankt, wie die bildlichen Darstellungen seit den ältesten Zeiten beweisen.

Am Aschermittwoch, wo die vierzigtägigen Fasten vor Ostern eingeläutet werden, bestreut der Priester das Haupt der Gläubigen mit Asche und spricht: „gedenke Mensch, daß du Staub bist und wieder zu Staub wirst". Fern sei es von uns, gegen diese schöne Sitte ein Wort zu sagen; ihren tiefen Sinn können wir uns alle zu Herzen nehmen; aber einen Zwang machen wir auch daraus nicht. Dazu kommt, daß wir an eine aufrichtige Buße der römischen Kirche an diesen Tagen überhaupt nicht glauben; denn dieselbe Kirche läßt jahraus jahrein das Volk gerade in Rom im wildesten Karnevalstaumel toben, bis die Glocke in der Fastnacht Mitternacht schlägt. Kann diese Kirche durch etwas Asche zudecken, was sie acht Tage lang vorher hat sündigen lassen?

Noch unzählige andere Bräuche ließen sich besprechen. Wenn am Palmsonntage in der Kirche die Palmen geweiht werden, die Erstlinge des Frühlings, die dem Herrn gehören sollen; wenn man in der Karwoche bei dem Gottesdienst in der Kirche die Lichter auslöscht, um die tiefste Trauer der Gemeinde auszudrücken; wenn in manchen Gegenden in der Passionswoche wie in den Zeiten der Verfolgungen, statt der Glocken Holzklappern die Gläubigen zur Kirche rufen; am Gründonnerstage die Fußwaschung, vom Papst an zwölf Priestern, von katholischen Monarchen an zwölf Armen vollzogen; am Charfreitag die Grablegung, am Ostermorgen die Auferstehung, bildlich in der Kirche dargestellt — alle diese Bräuche haben ja einen tiefen Sinn; aber wir Evangelische machen sie nicht mit, weil sich viel Aberglaube daran hängt.

§ 73. Griechisch-römisches Heidentum im römisch-katholischen Gottesdienst.

Als vom vierten Jahrhunderte an im Gebiete des römischen Kaiserreiches die Massen äußerlich christianisiert wurden, konnte das griechisch-römische Heidentum nicht auch zugleich aus ihrem Denken und ihren Sitten hinwegdekretiert werden; die religiösen Feste bildeten ja die einzige Erdenlust des Volkes, an welche es seit unvordenklichen Zeiten gewöhnt war. Seine Schutzgötter, seine Festfreuden nahm es in das Christentum mit, und nicht bloß das niedere Volk; in Rom, in Neapel, in Athen erhielt sich das Heidentum sogar in gebildeten Ständen bis in das fünfte und sechste Jahrhundert; in abgelegenen Gegenden, wie in Sardinien, gewiß weit länger. „Daß daher aus dem heidnischen Aberglauben vieles in die christliche Religion hinübergenommen worden ist", gesteht selbst ein vollgültiger Zeuge des römischen Katholicismus, der Kardinal Baronius zu[37]); heut können wir es dutzendfach beweisen. Die Verehrung von Mittelspersonen zwischen Gott und den Menschen, wie sie der Katholicismus lehrt, findet sich schon in den frommen Kreisen des griechischrömischen Heidentums im zweiten Jahrhundert. „In dem Raume zwischen dem hohen Himmel und der niederen Erde", schreibt Apulejus von Madaura, „giebt es gewisse Mittelgottheiten, durch welche unsere Gebete und Verdienste zu den Göttern kommen. Als Vermittler zwischen den Erd und Himmelsbewohnern sind sie die Überbringer der Gebete der ersteren und der Gnadenerweisungen der letzteren — also Wesen, die hin und her, von der einen Seite die Bitte, von der anderen die Hilfe tragen, gleichsam die Dolmetscher, Unterhändler, Boten"[38]). Das Volk behielt diese Vorstellungen auch nach dem vierten Jahrhunderte bei. Kirchliche Schutzgeister, Engel und Heilige traten an die Stelle der griechischrömischen, auch an die der ägyptischen, welche in Unteritalien heimisch geworden waren. An die Stelle der Himmelskönigin und Gnadenmittlerin Isis trat die neue Himmelskönigin Maria; statt der Lotosblume gab man ihr die Lilie; auch statt der Göttermutter RheaKybele verehrte man Maria als Gottesmutter; statt Herkules oder Mars St. Michael, statt Theseus in Athen den heiligen Georg. Der römische Katechismus hat darauf sein Siegel gedrückt; er lehrt „nach Gott nehmen wir unsere Zuflucht zur Hilfe der Heiligen, welche im Himmel sind. Weil sie bei Gott in Gnaden stehen, bitten wir sie, daß sie Fürsprache bei Gott für uns einlegen, um uns von Gott das zu erflehen, was wir bedürfen"[39]).

In den römischen Kanonisationen leben die heidnischen Apo

theosen fort, zuweilen auch mit schlimmem Beigeschmacke. — Die süßen Verzückungen mancher heiligen Jungfrau, die wie die heilige Katharina von Siena eine liebevolle Sehnsucht (amorose smanie) fühlte, ihren göttlichen Gatten zu sehen, gehören in die Atmosphäre heidnischer, unkeuscher Frömmigkeit. Am Anfang dieses Jahrhunderts fand sich bei dem Eingang in die Kirche der heiligen Rosa zu Viterbo ein Altar mit der Inschrift:

„Wer kann würdig sie die Jungfrau preisen,	„Quis tamen laudes recolat, quis hujus
Solcher Tugend Glanz, da im keuschen Ehbund	Virginis dotes, sibi quam pudicis
Sich mit ihr aus Lieb zum Vereine sehnet des	Nuptiis junctam coluit superni
Himmels Beherrscher.“	Numen Olympi?“ [40])

Der römisch-katholische Magdalenenkult erinnert an den alten Aphroditedienst. Corregios „büßende Magdalene“ sieht einer bequem dahingestreckten Venus zum Verwechseln ähnlich.

An die Verehrung einer göttlichen Mutter waren die Bewohner Italiens längst gewöhnt, ehe sie darunter Maria verstanden. In Rom war Kybele als „Mutter der Götter“ (Mater Deûm) besonders geehrt [41]); in ihrem Dienst stehende Personen durften an bestimmten Tagen Almosen sammeln; heut geschieht dies „per la Madonna“ (für die Mater Dei) [42]); ihre Priester wurden zu Eunuchen verstümmelt, wie jetzt die Sopransänger des Vatikan [43]). In der Adventszeit kommen heut die Pfeifer (die Pifferari) mit ihren ländlichen Musikinstrumenten von den Abbruzzen gern herab nach Rom, musizieren vor den Kirchen und Kapellen der „Mutter Gottes“, um sie mit milden Tönen zur Geburt des göttlichen Kindes zu begrüßen; auch vor den Häusern spielen sie gern ihre lieblichen Weisen für ein paar Heller. So spielten die Hirten in Ovids Zeiten zu Ehren der „Göttermutter“ Kybele:

„Wenn vor der Mutter der Götter auf krummgebogenem Horne
Bläset der Spielmann, wer giebt nicht seinen Groschen ihm gern?“

„Ante Deûm matrem cornu tibicen adunco
Cum canit, exiguae quis stipis aera neget?“ [44])

In den Engelglorien, welche die Himmelskönigin umschweben, sind
in der halbheidnischen Renaissance die römischen Amoretten wieder
aufgelebt, der christianisierte Hofstaat der Aphrodite („gens mollis
Amorum") 45), den die keusche Kunst der Katakomben scheu ver-
schmähte.

Jede heidnische Stadt hatte ihren Schutzgott, heut hat sie
ihren Schutzheiligen, Rom einst den Mars, heut den heiligen
Petrus, Syrakus einst Diana, heut Santa Lucia, Enna einst die
Ceres, heut den heiligen Johannes 46). Der Gottesdienst der
römischen Kirche hat ganz den dramatischen Charakter des
altrömischen Kultus. Seine Zeremonieen sind, wie in der alten
Roma, voll von Theatereffekten, für Aug und Ohr berechnet, nicht für Verstand und Herz. Voran die ganze Feier der
Messe, welche Jesu Leiden und Sterben von seinem Eintritt in
Gethsemane bis zu seinem Tode dramatisch darstellt. Der ganze
Kultus der römischen Karwoche ist auf Effekt berechnet: am Mittwoch die tiefen fürchterlichen Klagetöne der Sänger, ein Ausdruck
der Furcht vor dem, was da kommen soll; Gründonnerstag die
Fußwaschung, vom Papst an einem Dutzend alter Priester mit
einigen Tropfen aus goldener Kanne über einem goldenen Becken
vornehm vollzogen, eine Feier, die doch von Christus nicht zur
äußerlichen Nachahmung befohlen, sondern als „Beispiel" der Demut uns vor Augen gestellt ist; am Karfreitag das allmähliche
schauerliche Auslöschen der Kerzen in der sixtinischen Kapelle (Te-
nebrä), eine Darstellung der Flucht der Jünger; dazu die dabei
aufgeführten musikalischen Kompositionen, die Miserere, in denen
es klingt, „als ob durch Erd und Himmel ein tiefes großes
Weinen ginge ob aller Schmach und Missethat des sündigen Men-
schengeschlechts"; die Darstellung des Todes und der Grablegung
Jesu in allen römischen Kirchen (auf der Erde liegt ein Kruzifixus; die Gläubigen knieen nieder und küssen ihn); die Posaunen-
klänge von der Kuppel St. Peters, welche geheimnisvoll den Moment der Elevation der Hostie in des Papstes Osterkommunion
begleiten — alles das sind theatralische Zeremonieen. Wir erinnern weiter an die theatralischen Predigten der italienischen Geistlichen mit ihrer glänzenden Redekunst ohne innere Wahrheit, mit

ihrem glühenden Pathos ohne lebendige Überzeugung, vorgetragen
vor einem Publikum, das kommt und geht; am höchsten stehen
dabei die rhetorischen Parabeleistungen der Fastenprediger, die über
alles Mögliche „predigen", nur nicht über Gottes Wort und evangelische Buße [47]). Opern-Arien und Ballmusik, Märsche und
Tänze in Kirchen auf der Orgel gespielt sind in Italien nichts
Seltenes. Daß Kinder im Alter von 6 bis 10 Jahren in Italien und in Südfrankreich auf die Kanzel steigen und zu Ehren
des Kindes Jesu Predigten halten [48]), diese Unsitte der Epiphanienzeit gehört auch hierher. Dazu kommen die geistlichen Schauspiele
auf der Bühne. Um in der Passionszeit im katholischen Byzanz
die griechischen Stücke der Tragiker vom Theater zu verdrängen,
führte man das geistliche Drama ein: Jesus, die Jungfrau Maria,
Joseph von Arimathia, Maria Magdalena, Pilatus, Johannes,
die Synagoge, ein Chor von Weibern und andern Personen kamen
auf die Bühne. So werden noch heut in der Fastenzeit auf italienischen Volksbühnen die abgeschmacktesten geistlichen Dramen auf-
geführt, ein Hohn auf die heilige Geschichte. Theatralisch ist auch
der ganze Papstkultus. Bei den feierlichen Handlungen der Karwoche erscheint er nicht wie ein Mensch, sondern wie ein Abgott.
„Er handelt weniger, als er behandelt wird. Man wechselt seine
Paramente, wie man ein geschnitztes Marienbild zur Prozession
anzieht; man kniet vor ihm; man räuchert ihn an [49])." Die
„Adoration", welche dem Papste zuteil wird, ist für den römischen
Pontifex maximus zuerst von Diokletian statt der Salutation eingeführt; er trug auch zum erstenmale so kostbar geschmückte Pan-
toffeln, daß er selbst den Tadel der Heiden erregte [49a]).

Im alten Rom soll es über 400 Tempel heidnischer Gott-
heiten gegeben haben: heut zählt man daselbst vielleicht 350 christliche Kirchen; es gab einst Tempel des Jupiter Custos, Jupiter Feretrius, Jupiter Sponsor, Jupiter Stator, Jupiter To-
nans u. s. w., heut dafür Kirchen San Pietro in Vaticano, San
Pietro in Montorio, San Pietro in Vincoli, San Pietro in
Carcere u. s. w.; einst gab es Tempel der Venus Calva, Venus
Verticordia, Venus Capitolina, Venus Erycina, Venus Victrix
u. s. w., jetzt dafür Kirchen der Santa Maria degli angeli, Santa

Maria Liberatrice, Santa Maria della Consolazione, Santa Maria — dell' anima u. f. w. [50]).

Im alten Tempel gab es an den Thüren ein Gefäß für Weihwasser (Aquaminarium), im Innern aber Gemälde und Statuen von herrlicher Arbeit (Verres hatte einst 27 Gemälde geraubt) [51]); dazu zahllose Altäre, Weihrauchpfannen, Dreifüße und tausenderlei Votivgaben (Arme, Beine, Glieder von Wachs) — fast alles wie im heutigen Katholicismus.

Die Götterbilder der Alten wurden bemalt und aufgeputzt mit Halsbändern, Ringen und Ohrgehängen. Sirena, die Gemahlin Stilichos, entwendete der Kybele-Statue in Rom ein kostbares Halsband und — trug es selbst [52]). Ähnlich werden in römischen Kirchen jetzt Maria und die Heiligen an ihren Feiertagen festlich angezogen und geschmückt. Das Holzbild der heiligen Maria in der Kirche Araceli in Rom trug einst ein blaues Atlaskleid und ein Halsband von Topasen [53]). Die Statue der heiligen Jungfrau von Loreto hat ein unförmliches Krinolinenkleid von Sammet und Seide, ist aber auf breiten Streifen mit Brillanten reich besetzt. Auf dem Hute der Statue des heiligen Januarius in der Schatzkapelle des Doms in Neapel befinden sich 3690 Edelsteine (Diamanten, Smaragde, Rubine), lauter Geschenke der Stadt, die als katholische noch ebenso fromm ist, wie sie es als heidnische war [54]). Am interessantesten ist das Feiertagskleid St. Peters. Am Feste Peter und Paul zieht man nämlich der alten bronzenen Statue im St. Petersdom zu Rom, die den Namen des Heiligen trägt, golddurchwirkte Papstgewänder an, aus welchen in der Brustgegend das Ende eines mächtigen Schlüssels hervorragt; auf das Haupt bekommt sie eine mit Edelsteinen geschmückte Tiara und an den aufgehobenen Zeigefinger der rechten Hand einen herrlichen Ring mit einem großen von Perlen umrahmten Sapphir. So sitzt die alte häßliche Statue einen Tag lang da wie ein leibhaftiger päpstlicher Götze [55]).

Das Opfer hieß schon im Heidentum „Hostia". Knaben mit der Tunica bekleidet bis zu den Knieen und mit Opferschale und Kranz in der Hand halfen dem Priester, wie heut

die Meßknaben mit Buch und Rauchpfannen. An Stelle des
alten Totenopfers ist die Totenmesse getreten. Das Toten-
orakel Unteritaliens lebt im „Blute des heiligen Januarius" im
Dom zu Neapel fort; wenn am Namenstage des verstorbenen
„Heiligen" sein in zwei Fläschchen aufbewahrtes Blut (eine dicke
rote Masse) flüssig wird, so bedeutet das auf ein Jahr Glück für
Neapel; wenn es fest bleibt, Unglück. Dieser Tag mit seiner
tollen Feier bildet den Höhepunkt des religiösen Lebens jener vul-
kanischen Paradiesesstadt [56]).

Prozessionen, Festzüge sowohl wie Bittgänge um die
Felder, kommen schon im alten Rom vor:

> „Dreimal umgeh heilbringend die jungen Früchte das Opfer,
> Welches der ganze Chor und die jauchzenden Freunde begleiten."

Heut thun es die katholischen Priester: sie erflehen Regen durch
Prozessionen mit dem Kreuze und helfen bei Viehseuchen durch
Bittgänge [57]). Auch Umzüge bei Kapellen gab es schon im
alten Rom [58]). Schwerlich aber hat es im klassischen Heidentum
bereits eine ähnlich tolle Prozession gegeben, wie die katholische zu
Echternach im Luxemburgischen, wo alljährlich gegen 11 000 gute
Katholiken in langem Zuge nicht gehen, sondern springen und zwar,
der größeren Verdienstlichkeit wegen, auf drei Schritte vorwärts
immer wieder zwei Schritte rückwärts!

Die heiligen Küsse sind dieselben geblieben wie ehedem.
Im heidnischen Agrigent war einer vollendet schönen Herkulesstatue
Mund und Kinn glatt geküßt [59]); im christlichen Rom hat man
der alten Bronzestatue St. Peters in der Peterskirche den rechten
Fuß zum Klumpfuß geküßt, und an der vollendet schönen Christus-
statue Michel Angelos in Santa Maria sopra Minerva ist durch
den Speichel der heiligen Küsse von dreihundert Jahren der rechte
Fuß völlig geschwunden, so daß er durch einen Bronzefuß hat ersetzt werden müssen.

Zauberische Zeremonieen der heidnischen Römer begegnen
uns im christlichen Rom wieder. Bei der Taufe befeuchtet der
römische Priester den Täufling an Augen und Nase mit Speichel; ein ähnlicher Gebrauch an Stirn und Lippen kommt bei den
alten Römern am Tage der Namengebung vor; denn der Speichel

des Menschen galt als sühnendes Zaubermittel [60]). — Weihwasser mit Salz vermischt diente schon bei Griechen und Römern als sühnendes Reinigungsmittel des Hauses [61]).

Amulette, wunderthätige Gegenstände, die man z. B. am Halse oder auf der Brust trug, wie Götterbildchen, Gemmen u. s. w. sind zu tausenden wieder im römischen Katholicismus zu finden, wo Heiligenbildchen, Kreuzchen, Medaillen und dergleichen Gegenstände, von bestimmten Priestern geweiht, jetzt dieselben Dienste leisten wie die Amulette im alten Rom. Die beliebtesten römisch-katholischen Amulette sind die Skapuliere. Zwei viereckige Stücke wollenes gewebtes Zeug, oben befestigt, so daß das eine Stück auf der Brust, das andere auf dem Rücken unter dem Oberkleide getragen werden kann, bilden ein Skapulier (oder Schulterkleid), welches man Tag und Nacht und selbst in Krankheiten nicht ablegen soll. Es giebt Skapuliere in verschiedenen Farben, braune, weiße, blaue, schwarze, rote. Das braune der Karmeliter steht an Wirkung obenan. Ein solches hat nach römischem Glauben die Jungfrau Maria dem Generaloberen der Karmeliter im Abendlande Simon Stock in einer Verzückung mit der Eröffnung verliehen, daß, wer in ihm stirbt, das ewige Feuer nicht erleben wird. — Das Tragen des Skapuliers ist also doch als bewirkende Ursache der Befreiung vom Feuer gedacht, wenn auch sittliches Streben dabei vorausgesetzt sein mag; bei den Skapulierbrüdern wird an solchem Streben nur ein geringes Maß gefordert. Die Jungfrau Maria holt sie dann (allwöchentlich einmal am Sonnabend) aus dem Fegefeuer in den Himmel — so müssen alle katholischen Geistlichen in ihrem Gebet- und Lesebuch dem Breviarium alljährlich am 16. Juli lesen. Das Skapulier hilft aber auch im Diesseits gegen Mordgewehre und Dolche, bei Feuers- und bei Wassersnot, bei Verwundungen und Beängstigungen. Wer nun, was gestattet ist, alle fünf Skapuliere über einander trägt, der müßte doch, sollte man meinen, gefeit durch das Leben gehen. Die Päpste haben reiche Ablässe an das Tragen jedes einzelnen Skapuliers geknüpft; bis auf 160 Jahre Ablaß und darüber kann man an einem einzigen Tage davon tragen [62]).

In die Reihe der Zaubermittel gehört auch eine Jesuspuppe, Bambino genannt, mit welcher nicht bloß in Rom, sondern in ganz Unteritalien ein heidnischer Kultus getrieben wird. Der Bambino heilt, wenn kein Arzt mehr hilft. In Rom besitzt die Franziskanerkirche Ara Celi auf dem Kapitol eine solche kleine Holzpuppe. Wer eine Wunderkur von ihr begehrt, muß sie im Wagen holen lassen und sie — nobel honorieren, zwar nicht mit barem Gelde, aber mit Geschenken; Juwelen, Ringe, goldene Ketten, Medaillons — was giebt eine arme Kranke nicht gern hin, um gesund zu werden! Dem Bambino wird das Opfer um den Hals gehängt und er fährt zurück. In Cimetile bei Nola wird ein Bambino in Prozession in die Kirche getragen, dann von dem Priester eine Verlosung angestellt, wer von den bei der Prozession beteiligten Frauen das Glück haben soll, den Bambino einen Monat bei sich im Hause zu behalten, um ihn gegen Krankheiten zu gebrauchen. Bei dem niedern Volke ist er sehr beliebt. Im Jahre 1848 hatten die Tumultuanten schon alle Wagen der Kardinäle in Rom vernichtet; eben sollte auch der päpstliche Galawagen an die Reihe kommen — da ließen sich die wilden Gesellen bereden, ihn — dem Bambino zu schenken, und er war gerettet; am andern Tage ließen die Mönche den neuen Eigentümer auf dem Corso darin spazieren fahren [63]).

In Deutschland haben die Bischöfe ähnlichen Aberglauben mit Approbation wuchern lassen. Von dem „seraphischen Gürtel" der Franziskaner, von dem St. Josephsgürtel, von der geweihten „Benedictus-Medaille" der Benedictiner, von dem Ignatiuswasser der Jesuiten hat uns ein deutscher Gelehrter von altem katholischen Glauben mit Wehmut haarsträubende Wundergeschichten erzählt [64]). Das Wasser von der Marienquelle in Lourdes vollends, das in entfernte Gegenden und Weltteile versandt wird, „heilt überall, in allen denkbaren Krankheiten und ohne alles Zuthun von ärztlichen Mitteln" [65]).

Heidnisch-römische Feste sind zu christlich-römischen gemacht worden, oft an denselben Orten, wo sie im Heidentum stattfanden. Im römischen Heidentum wohnten die Götter gern auf Höhen, so daß fast jeder Berg der Wohnsitz irgendeiner Gottheit war; im katholischen Italien sind durchschnittlich drei von vier Bergen — Heiligtümer. Heidnische Tempel wurden in christliche umgewandelt oder an derselben Stelle, wo sie gestanden, Kirchen erbaut, wie in Rom über dem Minervatempel die Marienkirche, welche noch heut Santa Maria sopra Minerva heißt; das einst heidnische Pantheon wurde allen Heiligen geweiht; in neuerer Zeit wird es gewöhnlich nach der „Königin" der Heiligen Santa Maria della Rotonda genannt. Die drei berühmtesten Klöster Italiens erheben sich auf heidnischen Kultusstätten: 1) auf Monte Cassino stand ein Apollo-Tempel; 2) auf Monte Vergine, dem alten Mons Parthenius (10 Stunden östlich von Neapel), wurde die „Göttermutter" Rhea-Kybele verehrt, deren Kult sich am längsten erhielt; seit dem zwölften Jahrhundert ist er der „Gottesmutter" Maria geweiht; die Namen haben gewechselt, die Prozessionen sind geblieben; 3) das dritte ist Santa Trinità della Cava.

Die Weihnachtsfeier in Süditalien ist nichts weiter als die kirchlich verbrämte wilde Lust der alten römischen Saturnalien, die seit alters im Dezember gefeiert wurden; in der Christnacht toben bei brillantem Feuerwerk die Neapolitaner wie rasend durch die Straßen, und die Schmausereien nach Mitternacht erreichen noch heut die Völlerei der Kaiserzeit; die campanischen Volkskomödien der Römer (die fabulae Atellanae) leben in den Weihnachts- dramen fort, welche in der Christnacht nach 12 Uhr auf keinem neapolitanischen Theater fehlen: vier Hirten, Joseph und Maria, der Engel Gabriel, Pluto, der Fürst der Unterwelt, oder sein Diener Belfegor; dazu als komische Figur, ähnlich dem populären Pulcinello, ein „verbummeltes", aber stets humoristisches Sub- jekt, Namens Razzulo, treten zur Belustigung des Publikums auf [66]).

Im Februar feierte man im alten Rom zu Ehren der Proser- pina ein Fest mit Wachskerzen und Lichterumzug; an seine Stelle trat eine Prozession mit geweihten Lichtern zu Ehren der Mutter Gottes, Mariä Lichtmesse am 2. Februar [67]). Auf Tag- und Nachtgleiche findet man ein Fest der Göttermutter; heut die Ver- kündigung Mariä, der Gottesmutter [68]). — Entsündigung für Herden, Hirten und Ställe erflehte man im alten Rom am Feste der Göttin Pales (am Lilienfeste, am 21. April); an dessen Stelle ist die römische Tierweihe am Fest des heiligen Antonio Abbate (17. bis 25. Januar) getreten. — Der alte Rhea=Bachus=Taumel setzt sich zu Neapel im Grottenfest des Posilippo in der Nacht vom 7. zum 8. September fort. Immer noch erschallen da die mit Schellen behangenen Handpauken des Kybele= und Bachus= dienstes und geben ihre dämonisch dumpfrauschenden Töne in den infernalischen Lärm jener Nacht, wo man die Geburt der „großen Gottesmutter (la gran madre di Dio)" feiert. Dieselbe wilde Raserei wie ehemals. Weiber mit Pauken und fliegendem Haar, Jünglinge in wildem Reigentanz; nach Mitternacht die Festheka= tombe, Schmausereien in toller Gemeinschaft bis zu 50000 Per= sonen; darauf Feuerwerk, Musik und Tanz bis 3 Uhr, dann wilde Raserei im Tunnel der Grotte, bis der helle Tag das Mißbehagen bringt — es ist das alte wilde Heidentum wie es leibt und lebt. Die italienische Polizei ist dagegen ohnmächtig; die „Kirche" schweigt dazu; in ihrem Namen aber lobt die klerikale Presse die Devotion gegen die große Gottesmutter [69]).

In Catania auf Sicilien feierte man zuzeiten Ovids ein hohes Fest zu Ehren der Ceres; im neunzehnten Jahrhundert ist es der heiligen Agatha gewidmet. Pferde=Rennen fanden dabei statt, ferner eine Prozession mit ungeheueren Wachskerzen (Symbole der un= geheueren Fichten, welche Ceres am Ätna ausriß, um ihre Tochter Proserpina zu suchen) und eine Prozession mit dem Symbol der Göttin, einem heiligen Korbe, welcher auf einem geweihten Wagen herumgezogen wurde, während das nachströmende Volk schrie „es lebe Demeter (chaire Demeter)". Dieses großartige Volksfest, welches mehrere Tage in Anspruch nahm, hat in der römischen Kirche Catanias nur den Namen gewechselt, und im dritten Teile wird statt des Korbes der Ceres das Bild mit den Reliquien der heiligen Agatha auf dem geweihten Wagen herumgefahren und das Volk ruft (viva sant Agata [70]).

Ähnlich verläuft das Fest der heiligen Rosalia zu Palermo [71]).

Als die römische Kirche nach Deutschland kam, hatte sie das griechisch=römische Heidentum bereits in ihren Kultus aufgenom= men; das germanische brauchte sie nicht mehr zu berücksichtigen.

Der germanische Aberglaube ist zwar im Volke geblieben, aber nicht in den kirchlichen Kultus übergegangen. Dafür blieben nun auch die römischen Heiligen dem deutschen Volke fremde, importierte Größen; es suchte sich dieselben allerdings verständlich zu machen, aber nur, so gut es eben anging; dem einen befahl es Ratten und Mäuse, dem andern Donner und Blitz [72]).

§ 74. Der evangelische Gottesdienst.

Da bei uns alles auf den persönlichen Glauben ankommt, und das Wort Gottes das vorzüglichste Mittel zur Erzeugung und Stärkung desselben ist, so bildet die Verkündigung desselben den wesentlichsten Bestandteil unseres Gottesdienstes; verkündet aber wird es als objektives in der liturgischen Schriftlesung und als subjektiv gewordenes in der Predigt. „Die christliche Gemeinde soll nimmer zusammenkommen, es werde denn daselbst Gottes Wort gepredigt", schreibt Luther vor [73]). Doch wird vor der Predigt die liturgische Schriftlesung nach altkirchlicher Sitte beibehalten zu dem Zwecke, daß die Gemeinde nicht auf die Predigt, die immer subjektiv ausfällt, allein angewiesen bleibe.

Einen andern Bestandteil unseres Gottesdienstes bilden unsere Gesänge, die wir mit Recht als einen Vorzug des Protestantismus rühmen dürfen; in den Gesang legt man seine Seele; darum ist das evangelische Kirchenlied so tief und so reich, weil eine ganze Welt des persönlichen Glaubens in seinen Klängen schwebt. Bei uns singt die Gemeinde, und das Lied ist ihre Stärke. Wir sprechen ferner Gebete im Gottesdienst, vorgeschriebene und freie; beides mit gutem Grund. Das freie Gebet ist der gesunde Ausdruck des persönlichen Glaubenslebens; allein es wird immer irgendwie subjektiv ausfallen; deshalb sind zugunsten der Gemeinde die feststehenden Gebete der Liturgie eingeführt, welche die Gemeinde gegen den Subjektivismus der Prediger schützen.

An bestimmten Tagen feiern wir das heilige Abendmahl; da bei uns diese Feier nur als gemeinsame Feier der Abendmahlsgäste möglich ist, kann sie nur stattfinden, wenn sich solche freiwillig melden; in großen Gemeinden wird das gewiß allsonntäglich der Fall sein, in kleineren seltener. Die Hauptbestandteile unserer

Abendmahlsfeier sind das Sündenbekenntnis, die Verkündigung der Sündenvergebung, der Genuß des gesegneten Brotes und des gesegneten Weines.

Außer diesem öffentlichen Gottesdienste giebt es unübersehbar viel Privat-Gottesdienste, die mit Recht als „Ausfluß des allgemeinen Priestertums" aller Gläubigen anzusehen sind. Nur darf hierbei den geistlichen und weltlichen Aufsichtsbehörden der Zutritt nicht versagt werden. Hausgottesdienste wünschen wir überall.

Von den römisch-kirchlichen Festtagen haben wir alle die weggelassen, für welche sich kein genügender Grund aus dem Neuen Testamente oder der Kirchengeschichte fand. Wir feiern nur die Hauptthatsachen der Heilsgeschichte, die Menschwerdung des göttlichen „Wortes", das Leiden und Sterben, die Auferstehung und Himmelfahrt Christi, die Sendung des heiligen Geistes. Weihnacht, Ostern und Pfingsten mit dem sich daran schließenden Dreifaltigkeitsfeste sind die hohen Feiern, welche wir beibehalten haben.

Zeremonieen pflegen auch wir; denn das Bekenntnis durch das Wort genügt nicht, weil wir unsere religiöse Gefühlswelt nicht voll hineinlegen können. Die Zeremonieen in ihrer Unbestimmtheit lassen jedem frei, hineinzulegen was er für seinen Gott im Herzen hat; das Kind und der Weise finden sich in der Zeremonie zusammen; darin liegt ihre gemeinschaftbildende Kraft; sie soll die Feier steigern vertiefen, verinnerlichen. Allein wir verhehlen uns nicht, daß die Anwendung von Zeremonieen große Gefahren mit sich bringt; sind sie zu zahlreich, so zerstreuen sie, lenken von der Hauptsache, von der Hingabe des Herzens an Gott ab und veräußerlichen so den Gottesdienst; sind sie zu tiefsinnig, so erzeugen sie blos unklare Gefühle und verwirren. Das rechte Maß muß dem kirchlichen Takte der Kirchenbehörden, Synoden und Geistlichen überlassen bleiben. — Wir lassen auch die Kunst im Dienste der Kirche zu; in Deutschland sind die Zeiten vorüber, wo man dadurch einen Rückfall in heidnische Kreaturvergötterung befürchten mußte (§ 71). Die Kirche soll nicht bloß eine Kirche für Erwachsene sein; auch die Kinder sind Glieder der Gemeinde, das Kind aber will im Gottesdienst keine „Schule" (sie hat es die sechs Wochentage); das Kind will schauen und erleben. Die biblische Geschichte in Bildern und die Kirchenlieder aus dem Herzen der singenden Gemeinde seien auch für die evangelische Kinderwelt da.

Verglichen mit dem sinnberückenden Kultus der römisch-katholischen Kirche fällt unser Gottesdienst freilich einfach aus; aber durch sein inneres Leben ist er doch reich und trotz aller Mängel eine Anbetung Gottes im Geist und in der Wahrheit.

Viertes Buch.

Die Grundverschiedenheit im Kirchenrecht. Das römisch-kirchliche Finanzwesen. Das Verhältnis der Kirchen zum modernen Staate.

Erster Abschnitt.
Die Grundverschiedenheit im Kirchenrecht. [1]

---

§ 75.

1) Indem die Personengemeinschaft der Christusgläubigen in die Weltverhältnisse eintritt, um in ihnen das Reich Gottes zu verwirklichen, muß sie Rechtsformen annehmen, durch welche sie sich ein äußeres Dasein giebt. Alles was an ihr Anstalt ist, ihre Anstaltsfunktionen, ihre Vermögensverhältnisse, ihr Verhältnis zum Staat, alles dies gehört in die Sphäre des Rechts. So wird die Erzeugung eines eigentümlichen Rechts für die Kirche notwendig. Da nun dessen Inhalt aus dem Wesen der Kirche abgeleitet werden muß, das Wesen der Kirche aber im römischen Katholicismus grundsätzlich anders als im Protestantismus aufgefaßt wird, so muß auch der Inhalt des römischen Kirchenrechts ein durchaus anderer werden als der des evangelischen. Im Mittelalter nannte man die kirchlichen Rechtssatzungen „Canones" und das in ihnen niedergelegte Recht das „kanonische"; die Sammlungen desselben aus dem

zwölften bis fünfzehnten Jahrhundert, das Dekretum Gratians, die Dekretalensammlungen Gregors IX., Bonifacius VIII. und Clemens V. bilden das „Corpus" des kanonischen Rechts [2]).

„Was aus diesem dickleibigen Codex", so urteilt ein hervorragender katholischer Kirchenhistoriker, „heute noch Geltung hat und von praktischem Belange ist, läßt sich auf den Raum weniger Bogen zusammen stellen; alles andere hat nur kulturhistorischen Wert. Es kann daher nicht befremden, daß dieses Rechtsbuch dem katholischen Klerus aller Länder ein ganz unbekanntes, verschlossenes Buch ist, mit dem sich nur noch die römischen Kurialisten befassen, und das auch den Männern vom kanonischen Fache mehr oder weniger als ein Distel- und Dornengehege erscheint" [2a]). Weiter als das kanonische ist das gesamte römische Kirchenrecht; zu ihm gehören noch alle rechtlichen Bestimmungen der allgemeinen Konzilien bis herauf zum vatikanischen und alle kathebratischen Aussprüche der Päpste, soweit sie das Recht berühren.

Die evangelischen Christen haben das römische Kirchenrecht verwerfen müssen, da sie die Kirche nicht mehr als Priesteranstalt zur Beherrschung der Gläubigen ansahen. Sie bildeten gemäß der evangelischen Auffassung der Kirche allmählich ein evangelisches Kirchenrecht aus. Da aber im sechzehnten Jahrhundert die Bildung von Landeskirchen nicht zu umgehen war, so ist für die verschiedenen Landeskirchen auch ein verschiedenes evangelisches Kirchenrecht zustande gekommen. Das mag bedauerlich sein, kann aber leicht ertragen werden; denn die Rechtseinheit ist keine notwendige Eigenschaft der wahren Kirche; im Neuen Testament wird sie mit keiner Silbe verheißen.

Allerdings hat das römische und das evangelische Kirchenrecht zunächst einen gemeinsamen Boden, die heilige Schrift, besonders das Neue Testament, aus welchem alle Rechtsbildung ihre leitenden Grundsätze entnehmen soll. Allein die Art und der Umfang des daraus abzuleitenden Rechtes fällt ganz verschieden aus. Da nach römischer Lehre die Kirche es ist, welche gemäß ihrer Tradition die Bibel auslegt, so tritt die kirchliche Tradition als zweite Rechtsquelle auf; dazu kommen die Schlüsse von allgemeinen Konzilien und von Partikularsynoden, päpstliche Erlasse, Entscheidungen der vom Papste bevollmächtigen Kardinals-Kongregationen, die päpstlichen Kanzleiregeln und bischöfliche Verordnungen.

Das evangelische Kirchenrecht dagegen ist in den kirchenrecht- lichen Bestimmungen der Bekenntnisschriften und in Kirchenord- nungen enthalten, dazu in Erlassen von Landesherren, welche sie in ihrer Eigenschaft als oberste Bischöfe ihrer Landeskirche haben ausgehen lassen.

2) Das Kirchenrecht umfaßt die **Verfassung**, die **Ver- waltung** und das **Vermögen** der Kirche, dazu ihr **Verhält- nis zum Staate.** Über die Verfassung der Kirche können wir hier hinweg gehen, da sie bereits in der Lehre von der Kirche (§ 6—12) dargestellt und beurteilt worden ist. Unter **Verwal- tung** der Kirche versteht man die Gesetzgebung, die Aufsicht, die Errichtung und Verleihung von Ämtern und die kirchliche Gerichts- barkeit. In der römischen Kirche liegt die kirchliche **Gesetz- gebung** ausschließlich in der Hand der Hierarchie. Im Prote- stantismus ist dagegen von Anfang an den Staatsregierungen ein bedeutender Anteil an derselben gewährt worden, weil der Staat nach durchgängiger reformatorischer Ansicht gerade zur Handhabung der rechtlichen Ordnung von Gott eingesetzt ist [3]); in rein inner- lichen Angelegenheiten, besonders in Angelegenheiten der Lehre ist die Gesetzgebung stets an den Beirat des kirchlichen Lehramts ge- bunden. Die **Aufsicht** gebührt den verfassungsmäßigen Inhabern des Kirchenregiments, in der römischen Kirche den Bischöfen, den Erzbischöfen und in höchster Instanz dem Papste, in den evange- lischen Kirchen den Konsistorien und den ihnen unterstehenden Superintendenten. **Ämter zu errichten** und zu verändern und erledigte zu besetzen gehört in der römischen Kirche zu den Befug- nissen der Bischöfe und des Papstes; in den evangelischen Landes- kirchen haben meist die Landesherren in ihrer Eigenschaft als „höchste Bischöfe" das Recht der Errichtung von Pfarrämtern sich selbst vorbehalten [3a]). Bei der **Verleihung der Ämter** ver- hält sich in der römischen Kirche die Gemeinde ganz passiv. Hätten wir Evangelische ideale Verhältnisse, könnte wirklich die neutesta- mentliche Gemeinde der Gläubigen als Rechtssubjekt dargestellt werden, so müßten alle Kirchenämter durch freie Wahl dieser Ge-

meinde besetzt werden. Allein diese idealen Verhältnisse sind, wie
für Luther, so für uns nicht vorhanden; unsere wirklichen Lokal-
gemeinden haben indes doch meistens das Recht der Pfarrwahl
oder wenigstens das Recht der Mitwirkung, wäre es auch nur in
der Form des Einspruchsrechtes. Die Vollmacht zur Ausübung
des kirchlichen Amtes empfängt der Geistliche durch die Ordination
(§ 16); frühzeitig hat auch der lutherische Protestantismus anerkannt, daß niemand ein Amt in der Kirche bekleiden könne, er sei
denn rechtmäßig berufen [4]).

Die Gerichtsbarkeit zerfällt in die streitige und die
Straf- und Disziplinargerichtsbarkeit.

Vor weltlichen, rein heidnischen Richtern sollten die Christen
keine Streitsachen erledigen, hatte der Apostel Paulus (1 Kor. 6)
geraten. So kam es, daß die Gemeindevorsteher auch Richter der
Gemeinden wurden. Konstantin der Große erkannte die Rechts-
verbindlichkeit der bischöflichen Schiedssprüche an. In kirchlichen
Dingen blieb die bischöfliche Gerichtsbarkeit überhaupt auch später
anerkannt. Daher beansprucht nach kanonischem Rechte die römische
Kirche in Sachen der Sakramentsspendung, insbesondere der Ehe,
in Sachen der Lehre, des Kultus und der Disziplin die
alleinige richterliche Entscheidung [5]). Alle Streitsachen
werden in erster Instanz bei den bischöflichen Gerichten oder Offi-
zialaten angebracht; als Appellationsinstanz entscheidet dann entweder das erzbischöfliche oder ein anderes vom Papste bestelltes
bischöfliches Gericht. In den evangelischen Kirchen mit Konsistorialverfassung besitzen die Konsistorien die kirchliche Gerichtsbarkeit, aber auch nur im beschränktem Maße.

Die Straf- und Disziplinargerichtsbarkeit ist zur Selbsterhaltung der Kirche nötig. Gegen die Übelthäter verhängt die
römische Kirche Zensuren, geistige Zuchtmittel zu ihrer Erziehung und wirkliche Strafmittel zur Vergeltung der Schuld.
Solche Zensuren sind die Exkommunikaton, die „kleinere
(minor)“ als Abschneidung von den kirchlichen Sakramenten, die
„größere (major)“ als völlige Abschneidung von aller
Gemeinschaft mit der Kirche, auch von allem Lebens-
verkehr mit den Gläubigen, so daß diese zweite Form

immer auch bürgerliche Folgen nach sich zieht⁶). Das Inter=
dikt, seit dem elften Jahrhundert im Gebrauch, zum letztenmal
1606 von Paul V. gegen die Republik Venedig angewandt, be=
deutet die „Einstellung aller öffentlichen kirchlichen Funktionen" für
ein ganzes Land oder einen Ort oder ein kirchliches Gebäude⁷).
Diese Strafe traf mit den Schuldigen — stets auch die Unschul=
digen. Die Suspension besteht darin, daß Geistliche auf be=
stimmte Zeit ihres Amtes enthoben werden. An Strafen trifft
in der römischen Kirche verbrecherische Geistliche die Absetzung
und die Degradation oder der Verlust der Standesvorrechte;
auf grobe Verstöße gegen die kirchliche Disziplin folgt Gefäng=
nisstrafe, Einsperrung in ein Kloster und wohl auch
körperliche Züchtigung. Für solche Sträflinge befand sich
früher wohl in jeder Diöcese ein Korrektionshaus oder eine
Demeritenanstalt⁸). Laien wurden oft Geldbußen auferlegt; oder
das kirchliche Begräbnis ihnen entzogen; auf Todesstrafe erkannte
die Kirche nur mittelbar, überließ aber die Ausführung derselben
dem „weltlichen Arme, um sich nicht mit Henkershand zu be=
flecken⁹)."

Zur Kompetenz der Kirche gehören zunächst die eigentlichen
Kirchenverbrechen, Ketzerei oder Abweichung von der Kirchenlehre,
Schisma oder Lostrennung vom Gehorsam gegen die kirchlichen
Oberen, Apostasie oder Abfall vom kirchlichen Glauben überhaupt.
Auf sie steht Exkommunikation und Versagung des kirchlichen Be=
gräbnisses, nach dem kanonischen Recht aber obendrein noch In=
famie, Güterkonfiskation und schon auf die Häresie selbst der Tod.
Diese Härte hat folgenden Grund. Der erste orthodox=katholische
Kaiser, Theodosius, hatte im römischen Reiche nur denen das
Bürgerrecht zugesprochen, welche im Gegensatz zum Arianismus den
trinitarischen Gottesglauben bekannten; auf Abweichung davon setzte
er die Todesstrafe¹⁰); diese Vorstellung beherrschte das ganze
Mittelalter so fest, daß sich selbst der aufgeklärte Friedrich II. von
Hohenstaufen davon nicht frei machen konnte¹¹). Seit der Refor=
mation entzieht der Staat der Kirche seine Mitwirkung in der
Bestrafung der Ketzerei; sie ist kein bürgerliches Verbrechen mehr.
Es gehört ferner zu den Kirchenverbrechen die Simonie, d. h. der

Erwerb oder die Dahingabe eines geistigen Gutes um weltlichen Vorteil. (Apg. 8, 14 ff.) [12]). Endlich beansprucht die römische Kirche die volle Strafgewalt über ihre Geistlichen, sodaß deren keiner von einem weltlichen Gerichte abgeurteilt werden könne, was ihr aber von den modernen Staaten nicht mehr zugestanden wird [13]). Im Gegenteil pflegt vielmehr die staatliche Gesetzgebung auch für die Anwendung der geistlichen Strafgewalt mit Recht Grenzen festzusetzen, weil die vom kanonischen Rechte angedrohten Strafen Güterkonfiskation, körperliche Züchtigung und langwierige Freiheitsstrafen, das bürgerliche Leben schwer schädigen können; sie pflegt auch den Rekurs wegen Mißbrauchs der geistlichen Gewalt an die Staatsgewalt, den Landesherrn, zu gestatten, da sie jeden Staatsbürger in Schutz zu nehmen verpflichtet ist [14]). — Die evangelischen Kirchen üben dafür ihre Kirchenzucht, die in den kalvinischen Kirchen von den Presbyterien, in den lutherischen frühzeitig von den Konsistorien gehandhabt wurde. Man erkannte und erkennt infolge der „Schlüsselgewalt" (potestas clavium), welche Christus seiner Kirche gegeben hat, auf Ausschließung von der kirchlichen Gemeinschaft bis zu geschehener Buße. Neuerdings bricht sich auch in der lutherischen Kirche immer mehr die Überzeugung Bahn, daß die Kirchenzucht aus dem religiösen und sittlichen Bewußtsein der Gemeinde hervorgehen, also Selbstzucht sein müsse [15]). Als eigentliche Kirchenverbrechen erwähnen die evangelischen Kirchenordnungen Ketzerei und Simonie, die mit dem Bann, d. h. der Ausschließung aus der kirchlichen Gemeinschaft bestraft werden; über die Geistlichen kann das evangelische Kirchenregiment nur kirchliche Strafen verhängen, Suspension, Strafversetzung, Entlassung und Entsetzung. Alle bürgerlichen Angelegenheiten der Geistlichen gehören aber vor das bürgerliche Gericht.

Dieser Streifzug durch das dornenvolle Feld des Kirchenrechtes läßt erkennen, daß auf rechtlichem Gebiete ebenso wenig eine Einigung mit dem Romanismus möglich ist, wie im religiösen Glauben, in der Sittlichkeit und in der Gottesverehrung. Denn „die (römische) Kirche verzichtet nicht prinzipiell auf Rechte, die sie einst ausgeübt hat und deren Ausübung — wäre es auch nur in Afrika — wieder notwendig werden könnte [16])." Das römisch-

katholische Recht ist und bleibt ein versteinertes Gebilde vergangener
Zeiten, an welchem auch kein Papst prinzipiell etwas ändern darf.
Wie verschieden gerade die Rechtsanschauungen des Protestantismus
und des Ultramontanismus im praktischen Leben wirken, wird an
der römischen Finanzwirtschaft und am Verhältnis der römischen
Kirche zum modernen Staate besonders erkennbar.

Zweiter Abschnitt.
Das römisch-kirchliche Finanzwesen.

Das Finanzwesen der römischen Kirche umfaßt die laufen-
den Einnahmen und die Erwerbung von Vermögen zu
toter Hand.

§ 76. Die laufenden Einnahmen.

Die Einnahmen bestehen a) in Zahlungen für Besetzung geistlicher Stellen; die Bischöfe zahlen z. B., wenn sie ordiniert
werden, Konfirmationsgelder nach Rom; Dalberg entrichtete im
Jahre 1787 18000 Gulden, um die Bestätigung als Koadjutor
von Mainz und Worms zu erhalten [17]). In der Neuzeit zahlen
die Herren erheblich weniger; von den preußischen Bischöfen bezieht
die Kurie bloß 1000 Scudi (1 Scudo = 1½ Thaler), von den
preußischen Erzbischöfen 1500 Scudi, wovon das meiste als
„Trinkgeld (propina)" für den heiligen Vater abgeführt wird.
Für das Pallium, das Symbol ihrer Abhängigkeit vom Papste,
zahlten die Erzbischöfe verschieden, mancher 1000, mancher 5000
Goldgulden. Jeder Besitzer einer Pfründe von mehr als 24 Goldgulden Ertrag mußte bei seinem Amtsantritt eine Summe an die
Kurie zahlen, den Wert der Früchte des ersten Jahres (fructus
primi anni, daher der Name dieser Abgaben Annaten). Sie sind

18*

jetzt suspendiert, aber nie aufgehoben; können also im Notfall auch
wieder eingeführt werden. Dazu kamen die Einnahmen aus den
Reservationen. Als Inhaber der Fülle der Kirchengewalt nahmen
nämlich die Päpste seit dem dreizehnten Jahrhundert das Recht
in Anspruch, die Besetzung von allen ihnen zusagenden Bischofs-
sitzen, Abteien und Pfründen sich zu „reservieren"; wer dann bei
der Kurie gut zahlen konnte, bekam die Stelle; oft hatten mehrere
Stellenjäger in Rom gezahlt und der Zufall entschied, wer —
betrogen wurde. Noch im Zeitalter der Aufklärung verkaufte der
Papst Benedikt XIV. (1740—1758) sein Reservatrecht für Spanien
an den spanischen König um 133 333 Scudi und 5000 Scudi
Jahresgehalt für den Nuntius von Madrid [18]). Wieviele von
diesen Reservationen geblieben sein mögen, entzieht sich der Beurteilung.

An diese Zahlungen reihen sich b) S t e u e r n und s t e u e r -
ä h n l i c h e G e s c h e n k e. Unter ihnen ist die wichtigste Einrichtung
der P e t e r s p f e n n i g, der seinen Ursprung im frühen Mittelalter
hat, als fürstliche Wohlthäter aus England im achten Jahrhundert
Almosen für den heiligen Petrus an den Apostelgräbern zu Rom
niederlegten. Ganze Länder und einzelne Familien traten sogar
allmählich in das Verhältnis der Vasallität zum heiligen Petrus;
Kirchen, Klöster und Hospitäler wurden so dem römischen Stuhle
tributpflichtig. Sicilien und Savoyen haben bis in das neunzehnte
Jahrhundert ihren Tribut gezahlt. In unsern Zeiten ist der
Peterspfennig wieder bloß Almosen, bildet aber noch jetzt eine
wichtige Einnahmequelle der Kurie; nur wechselt seine Höhe gewöhnlich nach der Beliebtheit des jeweiligen Papstes: unter
Pius IX., dem liebenswürdigen, schönen und redseligen Greise,
welcher bei jeder Audienz die Herzen der Damen gewann, belief
er sich manchmal jährlich auf 20 bis 25 Millionen Franken, sodaß bei dem Tode dieses Papstes der Baarschatz der Kurie 120
Millionen Franken betragen haben soll. Unter Leo XIII., dem
trockenen Gelehrten, ging er im ersten Jahre auf 3 Millionen
zurück; dann hob er sich zwar, erreichte jedoch die Höhe von Pius'
Zeiten nie.

Die Haupteinnahmequellen waren aber vor der Reformation

c) die Ablaßgelder und die Gebühren für päpstliche Erlasse, für deren Eintreibung zwei kuriale Behörden, die Pönitentiarie und die Kanzlei sorgten. Staunenswert ist der Scharfsinn, mit welchem die römische Habsucht hier ein ganzes System von Geldgeschäften ersonnen hat. Alle päpstlichen „Gnaden" wurden nach ihrem Geldwerte „taxiert"; man hatte dafür genau ausgearbeitete Tarife „Taxenbücher", welche bis zum Jahre 1516 unter den Augen des Papsttums in Rom gedruckt worden sind. Nach 1517 ist dies allerdings nicht mehr geschehen, aber das vor 1517 gedruckte Taxenbuch ist auch nie verdammt worden; verdammt sind nur die von Gegnern Roms seit 1560 besorgten Ausgaben des Taxenbuches (ab haereticis adversus annates conscriptus). In diesem Buche standen die Taxen, welche der dummdreiste Tetzel ausschreien ließ für begangene und noch zu begehende Sünden, Raub, Mord, Ehebruch, die gemeinste Unzucht, falsches Zeugnis, Meineid — alles war feil für einige Dukaten. Diese Ablaßgelder bleiben „die volle Schmach des Papsttums" zumal wenn man die Scala der Sünden bedenkt: ein Geistlicher, welcher Exkommunizierte zum Gottesdienst zuläßt, zahlt 7 Grossi; dagegen ein Scheusal, das an Vater oder Mutter den gemeinsten Inzest begeht, nur 5 Grossi [19]). Welcher Niedergang des sittlichen Bewußtseins!

Es wurden und werden ferner Gebühren erhoben für Vollmachten, Privilegien und Licenzen, hauptsächlich aber für Dispense. Dispensieren kann der Papst „ohne Grund" überall, wo das kanonische Recht etwas verbietet. Am häufigsten sind Ehedispense bei Heiraten unter Verwandten bis zum vierten Grade. Welche ungeheure Summen die römische Kirche in der ganzen römisch-katholischen Welt unter diesem Titel einzutreiben versteht, läßt sich aus Nachweisen des Münchener Staatsarchivs schließen. Allein in sechs Jahren, 1830—1832 und 1837—1841, zahlten sechs bayerische Diöcesen 33 789 Gulden, also gegen 60 000 Mark. Dabei ist die wichtigste Diöcese nicht mit eingerechnet, die Erzdiöcese München-Freising, wo die Dispense am teuersten bezahlt werden mußten, nämlich im Jahre 1824 ein Dispens mit durchschnittlich über 109 Gulden, während er in Passau durchschnittlich auf ohngefähr 40, in Augsburg auf ohngefähr 12 Gulden zu stehen kam [20]). Im Jahre 1768 schickte die Kurie 589 Ehedispense in das venetianische Gebiet für 160800 Scudi = 723600 Mark. Überblickt man das ganze römische Gebührenwesen, so bleiben nicht viel menschliche Handlungen unbesteuert; päpstliche Taxen begleiten den Menschen durch das Leben, erlauben ihm das Verbotene und verbieten ihm das Erlaubte; sie vergiften und stören die sozialen Verhältnisse und greifen willkürlich in die staatlichen Ordnungen ein [21]).

Durch die Reformation ist an diesem Systeme zwar gerüttelt worden, aber es ist bis heut nicht umgestoßen. Aus dem achtzehnten Jahrhundert ist ein in Frankreich veröffentlichtes Preisverzeichnis der päpstlichen Gnaden bekannt [22]), und 1857 hat ein römischer Agent in Paris ein Kommissionsgeschäft für Besorgung der päpst-lichen Gnadenbewilligung eröffnet. Das Zirkular, welches er an die französischen Geistlichen richtete, enthält im wesentlichen die Titel der käuflichen Gnaden der alten Taxenbücher [23]). Ein fran-zösischer Geistlicher veröffentlichte es und forderte zugleich den Nuntius in Paris auf, den Agenten zu desavouieren; der Nuntius aber — schwieg [24]).

. Laufende Einnahmen erzielt die Kurie endlich d) durch Reli-quien und Heiligsprechungen. Approbierte Reliquien werden nur von der Kurie und zwar gegen Bezahlung geliefert. Da jeder Altar, auf welchem Messe gefeiert werden soll, eine Reliquie in sich schließen muß, so ist für Nachfrage reichlich gesorgt, und da die Kongregation, die sich damit beschäftigt, im Jahre 1878 28 Kon-sultoren beschäftigte, so muß das Geschäft flott gehen. Die Ein-nahmen aber sind völlig unkontrollierbar.

Seligsprechungen und Heiligsprechungen verschlingen unermeßliche Summen. Aufnahme notarieller Akte, Zeugenverhöre, Berichte, Drucke der Prozeßakten, Erkenntlichkeits- und „Trinkgelder" an den Papst, die Kardinäle und alle Kurialen bis herab zum letzten Thürsteher, die öffentliche Feier (Ausschmückung des Fest-ortes, früher regelmäßig der Peterskirche mit Damast und rotem Tuch), Aufstellung von Bildern mit Wundern der Heiligen — das alles kostet ungeheure Summen.

Im Jahre 1665 beliefen sich die Kosten des Kanonisations-prozesses des heiligen Franz von Sales auf 31900 Scudi = 47850 Thaler. Wie hoch mag sich heut die nötige Summe belaufen, nachdem das Geld so ungeheuer entwertet ist? — Die Kosten erreichen je nach der Schwierigkeit des Prozesses eine verschiedene Höhe. Getragen müssen sie von denen werden, welche die Heiligsprechung nachsuchen. Aus Spanien, woher die meisten Gesuche nach Rom gelangt sind, bezog die Kurie nach der Berechnung eines Kardinals noch gegen Ende des achtzehnten Jahrhunderts jährlich mehr als eine Million Franken [25].

§ 77. Die Erwerbung des Vermögens zu toter Hand.

Keine Macht der Erde hat so sicher Vermögen zu erwerben und zähe festzuhalten verstanden, wie die römische Kirche. Seit sie Stiftungen annehmen durfte, hat sie ein ungeheures Vermögen „zu toter Hand" (die nichts herausgiebt) aufgehäuft; im Kirchenstaat war in neuester Zeit ein Dritteil in ihrem Besitze zu toter Hand; in Schweden befanden sich vor Einführung der Reformation zwei Dritteile aller Güter im Besitz der hohen Geistlichkeit; nur ein Dritteil blieb für den König, den Adel und das Volk übrig; man zählte allein 13000 Landgüter, die der Kirche gehörten [26]. Als die Abtei Tegernsee zum ersten Male aufgehoben wurde (es geschah 200 Jahre nach ihrer Gründung, unter Herzog Arnulf im Kampfe gegen die Ungarn), besaß sie bereits 11866 Gehöfte; soviel freie Bauern mußten einst ihr Frohndienste leisten [27]. Im Jahre 1679 besaß der Jesuitenorden in Polen 160000 Güter [28]. „Familien aussterben machen und sich in das Erbe setzen ist alte Klosterpraxis und ein geistliches Geschäft", sagt ein Kenner süddeutscher Kirchenzustände. Erbsöhnen wird das Heiraten verleidet. Erbtöchter werden in das Kloster gelockt; so sterben Familien aus [29]. In Bayern betrug das Kultusvermögen schon 1875 21 Millionen; der Zuwachs in einem Jahre (1872) 241219 Gulden, in den Jahren 1870—1873 im ganzen Königreiche aber 2491601 Gulden; davon fielen auf Oberbayern allein mehr als ein Dritteil, nämlich 838471 Gulden (auf je tausend Seelen in den vier Jahren 997 Gulden [30]. In Frankreich erwarben in den neun ersten

Jahren des zweiten Kaiserreichs die Orden 25 Millionen Franken;
am ersten Januar 1859 betrug ihr Grundvermögen 105 370 000
Franken, soweit man es kannte; was andere für sie besaßen und
besitzen, weiß niemand [31]). Nach einer offiziellen Berechnung aus
Frankreich aus dem Jahre 1879 betrug das der römischen Kirche
durch Schenkungen oder Vermächtnisse zugeflossene Vermögen 119
Millionen Franken, welches mit Zustimmung des Staates gegeben
war; was aber ohne sie geschenkt ist, bleibt völlig unkontrollierbar [32]).
In Schlesien besitzt die römische Kirche soviel Vermögen, daß allein
ihr erster Geistlicher, der Fürstbischof von Breslau, ein jährliches
Gehalt von 360 000 Mark bezieht. In den vereinigten Staaten
Nordamerikas, wo vor ohngefähr hundert Jahren die römische Kirche
überhaupt kaum existierte, hatten 1878 ihre Kirchen und Kapellen
ein Eigentum im Werte von 61 Millionen Dollars = 244 Millionen Mark [33]). Eine besondere Aufmerksamkeit des Staates verdienen die Meßstiftungen und ihre Verwendung. Es war einmal ein arger Wucherer, der lag im Sterben; anstatt das Geld
nun denen zurückzugeben, die er bestohlen hatte, stiftete er 20 000
Gulden als „Beneficium", damit für seine Wucherseele auf ewige
Zeiten Messen gelesen würden [34]). Messen sind nämlich das Uni-
versalzaubermittel, durch welches der ungebildete Katholik alles aus-
richten zu können hofft. Wer arm ist, zahlt seine Mark oder seinen
Thaler und läßt sich eine Messe lesen; wer viel Geld hat, sorgt
sogar dafür, daß an einem bestimmten Tage in jedem Jahre auch
nach seinem Tode bis an das Ende der Welt eine Messe gelesen
werden soll. Der Reiche kommt also bequemer aus dem Fegefeuer
als der Arme; das soziale Übel reicht in dieser Kirche sogar bis
ins Jenseits. Durch solche Meßstiftungen ist das Messelesen ein
Geldgeschäft geworden, „dessen Ertrag sich nach Millionen nicht
abschätzen läßt." Die Stiftungen für den Kultus, meist Messestiftungen, betrugen in Oberbayern zwischen 1833—1839 im Durch-
schnitt jährlich erst 26 336 Gulden, zwischen 1840—1842 schon
jährlich 48 587 Gulden, dagegen zwischen 1870—1873 jährlich
209 693 Gulden. Zwischen München und Passau in Oberbayern,
am Inn, liegt der berühmte Wallfahrtsort Alt-Ötting. Hier werden
von Wallfahrern gern Messen bestellt, in der Meinung, daß sie

am heiligen Orte auch mehr wirken; die Zahl der Messen häuft
sich aber Jahr für Jahr derartig, daß ihrer Tausende nicht gelesen werden können, sondern andern Geistlichen an andern Orten
übertragen werden müssen. Im Jahre 1864 mußten so übertragen
werden 37 987 Messen im Betrage von 18 998 Gulden; 1865
38 117 Messen im Betrage von 19 050 Gulden; 1866 46 699
Messen mit 23 349 Gulden [35]). Längst hat sich die Unmöglichkeit
herausgestellt, den Meßverpflichtungen nachzukommen. In ganz
Bayern blieben bis 1878 alljährlich eine Million Messen ungelesen;
trotzdem wird jedes Jahr weiter gestiftet [36]). Darum wird ein
schwunghafter Meßhandel betrieben, oder die Meßgelder werden zu
andern Zwecken verwandt. Hier begegnet uns der interessante Fall
der „Reduktion von Messen" oder der Kunstgriff, sich Messen
bezahlen zu lassen und sie doch nicht zu lesen. Wo nämlich so viel
Messen gestiftet sind, daß sie nicht gefeiert werden können, hat der
Papst die Macht, dieselben zu „reducieren". In der Diöcese
Triest-Capodistria mußte die Seelsorgegeistlichkeit für je hundert
Gulden aus dem Religionsfond je 30 gestiftete Messen lesen; im
Jahre 1850 bestimmte aber der Papst Pius IX., daß in Zukunft
für den Bezug von 100 Gulden nur 10 Messen zu lesen seien;
je zwanzig arme Seelen im Fegefeuer verloren also ihr bezahltes
Meßopfer. In solchen Fällen verwendet die römische Kirche das
gestiftete Kapital nicht stiftungsmäßig, macht sich also einer Treu-
losigkeit gegen den Testator schuldig. Die Kirche verspricht zwar,
sie wolle aus dem Schatz ihrer Gnaden die Stifter der Messen
entschädigen (supplendo ex thesauro suo); allein Thatsache bleibt,
daß mit päpstlicher Genehmigung in jener Diöcese von dreißig be-
zahlten Messen immer zwanzig unterschlagen werden [37]). Für Rom
und Umgebung genehmigte derselbe Papst am 20. September 1851
ausdrücklich, daß von je hundert jährlich zu lesenden Messen drei
erlassen würden, deren Almosen neuen Ausgaben dienen sollten [38]).
In Vermögensfragen der römischen Kirche setzt nun wieder das
Interesse des Staates ein. Als Hüter des Nationalwohlstandes hat er erstens die Pflicht, über die Erhaltung des gestifteten Kapitals zu wachen; unter seiner Aufsicht muß daher das
Kirchenvermögen stehen, und es muß der Lokalgemeinde gehören.

Hier gerät er aber mit der römischen Kirche in unausgleichbaren Gegensatz. Denn nach römischer Lehre gehört das Kirchenvermögen der Gesamtkirche, steht also zur Verfügung des Papstes; das ist Roms Fundamentalsatz; auch die deutschen Bischöfe haben ihn ausdrücklich am 14. November 1848 auf ihrer Würzburger Versammlung als ihre Überzeugung ausgesprochen; die eine katholische Kirchengesellschaft soll nach ihrer Forderung als einiges Rechtssubjekt und so als Eigentümerin des Kirchenvermögens anerkannt werden [39]). Nach preußischem Landrecht aber gehört jedes Kirchen-Vermögen denjenigen Gemeinden, in welchen es gestiftet wird. Der Staat muß zweitens über die fundationsgemäße Verwendung des von ihm genehmigten Kultusvermögens wachen; er darf stiftungswidrige Verwendung gestifteter Gelder nicht zugeben. Verlangt die Kirche für ihr Vermögen den Schutz des Staates, so muß sie ihm auch die Kontrolle über dasselbe zugestehen.

Wenn sie ein reines Gewissen hat, so kann ihr das doch nicht schwer fallen.

Wie lange sollen ferner die Millionen Mark römischer Meßgelder im Deutschen Reiche steuerfrei bleiben? Jeder Handarbeiter muß seine Steuern zahlen; die römischen Geistlichen aber beziehen ihre Meßgelder nicht nur steuerfrei, sondern treiben steuerfrei sogar einen schwunghaften Handel damit. Der Staat sollte doch endlich das Erbrecht der Klöster und klosterähnlichen Kongregationen aufheben. Wenn der Mönch oder die Nonne in das Kloster tritt, so treten sie damit nach römisch-katholischer Anschauung aus ihren Familien aus (§ 55); daher können sie auch ihre Familien nicht beerben, und die Klöster können von ihnen keine Erbgüter einziehen. Der Anhäufung der Güter zu toter Hand wäre dann wenigstens ein Damm entgegengesetzt. Freiwillig aber wird sich die römische Kirche, das großartigste Finanzinstitut der Welt, keine ihrer Lebensadern unterbinden lassen.

Dritter Abschnitt.
Das Verhältnis der Kirchen zum modernen Staate.

§ 78.

Staat ist das rechtlich organisierte Volk mit der Obrigkeit an seiner Spitze; Menschen also sind es, welche im Staat organisiert werden, eine Gesamtheit geistig-sinnlicher und sittlicher Wesen; aus der Natur dieser Gesamtheit erwachsen demnach die Aufgaben der sinnlichen und sittlichen Seite des Staates; diese gipfeln in der Organisation des Volkes zur sittlichen Bildung und zur gemeinsamen Kulturarbeit. Der moderne Staat ist Kulturstaat, nicht bloß Rechtsstaat oder Verfassungsstaat. Alle Kultur ist Dienstbarmachung der Materie durch den Geist; das setzt Bildung voraus, Bildung des Intellekts, des Gemütes und zuhöchst des Willens. Der Staat hat also, wenn er Kulturstaat sein will, vor allem sittliche Aufgaben. Der Staat schützt nicht bloß die persönliche Freiheit der Staatsbürger und ihr Eigentum; er sorgt auch für Erziehung des Volksgeistes zur Bildung und dadurch zur Kulturarbeit; er sorgt für öffentlichen Unterricht, für nationale Erziehung, für das Wohlverhalten aller gegen alle, für die Erzeugung des Nationalwohlstandes, für die Teilnahme des Volkes an der Kulturarbeit der ganzen Menschheit, für den Schutz des Volkes und seiner Güter gegen auswärtige Feinde. So aufgefaßt ist der Staat eine eminent sittliche Größe. Die einfachste Kulturarbeit aber erzeugt Rechtsverhältnisse; schon jede Scholle Land, welche bearbeitet werden soll, muß ihre Grenzen haben; solche Schranken sind unumgänglich nötig, denn die Freiheit des einzelnen Staatsbürgers darf nie so weit reichen, daß ein anderer durch ihn in der Erfüllung seiner Lebensaufgabe gehindert wird. Jeder Staatsbürger hat von der Gemeinschaft die für ihn notwendige Freiheitssphäre zu beanspruchen. Aufgabe des Staates ist, diese Freiheits-

sphäre gerecht abzugrenzen und eine dem entsprechende Rechtsord-
nung nötigenfalls mit Zwang durchzusetzen. Der Staat hat also
zweitens rechtliche Aufgaben. Aber die Staatsbürger existieren
nicht als vereinzelte Personen, sondern in natürlich wachsenden
Gesellschaftsgruppen. Beruf und Interessengemeinschaft erzeugen
solche soziale Gruppen, innerhalb deren der einzelne Staatsbürger
an der Kulturarbeit des Staates teilnimmt. Das gegenseitige
Verhältnis dieser Gesellschaftsgruppen zu regeln, ist der dritte
Kreis von Aufgaben, welche staatlich gelöst werden müssen; der
Staat hat drittens soziale Aufgaben. Diese Dreiheit der Aufgaben erwächst dem Staate aus seinem Wesen; sie zu lösen ist
Pflicht und Recht · für ihn. In diesem Umfange ist auch er
Gottes Ordnung. Christus hat die Selbständigkeit des Staates
anerkannt, indem er die geistliche und die weltliche Sphäre schied.
Mein Reich, erklärte er Joh. 18, 36, ist nicht von dieser Welt;
er lehnte das Richteramt in einer Erbschaftsangelegenheit ab (Luk.
12, 14: „wer hat mich zum Richter gesetzt?"), er befahl Matth.
22, 21 (Mark. 12, 17. Luk. 20, 25) „dem Kaiser zu geben,
was des Kaisers ist" (§ 57).

Keine Kirche hat also den Staat zur Lösung seiner wesentlichen Aufgaben erst zu bevollmächtigen; er steht jeder Kirche
selbständig, aber keiner gleichgültig gegenüber; denn
seine eigenen Aufgaben werden ihn veranlassen, zu den Kirchen
ein klares Verhältnis einzunehmen. Er regelt aber infolge seiner
Selbständigkeit sein Verhältnis zu ihnen kraft eigener Machtvollkommenheit; denn in ihrer Eigenschaft als Korporationen
im Staate sind alle Kirchen ihm rechtlich untergeordnet. Zur
Lösung seiner sittlichen Aufgaben braucht er jedoch sittliche Gesinnung; sittliche Gesinnung aber ruht auf sittlichen Beweggründen;
die tiefsten sittlichen Beweggründe erwachsen dem Menschen aus
der Religion, und zwar aus der christlichen; denn sie ist selbst
durch und durch sittlich, persönliches Verhalten des Menschen zu
dem persönlichen Gott, welcher in der Person Jesu Christi uns
seine heilige Liebe offenbart hat. Der Staat handelt also in seinem eigenen Interesse, wenn er das Christentum pflegt. Er
soll keine Dogmen machen, auch keine Staatsreligion auf-

richten, aber seine Bürger soll er mit christlich=sittlicher Gesinnung erfüllen lassen. Erstrebt der Staat eine Bildung ohne Religion, so klaffen beide auseinander, und die Gesellschaft geht so sicher zugrunde, wie die Saatswesen von Hellas und Rom. „Eher kann eine Stadt ohne Häuser und ohne Grund und Boden bestehen, als ein Staat ohne Glauben an die Götter“, sprach der Philosoph Plutarch, als die antike Gesellschaft in Trümmer fiel [40]). Zum Christentum soll der moderne Staat also auf jeden Fall in freundschaftlichem Verhältnisse stehen. Da dasselbe aber nur in Kirchen oder in kirchlichen Gemeinschaften vorhanden ist, so soll er dieselbe Gesinnung den einzelnen christlichen Gemein=schaften entgegenbringen. Noch mehr, er wird die großen Kirchen, welche sich in seinen Landesgrenzen befinden und sich mit ihrem großen Einflusse auf Millionen seiner Staatsbürger im Laufe von Jahrhunderten bewährt haben, als öffentliche Korporationen, nicht bloß als privatrechtlich gesicherte Vereine anerkennen müssen, und zwar als bevorzugte Korporationen, denn sie haben eben durch eine jahrhundertelange Geschichte ihre Leistungskraft bewiesen. Erst wenn eine christliche Gemeinschaft ihn in der Lösung seiner dreifachen Aufgabe hemmen sollte, hat er Pflicht und Recht, sich gegen sie zu wehren. Die evangelischen Kirchen haben das nie gethan, in Deutschland jedenfalls nie, werden es auch nicht thun; denn der Protestantismus ist ein religiöses und sittliches, kein politisches Prinzip. Die Augsburger Konfession erkennt Staat und bürgerliche Obrigkeit als Gottes Ordnung an [40a]); es liegt also für den modernen Staat auch nicht der leiseste Grund vor, eine evangelische Kirche zu befehden; der Staat und die evangelischen Kirchen können und sollen in freund=schaftlicher Wechselwirkung mit einander an der Befriedigung, Be=glückung, Beseligung der Staatsbürger arbeiten. So ist die Kirche sittlich dem Staate gleichgeordnet; aber rechtlich bleibt sie ihm untergeordnet.

Ein anderes Verhältnis hat der moderne Staat zur römi=schen Kirche. Als Staat über den Staaten, als internationaler Staat unter einem ausländischen, unumschränkten Monarchen, der nicht bloß die Handlungen, sondern auch die Gesinnung, ja das

Gewiſſen ſeiner 180 bis 200 Millionen Unterthanen ohne Wider-
rede beherrſcht, ſteht die römiſche Kirche ihrem Weſen nach jedem
modernen Staate feindlich gegenüber. Während die modernen
Staaten den Abſolutismus abgeſchüttelt haben, baut ihn die römiſche Kirche mit chineſiſcher Zähigkeit auf. Es iſt aller menſchlichen Kreatur zum Heile notwendig, dem römiſchen Papſte unterthan zu ſein, heißt es in der Bulle Unam sanctam, welche von
dem Papſte Bonifazius VIII. am 18. November 1302 erlaſſen
und von Leo X. und dem fünften Laterankonzil noch dazu beſtätigt
iſt, alſo ohne Zweifel dogmatiſchen Charakter hat [41]); und zwar
iſt dieſe Unterthänigkeit eine unbedingte; ſie bezieht ſich nicht
bloß auf das, was die Päpſte als unfehlbare Glaubensſätze aufgeſtellt haben oder auffſtellen werden, ſondern auf jeden ihrer Aus-
ſprüche, „welcher das allgemeine Wohl der Kirche, ihre Rechte
und ihre Disziplin zum Gegenſtande haben“ [42]). Durch das vatikaniſche Dogma vom Univerſalepiſcopat und der Unfehlbarkeit
des Papſtes iſt der römiſche Gewiſſensbeherrſcher als unfehlbares
Orakel für den geſamten Bereich der Sittlichkeit proklamiert. In
das Gebiet der Sittlichkeit kann aber das ganze Staatsleben gezogen werden; „auch rein weltliche Angelegenheiten, wie das Militär-
weſen, die Steuern, die bürgerlichen Gerichte können“, wie die
päpſtlich privilegierte Zeitſchrift Civiltà cattolica vom 2. Januar
1869 ſchrieb, „indirekt unter die kirchliche Jurisdiktion fallen,
dann nämlich, wenn die darauf bezüglichen Geſetze die Unſittlich-
keit befördern oder irgendwie dem geiſtlichen Wohle der Völker
ſchaden. In dieſem Falle können und müſſen die von der bürgerlichen Gewalt erlaſſenen Geſetze durch die kirchliche Autorität korrigiert und außer Kraft geſetzt werden“. Bei dem Menſchen, der
zugleich Katholik und Staatsbürger iſt, ſteht die Pflicht, der Kirche
zu gehorchen, höher, als die Pflicht, dem Staate zu gehorchen [43]).
Dieſer Fall iſt in der Neuzeit öfter eingetreten, als Pius IX.
Staatsgeſetze für null und nichtig erklärte *). Die römiſch-katho-

---

*) In den Allokutionen vom 22. Januar 1855 gegen Piemont, vom
22. Juli 1855 gegen Sardinien, vom 26. Juli 1855 gegen Spanien, vom
15. Dezember 1856 gegen Mexiko, vom 22. Juni 1862 gegen Öſterreich; in

lichen Staatsbürger sollen der Obrigkeit bloß in „nicht=ungerechten
Angelegenheiten" Gehorsam leisten, mahnte Leo XIII. am 22. Ok=
tober 1880 [44]), und für entgegengesetzte Fälle hat derselbe Papst
in seiner Encyclica vom 28. Dezember 1878 ausdrücklich daran
erinnert, daß man Gott mehr gehorchen müsse, als den Menschen [45]).
Die römische Kirche gefährdet also die Unterthanen=
treue, da jeder Katholik aus Gewissenhaftigkeit nur diejenigen
Gesetze befolgen darf, welche der Papst billigt; und „ohne Zweifel
ist die Beziehung jedes Christen zum Papste eine
innigere, als die zu seinen bürgerlichen Obrigkeiten"
schreibt einer der angesehensten Jesuiten, P. Liberatore, mit rühm=
licher Offenheit [46]). Auch der weltliche Fürst hört als Fürst
nie auf, Unterthan des Papstes zu sein, lehrt derselbe Autor [47]);
er schreibt es ganz im Einklang mit der Bulle „Unam sanctam",
in welcher der Satz steht, daß die weltliche Gewalt der geistlichen
unterworfen sein soll (oportere temporalem autoritatem spirituali
subjici potestati): „Der Papst hat, kraft seines kirchlichen Amtes,
d. h. kraft der indirekten weltlichen Gewalt, die in seinem geistlichen
Amte eingeschlossen ist, die Vollmacht, jeden Fürsten abzu=
setzen, von dessen Regierung er glaubt, daß sie dem geistlichen
Wohle seines Landes nachteilig sei", schreibt die irländische katho=
lische Zeitschrift Dublin Review im Oktober 1874 [48]). Kraft
dieser Vollmacht sprach Pius V., den die römische Kirche als
heilig verehrt, das Absetzungsurteil über Elisabeth von England
aus, „gemäß der Autorität, welche ihm in der Person des Petrus
von Christus selber übertragen worden sei" [49]). Gerade so denken
die deutschen Ultramontanen. Wilhelm Molitor, Domherr zu
Speier, Konsultor der kirchlich=politischen Kommission des vatika=
nischen Konzils, zählt in seiner Schrift „Brennende Fragen" im
Jahre 1874 achtzehn Päpste von Gregor VII. bis zu Gregor XIV.
auf, welche gemäß derselben Macht Fürsten der Krone verlustig
erklärt haben [50]). Das Recht, Fürsten abzusetzen und

---

der Encyklika vom 17. September 1863 gegen Neugranada, vom 5. Fe=
bruar 1875 gegen Preußen. Aus Gladstones „Vatikanismus", bei
Reusch, Theologisches Litteraturblatt 1875, Spalte 251.

Unterthanen vom Eide der Treue zu entbinden, hat das römische Papsttum nie aufgegeben; Pius IX. hat 1873 die Völker nur belehrt, daß dieses Recht nicht aus seiner „Unfehlbarkeit" fließe[51]). Die Moral der Jesuiten strotzt von Aussprüchen über dieses Recht des Papstes. Der Jesuit Anton Sanctarel († 1649) lehrte zu Rom, wie Petrus die Macht hatte, Personen mit der Todesstrafe zu belegen, so habe auch der Papst das Recht, ungehorsame und unverbesserliche Fürsten mit zeitlichen Strafen zu belegen und der Herrschaft zu berauben[52]). „Wenn alle Glieder eines Regentenhauses Ketzer seien", schreibt Gabriel Vasquez († 1604), „könne sie der Papst der Herrschaft berauben, da die Erhaltung des Glaubens ein wichtigeres Gut sei als das Erbrecht; das Land habe dann einen neuen König zu wählen. Wenn auch das Land von der Ketzerei angesteckt sei, so könne der Papst einen katholischen Fürsten ernennen und diesen im Notfall mit Waffengewalt einsetzen[53]).

Der Papst verwirft die Gerichtsbarkeit des Staates über die Geistlichen; Pius IX. sprach 1869 den Kirchenbann aus über alle Richter, welche einen katholischen Geistlichen vor Gericht ziehen, und selbst über diejenigen, welche sie dazu veranlassen oder gesetzlich verpflichten[54]), und die Kurie hat am 6. März 1871 ausdrücklich erklärt, daß diese Konstitution alle Katholiken verbinde[55]). Die römische Kirche verlangt vielmehr als Standesrechte der Geistlichen das Vorrecht des befreiten Gerichtsstandes und der Immunität, d. h. der Befreiung von Steuern und Abgaben, von öffentlichen persönlichen Lasten und Kriegsdiensten[56]).

Die römische Kirche verwirft das staatliche Eherecht; eine bloß bürgerliche Eheschließung erklärt Leo XIII. nicht einmal für ehrbar[57]). Die römische Kirche hat ihr eigenes Eherecht, mit dem sich aber kein staatliches verträgt (§ 75). Auch das Recht des Staates auf öffentlichen Unterricht und nationale Erziehung wird von der römischen Kirche verworfen, auf diesem Gebiete will die Kirche gänzlich freie Hand haben, erklärten die deutschen katholischen Bischöfe zu Würzburg im November 1848; sogar „die Mitbeteiligung des Staates an den Prüfungen der in den geistlichen Stand Tretenden erklärten sie für eine we-

feutliche Beschränkung der kirchlichen Freiheit und eine Beeinträch=
tigung der bischöflichen Rechte" [58]).

Endlich verlangt die römische Kirche die Dienste des
Staates zur Bestrafung der Ketzer. „Da die bürgerliche
Gesellschaft der Kirche untergeordnet ist, so hat diese das Recht,
der Gesellschaft die Anwendung von Zwangsmitteln zu gebieten",
schreibt der Jesuit Liberatore nach dem vatikanischen Konzile [59]).
Im kanonischen Recht und in den Konstitutionen der Päpste sind
teils geistliche, teils bürgerliche Strafen klar vorgezeichnet. „Die
bürgerlichen Strafen", schreibt im Jahre 1875 der ehemalige
Professor der katholischen Theologie in Innsbruck, Pater J. B.
Wenig aus dem Jesuitenorden, „schreiten fort von der zeitweiligen
Haft und von etwaiger sonstiger Körperstrafe zur lebenslänglichen
Einkerkerung und endlich zur Auslieferung an die weltliche Gewalt.
Die letztere ist die schwerste von allen, und sie wurde von der
Inquisition gesetzlich nur bei jenen schweren Verbrechen verhängt,
welche Todesstrafe verdienen können. Es ist allerdings richtig,
daß das Inquisitionsgericht, so oft es in einem solchen Falle auf
Auslieferung an die weltliche Macht erkannte, auf Todesstrafe
oder wenigstens auf eine größere Strafe stillschweigend mit=
erkannte, als die sonst in der Kirche üblichen Abstufungen der
Strafe sind, welche bis zu lebenslänglicher Haft sich erstrecken
können" [60]). Dem entspricht, daß Papst Pius IX. 1864 im „Syl=
labus" (Satz 24) das Züchtigungsrecht für die Kirche ohne jede
Einschränkung (ecclesia vis inferendae potestatem ... habet)
in Anspruch genommen hat. In Spanien verlangte 1877 unter
Approbation seiner geistlichen Oberbehörde ein Professor der Meta=
physik an der Universität Madrid, Orti y Lara, in seinem
Buche „La Inquisicion" die Wiederherstellung der Inquisition,
die formell zwar ein staatlicher, thatsächlich aber, wie Sixtus V.
anerkannte, ein kirchlicher Gerichtshof war. Die kirchliche Ober=
behörde aber preist dieses Buch als eine glänzende Verteidigung
„des erhabenen Tribunals der Inquisition, der Schutzwehr und
Vormauer unserer erhabenen Religion, einer Institution, welche
von der Kirche ebenso sehr geliebt und geschützt, wie von dem Mon=
strum der Ketzerei geschmäht und verflucht werde" [61]).

Dieser durchgängigen Unterordnung unter die Kirche entsprechen
die Formen des diplomatischen Verkehrs an der Kurie.
Der Papst behandelt alle Fürsten wie Kinder; „Filii, Söhne“,
werden sie von ihm angeredet [62]); denn er ist der „Vater der
Fürsten und Könige und der Lenker des Erdkreises“ [63]). Wenn
sie ihm in Rom in seinem Palaste einen offiziellen Besuch machen,
so erwidert er ihn nie, sondern schickt seinen ersten Diener, den
Cardinalstaatssekretär.

Aus alledem folgt, daß der moderne Staat nie aufhören darf,
die römische Kirche für staatsgefährlich zu halten und sich
gegen sie zu schützen. Sie anzugreifen, dazu hat er weder Recht
noch Pflicht; sie abzuwehren aber soll er keinen Augenblick versäumen. Wir fanden oben, daß alle kirchlich-staatliche Gesetzgebung aus der Machtvollkommenheit des Staates
fließt. Der Staat soll also in der Regelung seines Verhältnisses
zur römischen Kirche den Weg des Koncordates meiden; denn
jedes Koncordat ruht auf staatsrechtlicher Gleichstellung der römischen Kirche mit dem Staate, wobei jede Gleichberechtigung der
Konfessionen aufhören müßte. Wenn die Ultramontanen für sich
durchsetzten, was sie „Freiheit“ nennen, so würden alle Nicht-
katholiken vergewaltigt. Der moderne Staat soll ferner zwar die
bürgerliche Gleichberechtigung aller Staatsbürger wahren, aber jede
sogenannte „paritätische“ Behandlung der römischen und der
evangelischen Kirchen meiden: dieselbe mag für büreaukratische
Staatsbeamte das Bequemste sein, ist aber ein himmelschreiendes
Unrecht, da wir Evangelische ein anderes Verhältnis zum Staate
haben als die römischen Staatsbürger. Bei seinen selbständigen
Maßnahmen muß der Staat aber allerdings stets bedenken, daß
er es nur mit den römisch-katholischen Staatsbürgern innerhalb
seiner Landesgrenzen zu thun hat, die als seine Unterthanen wie
alle anderen Staatsbürger ein Recht auf verhältnismäßig freie
Bewegung und Schutz haben; aber er darf dabei auch keinen Augenblick vergessen, daß sie alle zu ihrem ausländischen Gewissensbe-
herrscher ein innigeres Verhältnis haben müssen, als zu ihrer
vaterländischen Obrigkeit; ein Wink des Papstes genügt, um in
sämtlichen römisch-katholischen Staatsbürgern die Unterthanentreue

zu Falle zu bringen. Gegen diese Macht ist jeder Staat wehrlos; jeder staatliche Versuch zu nationaler Erziehung des römischen Klerus ist, wie wir oben (S. 233) angedeutet, ein Schlag ins Wasser. Denn der römische Beichtstuhl bleibt mächtiger als alle Polizei. Will sich der Staat gegen den unheimlichen Einfluß der römischen Kirche wehren, so muß er es anders anfangen. Er muß vor allen Dingen alle Unternehmungen begünstigen, durch welche die römische Gewissenstyrannei gebrochen wird; überall wo diese terroristische Religion erschüttert wird, muß er sich freundlich zeigen, freundlich gegen alles evangelische Christentum, freundlich auch gegen die kleine Schar der von Rom in den Tod gehaßten Alt= katholiken, die zwar Katholiken geblieben sind, jedoch ihr Gewissen nicht haben guillotinieren lassen. — Wo aber die römische Kirche aus der Sphäre der staatsfeindlichen Gesinnung in die der staats= feindlichen Handlungen übergeht, da muß er unnachsichtlich seine Strafgewalt eintreten lassen. Für solche Fälle sich gesetzlich vor= zusehen, ist die Aufgabe der Staatslenker. Der Staat darf sich seine wesentlichen Rechte nicht verkümmern lassen, das Recht auf selbständige Eheordnung, auf öffentlichen Unterricht und nationale Erziehung seiner Bürger, auf die Kontrolle des Kirchenvermögens und viele andere Verhältnisse. Auf zwei Punkte möchten wir be= sonders aufmerksam machen.

Ein klares Verhältnis wird der Staat zu den römischen reli = giösen Orden und Kongregationen einzunehmen haben; denn diese unterscheiden sich wesentlich von allen bürgerlichen Korpo= rationen. In jeder bürgerlichen Gesellschaftsgruppe bleibt jedes Mitglied eine freie Persönlichkeit; im Mönchsorden aber sind die Persönlichkeiten durch ihre feierlichen Gelübde untergegangen in den einen Kollektivwillen des Ordens. Durch Eidschwur sind sie für immer willenlos gemacht. Jeder Mönchsorden, jede Kongregation ist eine Armee, keine bürgerliche Korporation; durch ihre willen= lose Konzentration sind sie Burgen des Papstes in jedem Lande. Im Jahre 1861 zählte man allein in Frankreich 108 119 Or= denspersonen beiderlei Geschlechts; eine solche Armee kann dem Staate gefährlich werden; am gefährlichsten der Jesuitenorden, welcher zum blinden Gehorsam gegen die Person des Papstes

verpflichtet ist, eine internationale Leibgarde des römischen Souveräns. Der Staat darf die feierlichen Gelübde des Kloster-
wesens überhaupt nicht anerkennen; er soll vielmehr jedem Mönche
und jeder Nonne, welche aus ihrem Orden austreten, seinen Schutz
angedeihen lassen[64]). Er darf auch, wie wir bereits oben (§ 77)
in anderem Zusammenhange forderten, das Erbrecht der Klöster
nicht anerkennen.

Ferner wie der Staat mit der römischen Kirche kein Konkordat
schließen soll, weil es ihre rechtliche Gleichstellung mit dem Staate
zur Voraussetzung hätte, so soll er auch keine ständige Gesandtschaft bei dem römischen Stuhle unterhalten; denn
sie ist nur denkbar unter derselben Voraussetzung. Für bestimmte
Fälle wird er ja einen Geschäftsträger bei ihr nicht entbehren
können; aber jede ständige diplomatische Vertretung eines Staates
bei dem römischen Stuhle ist dem modernen Staatsbegriff zuwider,
und wir evangelische Staatsbürger fühlen uns obendrein durch sie
in unserer religiösen Überzeugung verletzt. Ebenso verletzt werden
wir, wenn an europäischen Höfen die Rangverhältnisse der römischen Kurialbeamten respektiert werden. Nach päpstlicher Anschauung stehen Kardinäle im Fürstenrange. Diese Rangliste mag
im Vatikan gelten, was geht sie uns an? In der preußischen
Rangliste vom 19. Januar 1878 stehen die römischen Kardinäle
an fünfter Stelle vor den Häuptern der fürstlichen Familien, welche
erst die sechste Stelle einnehmen, unmittelbar hinter den Rittern
des schwarzen Adlerordens, welche an vierter Stelle stehen. An
dreizehnter Stelle finden wir die Erzbischöfe und gefürsteten
Bischöfe, an einundzwanzigster die Bischöfe und Räte erster Klasse,
erst an vierundzwanzigster die evangelischen Generalsuperintendenten
und Räte zweiter Klasse. So wird es den römischen Herren
schon recht sein; wir Evangelische aber trauern darüber.

Fünftes Buch.
Das Wachstum der Kirchen in der neuesten Zeit.

Im Wesen des Christentums liegt das Bedürfnis sich auszubreiten; denn wer wahrhaft Christum lieb hat, muß ihm auch Seelen zu gewinnen suchen; wo aber das Wort Gottes gepredigt wird, kann es nicht leer zurückkommen. So dürfen wir denn auch in allen Kirchen ein Wachstum konstatieren. Wir unterscheiden das äußere und das innere Wachstum, einerseits die Zunahme der Seelenzahl und die Ausbreitung im Raum, anderseits die Erstarkung der katholischen und der protestantischen Gesinnung. Das äußere ist stets eine Folge des inneren Wachstums.

Erster Abschnitt.
Das innere Wachstum.

§ 79. Die Erstarkung des römischen und des protestantischen Geistes.

Offenkundig ist im Katholicismus die Erstarkung des jesuitischen Geistes. Zu Luthers Zeit wäre die Dogmatisierung der kirchlichen Allgewalt und Unfehlbarkeit des Papstes noch unmöglich gewesen;

durch den Jesuitenorden aber ist allmählich der Geist straffster
Konzentration auf die gesamte Kirche übertragen; heut herrscht
dieser Geist als Vatikanismus in Verfassung, Dogma und Wissen=
schaft. Daß das vatikanische Konzil sein Dogma hat aufstellen
können, ist ein Beweis für die Jesuitisierung der römischen Kirche;
noch mehr aber spricht dafür der Umstand, daß man sich dieses
Dogma in der ganzen katholischen Welt gefallen läßt; in wie
schrecklichem Maße muß die päpstliche Kirche den Knechtessinn groß
gezogen haben, daß es möglich geworden ist, die 180 bis 200
Millionen Gewissen stumm zu halten. Von Jahr zu Jahr mehrt
sich ferner gerade seit dem vatikanischen Konzile die Zahl der
Jesuiten, und mit ihnen der brennende Eifer, die Menschheit zum
Kadavergehorsam zu dressieren, ihr jede religiöse und sittliche Selb=
ständigkeit zu rauben; im Jahre 1869 zählte der Orden 8683
Mitglieder [1]), Ende 1883 schon 11058, wuchs also gerade nach
dem vatikanischen Konzile trotz des deutschen Jesuitengesetzes um
2375 Mitglieder d. i. um weit über den vierten Teil seines ganzen
Bestandes vom Jahre 1869 (um etwa 28 Prozent), während die
Seelenzahl der Katholiken in Europa von 1851 bis 1866 nur
um noch nicht $1/2$ Prozent gewachsen ist [2]); und zwar entfallen
im Jahre 1883 auf die Ordensprovinzen Deutschland und Öster=
reich 2875, auf Frankreich 2798, auf Italien bloß 1558, auf
Spanien und Mexico 1993, auf England und seine Kolonieen
1894 Jesuiten [3]).

Das Anwachsen der religiösen Vereine, die Aufhäufung des
Kirchenvermögens (s. §. 77) der Einfluß der katholischen poli=
tischen Parteien und der katholischen Presse (s. § 86), dienen
ferner als sprechende Beweise für die innere Erstarkung des
römischen Katholicismus. Der jesuitische Geist terrorisiert den
ganzen Klerus bis zur Unchristlichkeit. Zwei Beispiele dürfen hier
Platz finden. Nach der Dogmatisierung der Unfehlbarkeit lag der
katholische Professor der Geschichte an der Universität Bonn
Dr. Kampschulte auf den Tod krank zu Honnef und verlangte die
Sterbesakramente. Er war aber offener Gegner der Unfehlbarkeits=
lehre. Der Dechant des Ortes, obgleich selbst kein Anhänger der
neuen Lehre, fragte daher bei der erzbischöflichen Behörde in Köln

an. Die Antwort lautete: Versagen! [3*]). — Im Orden der barmherzigen Schwestern hatte Amalie von Lasaulx aus der berühmten Koblenzer Familie der Lasaulx 32 Jahre gedient und davon 22 Jahre als Oberin das katholische Krankenhaus in Bonn geleitet. Auf den dänischen und den böhmischen Schlachtfeldern 1864 und 1866 und in der Krankenpflege während des französischen Krieges 1870 hatte sie sich als Musterchristin bewiesen. Sie wurde angeklagt, nicht an die Unfehlbarkeit des Papstes zu glauben. Da erschien 1871 die Novizenmeisterin aus Trier im Hospital zu Bonn, um im Auftrage der Generaloberin aus Nancy der Schwester Augustine (so hieß Amalie im Kloster) ihr Glaubensbekenntnis abzufordern. Amalie, die mehr Mut hatte als alle deutschen Bischöfe zusammengenommen, lehnte das vatikanische Dogma als Neuerung ab. Darauf wurde sie am 7. November ihrer Stellung gewaltsam enthoben und im Hospital zu Vallendar (bei Koblenz), wohin sie sich hatte zurückziehen dürfen, mit unerhörter Zudringlichkeit bis zu ihrem letzten Atemzuge für den Unfehlbarkeitsglauben bearbeitet. Wunderwasser von Lourdes oder von La Salette, das man ihr in einer kleinen dunkelblauen Flasche schon in Bonn gebracht, hatte als dogmatisches Heilmittel nicht bei ihr angeschlagen. In Vallendar machte unter anderen zudringlichen Bekehrern ein Jesuit ihr den Vorschlag, sie brauche das Dogma nicht wirklich zu glauben, sondern nur ihren eigenen Unglauben als Sünde zu beichten. Sie durchschaute aber den Jesuiten und starb ohne den Glauben an das vatikanische Dogma am 28. Januar 1872. Damit nach ihrem Tode keine Bekehrungsgeschichte über sie fabriziert werden könne, hatte sie noch bei Lebzeiten gegen solche Erdichtung feierlich protestiert. Bei ihrem Begräbnis betrug sich die römische Kirche, wie wenn sie eine Verbrecherin abzuthun hätte. Das Ordenskleid wurde der Leiche nicht mit in das Grab gegeben, und wäre nicht die Familie Lasaulx auf dem Kirchhof zu Weißenthurm im Besitz eines Erbbegräbnisses gewesen, hätte nicht obendrein die Koblenzer Staatsregierung zur Eröffnung des Kirchhofes Befehl gegeben, der „Mutter der Barmherzigen" wäre sogar der Friede des katholischen Grabes versagt worden [4]). Solche Thatsachen beweisen die Erstarkung des jesuiti-

schen Geistes in der römischen Kirche. — Die Ära des Kulturkampfes hat ferner in Deutschland die Katholiken aller Stände zu
einer so kompakten Einheit zusammengebracht, wie sie bei uns überhaupt noch nicht vorhanden gewesen ist: die Geistlichkeit, der Adel
und das Bürgertum stehen einmütig gegen den Staat. Dieses
Wachstum des Katholicismus zeigt, daß er trotz allem Jesuitismus noch eine höhere Triebkraft in sich trägt. Wir erkennen
sie willig an: es ist das altkirchliche Christentum, das, unter der
Hülle des päpstlichen Katholicismus verdeckt, gegenüber allem Unglauben doch der römischen Kirche noch heut Stärke verleiht.

Wir Evangelische brauchen nun keineswegs vor dieser inneren
Erstarkung des Romanismus die Segel zu streichen. Wir haben
im neunzehnten Jahrhundert eine religiöse Vertiefung erlebt, die
im achtzehnten niemand erwartet hätte, und eine Thatkraft heiliger
Liebe ist bei uns hervorgebrochen, von der die Kirchengeschichte
vorher überhaupt noch nichts wußte. Nach dem Zeitalter des
Rationalismus und des staatlichen Polizeizwanges sind wir in die
Zeit der freiwilligen Kirchlichkeit eingetreten.

Ein sicherer Gradmesser für das kirchliche Interesse ist die Beteiligung am heiligen Abendmahle, weil dieselbe noch mehr als
Taufen und Trauungen auf Freiwilligkeit beruht. In Deutschland gehen zur Kommunion etwa 60 Prozent der ganzen evangelischen Bevölkerung, also etwa 86 Prozent der Erwachsenen über
14 Jahren [4a]). Die Unterlassungen der Trauung vermindern
sich in Deutschland nach 1876 von Jahr zu Jahr: in Preußen
betrugen (in den acht älteren Provinzen) die Trauunterlassungen
1875 noch 18,55 Prozent, im Jahre 1880 nur noch 11,70 Prozent (und das, ehe noch das Disziplinargesetz vom 30. Juli 1880
seine Wirkungen geäußert hatte), im Jahre 1882 aber nur noch
9,04 Prozent! — Die Zahl der ungetauft gebliebenen Kinder ist
in den acht älteren Provinzen Preußens von 1875—1880 ohngefähr dieselbe geblieben, 6—7 Prozent; 93—94 Prozent der
Kinder (im Jahre 1882 sogar: 94,58 Prozent) werden also doch
freiwillig Jahr für Jahr zur Taufe gebracht [5]). Das theologische Studium hat nach einem zeitweiligen Niedergang, der in
den allgemeinen Verhältnissen zumal nach dem deutsch-französischen

Kriege begründet gewesen sein mag, seit 1876 einen mächtigen
Aufschwung genommen; auf 18 evangelisch-theologischen Fakultäten
studierten 1876—77 1626 Studenten der Theologie, im Sommer 1881 schon 2813 und im Winter 1883—84 sogar (3610
ohne Dorpat, mit Dorpat also wohl) weit über 3700, während
1863—64 nur 2555 studierten [6]). Ein erfreulicher Beweis der
geistigen Energie der kirchlichen Jugend. Wir haben solche Thatsachen herausgehoben, weil sie das Vorhandensein und das Wachstum einer freiwilligen Kirchlichkeit beweisen, also auf eine erfreuliche Erstarkung der evangelischen Frömmigkeit schließen lassen.

Vergegenwärtigen wir uns nun dazu, daß die evangelische
Kirchlichkeit überhaupt auf Freiwilligkeit beruht und ihre Leistungen
nicht als verdienstliche Werke beurteilt werden, während die römische auf Zwang beruht und belohnt wird: so dürfen wir der inneren Erstarkung des evangelischen Christentums einen ungleich
höheren Wert zusprechen, als der des römischen Kirchentums.
Die erwähnten Thatsachen sind mit Absicht ausgewählt, weil sie
äußerlich in die Augen springen. Wer aber die Geschichte des
inneren Lebens der evangelischen Christenheit des neunzehnten Jahrhunderts kennt, weiß, daß unsere Kirchen heut andere Mächte
sind, als im Zeitalter der Aufklärung und des Rationalismus.
Wir haben an der Schwelle des neunzehnten Jahrhunderts in
England, in Deutschland unsere Erweckung erlebt, eine einseitige
zwar, eine pietistische, aber eine ungemein gesegnete; denn in diesen
privaten Kreisen erweckter Frommen ist die evangelische Heidenmission geboren, hier die Bibelgesellschaften; aus
diesen Kreisen stammt auch die innere Mission mit ihren tausend Vereinen und Wohlthätigkeitsanstalten. Es war
die Zeit der Erstarkung des persönlichen Christentums. Andere
Fromme meinten in Deutschland weiter gehen zu müssen; in ihren
Kreisen erstarkte das lutherisch-konfessionelle Bewußtsein, schroff und engherzig zwar in der Lehre, aber doch stark in
der Aufrechterhaltung der Kirchlichkeit. Weithin wirkte das man-
nigfaltige neue religiöse Leben; aus ihm entsprang eine großartig
arbeitende Theologie: Schleiermacher, der Theologe des frommen Gefühls mit seinem bis in die Gegenwart reichenden Ein-

flusse; die Hegelschen Theologen mit ihrem großartigen Blicke auf
das Allgemeine; die Vermittelungstheologen, welche mit vielseitiger
Fruchtbarkeit das geschichtliche Christentum mit den berechtigten
Wahrheitsbestandteilen der Zeitphilosophie in Einklang erhalten
haben und noch erhalten; die lutherisch=konfessionellen, welche die
Achtung vor der hohen Geistesarbeit der altprotestantischen Dog=
matik erneuerten; die biblischen Realisten, die in der gewissenhaften
Ausdeutung des Bibelwortes ihresgleichen suchen; endlich die
geistige Energie der neuesten systematischen Theologie, die, wenn sie
auch einseitig ist und darum zum Teil abgelehnt werden wird,
dennoch, zumal die Albrecht Ritschls, so reiche Anregung bietet, daß
wir alle mit Dank von ihr lernen können.   Kurz, die evangelische
Theologie des neunzehnten Jahrhunderts zeigt eine so rüstige und
reiche Schaffenskraft, daß sie allein genügen würde, die innere Er=
starkung des Protestantismus zu beweisen.   Erstarkt also sind beide
Formen des Christentums, der römische Katholicismus jesuitisch,
der Protestantismus evangelisch, jener zur Unmündigkeit und zum
Kadaver=Gehorsam, dieser zur Freiheit und Selbstthätigkeit.

Diesem inneren Wachstum entspricht das äußere.

Zweiter Abschnitt.
Das äußere Wachstum.

Wir unterscheiden das äußere Wachstum der Kirchen a) in den Ländern ihres Besitzstandes und b) in der Heidenmission.

Erstes Kapitel.
Das äußere Wachstum der Kirchen in den Ländern ihres Besitzstandes.

§ 80. Statistik der Konfessionen.

Eine „Bewegung der Kulte" erfolgt in den Ländern ihres Besitz-standes hauptsächlich durch Bestimmung der Eltern bei Taufen und Konfirmationen. Als Gesamtergebnis stellt sich dabei heraus, daß in ganz Europa zwischen 1851 und 1866 die Protestanten in einem doppelt so großen Prozentsatz gewachsen sind als die Katholiken; jene um 0,96 Prozent, diese um 0,48 Pro-zent; oder, in absoluten Zahlen ausgedrückt, die Katholiken bei ihrem damaligen Bestande von ca. 123 Millionen jährlich um 596 628 Personen und die Protestanten bei ihrem damaligen Be-stande von ca. 54 Millionen um jährlich 514 111 Personen. Dabei gilt als Erfahrungssatz, daß jede Kirche der Minderheit sich schneller vermehrt als die der Mehrheit; in Frankreich, Bayern und Baden wachsen z. B. die Protestanten rascher als die Katho-liken; in Preußen dagegen findet das umgekehrte Verhältnis statt; hier wuchs zwischen 1871 und 1880 die evangelische Bevölkerung nur um 10,63 Prozent, die römisch-katholische aber 11,32 Pro-zent. Besonders auffällig ist das Wachstum des Katholicismus in der Provinz Schlesien; hier gab es im Jahre 1820 207 926 Protestanten mehr als Katholiken, im Jahre 1871 dagegen 133 660

Katholiken mehr als Protestanten [7]). Zwischen 1871 und 1880 haben sich hier dann noch dazu die Katholiken um 9,58 Prozent, die Protestanten nur um 6,01 Prozent gemehrt! [8]) In Preußen wuchs ferner von 1858—1864 die Zahl der Pfarr- und Fi- lialkirchen bei den Evangelischen nur um 76 (von 8325 auf 8401), bei den Katholiken aber um 231 (von 5317 auf 5548), und die Zahl der ordinierten Geistlichen bei den Evange- lischen nur um 109 (von 6422 auf 6531), bei den Katholiken um 442 (von 6264 auf 6706), während die Evangelischen an Seelenzahl doch ohngefähr doppelt so stark sind als die römischen Katholiken [9]). Im lutherischen Königreich Sachsen ist von 1871 bis 1875 die Zahl der Katholiken um 36 Prozent (nämlich 19 706 Seelen), die der Protestanten bloß um 8 Prozent (nämlich 180 366) gewachsen [10]). In England wächst der Katholicismus seit der Emanzipation von 1829 ungestört und stetig. Es stiegen vom Jahre 1857 bis zum Jahre 1877:

    die römisch-katholischen Gotteshäuser von 894 auf 1315;

    die Priester von 1115 auf 2088;

    die Mönchsklöster von 21 auf 73;

    die Frauenklöster von 97 auf 239.

Die Seminare stiegen auf mehr als das doppelte; die Zahl der Bischofssitze in den überseeischen Kolonieen von 44 auf 88 [11]). In London existierte im Jahre 1780 nur ein einziges römisches Gotteshaus, die Kapelle der sardinischen Gesandtschaft; 1880 gab es dort 2 Bistümer (das Erzbistum Westminster mit Southwark), 94 römisch-katholische Kirchen mit mehr als 300 Priestern, 44 klösterliche Niederlassungen. In ganz England und den Ko- lonieen zählte man 1880 127 römisch-katholische Bischöfe und Koadjutoren (14 Erzbischöfe, 77 Bischöfe, 4 apostolische Vikare, 8 apostolische Präfekte und 10 Koadjutoren [12]). Dazu kommt für Europa die Wiederherstellung der Hierarchie in den pro- testantischen Ländern durch Pius IX. in Holland (1853 [Erzbistum Utrecht mit 5 Suffraganbistümern]), und in Eng- land (Erzbistum Westminster und 12 Bistümer), ferner durch Leo XIII. in Schottland (2 Erzbistümer und 4 Bistümer) — lauter Triumphe der römischen Kirche; endlich 1881 die Herstellung

der Hierarchie in Bosnien (Erzbistum Serajewo mit 3 Suffragan-
bistümern) [13]).

Am großartigsten ist aber das Wachstum des Katholicismus
in den Vereinigten Staaten Nordamerikas vor sich gegangen (S. 106). 1789 war zu Baltimore das erste Bistum errichtet worden; seit 1830 bis 1879 hat sich aber die Zahl der
Katholiken in jedem Jahrzehnt verdoppelt; man zählte im Jahre
1879 1 Kardinal, 11 Erzbischöfe, 52 Bischöfe, 5750 Priester,
5589 Kirchen, 2000 Pfarrschulen, 577 höhere Schulen (Akademieen), 78 Gymnasien, 6 bis 7 Millionen Katholiken. In
New-York ist eine prächtige Kathedrale aus weißem Marmor
im edelsten Stil erbaut und im Jahre 1879 eingeweiht worden; hier sollen die Katholiken auch bereits die Wahlen beherrschen, und es ist durchaus zu erwarten, daß die römische Kirche
in Zukunft gerade in den Vereinigten Staaten, wo sie völlig
unkontrolliert arbeiten kann, mit ihrer kompakten Organisation und mit der Rücksichtslosigkeit und Klugheit in der Wahl
ihrer Mittel eine ausschlaggebende Macht bilden wird, zumal
da sie dort bereits ein kolossales Kirchenvermögen aufgehäuft
hat [14]). (Vgl. S. 280.)

Für die Ausbreitung der römischen Kirche ist die Herstellung
der Hierarchie immer das erste Ziel; denn wo die Hierarchie besteht, besteht für die Katholiken auch die Kirche. Damit wir
uns nun dauernd zur Wachsamkeit mahnen, vergegenwärtigen wir
uns, welche Schar von Oberhirten dem römischen Hochpriester zur
Verfügung steht, um die Schafe seiner Herde zusammenzuhalten.
Der päpstliche Haus- und Hofkalender für das Jahr 1880 berechnete die Gesamtzahl der Mitglieder der römischen Hierarchie
auf 1172, und zwar 70 Kardinäle, 12 Patriarchen, 803 Bischöfe
lateinischen Ritus (ohne die Vakanzen), 66 orientalische Bistümer,
18 exemte Prälaten und Äbte, 158 apostolische Delegaten, Vikare
und Präfekte. Wir wollen auch nicht vergessen, daß von den
ohngefähr 400 Millionen Christen auf der Erde noch gegen 200
der römischen Kirche gehören und nur ohngefähr 120 Millionen
Protestanten sind; daß ferner die römische Kirche allein in Europa
schon im Jahre 1868 über 12 000 Klöster mit einer ganzen

Armee von Mönchen und Nonnen besaß, welcher wir keine ähnlichen Institute entgegensetzen können; daß sie außerdem überall
für ihre Gläubigen weit mehr Weltgeistliche zur Verfügung hat,
als wir; bei den Katholiken kommt 1 Weltgeistlicher in Italien
auf 267, in Spanien auf 419, in Deutschland auf 812 Einwohner, bei den Protestanten dagegen in Großbritannien auf 809,
in Deutschland auf 1600 Einwohner [15]).   Den Katholicismus
numerisch aus dem Felde zu schlagen, wird uns bei diesem
Stande der Konfessionen voraussichtlich nicht sowohl durch Übertritte in der Heimat, oder durch Evangelisation katholischer Länder,
als vielmehr durch Mission in der Heidenwelt gelingen.   Alle diese
Wege wollen wir besonders betrachten.

§ 81. Übertritte.

Die „Bewegung der Kulte" innerhalb der Länder ihres Besitz-
standes wird zum geringsten Teile durch Übertritte bestimmt.
Aber da Konfessionswechsel wegen ihrer Beweggründe oft viel Auf-
sehen machen, werden sie stets ein besonderes Interesse auf sich
ziehen.   In Gegenden mit konfessionell gemischter Bevölkerung sind
Übertritte von der einen zur anderen Konfession nichts Seltenes.
Von den Konversionen zum Katholicismus wird aber in unserer
öffentlichen Meinung meist so viel Aufhebens gemacht, daß auch
wir sie zuerst betrachten wollen.   Wichtig sind aber nur die zahlreich gewordenen Konversionen in den Herrschaftsgebieten des Protestantismus, die in Deutschland seit Beginn des neunzehnten Jahrhunderts und die in England seit der Emanzipation der Katholiken (1829).   In beiden Ländern sind tausende Protestanten zur
römischen Kirche übergetreten, und obgleich die katholischen Priester
mit Absicht keine Listen der Konvertiten veröffentlichen, so haben
sie doch dafür gesorgt, daß durch „Konvertitenbilder" die wichtigeren Fälle zu ihren Gunsten bekannt gemacht würden.   Unser
Augenmerk richtet sich vorwiegend auf die Beweggründe der neueren
Konvertiten [16]).

Als unter der Henkersarbeit der französischen Revolution die
Welt der Aufklärung zusammenbrach, glaubten verzagte und mit ihrer
Zeit zerfallene Geister in der schäumenden Brandung nur noch am

Felsen Petri Anker werfen zu können, zumal da allein das Haupt
der römischen Kirche Papst Pius VII. den bewunderungswürdigen
Mut gezeigt hatte, dem gewaltigen Korsen (von 1808—1814)
zu widerstehen, als sich Fürsten und Völker Europas vor ihm
demütigten. Dazu kam die Schalheit und Leere des damaligen
Protestantismus; für Herz und Gemüt bot sein spießbürgerlich
trockener, moralisierender Rationalismus überhaupt nichts; die übernatürliche Offenbarung Gottes und seine Veranstaltungen zu unserem Heil wurden von den meisten protestantischen Theologen geleugnet. Da flüchtete Graf Friedrich Leopold Stolberg 1800 in
die römische Kirche. „Wenn sie (unsere Theologen) die Gottheit
Christi und seine Versöhnung leugnen", hatte er schon 1781 geschrieben, „so halte ich's für Frevel, sie Christen zu nennen, und
begreife nicht, warum ich nicht viel lieber mich mit unsern Brüdern, den Katholiken, verbinden als mit diesen Kirchenräubern eine
Gemeinde ausmachen soll[17]). Er wurde Vorläufer einer ganzen
Klasse von Konvertiten aus der Geburtsaristokratie. Bis zum
Jahre 1883 zählte man allein aus dem höheren deutschen Adel
118 Übertritte zur römischen Kirche, dagegen nur 18 zum Protestantismus. Es traten zum Katholicismus über 15 Glieder regie-
render Häuser (z. B. die Königin Marie von Bayern, eine preußi-
sche Prinzessin 1874), 4 standesherrliche Fürsten (Schönburg,
Solms, Isenburg, Löwenstein), 3 standesherrliche Prinzessinnen
von Kurland (unter ihnen die Herzogin Dorethea von Sagan
1828), 25 Grafen (außer F. L. Stolberg, z. B. noch Blome,
Hahn, Schönburg-Glaucha), 25 Gräfinnen (unter andern Ida
Hahn-Hahn, Solms-Laubach), 34 Freiherrn und 12 Freiinnen[18]).
Was bedeuten aber 118 solche Übertritte? Eine eifrig katholische
Herrschaft wird Beamte, Dienstboten, Lieferanten, Handwerker und
Arbeiter mit Vorliebe aus katholischen Kreisen wählen; sie wird
katholische Kirchen und Schulen erbauen und Hospitäler einrichten;
mit den Priestern ziehen die „barmherzigen Schwestern" ein, und
die Propaganda ist eröffnet.

Der Conversionseifer zu Anfang des neunzehnten Jahrhunderts
wurde besonders durch die romantische Dichterschule gepflegt. Diesem
Zuge folgten Dichter wie Friedrich Schlegel, das Haupt der roman-

tischen Schule selbst, seit 1819 als Legationsrat im Metternichschen
Geiste in Wien thätig, und Zacharias Werner, der 1811 in Rom
katholischer Priester wurde und dann in Wien wirkte. In demselben
Geiste konvertierten Künstler, für welche damals in ganz Europa
Rom der einzige Hort der Musen war. Als der Kriegslärm ganz
Europa durchtobte, sammelten sich dort die jugendlichen Genien
der modernen Kunst; versunken im Anschauen der Herrlichkeit der
ewigen Stadt haben viele von ihnen gelernt, sich in der Kirche wohl
zu fühlen, wo die Kunst eine sichere Stätte und freundliche Hüter
fand, während der Protestantismus sein Kirchenideal in weiß=
getünchten Räumen mit großen Kasernenfenstern sah. So wurde
Overbeck katholisch, das „Haupt der Nazarener", der Fiesole des
neunzehnten Jahrhunderts, und Wilhelm Schadow, der langjährige
einflußreiche Direktor der Düsseldorfer Akademie. Wer sich nach
einer Welt sehnte, wo Natur und Geist, Gemüt und Intellekt,
Glauben und Denken, Wirklichkeit und Idee eine ungebrochene Ein=
heit bilden — von solchen romantischen Naturen zog gar manche in
die katholische Kirche, um im Zwielicht ihrer Sonne und im Sym=
bolreichtum ihres Kultus der eigenen Phantasie nachzuhängen.

Als ferner in den europäischen Staaten durch die modernen Re=
volutionen das menschliche Recht mit Füßen getreten wurde, suchten
Juristen und Staatsrechtslehrer nach dem über alle Revolutionen
erhabenen göttlichen Rechte und wurden eifrig katholisch; so Haller,
Ratsherr und Staatsrechtslehrer in Bern, und von ihm beeinflußt
Jarcke, Professor des Strafrechts in Bonn und Berlin, zuletzt als
Metternichscher Rat in Wien beschäftigt, und Philipps, Professor
des Kirchenrechts in Berlin, München und Wien.

Wieder andere bezauberte die römische Kirche durch die Erhaben=
heit und Einzigkeit ihrer Geschichte; ihre felsenfeste Sicherheit in der
Flut der Völkerwanderung, ihre Freiheit von Staatsknechtung, ihr
patriarchalischer Universalismus, der einst die Völker des Abend=
landes zu Gliedern einer Familie gemacht, kurz ihre Geschichte war
es, die einen Hurter, Antistes in Schaffhausen (gestorben als öster=
reichischer Reichshistoriograph in Graz 1865), einen Gfrörer, Pro=
fessor in Freiburg in B., und Daumer, Schriftsteller in Frankfurt
und Würzburg, katholisch gemacht hat.

Einzelne suchten wohl mit einer verfehlten Vergangenheit wie durch einen Salto mortale zu brechen; so außer Friedrich Schlegel besonders die mecklenburgische Romanschriftstellerin Gräfin Ida Hahn-Hahn, welche 1849 in Berlin konvertierte, aber auch als Mainzer Klosterfrau ihre Romane in gewohnter Weise weiterschreiben durfte.

Noch gar manche andere Beweggründe mögen zu Übertritten führen: Überschäumende Naturen, welche, wenn sie sich selbst überlassen bleiben, verwildern, dagegen Rühmliches leisten, wenn sie von starker Hand geleitet werden, — oder zaghafte Naturen, die sich anlehnen wollen, wie sich der Epheu an die Felswand schmiegt, flüchten in die Kirche der priesterlichen Autorität. Beschauliche Seelen ferner, wie für das Kloster disponiert, wollen nur gedeihen fern vom Geräusch der Welt; sinnige Gemüter lassen sich von dem großartigen Kultus der römischen Kirche bestechen. Zweifler, die mit dem Kopfe schon Heiden sind und doch gern mit dem Herzen Christen bleiben möchten, lassen sichs willig gefallen, daß die unfehlbare Kirche mit dem Kreuzeszeichen ihnen die Zweifel niederschlägt. Menschen mit einem starken Heiligungstrieb wollen sicher ihre Sünde los werden; daß die müde Seele Ruhe finde, fliehen sie in die Kirche, welche Werke fordert und Entsündigung garantiert. Am wehmütigsten berühren uns aber die Übertritte gewissenhafter und betender Protestanten, wie die der jungfräulichen Dichterin Luise Hensel, einer brandenburgischen lutherischen Pastorstochter, die 1876 im Oktober im Alter von 78 Jahren in Paderborn gestorben ist. Sie trat in Berlin 1818 im Alter von 20 Jahren über, hauptsächlich weil sie für ihre etwas überschäumende Natur eine gesetzliche Seelenführung nötig zu haben glaubte und doch das Bedürfnis, unter vier Augen zu beichten, in der damaligen Berliner evangelischen Kirche nicht befriedigen konnte. Sie ist allerdings auch als Konvertitin innerlich nicht zur Ruhe gekommen und hat wehmütig bekannt, daß sie kein Talent habe, glücklich zu sein [19]), aber sie hat doch gegen die Kirche ihrer Jugend kein bitteres Wort geäußert. Darum singen wir ihre herzigen Kinderlieder gern weiter, das „Müde bin ich geh zur Ruh", und „Weil ich Jesu Schäflein bin", und glauben eine Gemeinschaft der Gläubigen, die erhaben

ist über die äußeren Kirchenschranken. Wenn aus evangelischen
Kreisen so edle, betende Seelen in die römische Kirche übertreten,
so wird diese ein Wachstum ihres inneren Lebens erfahren; bei
dem verhängnisvollen Erstarken des jesuitischen Geistes, der die
Religion in eine Kette äußerlicher Übungen und Leistungen umsetzt,
thun ihr solche Naturen not, um ihre innere Erstarrung aufzu-
halten. So fällt für unsern Blick selbst auf solche betrübende
Ereignisse doch ein sie verklärendes Licht — daß sich auch durch
die Scheidung hindurch dennoch die eine Gemeinde Gottes auf-
erbaut.

Häufiger vielleicht noch als in Deutschland fanden Übertritte
zum Katholicismus in England statt, wo die Verfassung der
Staatskirche im alten Katholicismus stecken geblieben ist. Für die
monarchischen Bischöfe hat sie die katholische Fiktion der „apostolischen Succession“ beibehalten, erkennt deshalb nur die katholischen
und die anglikanischen Ordinationen als gültig an. Tritt also ein
Geistlicher aus einer andern evangelischen Kirche zu ihr über,
so muß er neu ordiniert werden; ein katholischer, der übertritt,
braucht das nicht. Anglikanische Missionsgeistliche erkennen deshalb
auch nicht die evangelischen, wohl aber die katholischen ordinierten
Missionare als gleichstehende Amtsgenossen an. Der Übertritt aus
der „anglo-katholischen“ zur römisch-katholischen Kirche pflegt daher
nicht viel Mühe zu machen. Die Theologenschule des Oxforder
Professors Pusey mit ihrer Schwärmerei für die alte katholische
Kirche und der „Ritualismus“ der Gegenwart mit seiner Nachahmung des römischen Kultus haben die anglikanische Staatskirche
bereits zu einer halben Domäne des Katholicismus gemacht. Besonders im englischen Adel und in der englischen Gelehrtenwelt sind
Konversionen nichts Seltenes mehr. Ein eifriger Konvertit (Orby
Shipley) behauptete 1881, daß allein in den drei Vierteilen der
englischen Diöcesen, auf welche sich seine Nachforschungen erstreckten,
innerhalb der letzten sechszehn Jahren 37 177 Personen zur römisch-katholischen Kirche „zurückgekehrt“ seien [20]). Es liegt kein
Grund vor, diese Zahlen für übertrieben zu halten. Wäre den
Ritualisten nicht gerade das Unfehlbarkeitsdogma als Stein des
Anstoßes in den Weg geworfen worden, so würden sie vielleicht

mit fliegenden Fahnen in Prozession nach Rom ziehen. Nun werden sie sich wohl weiter als selbständigen anglikanischen Zweig der katholischen Kirche betrachten müssen.

Die deutschen und die englischen Konversionen sind römische Triumphe von nicht zu unterschätzender Bedeutung. Was haben wir ihnen gegenüber zu stellen? Zweierlei. Die Konversionen zum Protestantismus und die Evangelisation katholischer Länder.

Um die Konversionen richtig zu beurteilen, erwäge man folgendes. 1) Der Übertritt zum Protestantismus erfordert religiöse Überzeugung und die sittliche Kraft der Selbstverantwortung, der zum Katholicismus blos blinden Glauben und stummen Gehorsam. 2) Der Übertritt zum Protestantismus verspricht eher äußere Nachteile als Vorteile; denn die protestantischen Kirchen können gewöhnlich den Konvertiten wenig oder nichts bieten, weder reiche Pfründen, noch vornehme Carriere, während im Katholicismus beides geboten wird. 3) Die Zersplitterung des Protestantismus erschwert ohne Zweifel überdies jeden Übertritt, während die Einheit des Katholicismus ihn erleichtert. 4) Es gab und giebt römische Konvertierer, welche gemäß der jesuitischen Praxis, daß der Zweck das Mittel heilige, bei ihren Bekehrungsversuchen vor der gröbsten Unsittlichkeit nicht zurückschrecken. Gewaltsame Bekehrungen von Evangelischen sind erst aus dem Jahre 1879 wieder zwei allein aus der Stadt Rom bekannt geworden [21]). In römisch-katholischen Krankenhäusern wird zugleich mit der Heilung und Pflege überall gewöhnlich auch die Bekehrung versucht. Trotzdem sind die Konversionen zum Protestantismus in Deutschland weit zahlreicher als umgekehrt, obgleich wir nicht viel Übertritte aus dem hohen Adel aufweisen können. Sie vollziehen sich meist in der Stille; wir prahlen nicht mit ihnen, obgleich wir mit großer Freude an den Segen erinnern dürfen, der von Konvertiten wie Boos, Goßner, Henhöfer, oder den Grafen Harrach und Sedlnitzky ausgegangen ist. Unsere amtlichen Nachweise bringen Jahr für Jahr die Listen, aber keine Namen derer, die zu uns übergetreten sind. In Deutschland traten vor ein paar Jahrzehnten jährlich gegen 3000 Personen über, davon kamen auf Konversionen zur römischen Kirche nur ¼, da-

gegen ⅓ auf Konversionen zum Protestantismus [22]). In den acht
älteren Provinzen Preußens traten zur evangelischen Landeskirche
über:

im Jahre 1881: 1990 Personen und
„   „   1882: 2104 Personen;

es schieden aus, so viel bekannt geworden:

im Jahre 1881:   801 Personen und
„   „   1882:   904 Personen;

das ergiebt einen Zuwachs von 1189 und von 1200 Personen;
davon gehörte die große Mehrzahl früher der römischen Kirche an.
(Juden waren unter den Übergetretenen 136 [23]). Daß Deutschland katholisch wird, steht also nicht zu befürchten, und die großartigen Lutherfeiern des Jahres 1883 haben bewiesen, daß sich
unser evangelisches Volk seinen Luther nicht nehmen läßt. Endlich, was der Protestantismus in England und Amerika an Konvertiten verliert, ersetzt er reichlich durch seinen brennenden Eifer
in der Evangelisation und in der Heidenmission.

§ 82. Die Evangelisation.

Unter Evangelisation versteht man die Gewinnung katholischer
Länder für das Evangelium. Obenan steht die Evangelisation
Italiens [24]). Denn wenn überhaupt die Papstherrschaft gebrochen
werden soll, so muß es hier geschehen. Als im Jahre 1848 für
Sardinien und 1870 für ganz Italien Religionsfreiheit proklamiert
wurde, war auch die Möglichkeit zur Evangelisation gegeben. Die
Waldenser waren die ersten, die von ihren piemontesischen Thälern
aus, wo sich zu Torre Felice ihre Synode versammelt, seit 1848
allmählich ihre Stationen bis nach Kalabrien vorgeschoben haben.
Bis in die neueste Zeit war das Französische ihre Kirchensprache
gewesen; so galten sie vielen Italienern nicht als national genug;
außerdem wollten sich die evangelischen Römer nicht von einer
Kirchenbehörde in den abgelegenen Alpenthälern Piemonts regieren
lassen. So kam es zur Spaltung. Neben der Waldenserkirche
hat sich eine „freie italienische Kirche" gebildet. Daneben hatten
längst andere eifrige evangelische Denominationen in Italien Ein-

gang gefunden, Plymouthbrüder, Methodisten und Baptisten, denen
der Zutritt doch durch kein Staatsgesetz zu verbieten war. Im
Jahre 1882 gab es in Italien 1) die Waldenserkirche, 2) die freie
christliche Kirche (Plymouth=Brüder), 3) die freie italienische Kirche,
4) die wesleyanische Methodistenkirche, 5) die amerikanische Epis=
kopal=Methodistenkirche, 6) die englischen Baptisten, 7) die ameri=
kanischen Baptisten, 8) evangelische Gemeinden fremder Kolonieen:
3 amerikanische, 10 deutsche (zu Bergamo, Florenz, Genua, Livorno,
Mailand, Messina, Neapel, San Remo, Rom und Venedig),
12 englische, 3 französische, 5 schottische, die alle meist mit ihren
Heimatskirchen in Verbindung stehen, dazu 9) einige unabhängige,
von Privatpersonen geleitete Gemeinden. Die sämtlichen evangeli=
schen Gemeinden in etwa 230 Ortschaften Italiens, mit 282 Geist=
lichen und Evangelisten, 25000 Kommunikanten, zählten rund
54000 Seelen (darunter 22000 angesessene evangelische Ausländer
in 42 Orten mit 42 Geistlichen und 3360 Kommunikanten). Auch
die Werke und Anstalten der inneren Mission gedeihen, Rettungs=
anstalten, Waisenhäuser, Krankenhäuser, Bibelgesellschaften; neben
der britischen, die in Italien 40 Kolporteure beschäftigt, giebt es
eine eigene italienische mit ihrer Niederlage in Rom. In der
evangelischen Presse erfreut sich die gelehrte Monatsschrift der Wal=
denser, La rivista christiana, großer Achtung auch in Deutschland.
Die Waldenserkirche hat ihre theologische Fakultät in Florenz, die
freie italienische Kirche in Rom. „Quante tinte, wieviel Farben!"
hat König Humbert einst in Neapel ausgerufen, als ihm die evan=
gelischen Geistlichen feierlich vorgestellt wurden. Das ist richtig;
aber wenn sich die verschiedenen evangelischen Denominationen brü=
derlich vertragen, was sie jetzt thun, wenn sie sich sogar im Wett=
eifer heiliger Liebe zu übertreffen suchen, so kann aus der Mannich=
faltigkeit des italienischen Protestantismus ein um so reicherer Segen
erwachsen. Die Waldenser allein könnten mit den ihnen zugebote
stehenden Kräften die ungeheure Evangelisationsarbeit gar nicht be=
wältigen; so haben sie sich allmählich in die Mitarbeiterschaft anderer
evangelischen Gemeinschaften gefunden, zumal doch alle Christum
verkündigen. Als sie in Rom 1879 von Fastenpredigern öffentlich
wegen ihres „Unglaubens" verleumdet wurden, haben sich sämtliche

evangelische Geistliche der Stadt ebenso öffentlich zum apostolischen
Symbolum bekannt. Auf Rom konzentrieren mit Recht alle Kirchen-
gemeinschaften ihre Kräfte. Hier hat der Protestantismus auch
seit 1870 erfreuliche Fortschritte gemacht. Bereits zählt man dort
15 evangelische Gotteshäuser, darunter einige monumentale Ge-
bäude in vornehmen Straßen der Stadt, und alle evangelischen
Kirchengemeinden haben Schulen errichtet, sogar „vor den Pforten
des Vatikans“, wie Papst Leo XIII. im Frühjahr 1879 bitter,
aber erfolglos klagte [25]). In dem offenen Laden einer evangelischen
Buchhandlung in einer der belebtesten Straßen der Stadt liegt mit
der italienischen Bibel die ganze evangelische italienische Litteratur
zum Verkauf aus.

Thatkraft haben die italienischen Evangelisationskirchen, biblischen Glauben auch alle, hauptsächlich mit reformiertem Gepräge,
weil die Selbständigkeit des reformierten Gemeinde-Lebens einen
entschiedeneren Gegensatz gegen die katholische Hierarchie bildet als
jede lutherische Konsistorialverfassung; aber um der vornehmen römischen Geistlichkeit die Spitze bieten zu können, fehlt es den Geistlichen durchschnittlich noch an wissenschaftlicher Bildung und an
gesellschaftlicher Stellung. Wenn sie beides werden erlangt haben,
dürften Übertritte auch aus der römischen Prälatur nicht mehr so
vereinzelt bleiben wie bisher. Ein anderes Hindernis ist die vollständige Gleichgültigkeit der gebildeten Italiener gegen alle Religion;
man kennt dort bis jetzt das Christentum nur in der Form des
Papsttums, und da alle patriotischen Kreise das Papsttum als den
Feind der nationalen Einheit und Freiheit hassen, so verachten oder
hassen sie auch das Christentum. Schon Machiavelli gestand, daß
die Priester die Italiener zu Atheisten gemacht haben; heut ist es
in Rom soweit gekommen, daß ein italienischer Minister gegen Ende
der siebziger Jahre, als er im Parlamente den Namen Gottes auf
die Lippen genommen hatte, es für nötig hielt, sich deshalb sofort
zu entschuldigen. So lange diese ungeheure Gleichgültigkeit herrscht,
wird die Evangelisation in den Kreisen der Gebildeten nur sehr
langsam Fortschritte machen. Desto sicherer schlägt sie in den
niederen Volksschichten Wurzel. Während im sechzehnten Jahrhundert die Reformation nur in den Kreisen der Gebildeten An-

hänger zählte, aber nicht in das Volk drang, und deshalb von der Inquisition in zwanzig Jahren vernichtet werden konnte, hat die neuere evangelische Bewegung eine Zukunft, indem sie aus der Tiefe in die Höhe wächst. Ja, weit über die Kreise der gezählten Evangelischen hinaus reicht der Einfluß der protestantischen Ideen. Daß Glaubensfreiheit, Gewissensfreiheit, Denkfreiheit unveräußerliche Güter der Menschheit sind, kann man in jeder größeren Zeitung auf offener Straße lesen. So wird der vatikanischen Kirche tagtäglich mehr der Boden unter den Füßen entzogen. Wenn dann die Zeit kommen wird, wo in dem hochveranlagten Volke das unterdrückte religiöse Bedürfnis hervorbricht, dann kann es, wenn auch nicht lutherisch, vielleicht auch nicht calvinisch, aber italienisch-evangelisch werden.

Spanien, wo seit den Kämpfen mit dem Islam die Granden auf reines Blut und reinen Glauben halten, war seit den Zeiten Loyolas und der fanatischen Regierung Philipps II. bis in unsere Tage dem Protestantismus so gut wie verschlossen, und noch heut ist die Gesetzgebung dem Protestantismus nicht günstig. Trotzdem arbeiten doch auch hier eifrige evangelische Männer, und schon 1883 zählte man 12 000 evangelische Spanier. Ihre Gemeinden können Brennpunkte für die Erneuerung der im Aberglauben und Marientum versunkenen spanischen Kirche werden, wie wir es von den zahlreichen evangelischen Gemeinden unter Griechen, Nestorianern, Armeniern und Kopten gleichfalls hoffen.

Zweites Kapitel.
Das äußere Wachstum der Kirchen durch die Mission.

§ 83. Römische Propaganda und evangelische Heidenmission. [26])

Seit Papst Gregor der Große (590—604) den ersten römischen Missionaren unter den Angelsachsen die Weisung gab, sich den heidnischen Sitten anzubequemen, ist die römische Missionsmethode dieselbe geblieben. Es wurden damals die Götzentempel nicht zerstört, sondern nur nach Entfernung der Götterbilder mit

Weihwasser gereinigt, Altäre in sie gebaut und Reliquien hinein-
gelegt. Auch die Götterfeste mit ihren freudevollen Opfern an
Rindern wurden beibehalten, nur verlegte man sie auf das Kirchweihfest oder auf Märtyrertage. So behielt das Volk auch im
Christentum seine altgewohnten Stätten der Anbetung und seine
religiösen Gastmähler [27]). Allerdings haben auch begeisterte Asketen
im Dienst der römisch-kirchlichen Mission mit dem Vorbilde heroi-
scher Entsagung gewirkt, wie Ansgar, Adalbert von Prag, Franz
von Assisi; wo aber das Vorbild der Askese nicht zog, hat die
römische Kirche stets verstanden, durch äußeres Gepränge und durch
Geschenke die Gunst der Großen und des Volkes zu gewinnen.
Otto von Bamberg erschien in Pommern mit bischöflichem Pomp
unter zahlreicher Begleitung, mit Wagenladungen voll Geschenken [27a]).
Die Kirche ist noch heut mit der äußern Massenbekehrung zufrieden. Hat nur erst der Priester sein Weihwasser über ein
Menschenhaupt gesprengt und dazu gesprochen „ich taufe dich im
Namen Gottes des Vaters und des Sohnes und des heiligen
Geistes", so gilt der Mensch als getauft, und die Kirche zählt ihn
zu den Ihrigen.

Ein Jesuit Bataillon, der nach 1837 auf Tahiti wirkte, erzählt, daß er sich zwei ganz gleiche Fläschchen hielt, das eine mit
wohlriechendem Wasser, das andere mit Taufwasser. Wenn er als
Arzt zu kranken Kindern gerufen wurde, so goß er ihnen ein paar
Tropfen aus dem ersten Fläschchen auf die Stirn und hieß die
Mütter, sie einreiben; dann vertauschte er heimlich die Fläschchen und
goß den Kindern ein paar Tropfen Taufwasser auf die Stirn, dadurch wurden sie wiedergeboren, ohne daß jemand etwas merkte [28]).
Die Taufe macht in der Regel keine Schwierigkeiten. Dann folgt
das Auswendiglernen der üblichen Gebete; eine Kirche wird erbaut
und ein Kirchhof angelegt; ist aber erst die Bevölkerung gewonnen,
so folgen prunkvolle Prozessionen, Bittgänge zu den Stationen,
die mit Bildern der heiligsten Herzen, mit Lichtern und Fahnen
geschmückt sind. Man läßt dabei den Völkern liebgewordene heidnische Gewohnheiten, wie wir es in der Entstehung des römisch-
kirchlichen Kultus in Italien geschichtlich beweisen konnten (§ 73).
Der Jesuit Matteo Ricci, der 1582—1610 in China arbeitete,

ließ den Chinesen sogar ihre Ahnenverehrung, selbst die des Con-
fucius [29]). Mit Eifer ist dabei die römische Kirche darauf bedacht,
das Priestertum zu organisieren bis hinauf zum Bistum; wo sich
ein solches noch nicht herstellen läßt, übt zunächst ein „apostolischer
Vikar" die bischöflichen Funktionen aus. Die Kirche hofft dabei,
daß durch die regelmäßige priesterliche Beeinflussung der Getauften
allmählich auch ihre innere Umwandlung erfolgen werde. So
bringt sie es in der Regel schnell zu erstaunlich hohen Zahlen von
Getauften, und es gehört nicht zu den Seltenheiten, daß hie und
da in Westafrika, in Vorderindien, in China, in Japan ein katholischer Missionar sich rühmt, in wenig Tagen tausende von Menschen getauft zu haben, wie z. B. von dem gefeierten Jesuiten
Franz Xavier berichtet wird, daß er in einem Monat 10 000 Heiden
getauft habe. Aber solches Christentum unterscheidet sich vom Heidentum oft nur durch den Namen, wie besonders die einst viel
verherrlichte Jesuitenmission in China gelehrt hat. Mit welcher
abschreckenden Äußerlichkeit die Christianisierung der Heiden auch
von der heutigen römischen Mission betrieben wird, davon nur
ein Beispiel, aus welchem ersichtlich ist, daß man die Taufe als
äußeres Zaubermittel braucht. Die Sakramente wirken, wie wir
wissen, schon durch den äußeren Vollzug der Handlung (ex opere
operato), wobei aufseiten des Empfangenden keine sittliche Regung
nötig ist, und aufseiten des Spendenden blos die Absicht, zu
thun was die Kirche thut. Es kann demgemäß auch jeder Heide
unzweifelhaft gültig taufen. Zu solchem Widersinn führt der römische Sakramentsbegriff [30]). Die „katholischen Missionen", das
Hauptorgan der Missionsbestrebungen des katholischen Deutschland,
bringen z. B. in ihrer „Beilage für die Jugend" im Jahre 1881
eine Erzählung von dem „Lohne eines Heiden, der sterbende Kinder
taufte" [31]).

„Ein Heide erlernte bei einem christlichen Arzte in Tongkin
die Arzneikunde. Dieser aber unterrichtete ihn auch sorgfältig in
den Grundsätzen des christlichen Glaubens und zeigte ihm, wie er
(der Heide!!) die sterbenden Kinder taufen solle, wenn die Zeit
nicht erlaube, einen Christen herbeizurufen. Der Schüler, obwohl
noch ein Heide, nahm sich die Lehren seines Meisters zu Herzen

und widmete sich mit großem Eifer dem heiligen Werke der Taufe
sterbender Kinder." Sein Eifer für das Heil der sterbenden Kinder
ließ während 20 Jahren nicht nach, und er (der Heide!!) schickte
zu hunderten kleine Engel in den Himmel, obgleich ihn selbst
„menschliche Rücksichten im Heidentum festhielten." Als er dann
selbst auf dem Totenbette lag, halfen die kleinen Engel am Throne
Gottes, daß er selbst sich taufen ließ. Das wird den Kindern als
ein schönes Beispiel erzählt, wie der liebe Gott die Werke der
geistlichen Barmherzigkeit belohnt. Erstaunt fragen wir, wie es
möglich ist, daß ein Mensch die christliche Taufe vollziehen kann,
welcher selbst innerlich ihr fern steht. In solcher Sakramentslehre
finden wir heidnische Unvernunft. — Die römische Mission wird
von der Kirche betrieben; eine Kardinals-Kongregation zur Verbreitung des Glaubens (de propaganda fide) von dem ersten
Jesuitenzögling auf dem päpstlichen Stuhle, Gregor XV., 1622
gegründet, aus achtzehn Kardinälen, zwei Prälaten, einem Ordens-
geistlichen und einem Beamten zusammengesetzt, leitet die Mission
einheitlich unter dem Vorsitze des Papstes, und eine große Erziehungs-
anstalt in Rom, die Propaganda auf dem spanischen Platze, sorgt
für die Ausbildung von Missionaren für alle Welt; alle Missionare
aber sind Priester. Ihre Hauptkräfte bezieht sie aus dem Fran-
ziskaner- und dem Jesuitenorden, welch letzterer „neben andern
Werken der Frömmigkeit und Liebe sich der Bekehrung der Heiden
und der Zurückführung der Ketzer zum wahren Glauben völlig
widmet [32]." 1884 standen angeblich 6700 Missionare in heidnischen Ländern [33]). Zur Aufbringung der Geldkosten helfen Missionsgesellschaften, die im neunzehnten Jahrhundert gestiftete Lyoner Gesellschaft, „zur Verbreitung des Glaubens" (a propagatione fidei),
der Verein zur heiligen Kindheit Jesu (a sacra Jesu Christi in-
fantia), der Verein für die Schulen des Orients; zu Paris besteht
ein Seminar für auswärtige Missionen; endlich ist während des
preußischen Kulturkampfes 1875 an der holländisch-preußischen
Grenze zu Steyl bei Venlo (Holland) von einem deutschen Priester
mit päpstlicher und bischöflicher Genehmigung ein Missionsseminar
errichtet worden, das Ende 1879 schon 70 Zöglinge zählte [34]).
Wir sind so billig, uns über alle redlichen Erfolge der römischen

Missionare in der Heidenwelt zu freuen. Im Jahre 1879 wurde
von römischer Seite versichert, daß ihre Missionen in den
letzten 25 Jahren Fortschritte gemacht hätten, wie in den letzten
150 Jahren nicht [35]). Die Missionare des Pariser katholischen
Seminars für auswärtige Missionen wollen allein im Jahre 1878
60 000 erwachsene Heiden und 260 000 Heidenkinder getauft
haben [36]). Der Lyoner Verein der Glaubensverbreitung hatte 1878
5 273 392 Mark Einnahmen gegen 4 914 341 Mark im Jahre
1877, also eine Steigerung von 259 051 Mark, die wesentlich
der Steigerung des deutschen Missionsinteresses zuzuschreiben sind,
wo sich die Beiträge von 477 393 Mark auf 700 874 Mark erhöhten [37]). Allerdings klagte Papst Leo XIII. Ende 1880 über
die Missionsvereine, über die Abnahme ihrer Mitgliederzahl und
der Beiträge; auch die Zahl der Missionsarbeiter werde von Tage
zu Tage kleiner. Wenn das der Unfehlbare sagt, muß man es
ihm glauben [38]). Aber die römische Kirche hat doch ihre Blut-
zeugen gehabt und stellt sie noch heut, unter der heißen Sonne
West-Afrikas, in Vorderindien, in Hinterindien, in China, in Japan
wie auf der Inselwelt der Südsee. Wenn auch die Bekehrung
oft blos eine äußerliche ist, ein frommer Priester kann doch
auch mit der Rute des Gesetzes in der Hand die Getauften allmählich zu Herzens-Christen erziehen. Aber worüber wir bitter
Klage führen, das ist die unchristliche Intoleranz der
römischen Kirche gegen die evangelischen Missionen und ihre
Arbeit in der Heidenwelt. „In der Mission draußen ist
der größte Feind des Evangeliums neben dem Islam
die römische Kirche", schreibt das milde Baseler Missions-
Magazin im Jahre 1882 (August-Heft S. 323). Mit Recht;
denn wo immer die römischen Missionare mit evangelischen zusammen-
treffen, bemühen sie sich, die evangelischen Missionen zu zerstören.
Da nämlich die Erfahrung lehrt, daß eine evangelische Missions-
gemeinde, welche die Bibel in ihrer Muttersprache besitzt und das
evangelische Glaubenslied im Herzen trägt, dem Katholicismus die
schwersten Hindernisse bereitet, so müssen die protestantischen Missionen zerstört werden; das ist allgemein römisch-katholische Missions-
praxis. Auf dem Archipel der Gesellschaftsinseln (Tahiti, Eimeo

u. f. w.) existierte seit 1819 eine blühende evangelische Kirche, für welche seit 1797 Missionare der Londoner Missionsgesellschaft unter unsäglichen Mühen gewirkt hatten. Gottes Segen ruhte sichtlich auf dem Werke dieser treuen Männer; das Heidentum wurde gebrochen, eine vom Geist des Christentums getragene Gesetzgebung schuf neue Rechtsverhältnisse; das Eigentum ward respektiert, die Menschenopfer hörten auf, Kindesmorde wurden selten, der König Pomare II. „der Chlodwig der Südsee" ließ sich selbst 1819 als Erstling seines Volkes taufen; viele seiner Getreuen folgten ihm; Kirchen und Schulen entstanden in jedem Bezirke.   Da war das Papsttum auf die glänzenden Erfolge der Ketzer aufmerksam geworden; mit Hilfe der 1834 entstandenen Lohner Gesellschaft zur Verbreitung des Glaubens wurden zwei französische Jesuiten nach Polynesien gesandt, Caret und Laval, die im November 1836 auf Tahiti landeten und den Eingeborenen mitteilten, ihre Missionare, die ja Weiber hätten, seien Betrüger; sie selbst seien die wahren Lehrer; an ihren vorgesetzten Bischof Rochouse aber schrieben sie, die Eingeborenen sind in den Händen des Teufels.   Die evangelische Königin wies die Jesuiten aus dem Lande, da das Gesetz den Aufenthalt jedes Fremden von ihrer und der Häuptlinge Erlaubnis abhängig machte.   Am 11. Dezember 1836 wurden sie ohne Verletzung ihrer Person und Habe auf ein Schiff befördert.   Als Caret mit einem andern Priester Ende 1837 auf Tahiti einen neuen Landungsversuch machte, wiederfuhr ihm dieses Schicksal noch einmal.   Da begab sich der französische Jesuit nach Paris und nach Rom und klagte laut über die Beschimpfung, welche Frankreich und die katholische Kirche auf Tahiti erlitten hätten.   König Louis Philipp war froh, sich bei dieser Gelegenheit den Ultramontanen, deren Hilfe er brauchte, als guten Katholiken vorstellen zu können.   Er sandte 1838 ein Kriegsschiff nach Tahiti, welches Genugthuung fordern sollte.   Auf eine Forderung der Franzosen aber folgte die andere, bis endlich die entrüsteten Patrioten Tahitis zum Verzweiflungskampf die Waffen ergriffen.   Da spielten bald die französischen Kanonen gegen die friedlichen Häuser der Tahitier; 1846 war die Niederlage der Insulaner entschieden; Frankreich sicherte sich das Protektorat über die östliche (wichtigste) Gruppe und

hat sie 1880 annektiert. Die Leute hatten freilich ihre Bibel nicht
blos gedruckt in Händen, sondern behielten sie auch im Herzen, so=
daß die katholische Kirche, obgleich sie finanziell die meist begünstigte
ist, doch bis heut nur den zwanzigsten Teil der Bevölkerung für
sich gewonnen hat [39]).

Ebenso haben es die Jesuiten auf den Marquesas=Inseln ge=
macht. Als die jesuitischen Missionare auf den Gambier=Inseln
(Mangarewa) von dem Aufblühen einer protestantischen Mission
auf dem Marquesas=Archipel hörten, ersuchten sie den französischen
Admiral Dupetit Thouars, welcher ihnen bereits die Niederlassung
auf Tahiti ermöglicht hatte, sie auch bei der Landung auf Tahuata
zu unterstützen. Das geschah: unter dem Schutz seiner 68 Ka=
nonen ließen sich die römischen Missionare in demselben Orte auf
Tahuata in Vaitahu an der Resolutionsbai nieder, wo die evan=
gelischen Missionare arbeiteten. Als diese ihnen sagten, es gebe ja
im Archipel noch heidnische Inseln genug, und auch auf Tahuata
noch viel andere Punkte zu besetzen, antworteten sie, daß sie es
gerade auf diesen Punkt abgesehen hätten. Sie gewannen den
Häuptling durch Geschenke für sich, so daß er ihnen Land ein=
räumte. Dann boten sie alles auf, um die Eindrücke der evan=
gelischen Mission aus den Herzen der Eingeborenen baldmöglichst
zu vertilgen. Zu Vaitahu aber wurde ein französisches Fort an=
gelegt, das ihnen den Rücken deckte [40]). — Aus Haß gegen den
Protestantismus haben katholische Missionare unsere gesegnete Kohls=
mission in Vorderindien gestört und in den siebziger Jahren in
Chaibassa ihre Arbeit begonnen [41]). — In die blühende Hereromission
im westlichen Südafrika sind sie 1879 eingebrochen, wo bereits
14 einflußreiche deutsche Stationen bestanden; zu Omaruru siedel=
ten sich vier katholische Missionare an, nachdem sie vorgegeben
hatten, sie wollten bloß einen Durchweg nach einem nordwärts
gelegenen Missionsgebiete suchen; sie eröffneten eine Schule für
die protestantischen weißen Kinder und versprachen unentgeltlichen
Unterricht (natürlich zunächst ohne Religionsstunde). Sobald sie
aber die Sprache des Landes erlernt hatten, suchten sie den Ein=
geborenen beizubringen, daß die protestantischen Missionare die Un=
wahrheit predigten. Indes trat das Gegenteil von dem ein, was

sie erwartet hatten: am 12. September 1881 wurden sie mit
Zwang, aber in aller Ordnung durch den Häuptling über die
Grenze gebracht 42). — Als in Uganda am Victoria = Nyanza = See
die Hoffnung aufkeimte, daß der Menschenräuber König Mtesa von
evangelisch=kirchlichen Missionaren für das Christentum gewonnen
würde, trafen zwei französische Jesuiten ein, schenkten dem König
Pulver und Flinten, erregten Mißtrauen gegen die Engländer und
lähmten und lähmen die evangelische Mission auf Schritt und
Tritt 43). — Auf Madagaskar endlich, wo von 1869 bis 1882 die
Zahl der evangelischen Christen auf 275000 gestiegen ist, haben
französische Kriegsschiffe von der evangelischen Staatsregierung
des Howastammes den nordwestlichen Teil der Insel 1883 für
Frankreich erobert und — für die französischen Missionare.
Wer sich noch der Hoffnung hingiebt, daß zwischen der römi=
schen Kirche und dem kirchlichen Protestantismus Friede möglich
sei, kann sich durch die Missionsgeschichte von diesem Wahne be=
freien lassen.

Wir Evangelische betreiben die Mission wesentlich anders, als
die römische Kirche.   Wie alle evangelische Sittlichkeit Bethäti=
gung freier Liebe gegen Gott und Menschen ist, so ist auch die
evangelische Heidenmission aus der freiwilligen Liebe zur Heiden=
welt entstanden.   Freiwillig sind unsere ohngefähr 70 Missions=
gesellschaften, hauptsächlich in England, Nordamerika und Deutsch=
land zusammengetreten; freiwillig stellen sie die Arbeiter, mehr als
zweiundeinhalbtausend ordinierte Missionare und zehnmal so viel
eingeborene Helfer, unter ihnen schon 1700 ordinierte Geistliche,
und was für Heldengestalten und Märtyrer waren unter diesen
Missionsarbeitern!   Williams, Patteson, Carey, Duff, Gobat,
Krapf, Moffat, Livingstone und tausend andere Zierden christlichen
Glaubens, Lebens und Sterbens.   Auf der Westküste Afrikas mäht
das Klimafieber die Baseler Missionare hin; dennoch füllen sich
immer wieder die Lücken; mitten zwischen den menschenmordenden
Negerreichen Asante und Dahome, wo Menschenblut wie Wasser
vergossen wird, stehen die Sendboten der Bremer Mission und
weichen nicht.   Freiwillig bringen unsere Missionsgesellschaften die
Geldopfer auf, etwa viermal so viel, als der ganze Katholicismus,

nämlich durchschnittlich im Jahre gegen dreißig Millionen Mark. Auf freiwillige Bekehrung arbeiten sie hin, auf selbständigen Glauben und auf persönliche Sittlichkeit. Das erste Ziel unserer Mission in einem heidnischen Volke ist daher die Herzensbekehrung einzelner Heiden, ihr letztes Ziel die Umwandlung des heidnischen Volksgeistes. Von der Einzelbekehrung schreitet unsere Mission fort zur Volksbekehrung, von der wir bereits Beispiele aufweisen dürfen; es giebt evangelische Volkskirchen bereits in Sierra Leone in Westafrika, unter den Karenen in Hinterindien, auf den Tahiti-, Samoa-, Tonga- und Witi-Inseln; lauter Kirchen, welche sich selbst erhalten und zum Teil schon selbständig Mission treiben, wie die Kirche der Sandwichs-Inseln. Immer aber war dabei die Bekehrung der Herzen zu Gott die Hauptsache, dann erst folgte der Aufbau der Kirchenverfassung. Ein weiteres Ziel der Mission ist die Pflanzung christlicher Kultur.

Die evangelische Mission bringt die Bibel in der Muttersprache und schafft damit den Mittelpunkt einer christlichen nationalen Litteratur. Bei litteraturlosen Völkern erwacht der Geist des Volkes überhaupt erst mit der Buchstabenschrift, die sie an der Bibel lernen. Von den 345 Bibelübersetzungen, die vorhanden sind, wurden 260 erst seit Beginn der evangelischen Mission des neunzehnten Jahrhunderts geschaffen, unter ihnen mehr als 70 in bis dahin völlig litteraturlosen, ja zum Teil ganz neu entdeckten Sprachen[44]). Das bedeutet also, daß wenigstens siebzigmal die evangelische Mission ein Volk zu geistigem Leben wachgerufen hat, während die römische Mission die lateinische Bibel wie einen stummen Götzen in den Heidenländern herumträgt. Auf die Bibel folgen Gesangbücher, Katechismen, Weltgeschichte, Lesebücher, Zeitungen, die ganze Arbeit der modernen Druckerpresse. Schon durch diese Leistungen ist die evangelische Mission als Kulturträgerin ersten Ranges bewährt. Wie sie die Völker zu selbständigem Glauben erzieht, so auch zu selbständiger Arbeit.

Aber alle Bearbeitung der Natur durch den Geist oder alle Kultur setzt die Bildung des Geistes voraus. Darum erzieht der evangelische Missionar den Heiden immer erst zur sittlichen Selb-

ständigkeit und dann erst zur Kulturarbeit. Der Wilde muß erst
lernen seine Scham bedecken, muß bestialische Sitte und Gewohnheit ablegen, muß Sinn für den Wert des Lebens und der Arbeit
bekommen, ehe er selbst Hand anlegen kann, um für sich und andere zu arbeiten. Wie oft hat schon die evangelische Mission im
neunzehnten Jahrhundert dieses Riesenwerk vollbracht. Das ehemalige Negergesindel von Sierra Leone ist heut ein christliches
Volk mit Handel und Wandel; die wilden Kannibalen auf den
Witi-(Fidji-)Inseln ein Volk von Bibellesern und friedlichen Arbeitern; auf den Sandwichs-Inseln, ehemals der Brutstätte nie-
brigster Lüste, blüht heut mit dem Christentum die amerikanisch-
europäische Kultur.

Man zählt mit Recht die Getauften und die Kinder in den
evangelischen Missionsschulen auf, im Jahre 1883 reichlich zwei
Millionen Heidenchristen und 500000 Kinder in ohngefähr 12000
Schulen [45]). Durch diese Zahlen dürfen wir uns ermutigen lassen,
wenn wir damit vergleichen, daß am Ende des apostolischen Jahrhunderts die Zahl der Christen vielleicht nur etwa 200000 betragen haben mag. Aber man unterschätzt den „Erfolg" der Mission völlig, wenn man ihn nach der Kopfzahl der getauften Heiden
bemißt. Er reicht viel weiter. Denn überall wo in einem kul-
turlosen Volke über den Umkreis der christlichen Gemeinde hinaus
die rohen Sitten weichen, wo man anfängt das Weib als einen
Menschen zu achten, die Kinder zur Schule zu schicken, die Kranken zu pflegen, die Toten zu bestatten, die Menschenopfer einzu-
stellen, den Sklavenhandel abzuschaffen, schamhaft sich zu kleiden,
menschenwürdige Häuser zu bauen, den Acker zu bestellen, den
Viehstand zu heben, Handwerke zu treiben, — überall da ist es
der Segen der Mission, den man spürt. Ihr „Erfolg" ist überhaupt unmeßbar.

Auch die von den römischen Missionaren so viel geschmähte
evangelische Missionarsfrau hat ihren hohen Anteil daran. Das
Haus, die Familie des Missionars wird das Vorbild für das
christliche Haus der Bekehrten. Die Missionarsfrau kümmert sich
um die Kinder der Gemeinde, um die Jungfrauen und Frauen
und um die Kranken. In Vorderindien, überhaupt so weit der

Jslam reicht, bleibt dem fremden Manne, auch dem Missionar, der Zutritt in die Familie verboten; da ist es die Frau, die Mission treibt. Es giebt in Vorderindien schon einen besonderen Zweig der Mission, der von Frauen an Frauen betrieben wird, die Zenanamission, so genannt von den Frauengemächern, „Zenanas". In ihrem Dienst stehen heut schon Ärztinnen[46]). Die römische Nonne aber kann keine einzige Hausfrau und Mutter erziehen, und von dem wirklich sittlichen Leben der Familie redet jeder römische Missionar ohngefähr wie der Blinde von der Farbe.

Auch abgesehen von der schmählichen Behandlung, welche unsere Missionare von der katholischen Kirche erfahren, bleibt zwischen der römischen und unserer Heidenmission ein durchgehender Gegensatz:

Dort als Praxis die äußere Bekehrung der Massen, hier die innere Bekehrung der einzelnen —; dort als erstes Ziel die Errichtung der Hierarchie, hier die Gründung von Gemeinden —; dort als letztes Ziel die Herstellung von neuen Abteilungen der römischen Kirche mit der lateinischen Kultussprache und den lateinischen Perikopen, hier die Schaffung von selbständigen Volkskirchen mit Gottesdienst und Bibel in den Landessprachen und mit den Grundlagen einer soliden Kultur. —

Wir haben das Wachstum der Kirchen überschaut; wir fanden keinen Grund zu weibischer Angst um unsere Zukunft; aber fern sei es von uns, die Gefahren zu verkennen, welche von der jesuitisch gewordenen Kirche uns drohen. Eine Besprechung einzelner brennender Fragen der kirchlichen Gegenwart mag diese unsere Stellung befestigen.

Sechstes Buch.
Zeitfragen.

Erstes Kapitel.
Zivilehe und Mischehen.

§ 84. Zivilehe.

Als Gemeinschaft des Leibes und Lebens und aller Lebensverhältnisse von Mann und Weib hat die Ehe drei Seiten, eine leibliche, eine religiös=sittliche und eine rechtliche. Die rechtliche Seite
fällt in das Gebiet des Staates. Aber kein aufrichtig christliches
Brautpaar wird in die Ehe treten, ohne von der religiösen Gemeinschaft, der es angehört, Anerkennung und Förderung zu begehren
und zu empfangen. Es wird sich in seiner Kirche ordnungsmäßig
trauen lassen, um für die rein rechtliche Eheschließung die religiöse
Ergänzung zu erhalten. Aber im modernen Staate giebt es un-
kirchliche und nicht=christliche Bürger, für deren gesetzmäßige Eheschließung der Staat sorgen muß, schon damit das Erbrecht der
Kinder festgestellt werde, und ihre Eigentumsverhältnisse nicht in
heillose Unordnung geraten. Die bürgerliche Eheschließung oder
die Zivilehe ist also für ihn unentbehrlich; die Frage kann nur
sein, ob der Staat mit der fakultativen auskommt oder die obli-
gatorische nötig hat.

Jede Eheschließung muß zur Kenntnisnahme des Staates kommen; denn er allein hat zu entscheiden, ob sie rechtsgültig erfolgt
ist oder nicht. Aber daraus folgt noch keineswegs die Notwendig-

keit, daß er jede Eheschließung auch selbst rechtsgültig vollzieht. Letzteres ist die Form der obligatorischen Zivilehe, durch welche sich der Staat von jeder Beziehung zur Kirche losmacht, wie es für das Deutsche Reich durch Gesetz vom 6. Februar 1875 geschah. Es läßt sich aber auch annehmen, daß der Staat die kirchlich vollzogenen Eheschließungen anerkennt und nur in denjenigen Fällen die Eheschließung selbst vollzieht, wo die Brautleute die kirchliche nicht wünschen. Das wäre die fakultative Zivilehe.

Da die Statistik der Jahre 1874 bis 1882 ein allmähliches Steigen der Zahl der Trauungen aufweist, und da dieses Steigen noch dazu ohne jeden staatlichen Zwang vor sich geht, so könnten wir uns die jetzige Form der obligatorischen Zivileheschließung ja gefallen lassen. Allein obgleich bis jetzt die Kirche durch sie nicht gerade erheblich geschädigt wird, so stellt sich doch für den Staat selbst ein schwer wiegender Mangel dabei heraus. Denn indem der Staat nur bürgerliche Eheschließung fordert und dadurch die Trauung für unnötig erklärt, macht er die Eheschließung zu einem bloßen Kontrakt, zu einem bloßen Rechtsverhältnis. Wo man aber einen Kontrakt schließt, braucht man keine Liebe; wie man sich vor dem Notar ein Haus kauft, so erklärt man vor dem Standesbeamten, daß man sich verheiraten wolle — und das junge Volk läuft sittlich unreif zusammen. An dem einen Tische auf dem Rathause bezahlt man seine Steuern, am anderen im Nachbarzimmer erklärt man, daß man die N. N. heirate. Meint vielleicht jemand im Ernst, daß durch diese Eheschließung dem jungen Ehepaare ein einziges sittliches Motiv auf den Lebensweg mitgegeben wird? Wie die jungen Leute zusammengelaufen sind, so laufen sie auch wieder auseinander; die in den letzten Jahren erschreckend gestiegene Zahl der Ehescheidungen beweist, daß das sittliche Bewußtsein inbetreff der Ehe in unserem Volke sinkt. Indem der Staat die religiöse Begründung der Ehe für unnötig erklärt, schneidet er sich in sein eigenes Fleisch. Denn er ist auf die religiös-sittliche Gesinnung seiner Bürger angewiesen, da ohne dieselbe kein einziges staatliches Gesetz gewissenhaft erfüllt wird, sondern jedes umgangen werden kann. Diese Gesinnung, auf welche der Gesetzgeber rechnen muß, kann er

aber selbst nicht hervorbringen; denn durch gedruckte Gesetzespara-
graphen, von denen heutzutage keiner mehr majestätisches Ansehen
hat, da wir alle wissen, wie rein menschlich sie zustande kommen,
kann man das Herz des Staatsbürgers nicht beeinflussen. Der
Staat handelt also im eigenen Vorteile, wenn er die Quelle aller
wahren Sittlichkeit, die christliche Religion, fördert und zu diesem
Zwecke die christlichen Kirchen begünstigt. So könnte er, um die
Kirchen in ihrer Wirksamkeit nicht zu schädigen und die kirchlichen
Staatsbürger von der jetzt lästigen doppelten Eheschließung zu befreien, alle diejenigen Trauungen als rechtsgültige Eheschließungen
anerkennen, welche vor den religiösen Gemeinschaften vollzogen
werden, die er selbst innerhalb seines Gebietes als zu Recht be-
stehend anerkannt hat. Der Staat brauchte blos jeden ordentlich
angestellten Geistlichen als seinen geborenen „Standesbeamten" anzusehen und von ihm die Liste der Getrauten einzufordern. Vor
dem Standesamte würden dann nur noch die Eheschließungen un-
kirchlicher und nicht-christlicher Staatsbürger zu vollziehen sein.
So würde dem Staate sein Recht, und die Kirchen behandelte
man nach Billigkeit.

Was von der Ehegesetzgebung gilt, läßt sich ähnlich von der
Beurkundung der Geburten und der Sterbefälle sagen. Der
Staat muß von diesen Vorgängen zuverlässige Kunde erhalten;
aber er braucht das Ansehen der Kirchen nicht zu schädigen. Er
braucht bloß die Taufen und die Begräbnisse, welche von Geistlichen in staatlich anerkannten Religionsgemeinschaften vollzogen
werden, auch als bürgerlich rechtsgültige Handlungen anzuerkennen
und genaue Abschriften der kirchlichen Tauf- und Sterberegister zu
den Akten des Standesamtes einzufordern; so hat der Staat auch
hier wieder sein Recht, und die Kirchen hätten keinen Grund zur
Klage.

Das Papsttum hat die Zivilehe rundweg verworfen. Der
Ursprung und die Heiligung der Ehe rührt von Gott her und
„außerhalb der von Gott und von der Kirche festgesetzten
Formen ist der eheliche Bund weder ehrbar noch heilig", lehrt
Papst Leo XIII. in seinem Schreiben über die Ehe vom 1. Juni
1879 [1]). Dem Staate läßt er in Ehesachen nur die Befugnisse,

welche ihm zur Ordnung der weltlichen Seite der Ehe und zur rechtlichen Regelung ihrer bürgerlichen Folgen im Interesse des Gemeinwohles zukommen können [2]). Welches sind aber die von Gott und von der Kirche festgesetzten Formen? Darüber belehrt uns derselbe Papst in seiner Encyklika vom 10. Februar 1880 [3]). Nach römischer Lehre ist die Ehe ein Sakrament; über Sakramente Festsetzungen zu treffen, kommt überhaupt nur der Kirche zu, so daß es völlig thöricht wäre, von dieser Vollmacht auch nur den geringsten Teil auf die weltliche Obrigkeit übergehen zu lassen [4]). Die Ansicht, daß die kirchliche Handlung als Zuthat zu der zivilrechtlichen Eheschließung hinzutreten könne, verwirft er ausdrücklich als das gerade Gegenteil der Wahrheit [5]). Die Kirche setzt die Ehehindernisse fest und zieht die Ehesachen vor ihre Gerichte [6]); sie vollzieht keine Ehescheidungen; sie thut in Ehesachen überhaupt, als ob es ein staatliches Eherecht gar nicht gäbe. Alle römisch-katholischen Staatsbürger müssen ebenso thun. Ein Friede zwischen Staat und römischer Kirche ist demnach auf dem Gebiete des Eherechts unmöglich.

§ 85. Mischehen.

Unter Mischehen versteht man „Ehen zwischen Personen verschiedenen christlichen Bekenntnisstandes". Nach Leos XIII. Urteil ist „außerhalb der von Gott und von der Kirche festgesetzten Formen" der eheliche Bund nicht einmal ehrbar, geschweige denn heilig (§ 84). Daraus ergiebt sich das Urteil der römischen Kirche auch über Mischehen. Ihrem Wesen nach ist die Ehe Sakrament, und außer dem römischen Ehe-Sakrament ist jede zwischen Christen eingegangene eheliche Verbindung strenggenommen überhaupt keine Ehe, wie Pius IX. im Syllabus lehrte [6a]), sondern ein anstößiges Verhältnis. Um aber die kirchlich-gültige Eheschließung zu erleichtern, ist die Beteiligung des Priesters auf das möglichst geringe Maß eingeschränkt: es genügt schon seine Gegenwart, er braucht kein Wort zu sprechen, keinen Finger zu rühren; wenn er nur hört, daß die Brautleute vor zwei Zeugen ihren Heiratskonsensus aussprechen, so ist das Sakrament vollzogen und die Kirche zufrieden gestellt [7]). Wo diese Gegenwart des römischen Priesters fehlt,

kommt keine kirchlich-gültige Ehe zustande. Folgerichtig wären danach alle nicht tridentinisch geschlossenen Ehen, also alle protestantischen, jüdischen, muhamedanischen und heidnischen Ehen nichtig (irrita), und die daraus entsprossenen Kinder wären unehelich. Da die Trienter Beschlüsse in der ganzen römischen Kirche
unangefochten gelten, selbst da, wo sie nicht feierlich veröffentlicht
sind, so könnte auch diese Anschauung von der Eheschließung durch
fanatische Priester in der ganzen römisch-katholischen Welt zur
Herrschaft gebracht werden. Praktisch wirksam wird diese Theorie
gewöhnlich aber da, wo Katholiken und Nichtkatholiken zusammen
wohnen und trotz aller priesterlichen Verbote Mischehen untereinander
eingehen. —

In den deutschen Konfessionsverhältnissen wird es stets Mischehen geben. In Bayern, wo ²/₃ Katholiken mit ¹/₃ Protestanten
zusammen wohnen, wuchs die Zahl der Mischehen von 1835 bis
1877 stetig. Auf je 1000 Ehen gab es dort in den Jahren

1835—50 Mischehen	28
1850—60 „	36
1860—70 „	44
1870—75 „	56
1875—77 „	66

In Preußen, wo durch den Kulturkampf der Gegensatz der Konfessionen verschärft wurde, nahmen sie zwar in den acht älteren
Provinzen zwischen 1875 und 1879 erheblich ab, blieben aber
immer noch zahlreich genug; es gab

evangelische Mischehen: (Bräutigam ev., Braut kath.)	katholische Mischehen: (Bräutigam kath., Braut ev.)
im Jahre 1875: 6264	7600
1876: 6101	7171
1877: 5708	6929
1878: 5596	6721
1879: 5672	6753 [8]).

Wo nun das Trienter Ehedekret verkündet ist, wie in Bayern,
können auch Mischehen kirchlich gültig nur vor dem katholischen Pfarrer in Gegenwart zweier Zeugen geschlossen werden.
Noch im Jahre 1874 (22. Juli) ist es vorgekommen, daß eine

von einem Katholiken mit einem protestantischen Mädchen in der
protestantischen Stadtpfarrei zu München geschlossene
Ehe (wegen des Ehehindernisses der „Clandestinität") von der römischen Congregatio Inquisitionis für nichtig erklärt, und dem
katholischen Gatten die Eingehung einer anderwei-
tigen ehelichen Verbindung gestattet wurde [8a]). In den
mittel- und südamerikanischen Republiken sind weder die akatho-
lischen noch die gemischten Ehen anerkannt, da dort das kanonische
Recht volle Geltung hat [9]).

Würde die römische Kirche diese Strenge durchgängig walten
lassen, so würde sie wahrscheinlich viel Glieder verlieren. Deshalb
hat sie sich entschlossen, „um des öffentlichen Wohles willen"
Mischehen zu „tolerieren", besonders da, wo die Trienter Beschlüsse
nicht feierlich verkündet sind. Papst Benedict XIV. gestand für
Holland und Belgien in einer Deklaration vom 4. November
1741 die Rechte des „Pfarrers" auch evangelischen Geistlichen
zu [9a]), und Papst Clemens XIII. dehnte diese Deklaration am
21. Februar 1765 in einem „Indult" auch auf die Diöcese
Breslau aus [10]). Mischehen sind also in den genannten Gebieten
für kirchlich gültig erklärt und zwar nicht bloß diejenigen Mischehen, welche in Gegenwart des römisch-katholischen Pfarrers, sondern auch diejenigen, welche vor dem evangelischen Geistlichen geschlossen sind. Indes dieser „Indult" ist bloß eine
willkürliche Änderung der römischen Praxis und kann
zu jeder Zeit ebenso willkürlich vom Papste auch wieder zurückgenommen werden.

Die Mischehe paßt ja überhaupt nicht in das römische System;
denn selbst wenn sie vor einem römisch-katholischen Priester zustande kommt, kann ja die römisch-katholische Sakramentsgnade gar
nicht in den protestantischen Teil hineingezaubert werden, da ihr
dieser durch seine protestantische Überzeugung einen „Riegel" vor-
schiebt (obicem ponit). An dem nicht-römischen Teile bringt der
Priester also gar keine sakramentale Wirkung hervor; ein sakra-
mentales Verhältnis beider Teile zu einander wird nicht erreicht,
eine Ehe nach römischem Begriff ist dann überhaupt nicht da [11]).
Zu jeder Zeit hat ferner die römische Kirche verstanden, auf den

katholischen Teil der Brautleute einen Druck auszuüben; denn sie
gestattet Mischehen nur unter drei Bedingungen, sie verlangt:
1) daß der katholische Teil ungehindert seiner Religion nachleben
darf, 2) daß er den nicht=katholischen Teil katholisch zu machen sich
angelegen sein läßt, und 3) daß alle aus der Mischehe zu erwar=
tenden Kinder katholisch getauft und erzogen werden [12]). Im
Beichtstuhl hat sie das Mittel, diese Bedingungen zu erpressen.
So kommt es, daß die Mischehen sich durchschnittlich für die rö=
mische Kirche günstig stellen. Im höheren deutschen Adel sind
im neunzehnten Jahrhundert bis zum Jahre 1883 52 Fälle ge=
zählt, wo in Mischehen evangelische Männer katholischer
Frauen alle Kinder katholisch taufen ließen und da=
durch ihre ganze Familie katholisch machten. Es thaten
dies 8 Fürsten (z. B. 1 Fürst Blücher, der Sohn des Marschalls
Vorwärts, 1 Fürst Schönburg, 3 Fürsten Sayn=Wittgenstein);
9 Grafen (z. B. 1 Graf Brühl=Forst); 23 deutsche, 9 öster=
reichische, aus Deutschland stammende Freiherren. Dagegen
sind nur 7 gräfliche und 3 freiherrliche katholische Familien durch
protestantische Frauen protestantisch gemacht worden. — Auch unter
dem niederen Adel sind so durch Mischehen ganze Familien
katholisch geworden, z. B. die v. Haller, v. Savigny, v. Mallin=
krodt [12a]). — In Westfalen gab es im Jahre 1880 1234 Misch=
ehen; davon waren nur 427 evangelisch, dagegen 807 katholisch
getraut; es gab aus diesen Ehen 4652 Kinder, davon waren nur
1235 evangelisch, dagegen 3417 katholisch getauft. In beiden
Fällen erhielt also die römische Kirche ohngefähr $2/3$, die evange=
lische nur $1/3$ der in Frage stehenden Personen [13]). Für ganz
Preußen ist allerdings einmal, aus dem Jahre 1864, ein Gewinn
für die evangelische Kirche an Kindern aus Mischehen berechnet
worden. Geboren wurden danach aus evangelischen Mischehen
115 583 Kinder, aus römischen 132 149; erzogen von allen diesen
evangelisch 121 041, römisch 126 691; das ergiebt für die evange=
lischen Mischehen einen Gewinn von 5458, für die römischen einen
Verlust von 5458 Kindern [14]). Aber über die acht älteren Pro=
vinzen Preußens klagt im Blick auf das Jahr 1882 der evange=
lische Oberkirchenrat: „die Zahl der Taufen und Trauungen bei

Mischehen ist noch immer eine bedeutend geringere, als diejenige
bei rein evangelischen Ehen; besonders tritt das Mißverhältnis be-
züglich der Taufen hervor, deren Zahl noch hinter derjenigen der Taufen unehelicher Kinder zurücksteht"[14a]).
Neuerdings ist eine durch die Mischehen aufgekommene Sitte Gegenstand heftiger Fehde geworden. In der Zeit der Aufklärung wurde
es bei wohlhabenden Brautleuten Sitte, sich zweimal trauen
zu lassen, vom Pfarrer der Braut und vom Pfarrer des Bräu-
tigams. Sie dachten, der doppelt erflehte Segen kann doch auf
keinen Fall schaden. Da wurde im Sommer 1882 in verschiedenen Kirchen der Provinzen Brandenburg und Schlesien ein An-
schlag der „katholischen Seelsorgsgeistlichkeit" veröffentlicht, nach
welchem als christliche Eheleute nicht anerkannt werden 1) die
sich bloß bürgerlich haben kopulieren lassen 2) solche, welche, wenn
der eine Teil protestantisch ist, sich von einem protestantischen Prediger haben einsegnen lassen; ihre Kinder werden als unehelich betrachtet, weshalb auch die Mutter keinen Kirchgang halten dürfe.
Dieser zweite Absatz entspricht genau dem Trienter Konzil und
enthält das unwandelbar römische Urteil über alle Mischehen,
welche von einem „häretischen Geistlichen" eingesegnet sind. Als
sich darüber in protestantischen Kreisen Deutschlands ein Sturm
von Entrüstung erhob, sah sich der Breslauer Fürstbischof veranlaßt, vom Papste die Ausdehnung jenes clementinischen „In-
dults" von 1765 auch für die zu seinem Sprengel gehörende
Delegatur Brandenburg nachzusuchen, wonach alle auch vor einem
evangelischen Geistlichen geschlossenen Ehen zwar unerlaubt, aber
kirchlich gültig sind. Indes bleibt das eben bloß ein „Indult".
Vom tridentinischen Prinzip hat die Kirche keine Silbe nachgelassen
und wird es auch nicht thun.

　　Auch wir Evangelische warnen vor dem Eingehen von Mischehen; denn der Glaube des evangelischen Teils gerät in Gefahr,
irre zu werden, das Glück der Ehe steht auf dem Spiel, wenn
Eheleute in der Religion nicht völlig harmonieren, und für die
Erziehung der Kinder fehlt das rechte Ziel; so kann eine Mischehe leicht die Quelle geistlicher Leiden werden, während doch das
eheliche Band die Leiden nicht mehren, sondern mindern soll.

Allein da in Deutschland die Konfessionen unter einander wohnen,
so können wir die Mischehen auch nicht hindern. Hat der Apostel
Paulus Mischehen zwischen Christen und Heiden bestehen lassen,
indem er hoffte, daß der nicht-christliche Teil durch den stillen Einfluß des christlichen werde gewonnen werden; so können auch wir
Mischehen zwischen Protestanten und Katholiken ertragen. Die
religiöse Erziehung der Kinder aber soll durch den Willen des
Vaters bestimmt werden, da der Wille des Weibes in der Ehe
dem des Mannes unterthan ist. Die Familie soll also der Be-
kenntniskirche des Vaters angehören. So verlangt es mit Recht
in Preußen die königliche Kabinettsordre vom 21. November 1803,
nachdem bis dahin gemäß dem preußischen Landrechte die unheil-
volle Teilung der Kinder nach dem Geschlecht gegolten hatte, so
daß die Söhne der Religion des Vaters, die Töchter aber der der
Mutter folgen sollten 15).

Gegen die römische Unduldsamkeit haben aber neuere evangelische Trauordnungen einen Schutz für nötig gefunden. Die Trauordnung für die acht älteren Provinzen der preußischen Landeskirche vom Jahre 1880 hat in § 12 und die der lutherischen
Landeskirche des Königreichs Sachsen vom Jahre 1881 in ihrem
§ 19 die Trauung bei gemischten Ehen dann verboten, wenn vor
Eingehung derselben der evangelische Teil versprochen hat, sämtliche zu erwartende Kinder in einer nicht-evangelischen Konfession
erziehen zu lassen; in der preußischen Trauordnung wird dabei als
solche noch besonders die römisch-katholische Konfession genannt. —
Das protestantisch-kirchliche Bewußtsein darf noch weiter gehen.
Protestantischen Vätern, welche alle ihre Kinder katholisch taufen
und erziehen lassen, soll das kirchliche Wahlrecht, die Fähigkeit zur
Patenschaft, und, falls sie ihr unsittlich gegebenes Versprechen
nicht zurücknehmen, sogar die Kommunion, ja selbst das kirchliche
Begräbnis verweigert werden; denn sie haben ihre Kirche verraten
oder sich wenigstens völlig gleichgültig gegen sie verhalten 16).

Zweites Kapitel.

Römische Politik. Wiederherstellung des Kirchenstaates. Ultramontane Presse.

§ 86. Politik und Kirchenstaat.

Die römische Kirche treibt stets auch römische Politik. Als äußere Anstalt (externa politia), die von oben her ist, steht sie nach römischer Ansicht über den Staaten, die von unten her sind. Sie beansprucht von den Regenten und Gesetzgebern strenge Unterordnung des Staatsrechts unter das römische Kirchenrecht. Sie verlangt, daß sich der Staat den Zwecken der römischen Kirche dienstbar erzeige (§ 78). Ihr Ideal ist der Kirchenstaat, wo die Priester herrschen, die Laien aber gehorchen und zahlen[1]: Da dieses Dienstverhältnis unter jeder Staatsform möglich ist, so verträgt sich die römische Kirche auch mit jeder Staatsverfassung, wie Leo XIII. in einem Schreiben an den ersten Erzbischof der Republik Frankreich am 22. Oktober 1880 ausdrücklich lehrt[2]. Aber unter jeder Staatsverfassung muß sie ihrem Prinzip gemäß danach streben, mit Ausnützung aller ihr zu Gebote stehenden Mittel, die Gesetzgebung, Regierung und Verwaltung des Staates von sich abhängig zu machen. Während der Herrschaft der absolutistischen Staatsidee suchte sie dies durch die Fürsten zu erreichen. Da man aber seit 1848 in Europa fast allgemein den Ideen des Verfassungsstaates huldigt, in welchem das Volk an der Gesetzgebung und Verwaltung Anteil hat, so sucht die Kurie jetzt durch Benutzung der Volksvertretungen ihren Einfluß durchzusetzen. Aus diesem Grunde hat die römische Kirche römische Staatsparteien geschaffen, die, weil sie alle gegen den modernen Staat wesentlich oppositionell gerichtet sein müssen, weit mehr Fühlung mit dem extremen Liberalismus als mit dem Konservatismus haben, wie schon Papst Gregor VII. die Fürstenmacht aus der Usurpation einzelner ableitete, die sich widerrechtlich über ihresgleichen erhoben hätten. Mit dem extremen Liberalismus teilt die römisch-katholische Zentrumspartei in Deutschland die

Vorliebe für die rein konstitutionelle Staatsverfassung und ihr Scheinkönigtum; daher erstrebt sie die Dezentralisation des Reiches und wünscht, statt des Einheitsstaates, einen Bund einzelner Staaten, eine Föderation. Reiche zerlegen, um sie zu beherrschen, (das divide et impera) ist altrömischer Grundsatz. Der Einfluß auf den Staat aber wird erstrebt, damit die Kirche sich von ihm befreie. „Freiheit" der Kirche vom Staate, d. h. Knech- tung des Staates und aller Nichtkatholiken unter die römische Kirche ist das erste praktische Ziel aller ultramontanen Politik. Seit November 1848, wo sich die deutschen Bischöfe in Würzburg versammelten, haben sie auf diese „Freiheit" losgear- beitet; „die Kirche habe ein lebendiges Interesse an der Sicherung alles desjenigen, was der allgemeine Ruf nach Freiheit von administrativer Bevormundung und Kontrolle Wahres ent- halte." Daher beanspruchten sie 1) das göttliche Recht des Unter- richts und der Erziehung, worin die Kirche „gänzlich freie Hand" haben will (Staatsschulen sind damit prinzipiell verworfen), 2) das Recht des Kultus, auch des öffentlichen, mit der Assoziationsfreiheit auch für geistliche Vereine, 3) das Recht der freien und selbstän- digen Verwaltung und Verwendung des Kirchenvermögens und das unter staatlichem Schutze [3]). Wo der kirchlich-normale Zustand noch nicht besteht, so gebietet die Klugheit die bürgerliche Duldung aller Kulte [4]). „Was die Kirche von dem gegenwärtigen Re- gime verlangt", schrieb das Bamberger Pastoralblatt 1871, „ist die Unabhängigkeit und Freiheit und jenes Maß von Recht, das auch jenes Regime von seinem Standpunkte aus geben muß. Wenn aber ein anderes Geschlecht herangewachsen ist, und die Zeitumstände es raten, dann allerdings wird auch die Kirche es nicht versäumen ihre Pflicht zu thun und ihr volles Recht zu erlangen." Wo ein Staat die Unklugheit begeht, die römische Kirche „frei" zu lassen, wie sie es wünscht, so stellt sich heraus, daß sie diese „Freiheit" kraft ihrer großartigen Einheit staunenswert auszunützen versteht. In den Vereinigten Staaten Nord-Amerikas konstatierte ein Kenner der Verhältnisse schon 1875 eine „römische Invasion", gegen welche der Staat sich endlich doch wird schützen müssen. In New-York sollen die Katholiken schon

in dem genannten Jahre einen fast unbeschränkten Einfluß auf die
Finanzen der Stadt erlangt haben⁶). Die Jesuiten dürfen un=
behelligt arbeiten, Colleges und Universitäten gründen; in San
Franzisko besuchten im Jahre 1882 allein 700 Studenten ihre
Vorlesungen. Von den aus Frankreich ausgewiesenen Mitgliedern
der Gesellschaft Jesu begab sich ein großer Teil nach Syrien und
Armenien, um die Macht Roms im Orient zu stärken⁷). Den
Höhepunkt aller politischen Bestrebungen Roms und seiner Po=
litiker bildet aber die Wiederherstellung des Kirchen=
staates.

Das Papsttum ist auf den Kirchenstaat festgebannt; es kann
ihn nicht entbehren; denn es „bedarf der absoluten Frei=
heit", lautet „das letzte Wort über die römische Frage" aus den
Kreisen der Kurie im Jahre 1881. Schon am 9. Juni 1862
hatten die in Rom versammelten Bischöfe in einer Adresse an
Papst Pius IX. anerkannt, daß die weltliche Souveränität des
heiligen Stuhles für die freie Leitung der Seelen absolut erforder=
lich sei⁸); und sie nannten ihn in derselben Adresse „Papstkönig
(pontifex-rex)." Noch heut hält sich der „Stellvertreter Christi",
ein Spott auf den Friedefürsten, eine Truppe von Schweizer=
soldaten, die mit ihren Hellebarden im Vatikan herumlungern,
und Gensdarmen, welche in Gala aufgeputzt im Palaste Ehren=
dienste thun.

Auf die Wiederherstellung des Kirchenstaates in irgend welcher
Gestalt spitzt sich also alle päpstliche Politik zu. Ein rein gei=
stiges Papsttum wird es nie geben. Denn als Unterthan
oder Gast eines Staates würde es aufhören, die Staaten zu be=
herrschen; es würde in die Abhängigkeit von dem Staate geraten,
auf dessen Scholle es sitzt; die übrigen katholischen Nationen aber
würden sich ihm dann entziehen, Spaltungen, vielleicht der Zerfall
der römischen Kirche wäre die Folge. Darum wird das Papst=
tum mit Verwegenheit bei günstiger Gelegenheit das Königreich
Italien zu zertrümmern suchen. Das ist aber nur mit Hilfe
Frankreichs möglich, wenn das Deutsche Reich geknebelt ist. Das
Papsttum aber hat nichts zu verlieren, hofft vielmehr zu gewinnen,
wenn das europäische Gleichgewicht gestört wird. So ist das

Geheimnis der päpstlichen Diplomaten leicht enthüllt; es lautet:
nie mit Frankreich brechen, sondern es gegen Deutschland unterstützen, damit nach Deutschlands Demütigung die „subalpine" Regierung gestürzt, und ein Kirchenstaat irgendwie leiblich hergestellt
werde.   Den alten Kirchenstaat bekommt die Kurie nun aber, aller
Wahrscheinlichkeit nach, nie wieder; er hat eine zu erbärmliche
Geschichte. „Ausbeutung des Landes durch die Kurie und deren
Beamte", so schildert ihn sein neuester Geschichtsschreiber, „Ver-
armung und Verödung der Provinzen, fortwährende Finanzkalami-
täten der päpstlichen Regierung, mangelhafte und käufliche Justiz,
infolge dessen Unzufriedenheit der Bevölkerung mit dem unfähigen
Priesterregimente, das war das traurige Einerlei der Geschichte
dieses staatlichen Monstrums [9]."   Im Jahre 1881 sind die päpstlichen Politiker allerdings schon bescheiden geworden, weil sie sich
doch überzeugt haben, daß kein europäischer Staat einen Kreuzzug
gegen das Königreich Italien unternimmt.   Deshalb fordert jetzt
„das letzte Wort in der römischen Frage" nur die Stadt Rom
mit einem breiten Gürtel Umgebung, dazu aber den Streifen Land
bis zur Tibermündung einschließlich des Hafens Civita-Vecchia, ein
Territorium mit 3- bis 400 000 Einwohnern [10]). So könnten
allerdings alle Pilger zum heiligen Vater ziehen, ohne die italienischen Eisenbahnen benutzen und ohne den italienischen Steuer-
beamten die Reisetaschen öffnen zu müssen.   Aber das würde doch
nur möglich sein, wenn der Papst im italienischen Parlamente
eine klerikale Majorität zustande brächte, welche diese Selbstver-
stümmelung des Königreichs vollzöge.   Dazu ist wenig Aussicht
vorhanden; denn in Italien haßt man das Papsttum, und da man
die christliche Religion nur in der päpstlichen Form kennt, ist man
erschrecklich gleichgültig gegen alles Christentum; die sogenannte gebildete Welt huldigt dem Atheismus.   „Wir Italiener haben der
Kirche und den Priestern zunächst dies zu danken, daß wir religions-
los und schlecht geworden sind", sprach Macchiavelli [11].   Im Jahre
1882 hat nicht nur Savonarola in Florenz seine Statue erhalten,
sondern auch — Arnold von Brescia.   In feuriger Redestellung
steht nunmehr wieder der Mönch zu Brescia da, jetzt „ein Zeichen
des vom Vatikan erlösten Italiens" [12].

§ 87. Die römische Presse.

Nach der Revolution von 1848 erkannte die römische Kirche, daß die politische öffentliche Meinung mächtiger sei als die Fürsten. Daher beschloß sie, durch die politische Presse auf die Völker ein= zuwirken und schuf sich eine römisch=politische Weltpresse; ihr Preßbüreau ist seit 1850 die von Jesuiten geleitete Zeitschrift civiltà cattolica, welche zweimal monatlich erscheint und allen ultramontanen Zeitungen Ton und Richtung vorschreibt; sie wird der Sicherheit wegen in Florenz herausgegeben, ihre Leiter aber und hauptsächlichen Mitarbeiter wohnen in Rom. Pius IX. hat die politische Presse wiederholt als die trefflichste Waffe in den Kämpfen der Gegenwart empfohlen, wie sie ihm denn z. B. im preußischen Kirchenstreite die „wuchtigsten" Dienste leistete. In demselben Sinne hat Leo XIII. noch am 22. Februar 1879 die Vertreter der „katholischen Presse in der ganzen Welt" in einer Ansprache ermahnt, für die Rechte des päpstlichen Stuhles und die Wiederherstellung der weltlichen Herrschaft des Papstes einzustehen. So ist die ultramontane Presse eine einheitlich organisierte internationale Macht geworden. Hessen, Baden, Nassau und Rheinprovinz verdanken ihre römische Entschiedenheit wenigstens teilweise dem „Mainzer katholischen Volksblatte", das zu Neujahr 1878 in 35 000 Exemplaren ausgegeben wurde. In den jesui= tischen „Stimmen aus Maria Laach", in 5000 Exemplaren aus= gegeben, senden die vertriebenen Jesuiten ihre Grüße in die deutsche Heimat und beherrschen mit dem Mainzer „Katholik" die römisch= katholische Wissenschaft in unserem Vaterlande. Aus Bayern schleu= dern die „historisch=politischen Blätter" in demselben Geiste ihre Angriffe gegen das Deutsche Reich und den Protestantismus. Die preußische Rheinprovinz und Westfalen haben eine unermüdlich ar= beitende ultramontane Presse, hauptsächlich vertreten durch die „Kölnische Volkszeitung" und die „Bonner Reichszeitung"; im Mutterlande der Reformation, in der preußischen Provinz Sachsen, erscheint eine ultramontane politische Wochenschrift, die „Eichs= felder Volksblätter" zu Heiligenstadt (1878) mit 10 000 Abo= nenten. An der Spitze der preußischen ultramontanen Presse aber

steht jetzt, was früher kein Mensch für möglich gehalten hätte, seit
1871 ein Berliner Blatt, die „Germania", die zwar im Jahre
1878 nur 7000 Abonnenten zählte, aber als Kampfblatt ersten
Ranges für die Stilübungen der Hetzkapläne in den Lokalblättern
die Parole ausgiebt. In Schlesien, wo die Sedlnitzky, Diepen-
brock und der vorvatikanische Fürstbischof Förster nicht ultramon-
tan gesinnt waren, ist erst in der Neuzeit „die Schlesische Volkszeitung" zu Bedeutung gelangt; daneben wuchert aber in Ober-
schlesien, von Hetzkaplänen geschäftig geleitet, eine üppige ultramontane Lokalpresse. In der Provinz Posen dient die ultramontane Presse noch dazu dem polnischen Interesse, eine Feindin
alles Deutschtums. Auch für ultramontane Konversationspresse ist
gesorgt: bei Herder in Freiburg ist ein korrekt-römisches Konver-
sationslexikon erschienen und bei Pustet in Regensburg ein Fami-
lienblatt, „der Deutsche Hausschatz", welcher den Zweck hat, nicht
bloß die „Gartenlaube", sondern auch das „Daheim" zu verdrängen, und nach dreijährigem Bestehen im Jahre 1878 angeblich schon 50 000 Abonnenten zählte. Renommierte katholische
Buchhandlungen, wie Kirchheim und Faber in Mainz, Herder in
Freiburg, Pustet in Regensburg, Schöningh in Paderborn, Bachem
in Köln und viele andere scheuen keine Opfer, um die katholische
Presse in die Höhe zu bringen. In den Jahren des preußischen
Kulturkampfes wuchs sie unerwartet; Katholiken wollten von Katholiken orientiert sein, und in den verwaisten Pfarreien vertraten
die ultramontanen Erbauungsblätter die fehlenden Seelsorger. Im
ganzen deutschen Reiche produzierte die ultramontane Presse auf
dem Höhepunkt des Kulturkampfes im Jahre 1878 an
Zeitungen, Zeitschriften und Wochenblättern nach Wörls Angaben
zusammen genommen die riesige Zahl von 1,050,037 Exemplaren. Dazu kommt die unkontrollierbare Kalender- und Broschürenlitteratur![19]). So einflußreich wie in Deutschland ist
die ultramontane Presse vielleicht nur noch in Belgien. In
Österreich-Ungarn tritt sie hinter der liberalen vollständig
zurück; in Frankreich ist sie unpopulär; in Paris mit seinen
zwei Millionen Einwohnern und 1200 Priestern hatten im Jahre
1878 die großen klerikalen Zeitungen zusammen nur 6000 Abon-

nenten; Veuillots Univers zählte 1867, in der Blütezeit des bigotten Imperialismus, überhaupt nur 12 000 Abonnenten. Dagegen gedeiht die praktisch erbauliche Presse in den Provinzen. In Spanien dient die gut geschulte katholische Presse der Karlistenpartei, weil diese die Rechte der römischen Kirche proklamiert hat. In Italien ist sie nicht beliebt; im Jahre 1878 erhielt sich kaum der vierte Teil ihrer Blätter aus eigenen Mitteln; in den großen Städten Italiens, Rom, Neapel, Mailand, Turin, Genua, Venedig, hört man von den Zeitungsverkäufern kaum den Namen eines katholischen Blattes ausrufen [14]). Die Energie und Schneide des deutschen Vatikanismus marschiert also an der Spitze der ultramontanen Weltpresse. Dank der Reformation ist eben der deutsche Katholicismus innerlicher als der romanische, darum auch leistungsfähiger. Da nun seine Presse bei den Katholiken volles Vertrauen genießt und die politischen Wahlen beherrscht, so haben die nationalen und evangelischen Kreise Deutschlands allen Grund, von ihr das Schlimmste zu fürchten.

Was haben wir Evangelische dieser Presse entgegenzusetzen? Eine kirchlich = politische Presse überhaupt nicht. Unsere Kirchen sind keine Staaten; darum brauchen wir keine Politik zu machen. Wir schicken auch unsere Geistlichen nicht in die Redaktionsbüreaus und auf die Tummelplätze der Tagespresse; denn es würde ihnen zu viel Schmutz und Staub anfliegen; auf dem schwarzen Rocke aber sieht man den Staub am besten. Die politischen Agitationen würden auch die Geistlichen demoralisieren; denn man muß den Massen nach dem Munde reden, um ihre Wahlstimmen zu erwerben. Wer den Wahlpöbel nicht mit Schlagworten ködert, fängt ihn nicht; wer den politischen Gegner nicht mit Schmutz bewirft, imponiert nicht. So wirken die politischen Massen auf ihre Führer zurück, und beide demoralisieren sich gegenseitig. Durch das direkte Wahlsystem mit seinen Wahlschlachten wird unser Volksgewissen vergiftet; der Geistliche aber soll es schärfen. Nun wird ja auch evangelisches Christentum in der konservativen politischen Presse vertreten; aber ihr dogmatischer Gesichtskreis ist meist so eng, daß für die freie Bewegung selbst der gläubigen Theologie in

ihr kein Raum bleibt; bis auf wenige Ausnahmen huldigt sie
außerdem der Wahnvorstellung von der solidarischen Einheit des
kirchlichen Protestantismus und der vatikanischen Kirche, so daß von
ihr eine erfolgreiche Bekämpfung des Ultramontanismus erst zu erwarten sein wird, wenn sie sich aus diesem Banne losringt. Zunächst bleibt der Kampf gegen Rom in der Presse also vorwiegend
noch den liberalen politischen Journalen überlassen. Sie behaupten
ja numerisch auch das Feld gegen die ultramontane Presse. Mit
dem Einfluß der Augsburger Allgemeinen, der Magdeburger, der
Nationalzeitung, oder gar mit dem des deutschen Weltblattes, der
Kölnischen Zeitung und ihrer Zahl von 50 000—70 000 Abonnenten kann sich kein ultramontanes Blatt bei uns messen; von
englischen Weltblättern ganz zu schweigen. Aber in der liberalen
politischen Presse findet das kirchliche Christentum bei uns fast gar
keine Vertretung; selbst die gemäßigt liberale öffnet ihre Spalten
durchschnittlich nur dem Protestantismus der inhaltslosen Gewissens-,
Glaubens- und Denkfreiheit; die extrem liberale Presse steht vollends meist unter dem Einfluß eines fast religionslosen Reform-
judentums, duldet die Religion überhaupt nur noch in der Form
des privaten Gefühles und bewirft alle Kirchen mit gleichem
Schmutz.

Nur in der Kalender- und Broschürenlitteratur und in populären erbaulichen Wochenblättern scheint die evangelische Presse
einen Vergleich mit der ultramontanen rühmlich auszuhalten. Das
Berliner Evangelische Sonntagsblatt mit 60—70 000 Exemplaren, der Hamburger „Nachbar“ mit 35 000, das Stuttgarter
Evangelische Sonntagsblatt ebenfalls mit 30—40 000 Exemplaren
sind großartige Leistungen. Wir haben ferner unsere angesehenen
großen Kirchenzeitungen und kirchlichen Monatsschriften; auch die
Missionslitteratur entwickelt sich zu erfreulicher Blüte. Auf diesem
Gebiete sollen und wollen wir rüstig weiter schaffen. Die Priester-
Journalisten aber werden zunächst weiter hetzen, bis einst die gemäßigt liberale Presse sich auf die sittliche Kraft des Glaubens
unserer Väter besinnen und die konservative die Staatsgefährlich-
keit der vatikanischen Kirche erkennen wird. Noch ist der christlich-
sittliche Politiker Heinrich von Treitschke im gemäßigten Liberalis-

mus ein Prediger in der Wüste, und der Verfasser des Buches
„der christliche Glaube und die menschliche Freiheit" (2. Auflage
1881) scheint zu den Nationalliberalen vergeblich gesprochen zu
haben; aber sie sind Propheten einer besseren Zeit.

Drittes Kapitel.
Die soziale Frage und die Kirchen.

§ 88.

Die soziale Frage umfaßt die Beseitigung des sozialen Übels,
des Übels unserer gesellschaftlichen Zustände. Da das soziale wie
alles Übel Folge der Sünde ist, so wird es eine soziale Frage
geben, so lange es Sünde giebt, bis an das Ende der Tage.
Aber wenigstens die schreiendste Not muß immer beseitigt werden
können, so wahr es heilige Liebe giebt, die doch das Gegenteil von
Sünde ist. Heilige Liebe, die den selbstlosen Mut hat, Opfer zu
bringen, ist das einzige Heilmittel gegen die soziale Not. Jeder
aber soll suchen durch treue Arbeit in seinem Kreise dieser Not
vorzubeugen. Zur Arbeit jedoch gehört sittliche Kraft; Weckung
und Stählung der Sittlichkeit ist daher der sicherste Schutz gegen
die Not. Wir sollen arbeiten, damit wir niemandem zur Last
fallen; sollen auch sparen, damit wir anderen mitteilen können und
doch noch einen Notpfennig erübrigen. Aber da im Erwerbsleben
eines ganzen Volkes viele Verhältnisse nicht von den einzelnen
Menschen geregelt werden können, so muß der Staat mit eingreifen
und die sozialen Unebenheiten ausgleichen helfen. Die Verhältnisse der Arbeitgeber und Arbeitnehmer, der Korporationen und
Interessengruppen, das öffentliche Verkehrswesen, der Volksunter-
richt, das Abgabenwesen und tausend andere Verhältnisse wird er
in den Kreis seiner Aufgaben zu ziehen und zu diesem Zwecke in
Gesetzgebung und Verwaltung sich des „praktischen Christentums"
zu befleißigen haben. Da er aber dabei überall auf die Sittlichkeit seiner Bürger angewiesen ist, so wird er die Hilfe der christlichen Kirche gern entgegennehmen. Mag sie auch in noch so viel

22*

Teilkirchen auseinandergegangen sein, sie nimmt schon durch ihr
ganzes Wesen den Standesunterschieden alle Bitterkeit. Denn vor
Gott sind wir alle gleich; in der Kirche finden wir alle den einen
Trost; sie ist die Oase in der Wüste des Egoismus; sie sorgt
dafür, daß die heilige Liebe in der Welt nicht erkaltet. So lange
sie existiert, hat sie dienende Liebe gepredigt und bewiesen; Hun-
gernde speisen, Dürstende tränken, Fremdlinge beherbergen, Nackende
bekleiden, Kranke besuchen und zu Gefangenen gehen, ist, seitdem
das Evangelium Matthäi Kapitel 25 gesprochen wurde, ihre Lust
gewesen.

Auch die römische Kirche hat diese Liebespflicht nie verleugnet;
die Krankenhäuser der barmherzigen Brüder und Schwestern sind
noch heut auch unter uns, sprechende Denkmale ihrer Liebe;
Nonnen wie Amalie von Lasaulx haben als Heroinnen selbstloser
Liebe gewirkt. Auch die evangelischen Kirchen dürfen in aller Be-
scheidenheit auf die wahrhaft großartigen Leistungen der inneren
Mission hinweisen. Es sei, um von Lebenden zu schweigen, nur
an die Lebensarbeit eines Wichern oder Fliedner erinnert.

Die „innere Mission" rettet und bewahrt. Wir haben Arbeiten der rettenden Liebe. Da sind Rettungshäuser, im
Jahre 1881 fünfhundert in Deutschland mit 13000 verwahrlosten
Kindern; was kostet ihr Unterhalt und ihre Erziehung? Das
„Rauhe Haus" hat in den ersten 50 Jahren seines Bestehens
anderthalbtausend rettungsbedürftige Kinder erzogen und fünfhundert
Arbeiter der inneren Mission ausgesandt. In England pflegt der
große schlichte Waisenvater Georg Müller, ein geborener Deutscher,
der August Hermann Francke des neunzehnten Jahrhunderts, allein
2000 Kinder in Bristol in fünf Häusern. Wir haben Anstalten
für Schwachsinnige und Epileptische; die Häuser bei Bielefeld, zu
Reinstedt und Thale am Harz beherbergen hunderte von Idioten.
In dem vorwiegend protestantischen Deutschland gab es im Jahre
1882 neununddreißig Anstalten für Idioten und elf für Epileptische; in den katholischen Ländern Italien und Spanien noch gar
keine, in Frankreich nur zwei, in Österreich nur vier — — [1]).
Es giebt bei uns Vereine zur Fürsorge für entlassene Sträflinge,
zur Rettung von Trunkenbolden und von Prostituierten. Neuer-

dings entstehen die Arbeiterkolonieen. Wer hat sie erfunden?
Die innere Mission ist es, die die Vagabondenfrage sittlich lösen
wird. Wir haben die mannigfaltigsten Anstalten der bewah-
renden Liebe: Warteanstalten für Säuglinge oder Krippen, Klein-
kinder- und Oberlinschulen, im Jahre 1880 zusammen mit
50 000 Kindern; Kindergottesdienste und religiöse Sonntagsschulen,
allein in Deutschland gegen 1500 mit 6—7000 Lehrern und
Lehrerinnen und 130 000 bis 140 000 Kindern; in der ganzen
protestantischen Welt berechnete man sie im Jahre 1882 auf 1½
Millionen freiwillige Lehrer und Lehrerinnen und zwischen 12 und
13 Millionen Kinder. Dazu kommen die Jünglingsvereine, ohngefähr 2500 mit 1½ Millionen Jünglingen, Vereine für Handwerker, für Lehrlinge, für junge Kaufleute, ferner die Herbergen
zur Heimat, ohngefähr 120 in Deutschland, Mägdeanstalten,
Mägdeherbergen und Sonntagsvereine, durch welche weibliche
Dienstboten vor verführerischem Umgange am Sonntag bewahrt
werden sollen. Wir haben Taubstummenanstalten, Blindenanstal-
ten, Diakonissenhäuser — das eine in Kaiserswert im Jahre
1883 mit 638 Diakonissen und 188 Arbeitsstationen. Siechen-
häuser für Unheilbare, Waisenhäuser, Brüderhäuser und Diakonen-
anstalten, Vereinshäuser, zum Teil mit regem Verkehr, endlich
Vereine für Presse und unentgeltliche Verbreitung von Zeitschriften,
Sonntagsblättern und Traktaten. Für notleidende Glaubensge-
nossen sorgen die Gustav-Adolfs-Vereine und die verschiedenen
„Gotteskasten"; der erstgenannte giebt allein jährlich 7—800 000
Mark aus. Wer zählt vollends außer diesen allgemeinen Vereinen
die unübersehbare Anzahl der Lokalvereine für Armen- und Krankenpflege, für Stadtmissionen, für Auswanderer und andere organisierte Liebesübung! Nicht zu zählen sind die Millionen Mark
Geldbeiträge, die alljährlich durch freiwillige Liebe meist evangelisch-
kirchlicher Kreise aufgebracht werden; das Kaiserswerther Diako-
nissenhaus verausgabte im Jahre 1883 allein 351 164 Mark.
So hilft die evangelische Kirche die soziale Frage lösen [2]).

Je mehr Sittlichkeit, je mehr heilige dienende Liebe eine Kirche
erzeugt, desto angenehmer muß sie dem modernen Staate für die
Lösung der sozialen Frage sein. Nun bietet sich ihm mit lautem

Schalle die römische Kirche als einzige zuverläſſige Helferin an.
Sie hat allerdings den Sozialismus und Kommunismus oft ver=
dammt ²ᵃ); mit Recht; denn der Sozialismus hebt die geſellſchaft=
lichen Unterſchiede auf, die doch aus der Verſchiedenheit von Natur
und Begabung der Menſchen notwendig erwachſen, und der Kom=
munismus vernichtet das private und individuelle Eigentum, welches
doch jeder Menſch braucht, um ſeiner individuellen Begabung ge=
mäß ſich zu bilden und im individuellen Beruf zu arbeiten. Die
ſozialiſtiſche Gleichmachung aller Menſchen iſt offenbar Unnatur,
das kommuniſtiſche Kollektiveigentum brächte eine unerträgliche
Thrannei. In der Verdammung beider ſind wir alſo mit der
römiſchen Kirche einig. Aber an ein Zuſammenarbeiten mit ihr
auf ſozialem Gebiete iſt nicht zu denken; denn der Papſt Leo XIII.
hat ſich nicht geſcheut, in der Verleumdung des Proteſtantismus
ſoweit zu gehen, daß er die Reformation zur Mutter dieſer revo=
lutionären Mächte macht ³). So mag denn die römiſche Kirche
ihre Löſung der ſozialen Frage ohne uns verſuchen. Auf den erſten
Anblick ſcheint ſie dazu durchaus geeignet zu ſein: weil ſie durch
ihr prieſterliches Regiment die Maſſen beherrſcht; wer alſo mit
ihren Prieſtern gut ſteht, hat durch ſie auch die Maſſen in ſeiner
Hand. Das wußten die franzöſiſchen Herrſcher, Franz I. im ſech=
zehnten und die beiden Napoleon im neunzehnten Jahrhundert.
Darum hat der erſte Napoleon, der Völkertyrann, das revo=
lutionäre Frankreich wieder katholiſch gemacht; „La France sera
catholique“, ſprach er; denn er fürchtete, daß der Proteſtantismus,
welcher die kirchliche Selbſtregierung bringt, die Menſchen mündig
mache. Darum bleibt die römiſche Kirche bei allen denjenigen
Regenten und Staatsbeamten beliebt, deren Ideal der Polizeiſtaat
iſt; zur Dreſſur des Pöbels erſcheint ſie ihnen als das wirkſamſte
Mittel. Sie hält durch den Beichtſtuhl die Maſſen am Gängel=
bande; ſie umſpannt die katholiſche Welt mit einem dichtgeflochtenen
unüberſehbaren Netze von religiöſen Vereinen, deren Mitglieder nach
hunderttauſenden zählen. Da giebt es z. B. eine Roſenkranz=
brüderſchaft, eine Brüderſchaft vom heiligſten unbefleckten Herzen
Marias zur Bekehrung der Sünder, eine Herz=Jeſu=Brüderſchaft,
einen Verein zur ewigen Anbetung der Hoſtie, deſſen Mitglieder

der Reihe nach Tag und Nacht die Hostie anbeten; die vom Dom-
vikar Kolping begründeten katholischen Gesellenvereine, um das Jahr
1850 ohngefähr 400 an der Zahl, sollen allein 35 000 Mitglieder
zählen; da ist der Gebetsverein für Deutschland, der Bonifazius-
verein, zur Pflege des Katholicismus in der protestantischen Dia-
spora, der St. Josephsverein zur geistlichen Versorgung der im
Auslande lebenden Katholiken; der Peter-Canisius-Verein zum Schutze
der religiösen Erziehung der Jugend und zur Befreiung der Schule
vom Staate, der Verein vom heiligen Borromäus zur Verbreitung
guter Bücher und Zeitschriften. Besonders sind die „Brüderschaften"
ein fester Kitt der Katholiken unter einander; in ihnen vereinigen
sich Unzählige freiwillig zur Beförderung irgendeiner Andacht oder
zur Mission oder zur Verrichtung von Werken der Nächstenliebe,
z. B. zur Krankenpflege, zur Beerdigung der Toten oder zu Fürbitten für Verstorbene [4]). Die römische Kirche sorgt allezeit auch
für Volksfeste, im Süden Europas mit Illuminationen und Feuerwerk; sie sorgt für religiöse Aufzüge, für Prozessionen, an denen
sich jedermann aus dem Volke beteiligen kann; sie sorgt für Wallfahrten, die selbst dem ärmsten Manne eine freudige Reise ermöglichen. Sie steht dem niederen Volke nahe und besonders durch
die Bettelorden bleibt sie in unmittelbarer Berührung mit ihm.
Mit dem bettelnden Bruder fühlt sich selbst der bettelnde Strolch
verwandt. Darum hat im Jahre 1882 Papst Leo XIII. die
Lösung der sozialen Frage durch Anschluß an das Bettelmönchtum
empfohlen [4a]). Das Institut des „dritten Ordens" vom heiligen
Franziskus von Assisi ist sein Ideal dabei. Die „dritten Orden"
sind Vereinigungen von Weltleuten geistlichen und weltlichen Standes
männlichen und weiblichen Geschlechts, die sich zu bestimmten religiösen Übungen verpflichten, von einem Ordensmitgliede förmlich
aufgenommen werden und unter Leitung des Ordens stehen, dafür
aber auch der Verdienste und Ablässe desselben teilhaftig werden.
Den Namen „dritten Orden" führen sie, weil die Mönchs- und
die Nonnenorden als erster und zweiter gerechnet werden. So der
dritte Orden des heiligen Franziskus. Die Mitglieder tragen ein
Ordenskleid, enthalten sich des Fleischgenusses an jedem Mittwoch,
Freitag und Sonnabend und während des ganzen Advents und der

ganzen Fastenzeit; sie fasten alle Freitage und den ganzen Advent, beten das Brevier oder statt dessen täglich vierundfunfzig Vaterunser u. s. w. Im Jahre 1867 betrug die Zahl dieses „dritten Ordens" in Frankreich ohngefähr 100 000; in Deutschland sollen es ihrer noch mehr sein[5]). Die soziale Frage aber durch das Mönchtum lösen, hieße sie entweder durch Kollektiveigentum oder aber durch den Bettel lösen, also entweder durch Kommunismus oder aber durch Müßiggang. Da die römische Kirche den ersten Weg selbst verworfen hat, kann sie nur den zweiten wünschen. Wenn wir aber alle betteln wollten, wo kämen denn die Geber her? Wenn im Bienenstocke lauter Drohnen lebten, wer bereitete ihnen denn den Honig? Schon durch diesen einen Umstand ergiebt sich, daß die römische Kirche unfähig ist, die soziale Frage zu lösen. Wir gehen ihrer Unfähigkeit aber tiefer auf den Grund.

Die römische Kirche prämiert in der mönchischen „Vollkommenheit" Grundlagen des Sozialismus: den blinden Gehorsam, der das grade Gegenteil selbstthätiger Sittlichkeit ist und gerade deshalb leicht in wilde Ungebundenheit umschlägt; sie prämiert die Ehelosigkeit, die allezeit die Prostitution begünstigt und dadurch das Verbrechen häuft; sie prämiert den Bettel, der vom Nationalwohlstand zehrt, ohne ihn zu mehren; mönchische „Kontemplation" ist nicht besser als anderer Müßiggang. Am verderblichsten aber muß, was die Sittlichkeit betrifft, seit 1870 das Unfehlbarkeitsdogma wirken; denn es verbietet den Katholiken alles selbständige Denken in Sachen der Religion und der Sittlichkeit; eine bodenlose Heuchelei und sittliche Abgestumpftheit muß daraus hervorgehen. „Sagen, thun und zeigen, was man innerlich nicht fühlt, nicht glaubt und nicht ist, wird für den Katholiken zur zweiten Natur" — schreibt einer, der die echten Katholiken kennt, der Philosoph Raffaele Mariano aus Rom[6]). Die Vernichtung der mannhaften Tugend der Aufrichtigkeit aber, die Abstumpfung des Wahrheitssinnes in der kirchlichen Wissenschaft und selbst im Breviergebet der Priester vor Gottes Angesicht (§ 65), die Abstumpfung des sittlichen Bewußtseins durch die Aufhebung der Selbstverantwortlichkeit in den Fragen der Sittlichkeit — diese demoralisierenden Wir

kungen des römischen Katholicismus müssen das soziale Übel ver=
ewigen. — Dazu kommt die schlimme Wirkung der Feiertage.

Das römisch=katholische Jahr hat außer den zweiundfunfzig
Sonntagen noch dreiundzwanzig gebotene Festtage, welche in der
Regel nicht auf einen Sonntag fallen, und zwanzig nichtgebotene
Feiertage, deren Beobachtung von der Kirche gewünscht wird, da sie
dieselbe mit Ablässen belohnt (§ 72). Von den 365 Jahrestagen
sollen die Katholiken also ohngefähr hundert feiern. Der Bauer
hat infolge dessen in Oberbayern seine Leute den vierten Teil des
Jahres in Kost ohne Arbeit. Je roher die Menschen sind, desto
leichter werden sie diese vielen Feiertage mißbrauchen, wo sich tau=
sende von Spelunken für die Genußsucht öffnen. Auf die nach=
teiligen bürgerlichen Folgen der vielen Feiertage hat die deutsche
Nation in ihren „hundert Beschwerden" schon im sechzehnten Jahr=
hundert hingewiesen [7]). Die Feiertage sind in Bayern, wo das
Messerstechen beliebt ist, vorwiegend die Mordtage; in 135 Fällen
wurden 53 Verbrechen an Sonn= und Feiertagen, 82 an Werktagen
verübt. Das Mordmesser aber steckt neben dem Rosenkranze in
der Tasche [8]). Die Offenbarungsreligion brachte der Menschheit
den Ruhetag; wir Christen haben unsern Sonntag; er ist ein Segen
für uns; auf den Sonntag hat jeder Mensch ein Recht; sogar in
Japan ist er jüngst von dem heidnischen Kaiser eingeführt, wie einst
im römischen Reiche von Constantin der Tag des Sonnengottes
(dies solis); aber die Fülle der römischen Feiertage verführt zum
Müßiggang, und Müßiggang ist aller Laster Anfang. Unter solchen
Umständen erklärt sich, weshalb die vorwiegend katholischen Länder
Italien und Spanien so schlechte Kulturverhältnisse aufzuweisen
haben.

Wo ist ferner der Herd aller europäischen Revo=
lutionen seit 1789? In dem vorwiegend katholischen
Frankreich, wo aus Haß gegen die Priester in den Städten die
Bürger Atheisten sind, wie in Italien; giebt es grauenvollere
soziale Zustände als in dem katholischen Irland, wo man zum
Unrechtleiden nicht mehr Geduld hat und der kaltblütige Mord auf
der Tagesordnung steht?

Wir geben noch einige Einzelheiten zur sozialen Frage zu be=

denken. Der Negerhandel nach Amerika, dieser Schandfleck der
Menschheit, ist mit päpstlicher Genehmigung von dem katholischen
Spanien eingeführt [9]) und hat unbeschreiblichen, sozialen Jammer
in die Welt gebracht. Wer schafft ihn denn ab? Das protestantische England hat seit 1834 ungeheure Opfer gebracht, und die
protestantischen nordamerikanischen Freistaaten haben zur Befreiung
der Sklaven 1860—1864 ihren Krieg geführt.

Warum hat denn der Papst noch immer keinen Bannstrahl
gegen die europäische Spielhölle von Monaco geschleudert? Wenn
es auf Erden eine Hölle giebt, so steht sie auf dem Zauberfelsen
Monte Carlo am paradiesischen Strande des Mittelmeeres, wo Jahr
aus Jahr ein von den 3—400 000 Fremden, die hier verkehren,
tausende und abertausende Hab und Gut und den Himmel ver-
spielen. „Der Selbstmord zeigte nirgends so blutige Spuren, ge-
heim und öffentlich, wie dort." Da die Pächterin dieses Schauder-
instituts römisch-katholisch ist und der Fürst von Monaco dazu, so
würde doch ein Wink des „heiligen Vaters" genügen, diese Stätte
des Verderbens zu schließen. Dieses „Fürstentum de la Roulette"
ist ja so gut katholisch, daß keine protestantische Kapelle hier gebaut werden darf und die der Anglikaner in neuester Zeit mit
Militärgewalt geschlossen wurde. Für römische Kirchenbauten spen-
dete die Bankpächterin Millionen, für zwei Bauten allein sechs
Millionen, und die römische Kirche nahm das Sündengeld an. In
dem „ketzerischen" Deutschland sind die Spielhöllen aufgehoben, die
öffentliche Moral gestärkt; in dem gut katholischen Monaco wird
weiter gespielt und — absolviert [10]).

Warum hat die römische Kirche nichts gethan, um die Italiener
von ihrem leidenschaftlichen Lotteriespiel zu heilen? Jeden Sonnabend wird Lotto gespielt; das Lotto aber ist die Hauptangelegen-
heit der ganzen Woche für alle Stände; in keinem Lande der Welt
wird der Gedankenlosigkeit und der Jagd nach dem Glücke so viel
Zeit und Geld geopfert, wie in Italien; die Priester spielen mit. —
Grauenvoll ist ferner die Art, wie in Neapel auf dem alten Fried-
hofe (Campo santo vecchio) die Armen der Stadt begraben werden.
Da sind 365 Löcher, für jeden Tag des Jahres eins; in jedes
Loch werden die Leichen der Armen hineingeworfen, die an dem

betreffenden Tage gestorben sind; nur mit einem Lendentuch be=
kleidet, sonst nackt — sinken sie hinunter. Warum hat die mäch=
tige Kirche diese grauenvolle heidnische Sitte noch immer nicht ge=
brochen?

Endlich, wie wagt diese Kirche die Lösung der sozialen Frage
zu versprechen, da sie von Jahr zu Jahr ein ungeheures Vermögen
zu toter Hand aufspeichert? (§ 76. 77.)

———————

Viertes Kapitel.
Der römische Priestercölibat und das evangelische Pfarr=
haus in ihrer Bedeutung für unser soziales und gei=
stiges Leben.

§ 89.

Das Hauptmittel zur Hebung der sozialen Not bleibt die die=
nende, mitteilende Liebe; unter allen Häusern Deutschlands ist wohl
aber keins mitteilsamer als das evangelische Pfarrhaus.

Ein Pfarrhaus, wie wir es verstehen, das Familiendasein des
Pfarrers, hat nur die evangelische Kirche. Der römische Pfarrer
verfügt blos über eine Amtswohnung; das Haus ist diesem Cöli=
batär nur Wohnraum und Schlafstelle; eine Haushälterin versieht
gewöhnlich Magddienste bei ihm; es fehlt ihm die dem Mann eben=
bürtige Gehülfin und ihr gemütvoller, belebender und in Freude
und Kreuz sittigender Einfluß; er selbst bleibt den tausend Ver=
suchungen des Cölibats ausgesetzt. Wie der Priester erhaben ist
über die Laien, so fern steht die römische Pfarrwohnung auch der
Gemeinde; denn nicht durch das Haus, sondern blos durch seine
kirchlichen Funktionen wirkt der Pfarrer auf sie ein. Darum hat
das römische Pfarrgebäude auch keinen vorbildlichen Charakter für
die Gemeinde; es steht einsam; zur Lösung der sozialen Frage trägt
es nichts bei. Man könnte zwar meinen, daß der Cölibatär, da er
nicht für Weib und Kind zu sorgen hat, um so mehr für andere
seine milde Hand aufthun könne. Den Cölibatären von „Gottes
Gnaden" ist das zuzutrauen, Männern, denen es gegeben ist, ehelos

zu bleiben, um des Reiches Gottes willen (Matth. 19. 12), einem Goßner, Daniel Krummacher, Barth, L. Harms. Allein im Zwangscölibat neigt wohl mancher „verdächtige Heilige" weit mehr zu Genußsucht und Eigennutz, als zur Opferwilligkeit; gar mancher katholische Geistliche verfällt „dem Wirtshaus- und Kasinoleben oder dem stillen Sybaritentum". Mancher wird auch kostspieligen Lieb- habereien nachhängen. Der katholisierende lutherische Cölibatär Abt Molanus von Loccum legte sich ein kostbares Münzkabinett an und schrieb über den Eingang desselben „die Frucht des heiligen Cöli- bates" (fructus sancti coelibatus[1]). — Wie anders steht das evangelische Pfarrhaus da, das sich etwa seit 1548, wo die evan- gelischen Geistlichen dem kaiserlichen Interim zum Trotz Weib und Kind Treue hielten, als gesicherter Besitz des Protestantismus herausstellte[2]). Wir brauchen es nicht nach den Idyllen von Wakefield oder Sesenheim, auch nicht einmal nach Hippels „Lebens- läufen" zu schildern, sondern nehmen es, wie es bei uns wirk- lich ist.

Das evangelische Pfarrhaus hat vor allen andern Häusern eine Eigenart; die Kirche, mit der es verbunden ist, wirkt durch ihre Funktionen auf dieses Haus zurück; es bekommt einen „kirchlichen Gesichtsausdruck." Das Amt der Versöhnung, dem der Hausherr dient, spricht auch aus seinem Hause; es dient selbst dem Evan- gelium. Darum empfängt wieder der Hausvater reichen Segen aus seiner Häuslichkeit zurück. Die Ehe und das Familienleben mit ihren Freuden und ihrem Kreuz werden für den evangelischen Geist- lichen eine hohe sittliche Schule, wo er sich nicht blos in besonders erregten Momenten, sondern auf Schritt und Tritt in der Selbst- verleugnung zu üben hat; der Amtsstolz vergeht, die Demut kommt auf, und das Verständnis für die wirklichen Aufgaben des sittlichen Lebens[2a]).

Aber diesen kirchlichen Gesichtsausdruck desselben lassen wir hier beiseite. Wir gehen auf seine soziale Bedeutung ein. Durch die Ehe wurde der geistliche Stand erst in das Volksleben eingefügt, um sich darin zu bewähren[3]). Für uns besteht kein Zweifel, daß ihm dies gelungen ist. Das evangelische Pfarrhaus steht erstens der Gemeinde traulich nahe und öffnet seine Thür jedem Gliede

derselben in innerer und äußerer Not; der Bettler, welcher an seiner
Thüre anklopft, nimmt als selbstverständlich an, daß er nicht ab=
gewiesen wird, und der Vornehme weiß sich hier nicht fremd. Wie
viel Not hat z. B. Blumhardts Pfarrhaus in Boll in Schwaben
gelindert; und als nach der unglücklichen Schlacht bei Friedland
(Juni 1807) die Macht Preußens gebrochen war, wohnte die edle
Königin Luise im stillen Pfarrhaus zu Piktupönen bei lieben schlichten
Pfarrersleuten, und in Königsberg war es der glaubensvolle Pfarrer
Borowsky, der das tiefgebeugte Königspaar mit göttlichem Troste auf=
richtete [1]). — Das evangelische Pfarrhaus ist zweitens eine Stätte
der Bildung, durch welche es auf dem Lande durchschnittlich alle
andern Häuser überragt, in der Stadt aber andern gebildeten Häusern
nicht nachsteht.   Durch seinen auf das Ideale gerichteten Beruf ist
der Sinn des evangelischen Pfarrers aufgeschlossen für alle Bil=
dung, für Wissenschaft und für Kunst.   Denn die Kirche, welcher
er dient, hat Verwandtschaft mit allem Wahren, Schönen und Guten
in der Welt.   Die Bildung des Hauses aber geht natürlich irgend=
wie auf alle Glieder desselben über, auch auf die weiblichen, wie
ja das weibliche Geschlecht durch die Reformation und besonders
durch die Priesterehe überhaupt erst aus der klerikalen Verachtung
herausgehoben worden ist. — Das evangelische Pfarrhaus ist drittens
eine Pflegestätte der Einfachheit und der nüchternen Lebensweise,
der Genügsamkeit und Zufriedenheit.   Hier fehlt „die Jagd nach
dem Glücke", auf welcher unsere ruhelose Zeit sich zerarbeitet und
so viel giftigen Standeshaß erzeugt.   Der evangelische Pfarrer
kennt kein „Carrieremachen".   Geht mancher aus einer Stelle in
eine andere, sei es aus Gesundheitsrücksichten oder aus Nahrungs=
sorgen, wegen der Schwierigkeit der Kindererziehung, oder sonst aus
gutem Grunde, so wird ihm das niemand verargen.   Aber doch
gab es und giebt es noch heut viele Geistliche, die nie von ihrer
Stelle gehen, auch solche, die nie Urlaub nehmen, während die
„gebildeten Stände" an Reisesucht und Erhohlungsgier kranken. —
Das evangelische Pfarrhaus ist viertens durchschnittlich eine Stätte
guter Sitte und ein Muster sittlichen Familienlebens.   Ehescheidungen
vollzieht hier fast ausnahmslos nur der Tod. — Wir dürfen gewiß
fünftens das evangelische Pfarrhaus auch einen Hort der Vater=

landsliebe nennen; denn der verheiratete Geistliche wird seßhaft auf der Scholle, wo er mit dem Amte sein Haus fand und reicher Segen ihm erblühte; er verwächst mit seinem Vaterlande; zumal das Schweizer Pfarrhaus war bis in den Anfang des neunzehnten Jahrhunderts eine Pflegestätte des edelsten Patriotismus; Zwingli und Joh. Kaspar Lavater († 1801), starben den Tod fürs Vater-land. — Wie abscheulich klingt dagegen die Empfehlung des Cöli-bats, welche der größte Theologe der römischen Kirche im neun-zehnten Jahrhundert geschrieben hat. „Wenige Verheiratete finden sich, die es nicht gereute, geheiratet zu haben. — Denn es steht fest, daß die Unverheirateten meist heiterer und fröhlicher sind als die anderen, so daß sie deren Neid erregen." Dieser hohle Egoismus gehört zur römischen Mustertheologie⁴ᵃ).

Die hohe Bedeutung des evangelischen Pfarrhauses aber für unser geistiges Leben mag durch einige Thatsachen noch besonders beleuchtet werden.

§ 90. Fortsetzung. Der Kindersegen.

Unzählige Ehen evangelischer Geistlicher sind mit Kindern reich gesegnet, nicht wenige Predigerfamilien haben den Geist des Pfarr-hauses wie ein Familienerbe weiter gepflegt; es giebt ihrer eine ansehnliche Zahl, welche von der Reformationszeit an bis in unsere Tage Generation um Generation ihre Söhne in den Dienst der Kirche gestellt haben; so in Sachsen die Crusius, Guericke, Gilbert, Tittmann, in Schwaben die Andreä, Osiander, Zeller, in Schlesien die Süßenbach, Stosch, Cochlovius, in Westfalen die Hengstenberg; in der deutsch-reformierten Kirche die Sack, Krummacher, Krafft und andere. „Solcher Dauerhaftigkeit erfreuen sich nur Familien von besonderer körperlicher und sittlicher Gesundheit⁵)." Welche Scharen großer Männer sind ferner aus dem evangelischen Pfarr-hause hervorgegangen!

Von den Theologen allein in Deutschland Bahnbrecher wie Johann Arndt, der Begründer der lutherischen Mystik im Zeitalter der Orthodoxie, der Verfasser der „vier Bücher vom wahren Christentum" († 1622); der geniale Johann Valentin Andreä († 1654), unvergeßlich als Geistlicher in der sittlichen Wüste des

Dreißigjährigen Krieges; Georg Calixt († 1656), der gegenüber
der konfessionellen Gehässigkeit seiner Zeit das Erbe Melanchtons
vertrat und die protestantische Sittlichkeitslehre zur selbständigen
Wissenschaft erhob; Albrecht Bengel († 1751), der tiefsinnige
Schriftforscher; Semler, der Vater der modernen Kritik († 1791);
Schleiermacher († 1834), der Erneuerer der protestantischen Theologie nach der Periode des Rationalismus und mechanischen Supra-
naturalismus; W. Hengstenberg, das Haupt der historisch-konfessio-
nellen Theologie des neunzehnten Jahrhunderts. Daran reihen sich,
um von Lebenden zu schweigen, Theologen wie C. J. Nitzsch, Ull-
mann, Thomasius, Dewette, Gieseler, Christian Ferd. Baur; dazu
aus dem praktischen Leben der Kirche Fliedner, der Begründer des
Diakonissenwesens, Mühlhäußer, der Patron alles geistlichen
Volkslebens und der christlichen Presse — sie alle sind aus dem
evangelischen Pfarrhause hervorgegangen [6]), ein mächtiges Zeugnis
für den hohen Wert des Familienlebens, von dem der römische
Klerus nichts hat. Es giebt auch noch heut Pfarrhäuser, in denen
der Beruf des Vaters die Söhne alle so begeistert, daß sie ausnahmslos Theologen werden, wie einst alle sechs Söhne des Wolf-
gang Musculus in der Schweiz. Die schweizerische Kirche hat
ihre bedeutenden Lehrer und Leiter gleichfalls aus dem Pfarrhause
erhalten. Auch die von der Kemp und Heldring in Holland,
Monod in Frankreich, Kingsley in England, Gruntvig in Dänemark sind alle Pastorensöhne gewesen [7]). Das Pfarrhaus hat
ferner ein nicht unerhebliches Kontingent von Gelehrten aller Stu-
dienrichtungen geliefert: Philologen wie Otfried Müller, Welker,
Döderlein, Nägelsbach, F. W. Ritschl, Steinhardt aus neuester
Zeit. Juristen wie Hermann Conring, der Polyhistor († 1681),
und Samuel Pufendorf († 1694), der Begründer des Naturrechts,
von neueren Abegg und Witte; Naturforscher wie den Botaniker
Linné († 1778) und den Chemiker Berzelius; von Medizinern
den Anatomen Langenbeck, den Chirurgen Billroth; von Geschichts-
schreibern Schlözer, Johannes v. Müller, Spittler, Drumann,
H. Leo, Th. Mommsen, Droysen; eines Pfarrers Enkel ist Leopold Ranke. Auch berühmte Mathematiker, Astronomen und Phy-
siker ließen sich nennen und von den Philosophen Schelling [8]).

Welchen Anteil aber nimmt das Pfarrhaus an der Pflege der schönen Litteratur! Das deutsche Kirchenlied, an dem das dichterische Schaffen unserer Nation von Luther bis Gellert seine Lust fand, erklang meist aus dem evangelischen Pfarrhause. In der neueren schönen Litteratur seit Mitte des achtzehnten Jahrhunderts begegnen uns an der Schwelle dieser Periode zwei Predigersöhne, welche sie einleiten, Gottsched und Bodmer; dann folgen Dichter wie Gellert, Wieland, Lessing, Matthias Claudius, Jean Paul, die beiden Schlegel und unter den Neueren Emanuel Geibel, alles Predigersöhne[9]). Mag ihre Sinnesart auch noch so verschieden und der dichterische Genius ihre Naturanlage sein, den Zug zum Idealen haben sie doch alle vom Vaterhause.

Das evangelische Pfarrhaus hat sich demnach als eine Lebensmacht erwiesen, welcher die römische Kirche nichts an die Seite stellen kann, und nicht bloß unsere Kirche, sondern auch der Staat hat ein lebendiges Interesse, daß dieses Haus unter den schwierigen Gesellschaftsverhältnissen der Gegenwart seine Kraft nicht verliere.

Fünftes Kapitel.
Proben von römisch-katholischer Wissenschaft und die neuste Einschränkung der Philosophie.

§ 91.

Nach dem Tridentinum geriet alle römisch-katholische Wissenschaft unter den Bann des „Index der verbotenen Bücher". Trotzdem hat sie bewunderungswürdige Gelehrte aufzuweisen, unter denen sich z. B. ein Baronius, Mansi, Mai und die französischen Benedictiner unbezweifelte Verdienste erworben haben. Aber seit dem Jahre 1870 ist einzig die infallibilistische Wissenschaft kirchlich gültig; die wenigen altkatholischen Gelehrten, die ihre Überzeugung nicht auf dem Altar der vatikanischen Kircheneinheit geopfert haben, die Döllinger, Reinkens, Reusch, Langen, Huber, Friedrich sind geächtet. Der Vatikanismus triumphiert. Einen sprechenden Beweis dafür liefern in Deutschland die Zahlen der Abonnenten auf wissenschaftliche Zeitschriften. Das Bonner „Theologische Litteraturblatt", bis 1870 eine Zierde katholischer Wissenschaft, ist wegen seines altkatholischen Wahrheitssinnes 1877 eingegangen. Die Tübinger „theologische Quartalschrift", das einzige noch bestehende mild römische Organ, zählt 500 Abonnenten; dagegen wurden die jesuitisch redigierten wissenschaftlichen Journale, der „Mainzer Katholik" und die „Stimmen aus Maria-Laach", dazu die „Münchener Historisch-politischen Blätter" und der in Münster erscheinende „Litterarische Handweiser" schon 1878 zusammen in 11900 Exemplaren gedruckt[1]). Dazu kommt als Gehilfin aus Deutsch-Österreich das Organ der Jesuitenfakultät von Innsbruck, eine „theologische Zeitschrift", die auch in Deutschland verbreitet ist, da während des preußischen Kulturkampfes viel römisch-katholische Kleriker in Innsbruck studiert haben. Alle nicht jesuitisch-katholische Theologie wird in Rom als „Kriticismus" übel angesehen. 1863, als noch kein Uneingeweihter an das vatikanische Konzil dachte, hatten Gelehrte, wie Döllinger, Haneberg und Alzog, eine katholische Gelehrtenversammlung in München zusammengebracht. Haneberg eröffnete sie am 28. September mit einer wehmütigen Schilderung der Zustände der katholischen Theologie. Der Papst aber wollte solche Versammlungen nur unter Aufsicht der Bischöfe gestatten; damit waren sie begraben[2]). In welchem Geiste nun die von der römischen Kirche approbierte Wissenschaft bearbeitet wird, davon einige Proben.

In dem vom Papste belobten und bischöflich approbierten, also mustergültigen „Kursus der heiligen Schrift" des Jesuiten Fr. H. Schouppe (Brüssel 1870, 2 Bände) wird (Bd. I, S. 83) folgende Geschichte des Kanons erzählt. Der heilige Petrus hat selbst (ipse) der römischen Kirche, außer den Büchern des Alten Testamentes, alle diejenigen Teile des Neuen Testamentes übergeben, welche schon zu seiner Zeit vorhanden waren. Nach dem Tode des Apostels Petrus haben seine Nachfolger, die römischen Päpste (pontifices) von · den noch lebenden Aposteln die übrigen heiligen Bücher in Empfang genommen, so daß, als der heilige Johannes starb, gegen Ende des ersten Jahrhunderts, die römische Kirche den vollständigen alt- und neutestamentlichen

Kanon bereits besaß. Diesen Kanon, welcher derselbe ist wie
der Tridentinische, haben die Kirchen Afrikas gehabt (obtinuerunt),
wenigstens vom vierten Jahrhundert an, wie aus dem Konzil von
Hippo 393 und dem dritten von Karthago 397 ersichtlich ist. —
**Ein zweites Beispiel über die Entstehung des römischen
Bibeltextes.** Bd. I, S. 67 heißt es von der Itala in derselben approbierten Schrift: „es ist nicht zweifelhaft, daß sie gegen
die Zeiten der Apostel (sub apostolorum tempora) gemacht worden ist und dazu (atque adeo) von einem apostolischen und des
Geistes Gottes vollen Manne, und es ist nahezu wahrscheinlich
(prorsusque verisimile est), daß sie von den Aposteln eingesehen
(visam esse) und gebilligt worden ist (probatam esse). Hieronymus hat diese verbessert und die Kirche sie angenommen und
mit den übrigen Büchern der Vulgata-Edition auf dem Konzil von
Trient für authentisch erklärt" [3]). Von dieser Geschichte der Entstehung des neutestamentlichen Kanons und des Italatextes ist kein
Wort als geschichtlich nachweisbar. Da der Verfasser nun die
deutsche Litteratur darüber kennt, so hat er mit Absicht die Geschichte gefälscht. Nach diesen Fälschungen aber wird an den bischöflichen Klerikalseminarien in Belgien und Frankreich unterrichtet.

Die römische Erklärung der heiligen Schrift muß die
Schriftbeweise für die römischen Dogmen liefern. Es wird z. B.
aus 1 Mos. 3, 15 und Ev. Luk. 1, 28 die unbefleckte Empfängnis Marias und aus Ev. Matth. 16, 18 ff. die kirchliche Allgewalt des Papstes mit Einschluß seiner Unfehlbarkeit bewiesen;
aber weder das eine noch das andere steht im Texte.

Die Dogmatik dient der Begründung der römischen Dogmen, die Ethik stellt die kirchlichen Disziplinarvorschriften dar.

Die Kirchengeschichte hat nicht den Zweck, die Entwickelung
der Kirche zu schildern; die Kirche erlebt ja nach römischer Anschauung überhaupt keine Entwickelung, sondern ist ein Perpetuum
Immobile; ihre Geschichte besteht in zufälligen Wiederholungen
dessen, was immer da war; schon die Urkirche war die Papst-
kirche und Petrus ihr erster Papst, von dem sich Paulus in Jerusalem als Apostel ordinieren ließ. Auf dem Gebiete des Dogmas giebt es demnach auch kein allmähliches Wachstum der kirch-

lichen Erkenntnis. Der Inhalt aller Dogmen war vielmehr immer
in der Kirche da. Nie durfte das Dogma kritisch revidiert und
neu konstruiert werden. Bewegung giebt es nur in der Form der
Ausdehnung, indem die stets fertige Kirche ihre Grenzen weiter
hinausschiebt. Eine Geschichtswissenschaft ist in der römischen
Kirche streng genommen danach überhaupt nicht möglich; denn hier
sind die notwendigen Voraussetzungen dazu verboten; wo keine freie
Forschung gestattet ist, und systematisch der Wahrheitssinn abgestumpft wird, da ist geschichtliche Kritik unmöglich. Die römischen
Kirchenhistoriker müssen Advokaten ihrer Kirche werden, wenn sie
ihre Traditionsbeweise machen [4]). Kellner, jetzt Professor
der Theologie in Bonn, hat „1873 mit oberhirtlicher Gutheißung"
herausgefunden, daß Ignatius von Antiochien, Clemens von Rom,
Jrenäus, Tertullian, Cyprian, Optatus und Vincentius von Lerinum — Infallibilisten gewesen sind [5]). Bischof Konrad Martin
von Paderborn citiert in einem Hirtenschreiben vom 26. Februar
1870 das berühmte Wort „Roma locuta est; causa finita est"
(Rom hat gesprochen; die Sache ist erledigt) als augustinisch.
Augustin hatte, worüber sich niemand wundern wird, in der pela-
gianischen Streitsache mit dem römischen Bischofe Innocenz I.,
dem Inhaber des einzigen „apostolischen Bischofssitzes" im Abendlande, verhandelt; darüber schrieb er: „die Antwort ist eingelaufen,
die Sache ist erledigt; möchte sich doch einmal der Jrrtum legen
(inde etiam rescripta venerunt; causa finita est; utinam aliquando finiatur error!)" Das Hauptstück im bischöflichen Citat
„Roma locuta est" ist also erfunden, und selbst bei den Worten,
die Augustin wirklich geschrieben hat, dachte kein Mensch an die
Unfehlbarkeit des Papstes; die katholische Kirche entschied ja auch
erst 431 auf dem vierten ökumenischen Konzil über den Pelagia-
nismus [6]). Gelingt der Traditionsbeweis nicht, so schadet das
nichts; denn schon die ordnungsmäßige Definition eines Dogmas
ist ein durch sich hinreichender, ganz sicherer und allen Gläubigen
genügender Beweis, daß es in der heiligen Schrift oder Tradition begründet ist", entschied Pius IX. [7]) Der ganze wissenschaftliche Traditionsbeweis ist danach überhaupt nicht unbedingt
notwendig, und wenn er nicht gelingt, so sind die Historiker

selbst daran schuld, weil sie nicht ordentlich auf die Suche gegangen sind.

Was dem Dogma widerstreitet, wird aus der Geschichte hinweg escamotiert. Papst Honorius wurde auf dem sechsten ökumenischen Konzil 680 als Ketzer verdammt [8]). Die römischen
Legaten haben dazu geschwiegen, also die Verdammung gebilligt,
und jeder Papst mußte sie bei seinem Amtsantritt in seinem Glaubensbekenntnisse [9]) feierlich wiederholen. Jetzt' müssen die römischen
Kirchenhistoriker zu beweisen suchen, daß die Akten des Konzils gefälscht sind, oder daß man den Lateiner Honorius in Konstantinopel
unrichtig verstanden habe. —

Sixtus V. erklärte seine Vulgata-Edition 1590 für die, welche
vom Trienter Konzil als authentisch recipiert worden wäre [10]).
Als sie von Fehlern wimmelte und von seinem Nachfolger zurückgenommen werden mußte, wurden die Fehler dem Buchdrucker zugeschrieben, und der Jesuit Bellarmin erzählte, Sixtus habe noch
bei Lebzeiten die Druckfehler bemerkt und ihre Verbesserung anbefohlen. — Leicht würde sich auch eine Blütenlese von Ausgeburten
römischer Geschichtsschreibung nach Art der Fabeleien des römischen
Breviers geben lassen. Görres, der Patron der vatikanischen Lit-
teraten in Deutschland, hat eine „Geschichte der Mystik" geschrieben, die Unglaubliches leistet. Die abgeschmacktesten Fabeleien der
Heiligenlegenden werden darin dem gläubigen Publikum des neunzehnten Jahrhunderts als „Geschichte" aufgetischt. Da wird geschildert, „wie Heilige vor Andacht glühen", so daß kaltes Wasser
kochend wurde, wenn sie Hände und Füße hineinsenkten, oder Lin-
nenzeug versengte, das man an ihren Leib hielt, oder der Schnee
schmolz, der in ihrer Nähe niederfiel [11]). Es wird weiter erzählt,
daß Heilige wunderbar lieblich duften, ihr Körper, ihre Kleider,
ihre Stimme, ihre Geräte einen Wohlgeruch von sich geben, ein
Heiliger sogar bei Öffnung seines Grabes eine Meile in der
Runde [12]). Von heiligen Leichen floß wohlriechendes Öl wie Balsam, von der einen an Fußsohlen, von der anderen an Stirn und
Wangen und Hals; bei dieser gleich nach dem Tode, bei jener erst
viele Jahre später. Ja sogar, daß das mystische Seelenleben
Leichname unverweslich macht, liest man hier mit schauervollem

Glauben geschildert [13]). Grauenvoll ist die Schilderung der „Ek-
stase" auf 3½hundert Seiten. Eine ekstatische Hirtenjungfrau
Christina (mirabilis) aus der Diöcese Lüttich starb jung; als man
in der Kirche ihr eine Leichenfeier hielt, erhob sie sich von der
Bahre und flog sogleich wie ein Vogel zum Gebälk der Kirche
hinan, blieb oben schweben, ließ sich erst nach der Messe durch den
Priester herabnötigen, kehrte dann mit ihren Schwestern nachhause
zurück und nahm Speise zu sich gleich den anderen [14]). Wäre der
Verfasser dieser unsinnigen „Geschichte der Mystik" ein obscurer
Scribent, so könnte man ihn seinen gläubigen Lesern überlassen;
aber er war nicht bloß Professor der Geschichte an der Universität
München, sondern lebt noch gegen uns fort; seinen Namen trägt
der Görres-Verein, der auf dem gesamten Gebiete unseres geistigen
Lebens die rührigste litterarische Propaganda zur Ultramontanisierung Deutschlands entfaltet. Unter den Theologen steht an Ruf
obenan Perrone, dessen Werke auch die deutsche Theologie beherrschen, obschon er von Deutschland so wenig wußte, daß er in
der Reformationsgeschichte aus der Stadt „Münster" einen Mann
Namens „Munsterus" macht [14a]). In seinem Hasse gegen den
Protestantismus erzählt dieser römische Jesuit, daß bei den Lu-
theranern die Doppelehe eines Grafen von Gleichen nicht bloß
toleriert, sondern auch gebilligt worden sei. Die Sage aus den
Kreuzzügen also, wo ein Graf von Gleichen aus dem Morgenlande eine islamische Jungfrau mitbrachte, zu deren Vermählung
der Papst Gregor IX. bei ihrer Taufe, gerührt von ihrer Schönheit und opfermütigen Liebe, Dispens erteilt haben soll, — wird
den armen Protestanten zur Last gelegt [15]).

Neuerdings hat die Ultramontanisierung der Wissenschaft einen
unerhörten Fortschritt gemacht, indem der Papst die Philosophie
an das System des Thomas von Aquino band. Dieser
gefeierte Scholastiker war der erste namhafte wissenschaftliche Vertreter der päpstlichen Unfehlbarkeit [15a]). Nachdem diese Lehre 1870
auf dem vatikanischen Konzil dogmatiert worden ist, hat Leo XIII.
in einer Encyclica vom 4. August 1879 [16]) dazu die philosophische
Voraussetzung anbefohlen, indem er die thomistische Philosophie
vorschrieb und dadurch die Freiheit des philosophischen

Unterrichtes innerhalb der römisch=katholischen Welt
aufhob. Bischöfe und Professoren, Akademieen und philosophische
Lehrbücher haben sich fortan nach dieser Encyclica zu richten.
Neben der altkirchlichen „Glaubensregel“ hat nun die römische
Kirche auch ihre „philosophische Regel“. Wohlüberlegt hat
der Papst sie nur in der Form eines dringenden Wunsches aus=
gesprochen; aber durch den Sekretär der von ihm gestifteten tho=
mistischen Akademie in Rom erfuhr man schon 1880, daß sie
„gleich einem Befehle aufgenommen werden“ soll [17]). Mit wie
großem Eifer Leo XIII. „die Erneuerung der christlichen Philo=
sophie“ betreibt, bekundet die Stiftung der genannten Akademie zur
Pflege der Philosophie des Thomas von Aquino, die Veranlassung
einer neuen glänzenden Ausgabe seiner Werke, die Erhebung des=
selben zum Schutzpatron aller katholischen Studienanstalten und
Schulen, endlich die Dotierung der thomistischen Akademie mit
Geld zur Herausgabe von Schriften und zur Unterstützung von
Jünglingen, welche sich in Rom in die Lehre des Thomas von
Aquino einweihen lassen [18]). Allerdings steht Thomas als mittel=
alterlicher Scholastiker unübertroffen da; tiefer als er hat wohl
kein Denker den Katholicismus erfaßt, klarer ihn keiner dargestellt
und verteidigt. Allein dieser Mann war ein Mönch des drei=
zehnten Jahrhunderts; er sah die Welt doch nur durch die
Fenster seines Klosters, und wenn auch er in seinem Denken die
Welt durch seine Zelle gehen ließ, er konnte sie doch nur denken
in den Grenzen und mit den Mitteln seiner Zeit. Welche Riesen=
fortschritte hat seitdem die Kultur der Menschheit gemacht! Die
nationalen Staaten haben sich gebildet, die neue Welt ist entdeckt,
in der Renaissance die Antike wieder aufgelebt, die Reformation
hat die Menschheit religiös und sittlich erneuert, das kopernikanische
Weltsystem hat das ptolemäische auf den Kopf gestellt, die moderne
Philosophie hat seit Cartesius ihre Genien hervorgebracht, das
moderne Recht ist seit Pufendorf umgebildet, die modernen Litte=
raturen haben neue geistige Welten hervorgezaubert, der Weltver=
kehr ist ungeahnt gesteigert, wir leben im Zeitalter der Eisenbahnen,
Dampfschiffe und Telegraphen. Von alledem ahnte der Mönch
des dreizehnten Jahrhunderts noch nichts, und doch soll für immer

der Menschengeist bei ihm sich orientieren.   Welch ein Widersinn!
Werden die Staatsregierungen nun eilen, akademische Lehrstühle
mit thomistischen Philosophen zu besetzen?   Sie haben ein Interesse sich mit dem Thomismus genau bekannt zu machen.   Denn
dieses System enthält außer der gesamten Theologie, Philosophie
und Naturwissenschaft auch eine ultramontan-konstitutionelle Staatslehre.   Es lehrt 1) die Unterthänigkeit aller Fürsten unter den
Papst wie unter Christus selbst [19]). —

Es lehrt 2) ein rein konstitutionelles Königtum.   Germanisches
Erbkönigtum kennt der italienische Mönch des dreizehnten Jahrhunderts nicht; er lebte in der Zeit, wo seine Kirche die Hohenstaufen vernichtete und das deutsche Interregnum schuf; wenn er
von Königtum redet, so versteht er darunter eine auf aristokra-
tischem Republikanismus aufgebaute Regierungsgewalt eines Einzigen, ein Königtum, welches sich von dem auf Lebenszeit ge-
wählten Präsidium einer Republik nicht unterscheidet.   Der thomistische König kann daher auch abgesetzt werden [20]).   Von ger-
manischer Königstreue, von mannhaftem Vertrauen gegen den Monarchen weiß der welsche Mönch wieder nichts.   Mißtrauen hat er
vielmehr gegen die Könige; ihre „Einkünfte sollen festgesetzt werden, damit sie sich der Beraubung der Unterthanen enthalten;
wenn sie sich Erpressungen zuschulden kommen lassen, so sollen sie
dieselben ersetzen [21]), und da es der Neid gegen den König ist, den
Thomas bei den Unterthanen voraussetzt, so soll der König, um
ihn zu mildern, möglichst viel Unterthanen an der Regierung teilnehmen lassen [22]).   Es fehlt für die „konstitutionellen Garantieen"
nur noch der Name. —

3) Die thomistische Staatslehre verkündet das Recht der Revolution, die gewaltsame Aufhebung eines Tyrannenregimentes [23]);
ja 4) ein vom kirchlichen Glauben abfallender Fürst soll seine
Amtsgewalt verlieren; die Unterthanen sind in einem solchen Falle
des Eides der Treue entbunden [24]).   Häretiker endlich werden mit
dem Tode bestraft [25]). —

Das ist die Philosophie, welche seit 1879 von katholischen
Dozenten vor katholischen Studenten vorgetragen werden soll; eine
Staatsregierung aber, die dazu Professoren auf Universitätslehr-

ſtühle berufen würde, ſchnitte ſich in ihr eigenes Fleiſch. Mögen die römiſchen Biſchöfe ſelbſt ſehen, wie ſie ihren Klerikern den Thomismus beibringen laſſen! Schon dieſes eine Beiſpiel zeigt aber, daß über die Vorbildung der Geiſtlichen eine Einigung zwiſchen Staat und römiſcher Kirche unmöglich iſt.

Sechſtes Kapitel.
Die Vorbildung der römiſchen Geiſtlichen und der kon= feſſionelle Charakter der Schulen.

§ 92. Über die Vorbildung der römiſchen Geiſtlichen.

Die römiſche Kirche iſt an das Trienter Konzil gebunden. Dasſelbe legt den Biſchöfen die Pflicht auf, Knabenſeminare zu errichten und auf ihnen den klerikalen Nachwuchs heranzuziehen [1]); und zwar ſollen beſonders die „Söhne der Armen" darin Unter= kunft finden, die der Reichen nur nicht ausgeſchloſſen ſein. Darum wird in den katholiſchen Ländern Theologie nur in biſchöflichen Seminaren gelehrt, welche jetzt lauter Abrichteanſtalten für infalli= biliſtiſche Kleriker ſind. In Öſterreich=Ungarn giebt es neben ſolchen Diöceſan=Anſtalten zwar theologiſche Fakultäten an ſtaat= lichen Univerſitäten; aber thatſächlich liegt die Beſetzung auch ihrer Lehrſtühle in der Hand der Biſchöfe; die kaiſerliche Ernennung der Profeſſoren iſt nur eine nominelle [2]). In Italien haben die mehr als 20 Univerſitäten keine theologiſchen Fakultäten; der Klerus empfängt ſeine theologiſche Elementarbildung in mehr als 200 biſchöflichen Seminaren; ein höheres Bildungsbedürfnis hat der niedere Klerus überhaupt nicht und iſt deshalb bei der Mehr= zahl der Italiener verachtet [3]). Einzig in Deutſchland, wo die katholiſchen Theologen auf ſtaatlichen Univerſitäten lehren und ler= nen, mit andern Fakultäten in Berührung kommen und ſo auch den Einfluß proteſtantiſcher Forſchung und Kritik erfahren, iſt eine ſelbſtändige katholiſche Wiſſenſchaft entſtanden. Allein dieſer Vor= zug iſt bloß dem Einfluſſe der deutſchen Staatsregierungen zu verdanken; die römiſche Kirche „toleriert" dieſen Zuſtand nur ſo

lange, als die Bischöfe Trienter Unterrichtsanstalten noch nicht einführen können. Sie wird es aber ganz in der Ordnung finden,
daß ein Bischof, wenn er in seiner Diöcese den klerikalen Nachwuchs auf einer staatlichen Universität gefährdet glaubt, für ihn
ein Klerikalseminar bei seiner Kathedrale errichtet, wie es Ketteler
von Mainz 1850 that, der die Gießener katholische Theologen-
Fakultät lahm legte. Papst Pius IX. hatte ja auch keine Universität besucht.

An der Erziehung der Geistlichen aber hat nicht bloß die
Kirche, sondern auch der Staat ein lebendiges Interesse, da die
Geistlichen doch einen unmeßbaren Einfluß auf das Volk haben
oder wenigstens haben können. Dem Staate, der für die allge-
meine, gleichartige und nationale Bildung des Volkes Sorge tragen
muß, kann es nun z. B. keineswegs gleichgültig sein, wenn in
Kirche und Religionsunterricht der Aberglauben groß gezogen wird.
Aber gegenüber der vatikanischen Gewissenstyrannei ist der moderne
Staat machtlos. Das preußische Gesetz vom 11. Mai 1873 über
die Vorbildung der Geistlichen hat sich als stumpfe Waffe erwiesen.
Zur Ablegung der darin vorgeschriebenen Staatsprüfung in Philosophie, Litteratur und Geschichte hat sich kein einziger vatikanischer
Theologe gemeldet, weil die Bischöfe in ihrem Gewissen verpflichtet
sind, das Unterrichtsrecht des Staates zu leugnen und jede darauf
bezügliche Verordnung desselben als einen Eingriff in das „göttliche" Recht der Kirche zu verwerfen. Ja, wenn der Staat auch
die jungen Theologen mit Polizeigewalt in die Vorlesungen der
Staatsprofessoren zwänge, sie müßten als Priester doch infallibilistisch lehren und die Fabeleien des Breviers beten (§ 65),
wenn sie selig werden wollen. Eine allgemein-wissenschaftliche und
nationale Vorbildung des römischen Klerus ist unmöglich. Die
römische Priesterschaft bildet eine Welt für sich, wo die idealsten
Errungenschaften der Neuzeit, Glaubensfreiheit, Gewissensfreiheit
und Freiheit des philosophischen Gedankens nach päpstlicher Vorschrift als „Unsinn" gelten; sie bildet eine Kaste, welche durch ihre
Vorgesetzten gegen die allgemeine Bildung unserer Zeit hermetisch
abgeschlossen wird; zwischen ihr und dem wahrhaft gebildeten deutschen Volke besteht kein gemeinsamer Ideenkreis mehr. Diese

Thatsache kann kein Staat ändern; aber eins kann er noch thun; er soll die Schule nicht aus der Hand geben, er soll den Priestern möglichst wenig Einfluß auf sie gestatten, damit sie keine Verdummungsanstalt aus ihr machen.

§ 93. Der konfessionelle Charakter der Schulen.

Alle Schulen, Volksschulen und gelehrte Schulen, dienen dem Unterricht und der Erziehung; ein bloßer Unterricht ohne Erziehung ist unmöglich; kein Lehrer kann auch nur eine Stunde unterrichten, ohne die Schüler sittlich zu beeinflussen. Erziehung aber bedarf eines Zieles, eines sittlichen Ideals. Für die Christen ist dasselbe in der Person unseres Heilandes vorhanden. Religionslose Schulen verwerfen wir. Es liegt eine furchtbare Anklage gegen das Papsttum gerade in dem Umstande, daß im Königreich Italien aus allen Staatsschulen die Religion verbannt worden ist.

Das Christentum soll die Erziehung bestimmen. Aber da es nur in der Form von Teilkirchen oder als konfessionelles vorhanden ist, so soll in der Regel auch die Schule einen konfessionellen Charakter haben: der Lehrkörper soll konfessionell einheitlich zusammengesetzt sein, damit nicht der eine Lehrer zerstört, was der andere aufgebaut hat. Aus diesem Grunde sollen Simultanschulen nur als Notbehelf gelten; denn katholische und protestantische Lehrer können nicht einheitlich erziehen; die Charakterlosigkeit ist das Resultat der Simultanschule. Daß aber die Konfessionen einander in solchen Schulen genähert würden, ist vollends ein Irrtum; die Erfahrung lehrt vielmehr das Gegenteil; denn wenn die katholischen Kinder in dem einen Zimmer, die evangelischen in dem anstoßenden ihre Morgenandacht halten; wenn die einen sich im Gebet an Maria, die andern an Christus wenden und sich dann verwundert darüber aussprechen; wenn die einen geweihte Rosenkränze, Kreuze und Bilder in die Schule mitbringen, die andern davor ein Grauen empfinden: so wird der konfessionelle Gegensatz schon in den Kindern geschärft. — Der Staat hat auch den Familien Rechnung zu tragen; die religiösen Familien haben ein Recht auf religiöse Erziehung ihrer Kinder, die evangelischen auf evangelische, die katholischen auf katholische Erziehung. Da die

Menschen nicht um des Staates willen da sind, sondern der Staat um der Menschen willen, so darf er dieses heilige Recht der Familie nicht brechen. Daraus folgt, daß die Schule, die Volksschule wie die Gelehrtenschule, einen konfessionellen Charakter haben soll. Aber da aller öffentliche Unterricht dem Wohle des ganzen Volkes dient, damit alle Staatsangehörigen einst sich gegenseitig verstehen und für das Vaterland mit einander arbeiten können, so soll er in der Hand des Staates liegen. Die Schule soll Staatsschule sein und bleiben; Privatschulen bedürfen der staatlichen Genehmigung und unterliegen der staatlichen Kontrolle. Wegen des konfessionellen Charakters der Schulen wird aber der Staat den Kirchen Einfluß auf sie gestatten. Bis zu welchem Grade dies geschehen soll, wird ganz von dem Verhalten der Kirchen zu den Aufgaben der Schule abhängen.

Sämtliche evangelische Kirchen sind, wie wir sahen, die besten Stützen des Staatslebens; also wird der Staat ihnen nicht bloß auf den Religionsunterricht Einfluß gestatten, sondern auch Geistliche in der staatlichen Schulaufsicht verwenden. Ein total anderes Verhältnis hat die römische Kirche zur Staatsschule. Sie „toleriert" sie nur so lange, als sie dieselbe nicht aufheben kann. Da der römische Klerus selbst gegen unsere allgemeine und nationale Bildung hermetisch abgeschlossen wird, und da nie sicher auf seine Unterthanentreue zu rechnen ist (§ 57 u. 78), so kann er auch nicht imstande sein, unsere Jugend zu nationaler Gesinnung und Gesittung zu erziehen. Daraus erwächst dem Staate die Pflicht, die römisch-katholischen Priester von den römisch-katholischen Schulen möglichst fern zu halten. Ganz von ihnen fern halten darf er sie nicht; denn sie werden den römischen Religionsunterricht zu erteilen oder wenigstens zu kontrollieren haben; aber darüber hinaus soll ihnen durchschnittlich, wenn möglich, kein Einfluß auf die Schulen gestattet werden. Denn diese Männer stehen alle im Dienste eines ausländischen Herrschers, zu dem sie ein innigeres Verhältnis haben müssen als zur heimischen Obrigkeit (§ 78).

Siebentes Kapitel.
Bildungsstatistik und Kulturleistungen.

§ 94. Bildungsstatistik katholischer und protestantischer Länder.

Ein Gradmesser für die Bildung eines Landes ist der Schulbesuch und die Zahl der Militärpflichtigen, welche lesen und schreiben können.

So lange das Papsttum im Kirchenstaat herrschte, lag dort der Volksschulunterricht überhaupt danieder, und noch bis zum Jahre 1877 ist in Italien der Schulbesuch nicht obligatorisch gewesen. Erst 1877 wurden die Eltern durch Gesetz verpflichtet, ihre Kinder während zweier Jahre, vom achten bis zum zehnten Jahre, in die Elementarschule zu schicken. Aber bei der Kontrolle im Jahre 1878 ergab sich, daß im ganzen Königreich bei seiner Bevölkerung von 26801154 Einwohnern erst ohngefähr zweifünftel der schulpflichtigen Kinder die Schule besuchten, nämlich von 2635338 nur 1064225. Es fehlten also 1571113 oder dreifünftel. Die besten Verhältnisse fanden sich dabei noch in Oberitalien, viel schlechtere in Mittelitalien, die schlechtesten in Unteritalien und auf den Inseln. In Mittelitalien, dem Gebiete der ehemaligen Papstherrschaft, waren schulpflichtig 336227 Knaben und 304059 Mädchen, zusammen 650286 Kinder; davon besuchten aber die Schule nur 117848 Knaben und 83524 Mädchen, zusammen nur 201372; also noch nicht der dritte Teil der schulpflichtigen Kinder; es fehlten dagegen 448914 Kinder, also weit über zweidrittel [1]). — Bei der Aushebung der Rekruten im Frühjahr 1878 konnten in Italien 51 Prozent weder lesen noch schreiben, und zwar in Piemont 30 Prozent, in den Marken und in Umbrien, dem ehemaligen Kirchenstaate aber 64—65 Prozent; im Süden war das Verhältnis wieder noch schlechter [2]). Diese Zahlen enthalten neue schwere Anklagen gegen das Papsttum. Erst unter der königlich italienischen Regierung hat sich der Schulbesuch gehoben und zwar erfreulich schnell [3]). — In Österreich gab es im Jahre 1868 nur 28,1 Prozent geschulte Rekruten! [4]) In Frank-

reich ist der Volksschulunterricht überhaupt erst im neunzehnten
Jahrhundert eingeführt worden; aber noch 1864 gab es 818 Gemeinden ganz ohne Schule, und eine Million Kinder zwischen
7 und 13 Jahren besuchten überhaupt keine Schule. Erst seit
dem deutsch-französischen Kriege hat sich der Schulbesuch erheblich
gehoben; nach 1870 hob sich die Zahl der geschulten Rekruten auf
80 und 84 Prozent; doch hatten klerikale Departements z. B.
Finistère-Haute-Vienne auch in der Neuzeit (bis 1882) noch
immer 40 bis 50 Prozent Analphabeten. Der weibliche Volksschulunterricht fehlte im Jahre 1865 in Frankreich noch fast gänzlich [5]. — In Spanien besuchten 1877—78 von 1000 schulpflichtigen Kindern im Alter von 6 bis 12 Jahren nur 481 die
Schule. — Nun vergleiche man damit die Bildungsziffern der
protestantischen Welt! In England gab es 1880 5 bis 6 Prozent Analphabeten unter den Rekruten; in Preußen 1879 2,35
Prozent, und selbst diese Zahl würde erheblich besser ausfallen,
wenn nicht die katholische Provinz Posen 15 und die zum Teil
katholischen Provinzen Ost- und Westpreußen 12,6 Prozent Analphabeten gestellt hätten. Von 1000 schulpflichtigen Kindern besuchten 1877—78 die Schule in Norwegen 985, in Schweden
972, in Dänemark 922 Kinder. Diese Zahlen sind unwiderleg-
liche Beweise für die höheren Bildungsleistungen der protestantischen Welt [6]. Es finden sich allerdings sehr hohe Schulbesuchs-
ziffern auch in einzelnen deutschen Territorien mit teilweise oder
überwiegend katholischer Bevölkerung, Sachsen, Bayern, Württem-
berg und Baden. Das hat man aber gewiß nicht den römischen
Priestern, sondern den betreffenden Staatsregierungen zu verdanken.
Interessant ist in Preußen noch besonders die Verschiedenheit, mit
welcher die Religionsgemeinschaften die höheren Schulen besuchen;
denn die Schulbeteiligung ist ein Gradmesser des höheren Bil-
dungsinteresses.

Es kamen in Preußen 1875—76

	Evangelische	Katholiken	Juden
auf je 100 Einwohner:	64,9	33,8	1,3
auf je 100 Schulkinder:	73,1	17,3	9,6
	+ 8,2	− 16,5	+ 8,3

Bei den Evangelischen übertraf also die Bildungsziffer die Bevölkerungsziffer um 8,2 Prozent; bei den Katholiken aber blieb
die Bildungsziffer hinter der Bevölkerungsziffer um 16,5 zurück.
Auf die jüdischen Ziffern gehen wir hier nicht ein; denn der brennende Eifer der Juden im Besuch höherer Schulen hat besondere Beweggründe. Noch weiter führt die Detail-Rechnung. Es
waren

unter je 100 Einwohnern	Unter je 100 Schülern auf			
	Realschulen	höheren Bürgersch.	Pro-gymnasien	Gymnasien
Evangelische . . 64,9	77,8	80,7	49,1	69,7
Katholiken . 33,8	9,1	17,2	39,3	20,2
Juden . . . 1,3	13,1	5,1	11,6	10,1

Mit Ausnahme der Progymnasien bleibt überall bei den Katholiken in Preußen die Bildungsziffer hinter der Bevölkerungsziffer
zurück [7]).

§ 95. Kulturleistungen.

Als in den Stürmen der Völkerwanderung die antike Welt in
Trümmer sank, blieb der römische Bischofsstuhl der einzige feste
Punkt im Abendlande. Die römische Kirche war es, welche die
wilden Horden bändigte und sie zu Rechts- und Pflichtgefühl er-
zog; sie war es, welche für sie mit altrömischer Organisations-
kraft neue Lebensformen schuf und sie zur Einheit der abendländischen Völkerfamilie verband; ohne diesen römisch-kirchlichen Universalismus gäbe es kein mittelalterlich-patriarchalisches Kaisertum
und vielleicht heut auch kein „europäisches Völkerkonzert" oder
„europäisches Gleichgewicht". Sie war es auch, welche die nicht
zertretenen Reste antiker Bildung rettete und dem Mittelalter
überlieferte, wo sie wieder wesentlich von kirchlichen Anstalten,
Klöstern, Klosterschulen und Universitäten gepflegt wurden. In
der Renaissanceperiode war sie es wieder, welche die neuaufgefun-
denen Denkmale des antiken Geistes sammelte und im Vatikan
Bibliothek und Museum füllte. Den Kunstsinn des Mittelalters
hatte sie einst beschäftigt (§ 58). Die Baukunst der romanischen

und der gotiſchen Periode ſtand faſt ganz in ihrem Dienſte. Ihre Mönche aber, die Ciſtercienſer und Prämonſtratenſer, brachten in unwirtliche Gegenden außer der kirchlichen Gnade auch Feld- und Waldkultur, Obſtbaumzucht und Fiſchfang, Handwerke und Fertig- keiten. So war die römiſche Kirche Kulturträgerin, und für rohe und unfreie Völker kann ſie es ſo noch heute ſein.

Aber moderne Kulturträgerin iſt ſie nie geworden und kann es auch nicht werden. Römiſche Kultur wäre Verkirchlichung der Welt. Kultur im modernen Sinne dagegen iſt die Dienſtbar- machung der Natur für den Geiſt; das iſt nur möglich durch angeſtrengteſte Arbeit, durch intellektuelle und ſittliche. Die römi- ſche Kirche aber iſt Feindin der Arbeit. Die vorwiegend römiſch- katholiſchen Nationen ſind Müſſiggänger; nirgends iſt in Europa der Schmutz, das Elend, der Bettel, die Verwahrloſung großartiger als in Italien und wohl auch in Spanien. Der Katholicismus trägt die Mitſchuld daran[3]). Denn die Askeſe, die Weltflucht, der Bettel, die Familienloſigkeit ſteht dort höher als das chriſt- liche Leben im Beruf inmitten der Welt, als der rechtſchaffene Erwerb und als das Leben in Haus und Familie. Dem Katho- licismus fehlen alſo die ſittlichen Vorausſetzungen der modernen Kultur (§ 56. 78). Daß zur Pflege der intellektuellen Seite der Kultur die römiſche Kirche total unfähig iſt, bedarf hier keiner Begründung mehr; denn die Kirche, welche die Gewiſſensfreiheit für „Unſinn" erklärt, die Kirche, welche in ihren Dogmen die Glaubensfreiheit verneint und den Wahrheitsſinn abſtumpft, welche für die Freiheit des philoſophiſchen Gedankens nie Raum gehabt hat noch haben kann, dieſe Kirche, welche ſtatt der Wiſſenſchaft das Nachbeten, ſtatt des Unterrichtes die Abrichtung, ſtatt der Er- ziehung die Dreſſur verlangt und den Aberglauben zu einer neuen Großmacht heranzieht, dieſe Kirche bildet eine Welt für ſich; aber mit der modernen Kultur hat ſie wenig oder nichts gemein. Ein Umblick in der neueren Geſchichte lehrt die Wahrheit dieſes Satzes. Die Kultur der Neuzeit, die Dienſtbarmachung der Natur für den Geiſt zeigt ſich in der Verwirklichung der Ideeen des Schönen, des Wahren und des Guten. Greifen wir aus dieſen drei Sphären drei Hauptfunktionen der Menſchheit heraus, ihr Dichten, ihr

Denken, ihr staatliches Leben! Was hat darin in der Neuzeit der Katholicismus, was der Protestantismus geleistet? Fassen wir nur Deutschland ins Auge! Die neuhochdeutsche Sprache, ihre Form und ihre Allgemeinverständlichkeit ist auf die Reformation zurückzuführen; Luthers deutsche Bibel schuf die neuhochdeutsche Sprache, „den protestantischen Dialekt", wie ihn J. Grimm genannt hat; die aus Luthers Bibel schöpfende Volkspredigt und das daraus quellende geistliche Lied machten diese Sprache populär. In dieser Sprache schufen unsere neuhochdeutschen Klassiker ihre Werke, als die Nation nach den Stürmen der Religionskriege zur Ruhe gekommen war. Der Protestantismus aber ist es, der unsere großen Dichter alle trägt, sei es, daß er sie durch seine religiöse Innerlichkeit unmittelbar beeinflußt, wie den Sänger des Messias, Klopstock, sei es, daß er durch sein Prinzip der Selbständigkeit jedes einzelnen Christenmenschen die Sphäre der Freiheit erzeugt, in der Lessings Kritik, Goethes geniale Unmittelbarkeit, Schillers sittlicher Idealismus entstehen und gedeihen konnte. Sie alle haben nicht aus Zufall in der Luft des Protestantismus ihre Werke geschaffen; Goethes Faust wäre im Katholicismus überhaupt undenkbar. — Aus dem protestantischen Prinzip von der Selbständigkeit jedes Christenmenschen folgt die Pflicht, sich eine Überzeugung zu bilden. So erwachte im Protestantismus die neuere Philosophie; Leibnitz' Monadologie, Kants Kriticismus, Fichtes Subjektivismus, Schellings und Hegels philosophischer Absolutismus, sie wären wieder im Katholicismus unmöglich, da hier auch jeder wahrheitsuchende Zweifel für ein Verbrechen gilt und persönliche Überzeugung unnötig ist. — Endlich, das gesamte sittliche Leben eines Volkes pulsiert im Staate. Die moderne Staatsidee, die Idee des durch sich bestehenden und dadurch auf Gottes Ordnung beruhenden Kulturstaates ist nicht auf dem Boden der römischen Kirche gewachsen. Ihr Musterphilosoph predigt sogar das Recht der Revolution (§ 91). Der Protestantismus erkennt die staatlichen Ordnungen als von Gott gewollte, den Staat als sittlich der Kirche ebenbürtig, als rechtlich ihr übergeordnet an; er läßt den Staat nicht bloß frei, er stützt ihn vielmehr, indem er die Obrigkeit, wo und wie sie besteht, als Gottes Ordnung achten lehrt, die Bürger zur Unterthanentreue anleitet und das Vertrauen zwischen beiden pflegt. Nur wo diese Gedanken herrschten, durch den Geist der Hohenzollern und ihrer Ratgeber und ihrer Feldherren, konnte unser neues deutsches Reich entstehen. Es ist eine protestantische Stiftung, nächst der Kirchenreformation die größte That des deutschen Geistes, die uns mit Jubel erfüllt, während die ultramontane Politik nur auf die Zerbröckelung des Reiches hinarbeitet, und der Papst, der es entstehen sah, schon auf das Steinchen hoffte, das ins Rollen kommen und den Koloß zertrümmern sollte. In unserem Dichten, unserem Denken und unserem Staatsleben liegt der Ertrag unserer modernen Kultur; wir verdanken ihn dem Protestantismus [9]).

Achtes Kapitel.
Der moderne Altkatholicismus.

§ 96.

Mit gerechter Entrüstung hatte das evangelische Deutschland 1870 die Dogmatisierung der päpstlichen Unfehlbarkeit vernommen, und lebhaft war das Interesse, welches man der Entstehung des Altkatholicismus entgegenbrachte. Was die deutschen Bischöfe nicht gehabt, den Mut persönlicher Überzeugung, deutsche Katholiken bewiesen ihn; Männer von gediegenem Charakter, persönlicher Frömmigkeit, hervorragender wissenschaftlicher Bildung thaten sich zusammen, um der römischen Gewissensknechtung entgegenzutreten, um den Katholicismus vom Jesuitismus zu reinigen. Meist deutsche Universitätsprofessoren waren es, dazu einige Geistliche, aus dem gebildeten Bürgerstande auch wenige; aus dem katholischen Adel aber so gut wie niemand; das niedere Volk blieb vollends stumpf. So organisierte sich die Opposition, aus welcher allmählich die Kirchengemeinschaft der modernen „Altkatholiken" erwachsen ist. Den Anfang machte „die Zusammenkunft von elf deutschen und österreichischen Gelehrten zu Nürnberg im August 1870, welche unter der Führung Döllingers die vatikanischen Beschlüsse für nicht-verbindlich erklärten". Im September 1871 hielten die Gesinnungsgenossen einen ersten Kongreß zu München ab und erklärten, daß die Infallibilisten von der alten katholischen Kirche abgefallen seien[1]). Zuerst hofften die Altkatholiken, die deutsche katholische Christenheit von innen heraus reformieren zu können: sie wollten deshalb auch die römische Kirche nicht freiwillig verlassen. Diese Hoffnung wurde aber bald vereitelt, als die Bischöfe, welche aus Gegnern wie über Nacht zu Anhängern des unerhörten Dogmas geworden waren, ihre riesige Macht gegen die neuen Feinde aufboten. In kurzem waren die Döllinger und Reinkens, die Reusch und Langen, Michelis, Friedrich, Huber, Schulte und Weber wie Söhne des Verderbens exkommuniciert. So blieb ihnen nur der Weg der Separation übrig. Von der vatikanischen Kirche abgedrängt, hielten sie im wesentlichen den Lehrzusammenhang mit der alten katholischen Kirche aufrecht, gaben sich innerhalb des deutschen Reiches 1873 eine eigene episkopale Kirchenverfassung, welche der alten katholischen verwandt ist, und wählten in der Person des Breslauer Professors Reinkens ihren ersten Bischof, der auch als „katholischer Bischof" von der preußischen und der badischen Regierung anerkannt und dotiert wurde. Durch die Weihe, welche er von dem jansenistischen Erzbischofe von Utrecht empfing, wurde auch für die Altkatholiken die sogenannte „apostolische Succession" hergestellt. Eine Synode, zu welcher außer sämtlichen Geistlichen auch Laiendeputierte gehören, tritt regelmäßig zusammen; die von 1877 gestattete die Einführung der Landessprache in die Meßliturgie und die von 1878 schaffte (mit 75 gegen 22 Stimmen) den Zwangscölibat ab. Ähnlich verlief seit 1871 die Bildung der altkatholischen Kirche in der Schweiz, an deren Spitze 1876 als erwählter erster Bischof der bisherige Pfarrer Herzog trat. Die Zahl der Schweizer Altkatholiken betrug 1877 etwa 73 000 Seelen mit 70 Geistlichen, die der deutschen 1878 ohngefähr 52 000 Seelen mit 59 Geistlichen[2]). In Österreich, Italien und Frankreich ist die altkatholische Bewegung mißglückt. Diese Thatsachen brachten allerdings erstens für viele eine Enttäuschung; denn Massenaustritte aus der vatikanischen Kirche, worauf man gerechnet hatte, erfolgten nicht; das Gewissen des

römisch-katholischen Volkes ist durch die römische Kirche so abgestumpft, daß es wie eine stumme Herde selbst hinter seinen über-
zeugungslosen Bischöfen herläuft. Aber zweitens erwächst aus
dieser jungen Geschichte doch die Hoffnung, daß sich die altkatholische Bewegung nicht im Sande verlaufen wird; denn die aufrichtige Frömmigkeit und mannhafte Sittlichkeit ihrer Führer
(ehrend gedenkt man z. B. des verstorbenen Philosophen Huber),
die achtungswerte Wissenschaftlichkeit ihrer Gelehrten (Döllinger,
Reusch, Langen, Friedrich, Schulte, Weber sind Zierden der deutschen Gelehrtenwelt), die Opferwilligkeit und der zähe Mut ihrer
Gemeinden, die dem Haß und den Intriguen der römischen Priester
Widerstand geleistet haben, alle diese Vorzüge lassen uns hoffen,
daß sich diese Kirchengemeinschaft erhalten wird, auch wenn sie zur
Märtyrerkirche werden müßte.

Welches Verhältnis nimmt aber der kirchliche Protestantismus
zu ihr ein? Die altkatholische Kirche verdient zunächst unsere
vollste Teilnahme. Die Männer, welche den Mut gehabt haben,
Amt und Brot aufzugeben, um die römische Gewissenstyrannei zu
brechen, und alle diejenigen, welche sich aus persönlicher Überzeugung ihnen angeschlossen haben, verdienen hundertmal mehr Achtung, als die fügsamen Scharen, welche Verstand und Gewissen
dem Priester im Vatikan opfern und so sich selbst wegwerfen. Die
Altkatholiken haben das Joch des römischen Universalbischofes gebrochen und die Gültigkeit des kanonischen Rechtes aufgehoben; sie
haben die unbedingte Autorität des Trienter Konzils beanstandet, die
wilden Auswüchse der mittelalterlichen Tradition verworfen, Bibel
und Gottesdienst in der Muttersprache zugelassen; haben die erzwungene Ehelosigkeit 1878 aufgehoben, ohne darüber in Parteien
zu zerfallen, und in ihrer Lehre leugnen sie die Übertragbarkeit
überschießender Verdienste der Heiligen[9]). Reihen wir hieran posi-
tive Zeugnisse ihres Glaubens, wie sie ihn in ihrem „Katholischen
Katechismus 1880" ausgesprochen haben. Hier bekennen sie den
altchristlichen Glauben als den ihren, die Dreifaltigkeit Gottes
(Frage 41 ff.), die wesentliche Gottheit Christi (Frage 97) und
seine übernatürliche Geburt aus der Jungfrau (Frage 68), seine
Wunder (Frage 105), seine Lehre und seine Vorbildlichkeit für

uns (Frage 106), seine Selbstdarbringung als Sühnopfer für die
Sünden der ganzen Welt (Frage 100), seine Auferstehung, seine
Himmelfahrt und sein Sitzen zur Rechten Gottes (Frage 92. 93.
102) samt seinem ewigen Hohenpriestertum (Frage 103). Sie
lehren auch die Allgemeinheit der Sünde und ihrer Schuld und
die unumgängliche Notwendigkeit der Gnade zur Erlösung (Frage
110). Sie repräsentieren, kurz gesagt, ein katholisches Christen=
tum ohne das Gift des Jesuitismus, das in der römischen Kirche
vom vatikanischen Herzen aus durch alle ihre Adern rollt. Da
wir nun nicht wissen, welche Wege die göttliche Vorsehung in der
Geschichte der Menschheit einschlägt, so wollen wir uns vorläufig
freuen, daß das Vorhandensein dieser Kirchengemeinschaft eine für
die römischen Katholiken beschämende Mahnung zur Buße ist, daß
sie doch nicht ewig vor dem „Christus im Vatikan" ihre Kniee
beugen möchten. — Dazu kommt, daß die altkatholischen Kirchen=
gemeinschaften zu uns Evangelischen im praktischen Leben ein freund=
schaftliches Verhältnis beobachten; sie behandeln uns mit Achtung
und Anstand, während die römische Kirche uns haßt und beschimpft
(§ 98). Aber über aller Sympathie, welche wir ihnen mit gutem
Grunde entgegen bringen, dürfen wir doch nicht vergessen, welche
tiefe Kluft uns von ihnen trennt. Im Jahre 1878 hat Bischof
Reinkens auf der fünften Synode der Altkatholiken in Bonn er=
klärt: „Wir sind nicht die Repräsentation der Gesamtkirche, welche
die Dogmen zu revidieren haben; wir stehen und bleiben stehen bei
den Dogmen der alten Kirche" [4]). Orientieren wir uns darüber
in den beiden Lehrschriften, welche im Auftrage der altkatholischen
Synode erschienen sind, dem „Leitfaden für den katholischen Reli=
gionsunterricht an höheren Schulen" (Bonn 1877) und dem „Ka=
tholischen Katechismus" (Bonn 1880).

Als das Trienter Konzil zwischen der römischen Kirche und
dem Protestantismus eine unübersteigliche Kluft aufzuwerfen unter=
nahm, kam es ihm in den ersten wichtigen Sitzungen darauf an,
die reformatorischen Prinzipien von der heiligen Schrift und von
der Rechtfertigung für immer zu verdammen; in der vierten
Sitzung ward daher neben der Bibel die Tradition als Er=
kenntnisquelle der religiösen Wahrheit festgestellt, in der sechsten

aber die protestantische Rechtfertigungslehre verworfen und statt
ihrer die Gerechtmachung des Sünders aus göttlicher Gnadenkraft
und mitwirkender menschlicher Willensfreiheit behauptet. Das
Konzil hätte ruhig für immer auseinandergehen können; die Kluft
zwischen der römischen und den evangelischen Kirchen war für
immer befestigt. Wie steht der Altkatholicismus dazu?

Nehmen wir zuerst die Rechtfertigungslehre. a) Die evangelische
Rechtfertigungslehre sagt aus, daß der Mensch die unmittelbare
Gewißheit seines Heils lediglich durch die Huld Gottes und nicht
erst durch die eigenen sittlichen Leistungen erhält; in dem Vorgange
des Glaubens, d. i. in dem persönlichen Zusammenschlusse mit
Christus, erlebt der Gläubige wie mit einem Schlage die Huld
Gottes, die Schuld ist vergeben, der Zugang zu Gott eröffnet,
die Seligkeit garantiert. „Sola fide“, allein mittelst des Glaubens werden wir vor Gott gerecht und unserer Seligkeit gewiß,
trotz der Sünde, die uns noch anhaftet. Gerade darin liegt der
ganze Trost des Evangeliums. Von dem religiösen Gehalt dieser
Grundlage darf deshalb der kirchliche Protestantismus nie weichen,
mag auch die wissenschaftliche Fassung desselben noch so verschieden
versucht werden. Der Altkatholicismus aber hat die ganze römische
Gerechtmachungslehre beibehalten. Rechtfertigung ist nach altkatho=
lischer Lehre kein blos deklaratorischer, sondern ein mitteilender Akt
Gottes, die Erlösung gleichbedeutend mit Entsündigung und Heiligung (Katechismus, Frage 115. 116). Als Bedingung aber,
um der Früchte der Erlösung teilhaft zu werden, wird die völlige
Hingabe an den Erlöser gefordert; allein diese Hingabe umfaßt
drei Stücke: 1) den Glauben an ihn und seine Lehre, 2) die
Hoffnung, durch sein Erlösungswerk gerettet zu werden und 3) die
Liebe, durch welche der Wille des Menschen in völlige Überein=
stimmung mit dem Willen des Erlösers gesetzt wird (Frage 114).
Wenn wir wirklich erst nach Erfüllung dieser drei Bedingungen
des göttlichen Wohlgefallens gewiß sein sollten, so würden wir
wieder in alle die Schrecken des Gewissens zurückgeworfen, aus denen
uns die reformatorische Predigt von der freien göttlichen Gnade
befreit hat. In dem Hauptstücke alles persönlichen Christentums
irren die Altkatholiken also geradeso wie die römische Kirche. In

ihrem Leitfaden (§ 36) ist die imputative Rechtfertigungslehre auch
noch ausdrücklich verworfen, und (§ 35) die Seligkeit als wirk-
licher Lohn, als Kampfpreis für die Mühen des christlichen Lebens
aufgefaßt. — Voraussetzung der Gerechtmachungslehre ist in der
römischen Kirche die semipelagianische Überschätzung des freien Willens; geradeso bei den Altkatholiken. „Die Erlösung des einzelnen
Menschen kommt zustande durch das Zusammenwirken des menschlichen Willens mit der göttlichen Gnade" (Katechismus, Frage
109). Die Gnade aber wird dann nicht als schöpferisches, um-
bildendes Prinzip aufgefaßt, sondern nur als „Hilfe", deren der
Mensch sowohl bei dem Beginne, als bei der Ausführung und
Vollendung des Heilswerkes bedarf, und ohne die er überhaupt
nichts Gutes thun kann (Frage 110). Dieser semipelagianischen
Überschätzung der Freiheit entspricht dieselbe Unterschätzung der
Sünde, wie sie in der römischen Kirche dogmatisiert ist. Die böse
Begierde ist im Sünder nicht selbst Sünde, sondern „neigt" nur
immerfort dazu (Frage 54). Die Einteilung der Sünden in
schwere und läßliche geschieht wie in der römischen Kirche rein
äußerlich nach der Wichtigkeit oder Unwichtigkeit der Sache, nicht
nach der Stellung des Sünders zu Gott (Frage 152—157). —

Wenn der einzelne Gläubige die Rechtfertigung erlebt, weiß er
sich zugleich als Glied der Gemeinde der Gläubigen, der Kirche.
Wie faßt der Altkatholicismus sie auf?

b) In der Lehre von der Kirche und ihrer Verfassung werden
Kirche und Reich Gottes identificiert (Frage 161), und das amtliche Priestertum mit seinem „unauflöslichen" Amtscharakter und
dadurch die Scheidung von Klerus und Laienstand beibehalten, was
der evangelischen Lehre von der Kirche durchaus widerstreitet. Die
Altkatholiken haben allerdings keine eigentliche Priesterherrschaft,
keine „Hierarchie", sondern einen von der Gemeindevertretung ge-
wählten und nötigenfalls auch durch sie zu korrigierenden Episcopat (Leitfaden § 38); die Bischöfe stehen sich auch alle gleich
(Katechismus, Frage 192); nur wird dem von Rom der Ehren-
vorrang eingeräumt (Frage 201). Aber selbst dieser Episcopat,
in welchem der altkatholische wieder auflebt, ist noch lange kein
evangelischer; denn er ruht auf dem doppelten Irrtum, als ob

erstens die Apostel monarchische Bischöfe zu Amtsnachfolgern be=
stellt und auf sie, aber nur auf sie, die kirchlichen Vollmachten
vollständig übertragen hätten (Frage 193), so daß zwischen Bischof
und Priester ein wesentlicher Unterschied besteht, und als ob zwei=
tens die monarchischen Bischöfe in ununterbrochener Reihenfolge
seit der Zeit der Apostel regiert hätten.

c) Um die evangelische Lehre von der Rechtfertigung und von
der Kirche zu verteidigen, sahen sich die Reformatoren zum
Schriftprinzip gedrängt: die heilige Schrift ist die einzige Er=
kenntnisquelle der religiösen Wahrheit. Wenn für diesen Satz auch
kein Artikel in den lutherischen Symbolen formuliert wurde, so
lag er doch ihnen allen zugrunde.

Was lehren darüber die Altkatholiken? Im Neuen Testamente
ist die Lehre Christi, wie die Apostel sie vorgetragen haben, im
wesentlichen vollständig enthalten (Frage 209). Wo sich auf=
geworfene Streitfragen aus der heiligen Schrift nicht klar genug
entscheiden lassen, ist die Tradition oder mündliche Überlieferung
zuhilfe zu nehmen (Frage 210). An der „Autorität des katho=
lischen Traditionsprinzipes", wie es (433) Vincentius von Leri=
num gegen Augustin festgestellt hat, haben sie nicht gerüttelt[5].
Katholisch ist auch ihnen, was „immer, überall und von allen ge=
glaubt worden ist" (Frage 208). Darunter verstehen sie „die
Glaubenslehren, welche von den Aposteln verkündet wurden", aber
nur diejenigen, in welchen die Lehrer der Kirche übereinstimmen
(Frage 211. 213). Also zwei Erkenntnisquellen der christlichen
Wahrheit giebt es auch bei ihnen, eine im wesentlichen vollständige,
und eine andere, die dieser „zuhilfe" kommt, aber bis heut noch
von niemand festgestellt ist, noch festgestellt werden kann. Jede
Tradition aber, durch welche die heilige Schrift ergänzt werden
soll, widerstreitet dem kirchlichen Protestantismus.

An diese drei fundamentalen Unterschiede reihen sich noch viele
andere, auch nicht unwichtige. Der römischen Sakramentslehre ist
zwar die Spitze abgebrochen, indem die Transsubstantiation und
die darauf gegründete Anbetung der Hostie wegfällt; aber die
Siebenzahl der Sakramente ist beibehalten (Frage 236 ff.), und
zwar im Sakrament der Priesterweihe der „unverlierbare Cha=

rakter" der Priester (Frage 281), im Altarsakrament einerseits
die Kommunion unter einer Gestalt (Frage 258), anderseits das
Meßopfer als wirkliches Opfer und als Heilmittel, damit „durch
die immerwährende unblutige Darstellung des Kreuzopfers die
Früchte der Erlösung den Gläubigen zugewendet werden" (Frage
256); ferner im Bußsakrament die Dreiteilung von Reue, Beichte
(auch als Ohrenbeichte, Leitfaden, § 44) und Bußverrichtung; nur
wird das dritte Stück nicht als Bedingung der Absolution gefordert, sondern soll zur Erweckung des Bußgeistes dienen (Frage
270. 271). — Die Altkatholiken lehren ferner die Möglichkeit
einer vollkommenen Gesetzerfüllung schon auf Erden (Frage 286)
und als „heilsame Übung" die „Anrufung der Heiligen",
besonders der Jungfrau Maria, auch der Engel um Fürsprache
bei Gott (Frage 290); ferner die Verehrung von Reliquien und
Bildern derselben (Leitfaden, § 44). Endlich, daß die „Läu-
terung" (nach Frage 295), welche denen bevorsteht, die noch nicht
als vollkommene Gerechte aus diesem Leben scheiden, als verdienstliche Nachtragsleistung aufgefaßt ist, sich also nur in der Form,
aber nicht in der Sache von der Übernahme der Strafleiden im
römischen Fegefeuer unterscheiden wird, dürfen wir nach der ganzen Lehre von der Heilsaneignung durch Glaube, Hoffnung und
Liebe als selbstverständlich ansehen. Auch lehren sie, daß man für
Verstorbene nicht bloß bete, sondern auch opfere (Leitfaden, § 44).
Sie glauben endlich, um mit einem festen Punkte zu schließen, die
Unfehlbarkeit einer „wahrhaft allgemeinen Kirchenversammlung"
(Frage 217), bedenken aber dabei nicht, daß der Herr wohl seiner
gläubigen Gemeinde, aber nicht ihrer „Repräsentation" verheißen
hat, daß der heilige Geist sie in alle Wahrheit leiten wird. —
Über vieles andere schweigen sie, so über Mönchtum und Klosterleben. Ist das Mönchtum auch für die Altkatholiken der Stand
„der Vollkommenheit"? Dann gingen auch unsere sittlichen Ideale
weit aus einander.

Trotzdem wollen wir nicht aufhören, ihnen mit Achtung und
Liebe zu dienen, damit das Wort Gottes ihnen auch noch über die
Irrtümer des alten Katholicismus hinweghelfe.

Neuntes Kapitel.
Über die Rückkehr der Jesuiten in das deutsche Reich.

§ 97.

Der geringe Erfolg der altkatholischen Bewegung hat seinen Hauptgrund in der Erstarkung des jesuitischen Geistes, welcher seit 1870 die römische Kirche beherrscht.

Der Jesuitismus ist ein Erzeugnis des spanischen Katholicismus. Als man auf der pyrenäischen Halbinsel nach jahrhundertelangem Ringen mit dem Islam endlich die Reinheit des Glaubens erstritten hatte und dieses hohe Gut bald darauf durch die lutherische Geistesrevolution wieder gefährdet sah, da erhob sich der spanisch-romanische Katholicismus gegen den germanischen Protestantismus, um mit frommem Enthusiasmus und raffinierter Weltklugheit die Menschheit in die Einheit des römischen Gottesstaates zu konzentrieren. Mit militärischer Dressur organisierte der spanische Ritter Ignatius von Loyola seine „Soldaten Christi" zum Kampfe gegen die Feinde der römischen Kirche. Der Jesuitenorden, 1540 vom Papste bestätigt, ist ein durchaus kriegerischer Orden; eine militärisch organisierte Streitmacht, steht er unter dem Befehl eines auf Lebenszeit erwählten Generals, dem jeder einzelne Jesuit zu unbedingtem Gehorsam verpflichtet ist; willenlos „wie ein Leichnam (perinde ac cadaver)" muß jeder in der Hand seines Oberen sein; nur eine Tugend darf er kennen, die Willenlosigkeit, welche man im Orden „Gehorsam" nennt. Das germanische Recht auf Freiheit des Mannes, das christliche, ewige Recht der Einzelpersönlichkeit, welche sich nicht wegwerfen darf, auch wenn sie die ganze Welt gewönne — ist mit romanischer Dressur zertreten. Der Jesuit ist keine freie Einzelpersönlichkeit mehr, sondern nur noch eine Drahtpuppe in der Hand seines Oberen; was dieser ihm befiehlt, muß er thun; vor ihm schweigt sein Gewissen. Ein Haupt, ein Wille, obgleich viele Leiber — arbeitet der Orden wie eine ungeheure Maschine. Noch mehr: seine vollberechtigten Mitglieder legen neben den drei üblichen Mönchsge-

lübden noch ein viertes ab, das des unbedingten Gehorsams gegen
die Person des Papstes, „sich jeder Mission desselben zu unter-
ziehen". Das hat seinen Grund nicht, etwa in persönlicher Verehrung des römischen Oberpriesters, sondern in der jesuitischen
Auffassung der kirchlichen Einheit, welche nur in einem einzigen
Denken und einem einzigen Willen dargestellt werden könne. Sämtliche Jesuiten sind also lebenslang Sklaven des Papsttums; kein
einziger Jesuit kann selbständiger Staatsbürger
werden.

Hat der Staat schon zu allen klösterlichen Orden ein anderes
Verhältnis als zu Vereinen (§ 78), so steht er vollends zu
den Jesuiten ganz anders als zu den Bürgern seines Bereiches.
Nicht bloß, daß dieser Orden für wahr halten muß, was der römische Papst dafür ausgiebt, und für gut ansehen muß, was dieser
von ihm verlangt; nicht bloß daß er jede lautere Sittlichkeit vergiftet, indem er durch seinen Probabilismus zwischen Gewissen
und Handlung die rechnende Reflexion einschiebt und durch die
Mentalreservationen und die Praxis, daß der Zweck die Mittel
heilige, die Tugenden der Aufrichtigkeit und der Gewissenhaftigkeit
vernichtet (§ 47. 48)*); nicht bloß, daß er im Kultus den Aberglauben als eine neue Großmacht wuchern läßt (§ 73) und wie
in den Heidenländern (§ 83) so bei uns mit verwegenem Hasse
gegen den Protestantismus Propaganda treibt — der Jesuitenorden muß auch das souveräne Recht des modernen
Staates mit Füßen treten (§ 78); staatsfeindlich muß er
denken, staatsfeindlich muß er handeln; denn sein einziges Ziel
ist die Konzentration der Geister zur Einheit des Gottesstaates
in der Person des Papstes; durch die Hände der vollberechtigten
Jesuiten (der professi quattuor votorum) gehen die Fäden
des Netzes, mit welchem das Papsttum die Welt zu umspan-
nen strebt.

---

*) „Doctrina moralis Jesuitarum." „Die Moral der
Jesuiten", quellenmäßig nachgewiesen aus ihren Schriften von einem
Katholiken, Celle 1874 (A. Schultze) — ein Auszug von 632 unmoralischen
und staatsgefährlichen Aussprüchen jesuitischer Schriftsteller.

Gegenüber diesem Orden befindet sich also der moderne Staat in jeder Minute im Kriegszustande. Das Deutsche Reich beging demnach nur einen Akt der Notwehr, als es ihn durch Gesetz vom 4. Juli 1872 über seine Grenzen trieb. Ob für immer? Gegangen sind sie wohl, die weltklugen Jünger Loyolas; geistig sind sie aber unter uns geblieben; sie und ihre Gesinnungsgenossen beherrschen die deutsche katholische Wissenschaft (§ 87); der romanische Katholicismus hat den germanischen geknebelt; die vatikanische Kirche ist einig mit dem Jesuitismus; sie kann ihn nicht mehr entbehren. Das ist eine nüchterne Thatsache. Darum ist die Zahl der Jesuiten gerade seit der Proklamation des jesuitischen Dogmas von der päpstlichen Gewalt seit 1870 bis 1883 gefahrdrohend (von 8683 auf 11058) gewachsen, und wie zum Hohn auf das deutsche Reichsgesetz tritt die Ordensprovinz Deutschland und Österreich als die reichste hervor; sie zählte im Jahre 1883 2875, während auf das bigotte Frankreich nur 2798 und auf Italien gar bloß 1558 Jesuiten kamen. Aus den bourbonischen Staaten sind sie einst auch ausgetrieben worden; ganze Schiffsladungen voll hat man sogar an den Küsten des damaligen Kirchenstaates abgesetzt; sie haben den Rückweg doch zu finden gewußt. Ist das bei uns unmöglich? Die Ausgetriebenen beschäftigen sich jetzt noch auswärts, in Nordamerika und im Orient; sie können warten und werden warten, bis sich in Deutschland die Verhältnisse ändern, bis im deutschen Reichstage, unter dem ungerechten Rufe „Gleiches Recht für alle", gleichzeitig Ultramontane und demokratisch Freisinnige gegen Ausnahmegesetze stimmen und eine des Streites müde Regierung diesen „Volkswillen", wie sie hoffen, sich gefallen lassen wird. Sollte solch ein Reichstagsbeschluß lange auf sich warten lassen, so könnten sie auch ohne Gesetzgebung auf dem Verwaltungswege wieder kommen; in Frankreich waren im Jahre 1764 die „Jesuiten" auch ausgetrieben worden; nach einigen Decennien wurden sie unbemerkt als „Väter des Glaubens", als pères de la foi, geduldet Es wäre ein „dies ater", ein Unglückstag für unser Reich und unser Volk, wenn voll Haß gegen germanisches Wesen und protestantisches Christentum zwei- bis dreitausend Generalstabsoffiziere des römischen Souveräns die deutschen Grenzen überschritten, um das Kommando über den katholischen Klerus und die katholischen Wähler zu übernehmen zum Kampfe gegen den Protestantismus und seine Kultur. Würden die Jesuiten etwa vor einem Religionskriege zurückschrecken, wenn er geführt würde „zur größeren Ehre Gottes"? —

Schluß.

Der Ausblick in die Zukunft.

Einen durchgängigen Gegensatz im Dogma, in der Sittlichkeitslehre, im Recht, im Kultus, in der Mission und in vielen brennenden Fragen der Zeit haben wir zwischen römischem Katholicismus
und kirchlichem Protestantismus gefunden. Soll in Zukunft die
Scheidung noch vertieft oder überbrückt werden? Obgleich wir
Evangelische das vatikanisch-katholische System bekämpfen, werden
wir doch den römischen Katholiken, soweit sie aufrichtig Christen
sind, die brüderliche Achtung nicht vorenthalten; aber in welcher
Achtung stehen wir bei ihren Priestern, damit wir erfahren, was
wir in Zukunft von ihnen zu erwarten haben?

§ 98. Wie wir Evangelische von der römischen Kirche beurteilt und behandelt werden.

In Deutschland, wo die Vertreter der römischen Kirche Gelegenheit genug haben, den Protestantismus kennen und achten zu
lernen, begegnet man noch edlen Katholiken, welche gegen uns die
Sprache des Anstandes führen. Ein rühmliches Beispiel solcher
Gesinnung ist der erste Hirtenbrief des Bischofs Höting von
Osnabrück vom Jahre 1882. „Nachdem durch die Zeitverhält-
nisse", schreibt dieser Bischof an seine Untergebenen, „die konfessionellen Gegensätze verschiedentlich zu schärferem Bewußtsein gekommen sind, will ich nicht unterlassen, geliebte Diöcesanen, auch noch

die Beziehungen zu den Angehörigen anderer christlichen Bekenntnisse, mit denen wir vielfach zusammen wohnen und zu verkehren
haben, hier zu berühren, geleitet von dem aufrichtigen Wunsche
und dem Bestreben, mit diesen, mit denen wir bürgerlich die
gleichen Rechte und Pflichten haben und mit denen wir religiös
durch die gleiche Taufe, durch denselben Glauben an Jesus Christus
als den wahren Sohn Gottes und durch das gemeinsame Ziel der
ewigen Seligkeit verbunden sind, wie bisher so auch ferner in
Frieden und Eintracht zu leben, so daß niemand der Religion
wegen gekränkt und zurückgesetzt werde, daß der Glaube des anderen, auch wenn derselbe für irrig gehalten werden muß, als
dessen persönliche und ihm heilige Überzeugung, über die als Ge-
wissensangelegenheit allein Gott zu richten hat, geachtet und in
Ehren gehalten werde." Natürlich wünscht auch dieser Bischof,
daß wir römisch werden, aber „nicht durch andere Mittel als den
unter der Gnade Gottes auf persönliche Überzeugung begründeten
Glauben" [1]). Das ist die Sprache des christlichen Anstandes;
davon wissen aber der Papst und seine Hoftheologen nichts.

Hören wir, was der römische Mustertheologe Perrone
schreibt, durch dessen Vorlesungen und Schriften die römisch-katholischen Theologen nicht bloß in Italien, sondern auch die deutschen fast ein halbes Jahrhundert ihre Richtung bekommen haben,
und dessen populär-wissenschaftliche Bücher in unzähligen Auflagen
in der katholischen Laienwelt auch in Deutschland verbreitet werden.
„Der Protestantismus und seine Verbreiter", sagt er in seinem
Kontrovers-Katechismus (Deutsche Ausgabe, S. 80), sind in religiöser Hinsicht, was in natürlicher Hinsicht die Pest ist." „Der
Protestantismus nährt sich nur vom Haß" (S. 32). „Seine
Lehre ist schrecklich in der Theorie und unmoralisch in der Praxis;
sie ist lästerlich inbezug auf Gott und den Menschen, nachteilig
für die Gesellschaft und dem gesunden Menschenverstande und der
sittlichen Zucht hohnsprechend" (S. 18). „Das reine Evangelium, wie sich der Protestantismus nennt, ist nichts anderes, als
der Unglaube und die mit schönen Worten verdeckte Sittenlosig-
keit. Der Protestantismus ist die drückendste Geißel, welche auf
der Menschheit lastet; er führt die Gesellschaft der Anarchie und

dem Verderben entgegen, um endlich im schrankenlosesten Despo-
tismus zu endigen" (S. 36). Kein Wunder dann, daß Perrone
seine Lehrer ermahnt „den Protestantismus müßt ihr von ganzem
Herzen hassen" (S. 81). Wie aber, wenn Protestanten unsere
Freunde, Gefährten und Hausgenossen sind? „In diesem Falle
müßt ihr dasselbe thun, was die alten Christen thaten, wenn die
Notwendigkeit sie zwang, mit Heiden zu verkehren. Soviel sie
konnten, flohen sie ihren Umgang und· beschränkten sich auf das
Notwendigste" (S. 82). — Das sittliche Leben der Protestanten
schildert sodann ein bedeutender römischer Rechtsgelehrter, der
Kurialadvokat Pallotini, in einem gelehrten Werke im Jahre
1867 folgendermaßen: „In private und öffentliche Genossenschaften
(Familie und Staat) treten die Protestanten aus keiner anderen
Ursache, als zum eigenen persönlichen Nutzen der einzelnen. Gegen
solche, welche nicht Mitglieder derselben Gesellschaft sind, kennen
sie weder Freundschaft noch Liebe, es sei denn, daß ihnen dieselben Vorteil bringen könnten... Die Kinder derjenigen aber,
welche in den Genossenschaften der Protestanten ohne Vermögen
sind, werden, wenn sie mit recht kräftigen Gliedern begabt sind,
den Eltern genommen und fremden Händen zur Ernährung übergeben, damit nicht der von ihnen erwartete Gewinn verloren gehe.
So wird die natürliche Zuneigung gegen die eigenen Kinder, welche
selbst den unvernünftigen Tieren eigen ist, beseitigt. Kinder aber,
welche keine arbeitskräftigen Glieder haben, oder von übermäßiger
Arbeit kränklich sind, läßt man verhungern"[2]. In diesem Geiste
donnern alljährlich in der Fastenzeit besonders in Italien Schimpf-
worte auf die Protestanten: „Diebe, Lästerer, Fälscher, Weiber-
freunde, Kuppler — sind nur die zartesten Bezeichnungen"[3].

Naturgemäß richtet sich der Haß besonders gegen Deutschland. Der Kardinal Gaetano Alimonda sagte am 11. März
1880 in Rom in öffentlicher Rede: „Man mutet uns zu in
Sachen der Religion das protestantische Deutschland zum Vorbild
zu nehmen. Es kann kein schlechteres Vorbild geben; denn diese
Protestanten sind Rationalisten, d. h. ungläubige Skeptiker, oder
scheinheilige Heuchler (increduli scettici o bacchetoni)"[4]. Am
bittersten äußert sich dabei der Haß gegen Luther. Liguori, der

Redemptorist, welcher von Pius IX. zum Lehrer der Kirche erhoben ist, also eine mustergültige Theologie geliefert hat, äußert
sich in seiner „Geschichte der Häresieen" (3. Aufl., Bergamo 1882,
2. Band, S. 4): „Martin Luther wurde zu Eisleben 1483 geboren. Der Kardinal Gotti schreibt, man habe gesagt, der Teufel
habe, in der Gestalt eines Trödlers in sein elterliches Haus aufgenommen, mit seiner Mutter Umgang gehabt, und so habe sie
dieses verfluchte Kind empfangen. Übrigens schämte sich
Luther selbst nicht, in einer Predigt zu sagen, er habe Verkehr
mit dem Teufel und habe mehr als ein Stückchen Salz mit ihm
gegessen"; (und S. 5): „Wenn übrigens Luther nicht ein Sohn
des Teufels war, so war er wenigstens sein Freund, der ihm
eine große Anzahl von Seelen für die Hölle verschaffte" [5]. Selbst
die edelsten Einrichtungen des Protestantismus werden von Perrone mit Schmutz beworfen: Die Diakonissenhäuser hätten wir
aus Neid „wie Affen (simiarum instar)" der katholischen Kirche
nachgemacht, um ihren frommen Anstalten Opposition zu machen.
„Offenkundig" ist ein solches Institut nur eine Mißgeburt, be-
stehend aus Mietlingen ohne Geist, ohne Gelübde, gewöhnlich zu
dem Zweck, um Heiraten zu schließen, wie sie der König anordnet,
ohne daß sie den Kranken dienen; sondern darauf brennen sie, daß
sie sich aus den Kranken oder aus den Dienern einen Mann
fangen." So schildert Perrone speziell die Diakonissen des Berliner Krankenhauses Bethanien [6]. Verachtung und Haß ist es,
den die tonangebenden Stimmen in der römischen Kirche gegen
uns predigen; und das Papsttum hat es offiziell nie anders gemacht, seit Leo X. am 15. Juni 1520 Luther in den Bann
gethan. Der „römische Katechismus" lehrt, daß alle nicht-römischen Kirchen vom Geiste des Teufels geleitet werden [7]; der
Papst aber, der ihn 1566 einführen ließ, Pius V., der fanatische
Feind des Protestantismus, ist heilig gesprochen; er hatte die
protestantische Elisabeth am 25. Februar 1570 in den Bann gethan, dem Herzog Alba zu seinem niederländischen Protestantenmord
einen geweihten Hut und Degen geschickt, auch dem päpstlichen
Hilfsheer, das er Karl dem IX. nach Frankreich gesandt, die
Weisung mitgegeben, „jeden Hugenotten, der ihm in die Hände

falle, sofort zu töten" 8). Am 5. Mai jedes Jahres aber stellt sich der Klerus der ganzen katholischen Welt unter den Schutz dieses Mannes mit dem blutigen Heiligenschein und betet: „Gott, der du zur Niederschmetterung der Feinde deiner Kirche und zur Wiederherstellung des göttlichen Kultus den Papst Pius V. zu erwählen dich herabließest, laß uns durch seinen Schutz verteidigt werden" 9). Der Haß gegen den Protestantismus muß also den katholischen Priester sogar bis in das Gebet begleiten. — Pius IX. hat 1849 versichert, daß von der römischen Kirche „keine einzige protestantische Lehre auch nur toleriert werde" 10). Für alle Leiden, die das Papsttum 1848 trafen, den Protestantismus verantwortlich zu machen, war für diesen Papst ein leichtes 11). Daß aller Materialismus, alle falsche Philosophie vom Protestantismus komme, sollte 1870 sogar in der ersten Konstitution des vatikanischen Konzils dogmatisiert werden und ist nur durch das kräftige Dazwischentreten des Bischofs Stroßmayr von Diakowar etwas gemildert worden 12). Den Höhepunkt aller Gehässigkeit aber bilden die Verleumdungen, welche Leo XIII. gegen den Protestantismus geschleudert hat. Nachdem schon Pius IX. 1849 behauptet hatte, daß der Protestantismus durch sein Prinzip der freien Bibelerklärung jenen bösen Mächten Vorschub leiste 13), leitete der Jesuitenzögling Leo XIII. in seiner Encyklika vom 28. Dezember 1878, also in einem unfehlbaren Schriftstück, ihren Ursprung in dreister Offenheit geradezu von der Reformation ab 14). „Diese Frechheit", sagte er inbezug auf den Sozialismus, Kommunismus und Nihilismus, „hat ihren Grund und ihren Ursprung in den giftigen Lehren, welche in früheren Zeiten wie verderblicher Same mitten unter die Völker ausgestreut sind und zu ihrer Zeit solche verderbliche Früchte gezeitigt haben. Denn ihr, ehrwürdige Brüder", so redet er die Bischöfe an, „ihr wißt sehr wohl, daß der so erbitterte Krieg, welcher seit dem sechzehnten Jahrhundert von den Neuerern gegen den katholischen Glauben erregt worden und der von Tag zu Tag bis heut aufs höchste gesteigert ist (invaluit), darauf zielt, daß alle übernatürliche Ordnung aufgehoben werde

und nur den Erfindungen der Vernunft oder vielmehr ihren Ver-
irrungen der Zugang offen stehe" [15]). Als dann Kaiser Alexander II. von Rußland durch nihilistische Mörderhand gefallen
war, beeilte sich der römische Oberpriester in seiner Encyklika
vom 29. Juni 1881 auch den Nihilismus von der Reformation abzuleiten. Seine gehässigen Worte lauten: „Auf die sogenannte Reformation, deren Helfer und Führer die heilige und die bürgerliche Ordnung durch neue Lehren von
Grund aus bekämpften, sind schnell Tumulte und die ver-
wegensten Revolutionen besonders in Deutschland gefolgt ....
Aus jener Häresie entsprang im vorigen Jahrhunderte die
falsche Philosophie, das sogenannte neue Recht, die
Volksherrschaft und die maßlose Ungebundenheit, in welcher viele
allein die Freiheit sehen. Aus diesen (Ex his) ist man bei den
Pestseuchen angelangt, nämlich bei dem Kommunismus, Sozialismus, Nihilismus, den schrecklichsten Ausgeburten der
menschlichen Gesellschaft, durch die sie fast begraben wird" [16]).
Nach päpstlicher Logik stehen auf derselben Stufe mit dem Sozialismus und Kommunismus die protestantischen Bibelgesellschaften; Pius IX. hat sie alle als „Pestseuchen" in einem
Atem verdammt, nachdem ihm alle anderen Päpste des neunzehnten Jahrhunderts von Pius dem VII. an in der Verdammung
dieser segensreichen evangelischen Vereinsthätigkeit vorangegangen
waren [17]).

Wie muß nach diesen Kundgebungen die römische Kirche die
Protestanten behandeln?

Als Ketzer sind wir Abgefallene; aber wie die Deserteure zum
Heere gehören, dem sie entlaufen sind, und der Strafgewalt des
Feldherrn verfallen, so bleiben die Protestanten „in der Gewalt der
Kirche, damit sie von ihr vor Gericht gefordert, bestraft und ana-
thematisiert werden", lehrt der römische Katechismus [18]). Die
Bischöfe aber geloben dem Papste in ihrem Eide: „Ich will
die Häretiker, Schismatiker und die sich gegen unsern Herrn (den
Papst) auflehnen nach Kräften verfolgen und bekäm-
pfen" [19]), so daß für jeden Einsichtigen klar wird, warum sie
einem protestantischen Fürsten einen aufrichtigen Treueid nicht leisten

können; römische Papsttreue und germanische Königstreue sind durchaus unvereinbar. Es fällt also der römischen Kirche nicht im entferntesten ein, irgendeine evangelische Kirche als Schwesterkirche zu behandeln; sie stellt uns vielmehr auf dieselbe Stufe mit dem Heidentum, wir sind für sie nur Missionsobjekte und stehen unter der Propaganda; alle Länder des Protestantismus sind „Missionsländer" und die protestantische Heidenmission nur Gegenstand des römischen Hasses (§ 83). Alle deutschen Bischöfe erhalten deshalb von fünf zu fünf Jahren in ihren Quinquennalfakultäten auch Missionsvollmachten gegen die Protestanten, und Bischof Martin von Paderborn nannte sich 1864 „den rechtmäßigen Oberhirten der innerhalb seines Sprengels wohnenden Protestanten" [20]). Von den staatsrechtlichen Verträgen, durch welche den Protestanten bürgerliche Gleichstellung mit den Katholiken eingeräumt wurde, ist kein einziger von der römischen Kirche anerkannt, weder der Augsburger Religionsfriede von 1555, noch der Westfälische Friede von 1648, noch der Wiener Kongreß von 1815; gegen alle drei hat sie protestiert und kann und darf diese Proteste nie zurücknehmen. Wir haben in ihren Augen also überhaupt kein Existenzrecht. Die Klugheit gebietet aber, uns da zu dulden, wo „der katholisch-normale Zustand" noch nicht besteht [21]); wo er aber besteht, muß die geistliche und die bürgerliche Obrigkeit für die Unschädlichmachung der Ketzer sorgen. In Italien haben im Königreich Sardinien die Waldenser erst 1848 bürgerliches Existenzrecht erhalten; aber in dem gut katholischen ehemaligen Großherzogtum Toscana wurde in der Hauptstadt Florenz noch in den Jahren 1851 und 1852 ein greulicher Ketzerprozeß gehalten. Zwei fromme, tüchtige und ehrbare Eheleute, Francesco und Rosa Madiai, wurden am 8. Juni 1852 wegen Gottlosigkeit (empietà) verurteilt, Francesco auf 4 Jahre und 8 Monate Zuchthaus in Volterra, Rosa auf 3 Jahre und 9 Monate Gefängnis in Lucca, weil in ihrer Wohnung einige Protestanten von der Polizei überrascht worden waren, als sie in der diodatischen Bibel lasen. Der bigotte Großherzog Leopold verweigerte jegliche Milderung der Strafe. Erst als in England am 17. Februar 1853 in einer höchst bewegten Parlamentssitzung gefordert worden

war, ungesäumt die diplomatische Verbindung mit einem Lande ab=
zubrechen, in welchem allen Gesetzen der Menschheit so grausam
Hohn gesprochen werde, wurde am 15. März 1853 den beiden
Gefangenen die großherzogliche Begnadigung — zur Deportation
in das Ausland verkündigt [22]). Wo „der katholisch=normale Zu=
stand" besteht, gelingt es im Notfall den Priestern noch heut, den
katholischen Pöbel gegen die Protestanten aufzuhetzen und zu Ge=
waltthaten zu reizen. In dem ansehnlichen Barletta am adria=
tischen Meere, einer Stadt von etwa 29000 Einwohnern, wurde
am 19. März 1866 am hellen lichten Tage, nachmittags drei Uhr,
ein Blutbad unter den Protestanten angerichtet. Als am folgenden
Tage die Verhaftungen begannen, wurden drei Priester und ein
Kapuziner zuerst abgeführt. Am dritten Tage fand man bei
einem Verhafteten die Liste der in Aussicht genommenen Opfer;
72 Familien waren darauf verzeichnet, die man hatte opfern wol=
len! Am 20. Dezember 1867 wurde das Urteil gefällt; unter
62 Schuldigen wurden 10 zu 18 Jahren Zwangsarbeit verurteilt,
unter ihnen ein Kapuziner und ein Kanonikus. In der höheren
Instanz wurden aber diese beiden, die nach allgemeinem Urteil die
Schuldigsten waren, frei gesprochen. Beides, die Blutthat und
das Gericht, ist charakteristisch für die Behandlung des Protestan=
tismus in Italien. Was zu Barletta 1866 geschehen ist, kann
sich trotz der staatlich garantierten Religionsfreiheit durch Priester
und Pöbel noch jeden Tag wiederholen [23]).

Das Zugeständnis, daß getaufte gläubige Protestanten selig
werden können, hat also nur theoretische Bedeutung; denn nicht,
weil sie protestantisch gläubig sind, werden sie selig, sondern weil
sie ordnungsmäßig getauft sind; können schon Heiden ordnungs=
mäßig taufen (§ 83), warum nicht auch Protestanten! Wo aber
Taufe ist, da ist Herrschaftsgebiet der römischen Kirche. Von
ihrer Exklusivität weicht die allein seligmachende Kirche auch durch
jenes theoretische Zugeständnis also keinen Fuß breit zurück; sie
erkennt uns nie als gleichberechtigt mit ihr an; wir bleiben für
sie doch nur „Deserteure", die unter die Botmäßigkeit des Papstes
gehören, und die „nach Kräften zu verfolgen und zu bekämpfen"
jeder Bischof eidlich verpflichtet ist.

Unter solchen Umständen läßt sich endlich auch entscheiden, ob eine Vereinigung der evangelischen Kirchen mit der römischen möglich sei?

§ 99. Ob eine Vereinigung der evangelischen Kirchen mit der römischen möglich sei, und wie das Reich Gottes kommt.

1) Da die römische Kirche den Protestantismus, wie er durch die Reformation des sechzehnten Jahrhunderts entstand, überhaupt nicht als berechtigte Form des Christentums ansieht, so wäre eine Vereinigung der bestehenden protestantischen Kirchen mit der römischen doch nur in der Weise möglich, daß wir Protestanten alle römisch-katholisch würden. Daran ist aber vernünftigerweise nicht zu denken. Denn so lange der göttliche Geist uns beisteht, geben wir unsere, aus Gottes Wort geschöpfte religiöse und sittliche Überzeugung nicht auf.

2) Es läßt sich indes doch die Möglichkeit denken, daß die römische Kirche sich evangelisch reformiere; wir meinen nicht, daß sie zum Luthertum oder zum Calvinismus übertreten solle; denn wir verlangen ja auch nicht, daß die Lutheraner sich zum Calvinismus oder die Calvinisten sich zum Luthertum bekennen, da wir beide Reformationen als eigentümliche und daher berechtigte Formen des evangelischen Christentums ansehen. Denken ließe sich aber doch eine dritte evangelische Reformation, indem die römische Kirche von dem altchristlichen Grunde, auf dem sie steht, den mittelalterlich päpstlichen Schutt wegräumte und nach dem Richtmaß des Wortes Gottes sich neu aufbaute und die bereits bestehenden evangelischen Kirchen als Schwesterkirchen anerkennte. Zu amalgamieren brauchten sich diese Formen des Christentums nicht; aber es könnte dann ein freier Austausch der Gaben und ein heiliger Wetteifer der Liebe entbrennen; in allen drei Formen wäre es dann doch nur die eine heilige allgemeine Kirche, die sich in evangelischem Glauben durch die Liebe thätig erwiese, auf daß durch alle drei das Reich Gottes komme, um das wir alle beten. Unmöglich ist dieser Weg nicht; Gottes Geist wehet, wo und wie er will; am 31. Oktober 1517 hätte auch kein Mensch gedacht, daß durch einen einfachen Bettelmönch ein heiliger Geistessturm

losbrechen würde, der heut 110 bis 120 Millionen Menschen zu evangelischem Glauben und Leben führt. — — Allein so weit Menschenurteil reicht, verhindern die amtlichen Organe der römi= schen Kirche mit verblendeter Energie jede evangelische Erneuerung derselben. Seit der ersten wichtigen Sitzung des Trienter Kon= zils, der vierten, wo sie mit verwegener Gewissenlosigkeit das Menschenwort der Tradition dem Gotteswort der Bibel gleich= setzten oder gar überordneten, seit jenem Tage bis herauf zum vatikanischen Dogma, das einen sündigen Menschen zum Orakel der Gottheit macht, legen sie alles darauf an, eine evangelische Er= neuerung zu verhindern. Der jesuitische Geist, der die Vernich= tung des Protestantismus erstrebt, hat vielmehr die Herrschaft über die römische Kirche und über die römische Wissenschaft er= langt. Zu evangelischer Erneuerung wäre der erste Schritt die Selbstkritik im Spiegel des Wortes Gottes, die Sinnesänderung, die Buße; aber die amtliche römische Kirche hat nie Buße gethan und wird sie auch nie thun, weil sie sich für das Reich Gottes selbst hält.

3) Wenn nun aber die römische Kirche sich nicht evangelisch erneuert, was wird aus ihr? Unser Glaube an die sittliche Welt= ordnung Gottes verlangt gebieterisch die Annahme, daß alle Wahr= heit sich endlich durchsetzt, alle Unwahrheit aber dabei unterliegt. Was wahr ist an der römischen Kirche, ihr allgemein christlicher Glaubens= und Lebensgrund wird bestehen bleiben; aber das Ge= bäude von Unwahrheit, was darauf gebaut ist, muß fallen. Wie das geschehen soll — das zu bestimmen ist nicht unsere Sache. Aber ein Weg läßt sich unschwer als möglich bezeichnen. Der immer mehr wachsende Trieb nach Veräußerlichung, der die ganze römische Kirche in allen ihren Funktionen durchzieht, hat sie end= lich dahin gebracht, daß sie ohne einen Kirchenstaat nicht mehr existieren kann (§ 86). In dem Umfange aber, wie sie ihn braucht, bekommt sie ihn wahrscheinlich nie wieder. Die weltliche Souveränetät des Papstes steht daher auf dem Spiele; wenn sie fällt, wird der Papst entweder Gast oder Unterthan eines der be= stehenden Staaten; dieser Staat aber kann nur Italien sein, denn die Kurie läßt sich nicht mehr aus Rom verlegen. Erstarkt dann

das seit 1870 zum erstenmale politisch geeinigte Königreich Italien zu einem in sich mächtigen Staatswesen, so würde der römische Oberpriester so sicher von der italienischen Regierung abhängig, wie im vierzehnten Jahrhundert die Avignoner Päpste Hofbischöfe Frankreichs gewesen sind. Einem politisch abhängigen Papste aber würden die übrigen katholischen Staaten wahrscheinlich selbständig gegenübertreten und ihm ihre Obedienz entziehen, wie es in der Zeit des großen abendländischen Schismas (1378—1417) durch ganz Europa geschah. Durch ein neues großes Schisma wäre die Einheit der römischen Kirche vernichtet, der jesuitisch zentralisierte Koloß zerschlagen und für kirchliche Neubildungen die Bahn frei.

Daß dieser Fall keineswegs außer dem Bereiche der Möglichkeit liegt, wissen die klugen Politiker der Kurie sehr gut; deshalb muß durch abscheulichen Gewissensterrorismus vor allen Dingen die äußere Einheit der Kirche aufrecht erhalten werden, mögen auch die Gewissen darüber zur Hölle fahren; deshalb muß ferner der Papst, um nicht aus Rom zu gehen, die Komödie des „Gefangenen" im Vatikan spielen; deshalb arbeiten die päpstlichen Diplomaten und Parlamentarier in Europa seit 1871 mit Verwegenheit darauf los, die europäische Politik so zu verwirren, daß „die subalpine Regierung", wie bei ihnen das Königreich Italien heißt, wenn nicht gestürzt, so doch wenigstens aus Rom vertrieben und die ewige Stadt mit einer Freistraße nach dem Meere zu wieder in die Gewalt des Papstes kommt (§ 86). Gelänge ihnen dieses politische Kunststück, so wäre der äußere Zerfall der römischen Kirche wieder in unübersehbare Ferne hinausgerückt. Wir Evangelische freuen uns also zunächst ungemein, daß sich das Papsttum in die diplomatische Sackgasse des Vatikans verfahren hat, und wünschen ihm, daß es die Komödie seiner Gefangenschaft noch so lange fortspiele, bis das Königreich Italien aus den Kinderschuhen herausgewachsen ist, und bis sich in der ewigen Stadt, neben dem antiken und dem priesterlichen Rom, das moderne als dritte Stadt fertig aufbaut, der es nie einfallen wird, den Nacken unter eine völlig unfähige Priesterregierung zu beugen. Dann wird der Papst doch Gast oder Unterthan der italienischen Regierung werden müssen, wie er ja schon seit 1870 die königlich ita-

lienischen Eisenbahnen, Telegraphen und Posten benutzen muß, um
nur überhaupt den amtlichen Verkehr mit seinen Unterthanen in
aller Welt aufrecht zu erhalten.   Aus der politischen Abhängigkeit
des Papsttums könnten dann solche Verhältnisse entstehen, wie wir
sie eben als möglich dachten, durch welche die römische Kirche zunächst äußerlich zerfällt, wenn nicht Gottes Geist sie vorher von
innen auseinandertreibt.   Welche Wege aber auch die göttliche
Vorsehung einschlagen mag, wir haben die Verheißung, daß durch
alle Spaltungen hindurch der göttliche Geist in den Herzen der
Gläubigen aller Teilkirchen wirkt und so dem „einen Hirten" die
„eine Herde" bereitet, die „werden muß".   Nirgends ist im Neuen
Testamente gesagt, daß diese eine Herde eine rechtlich verfaßte Einheit bilden müsse; denn das Reich Gottes kommt nicht in äußeren
Formen, sondern ist inwendig in uns.   Dieses Reich kommt allein
durch den, der es selbst leitet, „auch ohne unser Gebet; wir bitten
aber, daß es auch zu uns komme!"   Amen.

Anmerkungen.

Quellen und Litteratur.

———

[In der Darstellung der römischen Dogmen habe ich vorwiegend Öhlers Lehrbuch der Symbolik (1876) benutzt, während ich aus C. Hases geistvoller Polemik (3. Aufl. 1872; 4. Aufl. 1878) nur interessante Einzelheiten entnahm; für die polemische Darstellung der Sittlichkeitslehre gab mir H. Merz' System der christlichen Sittenlehre ... im Gegensatze zum Katholicismus (1841) viel Gesichtspunkte, obgleich ich dessen Hegelsche Grundanschauungen ablehne; der Aufriß des römischen Kultus ist nach dem allgemein=verständlichen und kirchlich approbierten Leitfaden des Wiener Universitäts=Professors A. Wappler (Kultus der katholischen Kirche, 6. Aufl. 1877) angelegt, die Kirchenrechtsskizze nach Richter=Doves Kirchenrecht (6. Aufl. 1867), das Kapitel über das Kirchenvermögen mit Benutzung von Woker (Das kirchliche Finanzwesen der Päpste, 1878), entworfen. Im übrigen verweise ich auf die folgenden Anmerkungen.]

––––––

Anmerkungen zu Seite 1 bis 8.

1) In einer Erklärung der „Schlesischen Volkszeitung", vgl. „Allg. evang.luther. Kirchenzeitung" (1883), Sp. 1112.

2) Form. Conc. bei J. T. Müller, Symb. Bücher, S. 517, 3 und 569, 4 (Berufung auf die drei allgemeinen Symbole der alten Kirche). Vgl. Schmalkaldische Art., ebb. S. 299. — Confessio Gallicana 5 bei Niemeyer, Collectio conf., p. 330 (Approbation der drei altkirchlichen Symbole, „quod sint verbo Dei scripto consentanea"); Confessio Helv. posterior 3 (p. 471) u. 11 (p. 487); Conf. Angl. 8 (p. 603) und Conf. Sigismundi, p. 644.

3) Vgl. J. A. Dorner, Das Prinzip unserer Kirche nach dem inneren Verhältnis seiner beiden Seiten, 1841. — Frank, System der christlichen Wahrheit (1. Hälfte), 1878, § 7. — M. Kähler, Die Wissenschaft der christ-

lichen Lehre (1884), S. 217 ff. — A. Ritschl, Die christliche Lehre von der Rechtfertigung und Versöhnung, 1. Band (1. Aufl. 1870), S. 157 ff.

4) Cat. Rom. P. I, cap. 10, qu. 16. Dazu die Äußerung Leos XIII. in „Katholik" 1879 I, S. 2 u. 1881 II, S. 11.

Anmerkungen zu Buch I, Abschnitt I.

5) Bellarmin, De ecclesia militante, cap. 2, T. II. „Nostra autem sententia est, ecclesiam unam tantum esse, non duas, et illam unam et veram esse coetum hominum ejusdem fidei professione et eorundem sacramentorum communione colligatum, sub regimine legitimorum pastorum ac praecipue unius Christi in terris vicarii, romani pontificis", bei Öhler, Symbolik 1876, § 51.

6) „Ut aliquis aliquo modo dici possit pars verae ecclesiae…, non putamus requiri ullam internam virtutem." Bellarmin l. c., bei Öhler a. a. O.

7) Plitt, Symbolik, § 62. — Der Gedankengang nach Öhler a. a. O., § 51.

8) Conf. Aug., Art. 7; Apolog. (Müller), S. 154, 14; 155, 20. — Vgl. Schmalk. Art., P. III, Art. 12; M. Kähler, Die Wissenschaft der christlichen Lehre (1884), S. 394 ff.; A. Ritschl, Die christliche Lehre von der Rechtfertigung und Versöhnung, 3. Band (1. Aufl. 1874), S. 244 ff.; J. A. Dorner, System der christlichen Glaubenslehre, 2. Band (1881), S. 883—910; Jul. Köstlin, Art. „Kirche" in Herzogs Real-Encyklopädie, 2. Aufl., 7. Bd., S. 685 ff.

9) Öhler a. a. O., S. 204.

10) L. Hahn, Fürst Bismarck II, 510; in „Allg. evang.-luther. Kirchenzeitung" (1879), Sp. 188.

11) Amalie v. Lasaulx (Große Ausgabe), S. 302 ff.

12) Kolb, Statistik der Neuzeit, 1883; in „Allg. evang.-luther. Kirchenzeitung" (1883), Sp. 1184.

13) Cat. Rom. ex officina B. Tauchnitz (Lipsiae 1872), P. I, cap. 10, qu. 15.

14) Apolog., Müller a. a. O., S. 153; Hase, Libri symb., p. 145.

15) „Quemadmodum haec una ecclesia errare non potest in fidei ac morum disciplina tradenda, quum a spiritu sancto gubernetur: ita ceteras omnes, quae sibi ecclesiae nomen arrogant, ut quae diaboli spiritu ducantur, in doctrinae et morum perniciosissimis erroribus versari necesse est." Cat. Rom., P. I, cap. 10, qu. 16.

16) S. Anm. 6 und Denzinger, Enchiridion symbolorum (ed. 5, 1874), p. 339, wo die ecclesia catholica im Jahre 1863 von Pius IX. „infallibilis" genannt wird. Das Trienter Konzil hat kein Lehrstück von der Unfehlbarkeit der Kirche, setzt dieselbe aber als selbstverständlich voraus. Wenn z. B. in der vierten Sitzung das Recht, den Sinn der heiligen Schrift authentisch festzustellen, der Kirche zugesprochen wird, so muß sie unfehlbar sein.

17) Schmalk. Art., P. II (Müller, S. 303, 15): „Gottes Wort soll Artikel des Glaubens stellen und sonst niemand."

18) C. Trid. Sess. V, am Anfang „fides nostra catholica, sine qua impossibile est placere Deo", und Prof. Fid. Trid. am Schluß „Extra quam (hanc veram catholicam fidem) nemo salvus esse potest". — Als Schriftstellen werden angeführt Matth. 18, 17; Luf. 10, 16; Mark. 16, 16; Joh. 3, 18; 1 Joh. 2, 18 ff.; Tit. 3, 10 ff.; 2 Petr. 2, 1; bei Hase, Polemik (3. Aufl.), S. 61.

19) „Haereticus dicendus est... qui ecclesiae auctoritate neglecta impias opiniones pertinaci animo tuetur." Cat. Rom., P. I, cap. 10, qu. 1 und dazu Perrone, Tract. de vera religione, P. II, Prop. XI, vol. I, p. 354 über die sectarii materiales und formales, bei Öhler, Symbolik, S. 208.

20) Die Texte bei L. Hahn, Geschichte des Kulturkampfes in Preußen (1881), S. 130. 131.

21) „(Ab ecclesia excluduntur) haretici... atque schismatici, quia ab ecclesia desciverunt. Neque enim illi magis ad ecclesiam spectant, quam transfugae ad exercitum pertineant, a quo defecerunt. Non negandum tamen, quin in ecclesiae potestate sint, ut qui ab ea in judicium vocentur, puniantur et anathemate damnentur." Cat. Rom. l. c., qu. 8.

22) Die Bulle im Bullarium Rom. IV, 117 sqq. und bei Le Bret (Pragmatische Geschichte der Bulle „In Coena domini" [1772]), S. 2 ff. Auszüge in Gieseler, Kirchengeschichte III, 2. S. 592 ff. — Luthers Schrift gegen sie in der Erlanger Ausgabe seiner Werke, Bd. XXIV, 164 ff. — Die Konstitution von 1869 „qua censurae latae sententiae limitantur" in Friedberg, Aktenstücke zum vatikanischen Konzil, S. 403 ff. — Vgl. Mejer in Herzogs Real-Encyklopädie, 2. Aufl., 2. Band, S. 778.

23) Luther in seiner Schrift „Grund und Ursach aller Artikel, so durch die römische Bulle unrechtlich verdammt worden", 1520, Erlanger Ausgabe, 24. Band (2. Aufl.), S. 139.

24) Im Syllabus errorum, No. 24 (bei Denzinger, Enchiridion, p. 849) verwirft Pius IX. den Satz „ecclesia vis inferendae potestatem non habet". Der Papst beansprucht also unbeschränkte Strafgewalt.

25) Symb. Schriften ed. Müller, S. 458. 460; Hase, S. 500. 503.

26) Conf. Aug. 7.

27) Nach Ohler, Symbolik, § 79.

28) Conc. Trid. Sess. XXIII und Cat. Rom. 2. 7. 24, vgl. unten den Paragraph über die Priesterweihe. „Das Verhältnis des Klerus zu den Laien ist allerdings in keinem Symbol der römischen Kirche in einem präcisen Satze ausgesprochen." Winer, Komparative Darstellung (4. Aufl. 1882), S. 242.

29) Cat. Rom., P. II, cap. 7, qu. 2: „ipsius Dei personam in terris gerunt — merito non solum angeli, sed dii etiam, quod Dei immortalis vim et numen apud nos teneant, appellantur".

30) Conc. Trid. Sess. XXIII, decr. de reform., cap. 12.

31) Ohler, Symbolik, § 80; Conc. Trid. l. c., cap. 6 u. 4.

32) Vgl. Ohler a. a. O.

33) πρεσβύτεροι, ἐπίσκοποι, προιστάμενοι, ποιμένες, ἡγούμενοι (1 Kor. 12, 28); Eph. 4, 11; 1 Tim. 3, 1—7; 5, 17; Tit. 1, 5—9; Jak. 3, 1; Hebr. 13, 7—17; vgl. Apgesch. 8, 4; 11, 19—21; 13, 1; 1 Kor. 12, 28; 14, 26. — Vgl. A. Ritschl, Entstehung der altkatholischen Kirche (2. Aufl. 1857), S. 350 ff.; Richter-Dove, Kirchenrecht (6. Aufl.), § 8. Hypothese von E. Hatsch (Die Gesellschaftsverfassung der christlichen Kirchen im Altertum; übersetzt von A. Harnack, 1883), daß die Episkopen durch die Verwaltung der Gaben der Gemeinde ihre Präsidenstellung erlangt hätten.

34) Die Nachweise bei F. Nitzsch, Dogmengeschichte, 1. Band (1870), S. 230 ff.

35) Hier. ad Tit. I, 7 (Gratiani decretum, P. I, Dist. XCV, cap. 5): „olim idem erat presbyter qui et episcopus". Hase, Polemik (4. Aufl.), S. 100.

36) Ἐκκλησία καθολική, bei Ignatius ad Smyrn, cap. 8 und in dem Schreiben der Gemeinde von Smyrna inbezug auf den Tod des Bischofs Polykarpus bei Eusebius, Hist. eccl. lib. IV, cap. 15.

37) Irenaeus adv. haer. V, 20, 1; III, 3, 1.

38) Cypriani ep. 66, 8: „episcopum in ecclesia esse et ecclesiam in episcopo".

39) Ohler a. a. O., § 80.

40) Socrates hist. eccl. I, 11; Herzog, Kirchengeschichte I, 348.

41) Abbé Jean, Francisque, histoire contemporaine de l'enseignement et de l'éducation cléricale et monastique (Paris, Sandoz et Fischbacher, 1879), p. 243 sqq. — Ohler a. a. O., § 80. — Conc. Trid. Sess. 24, decr. de sacr. matr., can. 9: „Deus (donum castitatis) recte petentibus non denegat".

42) „Potestas ordinis" und „jurisdictionis" sind die üblichen „termini technici".

43) Conc. Trid. Sess. 23, can. 1: „Si quis dixerit... eos, qui non praedicant prorsus non esse sacerdotes, anathema sit" und Öhler, Symbolik, § 81.

44) Öhler a. a. O.

45) Conf. Aug., art. 28. — Apologia confessionis Aug., ed. Hase, p. 292 sqq.; ed. J. T. Müller, p. 286 sqq. — Conf. Helv. II, art. 18. — Heidelberger Katechismus, Frage 83.

46) Hase, Polemik (4. Aufl.), S. 22.

47) De bapt. c. Don. II, 3 (Hase a. a. O., S. 18). Augustin macht hier keinen Unterschied zwischen allgemeinen und partikularen Synoden.

48) Öhler a. a. O., § 82.

49) Öhler a. a. O., S. 294.

50) Vgl. Öhler, Symbolik, § 84. Einen klassischen Aufriß des Episkopalsystems gab der Weihbischof von Trier Nikolaus v. Hontheim unter dem Namen „Febronius" in seiner Schrift: „De statu ecclesiae et legitima potestate Romani pontificis" (1763).

51) Concilium Vaticanum, Sess. IV constitutio dogmatica prima de ecclesia, cap. 3; bei E. Friedberg, Sammlung der Aktenstücke zum ersten vatikanischen Konzil (1872), S. 743: „Sedis... apostolicae, cujus auctoritate major non est, judicium a nemine fore retractandum, neque cuiquam de ejus licere judicare judicio. Quare a recto veritatis tramite aberrant, qui affirmant licere ab judiciis romanorum pontificum ad oecumenicum concilium tamquam ad auctoritatem romano pontifice superiorem appellare".

52) Ibidem (bei Friedberg, S. 742): „Docemus et declaramus ecclesiam romanam, disponente domino, super omnes alias ordinariae potestatis obtinere primatum et hanc romani pontificis jurisdictionis potestatem, quae vere episcopalis est, immediatam esse, erga quam cujuscunque ritus et dignitatis pastores atque fideles, tam seorsum singuli, quam simul omnes officio hierarchicae subordinationis veraeque oboedientiae obstringuntur non solum in rebus, quae ad fidem et mores, sed etiam in iis, quae ad disciplinam et regimen ecclesiae per totum orbem diffusae pertinent, ita, ut custodita cum romano pontifice tam communionis quam ejusdem fidei professionis unitate, ecclesiae Christi sit unus grex sub uno summo pastore. Haec est catholicae veritatis doctrina, a qua deviare salva fide atque salute nemo potest. Tantum abest, ut haec summi pontificis potestas officiat ordinariae ac immediatae illi episcopalis jurisdictionis

potestati, qua episcopi, qui positi a spiritu sancto in apostolorum locum successerunt, tamquam veri pastores assignatos sibi
greges, singuli. singulos, pascunt et regunt, ut eadem a supremo
et universali pastore asseratur, roberetur ac vindi-
cetur."

53) Beschlüsse der 2. altkatholischen Synode (Bonn 1875), S. 32.

54) Ib. cap. 4 (bei Friedberg, S. 743. 745): „Ipso apo-
-stolico primatu, quem romanus pontifex tamquam Petri prin-
cipis apostolorum successor in universam ecclesiam obtinet, supre-
mam quoque magisterii potestatem comprehendi, haec
sancta sedes semper tenuit, perpetuus ecclesiae usus comprobat, ipsa-
que oecumenica concilia, ea imprimis, in quibus oriens cum occidente
in fidei caritatisque unionem conveniebat, declaraverunt. Docemus
et divinitus revelatum dogma esse declaramus: romanum
pontificem, quum ex cathedra loquitur, i. e. quum omnium
christianorum pastoris et doctoris munere fungens, pro
suprema sua apostolica auctoritate doctrinam de fide vel moribus ab universa ecclesia tenendam definit, per assisten-
tiam divinam, ipsi in beato Petro promissam, ea infallibillitate
pollere, qua divinus redemptor ecclesiam suam in definienda doctrina
de fide et moribus instructam esse voluit, ideoque ejusmodi romani pontificis definitiones ex sese, non autem ex con-
sensu ecclesiae irreformabiles esse."

55) Vgl. Öhler, Symbolik, § 83. 85.

56) Melanchthon im Traktat De potestate et primatu papae: „ecclesia ... est aedificata super ... ministerium illius professionis, quam
Petrus fecerat, in qua praedicat Jesum esse Christum, filium dei".
Symbolische Bücher, herausg. von J. T. Müller, S. 333; ed. Hase,
p. 345. — Luther versteht in seiner Schrift „Wider das Papsttum zu Rom
vom Teufel gestiftet" 1545 (Erlanger Ausg., Bd. XXVI, 162) unter dem
Felsen Christum selbst: „Auf diesen Felsen, d. i. auf mich, Christum, will ich
meine ganze Christenheit bauen."

57) Calvin Instit. IV, 6, 5: „Petrus in aedificio ecclesiae primus
omnium fidelium."

58) So schon Melanchthon, De potestate et primatu papae; bei
Müller, S. 329 ff.; Hase, S. 341 ff.

59) Im ersten Klemensbrief, Kap. 5 (in jeder Ausgabe der „Patres
apostolici").

60) S. o. Anm. 52 am Schluß: „Tantum abest etc.".

61) Epist. lib. VII, 4; ed. Bened. Venet. 1744 in „Beschlüsse der
2. altkatholischen Synode" (Bonn 1875), S. 31.

62) Sie sagen nur (Conc. Trid. Sess. 24, decr. de reform., cap. 1): „(Pontifex . . .) sollicitudinem universae ecclesiae ex muneris sui officio debet."

63) Schmalk. Art., Tl. II, Art. 4 (Der Papst — der rechte Endechrist [Antichrist] und Widerchrist), bei J. T. Müller, S. 308; Hase, S. 314. — Dem Sinne nach ähnlich die Conf. Helv. II im Art. 17 in der Collectio confessionum von Niemeyer, p. 501; vgl. Calvin Instit. lib. IV, cap. 6 und 7.

64) Conc. Trid. Sess. 6, decr. de reform., cap. 1: „ipsius dei in terris vicarius" und Cat. Rom. (Danz l. c., p. 616; De ordinis sacr., § 511): „Christi . . . domini verus et legitimus vicarius".

65) Vgl. die Quellen bei F. Nielsen, Die römische Kirche im neunzehnten Jahrhundert I (1878), S. 246.

66) Schmalk. Art., Tl. II, Art. 4.

67) Vgl. zu § 11 Öhler a. a. O., § 83 ff.

68) Zur Verwaltung seines Primates bedarf der Papst einer ganzen Anzahl von Behörden, sowohl richterlichen als auch Verwaltungsbehörden; er bedarf ferner zur Repräsentation seiner Würde eines Hofstaates. Behörden und Hofstaat machen die „römische Kurie" aus. Obenan steht das Kardinal-Kollegium; unter seinen Mitgliedern hat der Kardinal-Camerlengo die Verwaltung des Kirchenvermögens und eines Teils der Rechtspflege; während der Erledigung des päpstlichen Stuhles führt er die Regierung der Gesamtkirche fort. Der Kardinal-Vikar hat die Verwaltung des Gottesdienstes wie der Weihegewalt und richterliche Funktionen, der Pönitentiar die Ausübung der Gewalt zu binden und zu lösen im Namen des Papstes.

Unter den Kardinälen stehen die einzelnen Justiz- und Verwaltungsbehörden. I. Justizbehörden: Die Rota Romana, der höchste Gerichtshof der Kirche, die signatura justitiae für geistliche Justizsachen, die signatura gratiae für päpstliche Gnadensachen. II. Regierungsbehörden: 1) Die apostolische Sekretarie (secretaria apostolica) für die Ausfertigung der Breven, für die auswärtigen Angelegenheiten und für die Memoriale (Bittschriften). Von diesen drei Sekretariaten ist das des Staatssekretärs für die auswärtigen Angelegenheiten das wichtigste geworden und hat die Ausfertigung der Breven als untergeordnetes Bureau übernommen; der Staatssekretär, stets ein Kardinal und die rechte Hand des Papstes, ist zugleich Kabinettsminister des Papstes und für den noch immer in der Theorie vorhandenen Kirchenstaat Minister der auswärtigen Angelegenheiten, er ist Vertreter der Kirche gegenüber den Staaten, aller diplomatischer Verkehr mit dem Papste geht durch ihn, alle päpstlichen Nuntien stehen unter ihm — seine Stellung ist von ungeheurem Einfluß auf die Gesamtkirche und die Staaten. Man braucht nur an die Namen Consalvi, Lambruschini, Antonelli zu erinnern: der erste hat den Kirchenstaat gegen Napoleon I. wiederhergestellt und so die

Grundlage für das Aufleben des modernen Katholicismus geschaffen; der zweite hat unter der Regierung des finstern Gregor XVI. die politische Neugestaltung Italiens mit gewaltiger Hand verhindert, und der dritte (1850—1876) ein langes kluges Diplomatenleben eingesetzt, um mit Hilfe französischer Bajonette die weltliche Herrschaft des Papstes zu retten und Italien für immer um seine nationale Einheit zu bringen. 2) Die apostolische Datarie (Dataria apostolica), ursprünglich eine bloße Expeditionsbehörde, wo alle Pfründenverleihungen ihr Datum empfingen und in ein Register eingetragen wurden, ist jetzt vortragende Behörde für Gnadensachen, Pfründenverleihungen, Dispense u. s. w. 3) Die apostolische Kanzlei (Cancellaria Romana) zur Ausfertigung der im Konsistorium der Kardinäle oder in der Datarie verhandelten Geschäfte. Hier werden Bullen (mit Bleisiegeln in Kapseln) und Breven (kürzere päpstliche Erlasse) geschrieben und nach Erlegung der vorgeschriebenen Taxen ausgehändigt. 4) Die apostolische Kammer (Camera apostolica) zur Verwaltung der päpstlichen Einkünfte unter dem Kardinal-Camerlengo (Kämmerling). 5) Die Pönitentiarie (Poenitentiaria Romana) verwaltet die päpstliche Gewalt, zu binden und zu lösen in den dem Papste reservierten Fällen.

Jede dieser Behörden hat eine große Anzahl von Prälaten und Subalternbeamten.

Zum Hofstaat des Papstes (Famiglia pontificia) gehören alle dienstthuenden Beamten, welche im päpstlichen Palaste wohnen; eine große Anzahl, meist sind es Geistliche, Kardinäle, Prälaten, Zeremonieenmeister, der Magister sacri Palatii, Hoftheologe für die Zensur der vom Papste zu haltenden Predigten, noch heut aus dem Dominikanerorden, ein Sakristan des Papstes aus dem Augustinerorden, ein rechtsgelehrter Auditor, geheime Kammerherren, der Gesandtschaftssekretär für die Vorstellung der fremden Gesandten, der Oberschenk, der Kleiderwart (Guardaroba), der Hausmeister, der General-Postmeister, der Oberstallmeister, der Leibarzt, der Furier, die große Zahl von Hausprälaten und Thronassistenten, der Schleppträger (caudatorio), der Kreuzträger, Geheimkapläne, Ehrenkapläne und gemeine Kapläne, Ehrenkämmerer, die Nobelgarde, drei Offiziere der Schweizer und die eigentliche Dienerschaft. (Vgl. Buß in Wetzer und Welte, Kirchenlexikon, Bd. II (1. Aufl.), S. 944—955 und Mejer in Herzogs Real-Encyklopädie (2. Aufl.), 8. Band (Kurie). Zum ganzen ersten Abschnitt vgl. Hase, Polemik, 1. Buch (3. Aufl.), S. 1—254.

Anmerkungen zu Buch I, Abschnitt II.

1) Speil, Die Lehren der katholischen Kirche (1865), S. 81.

2) Conc. Trid. Sess. 22, cap. 2: „Quoniam in divino hoc sacrificio, quod in missa peragitur, idem ille Christus continetur et

incruente immolatur, qui in ara crucis semel se ipsum
cruente obtulit, docet sancta synodus, sacrificium istud vere
propitiatorium esse per ipsumque fieri, ut si cum vero corde et
recta fide, cum metu reverentia contriti ac poenitentes ad deum acce-
damus, misericordiam consequamur et gratiam inveniamus in auxilio
opportuno."

3) Conc. Trid. l. c.

4) Vgl. Öhler, Symbolik, § 170 unb Haſe, Polemik 1871 (3. Aufl.),
S. 431.

5) Reuſch, Die deutſchen Biſchöfe unb ber Aberglaube (1879), S. 27.

6) Vgl. Conf. Aug., art. 24; Apolog., p. 248sqq.; Scotic., art. 2;
Heidelberger Katechismus, Frage 80.

7) Vgl. Amort b. J., Staats- unb Kirchenzuſtänbe in Süddeutſchland
(1878), S. 97 unb Roßmann, Eine proteſtantiſche Oſteranbacht im St.
Peter (1871), S. 59.

8) Conc. Trid. Sess. 7, Prooemium: „Per (ecclesiae sacra-
menta) omnis vera justitia vel incipit vel coepta augetur vel amissa
reparatur."

9) Cat. Rom., P. II, cap. 1, qu. 8: „(Sacramentum) rem esse
sensibus subjectam, quae ex dei institutione sanctitatis et
justitiae tum significandi tum efficiendi vim habet."

10) „Elementum visibile"; „forma sacramenti"; „intentio faciendi
quod facit ecclesia"; vgl. Denzinger, Enchiridion, p. 175 unb Conc.
Trid. Sess. 7, can. 11.

11) Cat. Rom., P. II, cap. 2, qu. 55 unb Öhler, Symbolik, § 161.

12) Conc. Trid. Sess. 7, can. 9.

13) Conc. Trid. Sess. 23, decr. cap. 4.

14) Ib. Sess. 7, can. 6. 8 unb Bellarmin, De sacr. II, cap. 1:
„id quod... efficit gratiam justificationis est sola actio illa externa quae sacramentum dicitur et haec vocatur opus operatum",
bei Öhler, Symbolik, § 160; vgl. § 157.

15) Apol. Conf. Aug., p. 206. — Vgl. (auch zu § 14) J. A. Dorner, Syſtem ber chriſtlichen Glaubenslehre, 2. Band (1881), S. 787 ff.;
M. Kähler, Die Wiſſenſchaft ber chriſtl. Lehre (1884), S. 388 ff.

16) Vgl. Nitzſch, Chriſtl. Dogmengeſchichte I (1870), § 62. — Form.
Conc., p. 712 (Müller): „Christus (sacramentis) unicuique credenti
promissionis evangelicae certitudinem confirmat".

17) Speil, Lehren ber katholiſchen Kirche (1865), S. 97.

18) Öhler a. a. O., § 183. — Möhler, Symbolik (6. Aufl.),
S. 267. — Cat. Rom., P. II, cap. 7, qu. 24.

19) Cat. Rom., P. II, cap. 2, qu. 31 sqq.

20) Tertullian, De baptismo, cap. 18: „quid festinat innocens aetas ad remissionem peccatorum?"

21) Kommentar zur Genesis, Kap. 17 (Erl. Ausg., op. exeg. lat. t. IV, p. 78). Im Anschluß an das Gebot, daß die neugeborenen Kinder im alten Bunde nach acht Tagen sollten beschnitten werden: „De exstinctis infantibus ante octavum diem, facilis responsio est, sicut etiam de nostris infantibus, qui ante baptismum exstinguuntur. Non enim peccant in foedus circumcisionis aut baptismi ... Relinquendae igitur animae illorum sunt voluntati coelestis patris, quem scimus misericordem esse ... Etsi enim infantes afferunt peccatum innatum quod originale vocamus, tamen magnum est, quod contra legem nihil peccarunt. Quum igitur Deus natura misericors sit, non ideo deteriore conditione eos esse sinet, quod vel circumcisionem in veteri testamento vel baptismum in novo consequi non potuere."

22) Conc. Trid. Sess. 7, de confirm.; Cat. Rom., P. II, cap. 3. Öhler a. a. O., § 167. — 1 Kor. 1, 21 ist geistig zu verstehen.

23) Melanchthon, Loci ed. 1536, De sacr. numero: „confirmatio magnopere probanda esset, si usurparetur ad hoc, ut examinaretur juventus et fidem propriam profiteretur" (bei Hase, Polemik [3. Aufl.], S. 366).

24) Öhler a. a. O.

25) Speil a. a. O., S. 81.

26) „Hoc est corpus meum" und „hic est calix sanguinis mei, novi et aeterni testamenti, mysterium fidei, qui pro vobis et multis effunditur in remissionem peccatorum" (die gesperrt gedruckten Worte sind aus der römischen Tradition geflossen), Öhler a. a. O.

27) Conc. Trid. Sess. 13, decr. cap. 1: „docet sancta synodus post panis et vini consecrationem dominum nostrum Jesum Christum verum deum atque hominem, vere, realiter ac substantialiter, sub specie illarum rerum sensibilium contineri".

Ib. cap. 4: „Sancta haec synodus declarat per consecrationem panis et vini conversionem fieri totius substantiae panis in substantiam corporis Christi domini nostri et totius substantiae vini in substantiam sanguinis ejus. Quae conversio convenienter et proprie a sancta catholica ecclesia transsubstantiatio est appellata."

28) Ib. cap. 5: „Latriae cultus, qui vero deo debetur ... Nam illum eundem deum praesentem in eo adesse credimus, quem pater aeternus introducens in orbem terrarum dicit: Et adorent eum omnes angeli dei, quem magi procedentes adoraverunt, quem denique in Galilaea ab Apostolis adoratum fuisse, scriptura testatur."

29) Conc. Trid. Sess. 13. 17. 21. 22. — Cat. Rom., P. II, cap. 4.
Öhler a. a. O. — Über die Gefährlichkeit der Häresieen im 13. Jahrhundert
siehe die glänzende Schilderung bei H. Reuter, Geschichte der religiösen Aufklärung, 2. Band (1877), S. 36 ff.

30) Leo I., Serm. IV, 5 und Gelasius I. im Decretum Gratiani,
P. III, De consecrat., D. II, cap. 12 (wo aber die Überschrift falsch ist), bei
Hase, Polemik (3. Aufl.), S. 442.

31) Öhler, § 169 und Hase a. a. O., S. 445.

32) Hase a. a. O., S. 409. Wie sich allmählich die Vorstellung von
der Transsubstantiation bildete, siehe bei Hase a. a. O., 2. Buch, Kap. 7
(3. Aufl.), S. 410—422.

33) Wappler, Kultus der katholischen Kirche (1877), S. 129.

34) So verordnete das vierte ökumenische Laterankonzil im Jahre 1215
bei Harduin, Collectio Concil., Tom. VII, p. 35: „Omnis utriusque
sexus fidelis, postquam ad annos discretionis pervenerit, omnia sua
solus peccata confiteatur fideliter, saltem semel in anno,
proprio sacerdoti et injunctam sibi poenitentiam studeat pro viribus
adimplere, suscipiens reverenter, ad minus in pascha, eucha-
ristiae sacramentum." (Möhler, Symbolik [6. Aufl.], S. 286.)

35) Cat. Rom., P. II, cap. 5, qu. 72: „Summa Dei bonitas...
praedicanda est, qui humanae imbecillitati hoc condonavit, ut unus
posset pro altero satisfacere."

36) Von Pius IV., Paul V., Gregor XV., besonders aber von Benedict XIV. in seiner Konstitutio „Sacramentum poenitentiae vom 1. Juni
1741" (Bullarium Benedicti XIV, Tom. I, fol. Rom. 1746, No. 20):
„Mandamus omnibus... locorum ordinariis... ut diligenter proce-
dant... contra sacerdotes... qui aliquem poenitentem, quaecunque
persona illa sit, vel in actu sacramentalis confessionis vel
ante vel immediate post confessionem vel occasione aut
praetextu confessionis... ad inhonesta et turpia solli-
citare vel provocare sive verbis sive signis sive nutibus sive
tactu sive per scripturam tunc aut post legendam tenta-
verint." (Abgedruckt in Ginzel, Archiv I, 108.)

37) S. Götting, Canossa 1882, S. 71. 73. Vgl. Jean (Abbé),
Dr. en theol. (jetzt in Deutschland) Francisque, Histoire contemporaine de
l'enseignement et de l'éducation cléricale et monastique (Paris 1879),
p. 264 sqq.

38) Roßmann, Eine protestantische Osterandacht in St. Peter 1871,
S. 44—46.

39) Fanny Lewald in A. Stahr u. F. L., Ein Winter in Rom (1869),
S. 167.

40) Luthers Werke (Erl. Ausg.) 55, 28.

41) Conc. Trid. Sess. 14.

42) Reusch, Die deutschen Bischöfe und der Aberglaube (1879), S. 18.

43) Conc. Trid. Sess. 25.

44) Katholik Jahrg. 1881, 1. Band, S. 333.

45) Hase, Polemik (3. Aufl.), S. 407.

46) Conc. Trid. Sess. 14. — Cat. Rom., P. II, cap. 6, qu. 2. — Öhler, Symbolik, § 182.

47) Conc. Trid. Sess. 24.

48) Apol. conf. Aug. VII, de numero et usu sacramentorum 14: „matrimonium non est primum institutum in novo testamento, sed statim initio creato genere humano". Vgl. den Art. „Ehe" von Karl Beck in Herzog (2. Aufl.) IV, 62 ff.

49) R. Röbenbeck, Die Ehe (1882), S. 52. 59. 64.

50) Vgl. Conc. Trid. Sess. 24, can. 8.

Anmerkungen zu Buch I, Abschnitt III.

1) Conc. Trid. Sess. 4: „Synodus... omnes libros tam veteris quam novi testamenti... nec non traditiones ipsas tum ad fidem tum ad mores pertinentes... pari pietatis affectu ac reverentia suscipit et veneratur."

2) Acta genuina concilii Trid., ed. Theiner I (1873), p. 85ᵃ (5. April 1546): „Non possum pati, ut saepe dixi, s. synodum pari pietatis affectu suscipere traditiones et libros sacros; hoc enim, ut vere dicam, quod sentio, impium est" (Episcopus Clodiensis). Das rief freilich eine heftige Scene hervor. Trotzdem dekretierten drei Tage später (8. April) die Väter jene gottlose Lehre.

3) Conc. Trid. Sess. 4: „ut nemo contra eum sensum, quem tenuit et tenet sancta mater ecclesia, cujus est judicare de vero sensu et interpretatione scripturarum sanctarum, aut etiam contra unanimem consensum patrum ipsam scripturam sacram interpretari audeat".

4) „Regulae de libris prohibitis", vor jedem „Index librorum prohibitorum" gedruckt, Regula quarta.

5) Reithmayr, Hermeneutik (1874), S. 202 ff.; vgl. Reusch, Theol. Litteraturblatt (1874), Spalte 6.

6) „Allg. evangel. Kirchenzeitung" von Luthardt (1881), Spalte 685.

7) In der Rosenkranzandacht wird die Heilsgeschichte in 15 Mysterien betrachtet und zwar in 3mal 5 Mysterien: I. 1) die Verkündigung Marias, 2) ihre Heimsuchung, 3) die Geburt Jesu, 4) seine Darstellung im Tempel, 5) seine Wiederfindung im Tempel. Das ist der „freudenreiche" Rosenkranz. II. 6) Jesus in Gethsemane, 7) seine Geißelung, 8) seine Dornenkrönung, 9) die Kreuztragung, 10) die Kreuzigung. Das ist der „schmerzhafte" Rosenkranz. III. 11—15) die fünf oben im Text aufgezählten Geheimnisse als „glorreicher" Rosenkranz. Vgl. (Sambuch) Handbuch der Rosenkranzandacht, übers. von Axinger (1842), S. 255.

7ᵃ) British and foreign Bible Society bei Warneck, Abriß der Geschichte der protestantischen Missionen (1882), S. 142 und „Evang. Kirchenzeitung" von Zöckler (1883), Nr. 27.

8) Ginzel, Archiv I, 58.

9) Öhler, Symbolik, S. 248. — Nielsen, Die römische Kirche im 19. Jahrhundert I (1878), S. 258—260. — L. Witte, Italien (1878), S. 414.

10) Symbolische Bücher der lutherischen Kirche von J. T. Müller 74, 9; 303, 13—15; 517, 1; 568, 1; 569 ff.; Thomasius, Dogmengeschichte II (1876), 197.

11) Conf. Aug. 1, 3; Apol. 1, 3; Schmalk. Artikel, XI. I; Form. Conc., Einleitung.

12) Conf. Aug., Schluß, Art. 27 u. a.

13) Möhler, Einheit der Kirche, S. 38; bei Öhler a. a. O., S. 272.

14) Belege bei Öhler a. a. O., § 75.

15) J. Friedrich, Geschichte des vatikan. Konzils I (1877), S. 628. Vgl. J. B. Heinrich (Professor am bischöflichen Seminar zu Mainz), Dogmatische Theologie II (1876), S. 70: „Die Lehre und der Glaube der römischen Kirche bildet schon für sich allein einen vollständigen Beweis der apostolischen Überlieferung... Die römische Tradition allein verbürgt die Apostolicität einer Überlieferung und den notwendigen Konsens der übrigen Kirchen." Vgl. Reusch, Theologisches Litteraturblatt (1877), Spalte 57 ff.

16) Pius IX. in einem Briefe an den Erzbischof von Köln vom 28. Oktober 1870: „Quasi vero non is sit ordo fidei ... ut ipsa dogmatis definitio haberi debeat per se sola sufficiens, certissima et omnibus fidelibus accomodata demonstratio, doctrinam definitam contineri in deposito revelationis scriptae vel traditae." Vgl. „Kirchl. Anzeiger für die Erzdiöcese Köln" 1870, Nr. 22; bei Zillgenz, Ein Weg zur Erkenntnis (1872), S. 108.

17) Heinrich a. a. O. II, 75 (bei Reusch a. a. O., Sp. 58).

18) Friedrich a. a. O., S. 468 ff.

19) Conc. Trid. Sess. 4, decr. de can. script.

20) Vgl. die Artikel „Apokryphen des Alten Testaments" und „Kanon des Alten Testaments" in Herzogs Real-Encyklopädie (2. Aufl.), Bd. I u. VII und „Die symbolischen Bücher der lutherischen Kirche" von J. T. Müller, S. 135 u. 224.

21) Acta genuina conc. Trid., ed. Theiner I (1873), p. 79ᵃ nnb 79ᵇ.

22) Vgl. Öhler a. a. O., § 70; Hase, Polemik (3. Aufl.), S. 85.

23) Conc. Trid. Sess. 3. — Conf. Aug., art. 1. — Apol., art. 1. — Art. Smalc., P. I. — Conf. Gallic. 5. — II Helvetica 3. 11. — Anglicana 8. — Zu § 27. 28 vgl. F. Kattenbusch, Luthers Stellung zu den ökumenischen Symbolen (Gießen 1883).

23ᵃ) Handbuch der Rosenkranzandacht (s. Anm. 7), S. 247. — Perrone, Praelectiones theol., P. VIII, § 150: „Ut minime Deum dedecet praesentem esse muri, cani, sordibus, ita nec Christi corpus dedecet reperiri aut in mure aut in sordibus" (bei Hase, Polemik [3. Aufl.], S. 423).

24) Friedrich, Geschichte des vatikan. Konzils I, 503.

24ᵃ) Westermayer (München) bei Mücke, Der Friede zwischen Staat und Kirche I, 1 (1882), S. 289.

25) Bericht über die wunderbaren Heilungen u. s. w. Mit Approbation der geistlichen Obrigkeit. Luxemburg, Verlag und Expedition der „Luxemburger Zeitung" 1844.

26) Conf. Gallicana, art. 24. Conf. Helv. II, art. 4. — Vgl. zur evangelischen Lehre vom Wunder J. A. Dorner, System der christl. Glaubenslehre I (1879), S. 583 ff.

27) Prof. Dr. A. Rohling, Louise Lateau, die Stigmatisierte zu B. d. H. (5. Aufl., 1874); bei Reusch, Theol. Litteraturblatt (1874), Sp. 298.

28) „Allg. evang.-luther. Kirchenzeitung" (1882), Sp. 875 ff.

29) Die Bestimmung der Trienter Synode ist allerdings diplomatisch berechnet. Sie war in große Verlegenheit gekommen, weil damals der Unterschied von Thomismus und Scotismus durch ungefähr gleich starke Parteien unter ihren Theologen vertreten war. Thomas von Aquino, der tiefere, behauptete, daß der Mensch von Anfang an die übernatürliche göttliche Gnadengabe nötig gehabt habe, während der oberflächliche Scotus sie nur für ein zufälliges Geschenk Gottes hielt. Die Vertreter des Thomismus wünschten daher im Dekret die Bestimmung: „justitia originalis in qua creatus fuit Adam"; die Vertreter des Scotismus dagegen bloß: „in

qua conditus fuit". Da die 71 Väter, welche am 17. Juni 1546 zu Trient die Entscheidung fällen sollten, nicht imstande waren, die Streitfrage zu entscheiden, so umgingen sie dieselbe und wählten die Form: „justitia originalis in qua constitutus fuit Adam". Diesen Ausdruck konnte man beliebig thomistisch oder scotistisch erklären. — Das Dekret lautet nunmehr: „primum hominem Adam, quum mandatum Dei in paradiso fuisset transgressus, statim sanctitatem et justitiam in qua constitutus fuerat, amisisse". Vgl. Acta genuina Conc. Trid., ed. Theiner I, 155.

30) Möhler, Symbolik, § 5—7.

31) Bellarmin bei Öhler a. a. O., S. 360: „Justitia originalis, qua veluti aureo quodam fraeno pars inferior parti superiori (i. e. rationi) et pars superior Deo facile subjecta contineretur", als Erklärung zu Cat. Rom., P. I, cap. 2, qu. 19: „Postremo ex limo terrae hominem sic corpore affectum et constitutum effinxit, ut non quidem naturae ipsius vi, sed divino beneficio immortalis esset et impassibilis. Quod autem ad animam pertinet, eum ad imaginem et similitudinem suam formavit liberumque ei arbitrium tribuit; omnes praeterea motus animi atque appetitiones ita in eo temperavit, ut rationis imperio numquam non parerent. Tum originalis justitiae admirabile donum addidit ac deinde caeteris animantibus praeesse voluit."

32) Conc. Trid. Sess. V, 1: „Primum hominem Adam, quum mandatum Dei in paradiso fuisset transgressus, statim sanctitatem et justitiam ... amisisse ... totumque Adam per illam praevaricationis offensam secundum corpus et animam in deterius commutatum fuisse."

33) Conc. Trid. Sess. V, decr. de pecc. orig. 5: „Hanc concupiscentiam, quam aliquando Apostolus peccatum appellat, sancta synodus declarat ecclesiam catholicam numquam intellexisse peccatum appellari, quod vere et proprie in renatis peccatum sit, sed quia ex peccato est et ad peccatum inclinat —" und Cat. Rom., P. III, cap. 10, qu. 5: „Concupiscentia, id est peccati fomes, qui ex peccato originem habuit —", aber die Lust wird nicht selbst „Sünde" genannt.

34) Öhler, Symbolik, S. 375—377. — M. Kähler, Die Wissenschaft der christlichen Lehre (1884), S. 289 ff. — J. A. Dorner, System der christlichen Glaubenslehre, 2. Bd. (1881), S. 1—246. — L. Lemme, Die Sünde wider den heiligen Geist (Breslau 1883).

35) Bellarmin, De amissione gratiae, Lib. I, cap. 3; bei Öhler a. a. O., § 149. — Conc. Trid. Sess. 6, 15. — Cat. Rom., P. II, cap. 5, qu. 47.

36) Der Text des Dogmas in der Bulle „Ineffabilis deus" vom 10. Dezember 1854: „definimus doctrinam, quae tenet, beatissimam Virginem Mariam in primo instanti suae conceptionis fuisse singulari omnipotentis dei gratia et privilegio, intuitu meritorum Christi Jesu Salvatoris humani generis, ab omni originalis culpae labe praeservatam immunem, esse a deo revelatam atque idcirco ab omnibus fidelibus firmiter constanterque credendam. Quapropter si qui secus... praesumpserint corde sentire, ii... sciant se proprio judicio condemnatos, naufragium circa fidem passos esse et ab unitate ecclesiae defecisse" (bei Denzinger, Enchiridion, 5. Ed. [1874], p. 325).

37) Bernardi ep. 174 ad clericos Lugdunenses a. 1141. — Thomas Aqu. Summa theol., P. III, qu. 27, art. 1—3.

38) Pius IX. in seiner „Epistola encyclica" von Gaëta vom 2. Februar 1849, abgedruckt bei Chemnitz, Examen conc. Trid. ed. Preuss (1861), p. 983: „b. virgo, quae meritorum verticem supra omnes angelorum choros usque ad solium deitatis erexit atque antiqui serpentis caput virtutis pede contrivit... inter Christum et ecclesiam constituta".

39) Es erklärte in seiner 36. Sitzung, 17. September 1439, diese Lehre als eine „doctrina pia" u. s. w.; vgl. Hefele, Konziliengeschichte (1874) VII, 781.

40) Conc. Trid. Sess. 6, can. 23; vgl. Sess. 5 am Schluß.

41) „Optime... nostis, venerabiles fratres, omnem fiduciae nostrae rationem in sanctissima virgine esse collocatam; quandoquidem Deus totius boni plenitudinem posuit in Maria, ut proinde, si quid spei in nobis est, si quid gratiae, si quid salutis, ab ea noverimus redundare, quia sic est voluntas ejus, qui totum nos habere voluit per Mariam", s. Anm. 38.

42) Vgl. Anm. 36.

43) Vgl. Anm. 41, Schluß.

44) „Deus... praesta... ut... per Mariam perpetuae capiamus gaudia vitae." Breviarium Romanum (Viennae 1829), p. 116.

45) „Regina mater misericordiae... ad te clamamus ... ad te suspiramus... advocata nostra ... tuos misericordes oculos ad nos converte et Jesum... nobis post hoc exilium ostende" (ib. p. 117).

46) Maria „Stella maris". Woher diese Bezeichnung? Das neutestamentliche „Mariam" leitete man ab von den hebräischen Wörtern „mar" und „jam", d. i. lateinisch „stilla" und „mare", Meerestropfen, woraus Abschreiber „stella" und „mare" gemacht haben, Meeresstern. Das deutete man dann auf den Polarstern. „Sie heizzit wol ein meresterne, wann sie

leitet uns vʒ dem mere birre werfe ʒo dem lande des ewigen libes, als der mereſtern die ſchifman vʒ dem mere." Predigt aus dem 14. Jahrhundert in „Deutſche Predigten" aus dem 13. und 14. Jahrhundert aus Handſchriften von Dr. H. Leyſer (1839), S. 102.

47) Die lauretaniſche Liturgie im Handbuch der Roſenkranzandacht (Deutſch von Axinger, 1842), S. 93—96; die Stelle des Cat. Rom., P. IV, cap. 5, qu. 8. Zum ganzen § 31 vgl. Haſe, Polemik (3. Aufl.), S. 334—345.

48) Conf. Aug., art. 3. — Vgl. M. Kähler, Die Wiſſenſchaft der chriſtlichen Lehre (1884), S. 339ff. — J. A. Dorner, Syſtem der chriſtl. Glaubenslehre, 2. Bd. (1881), S. 247ff.

49) Der Text des Chalc. Dekrets bei Mansi, Conc. coll. VII, 108sqq. und Hahn, Bibl. der Symbole (2. Aufl. 1877), S. 84. 85.

50) Der Text des Dekrets bei Mansi, Conc. coll., T. XI, p. 636sqq. und bei Hahn a. a. O., S. 91ff.

51) „Allg. evang.=lutheriſche Kirchenzeitung" von Luthardt (1881), Sp. 466.

52) a. a. O. aus „Osservatore Romano" 1881, 26. April.

53) a. a. O. 1882, Sp. 298.

54) Möhler, Symbolik, S. 341.

55) J. A. Dorner, Entwickelungsgeſchichte der Lehre von der Perſon Chriſti, 2. Band (1856), S. 510ff.

56) Form. Conc., art. 8.

57) Cat. Rom., P. I, cap. 3, qu. 7. — Conc. Trid. Sess. 6. — Cat. Rom., P. I, cap. 5, qu. 11: „patri abunde cumulateque (satisfecit)" und ib. P. II, cap. 5, qu. 60: von Chriſtus ſei vollbracht „plena et cumulata satisfactio".

58) Conc. Trid. Sess. 14 u. 6.

59) Conf. Aug., art. 3: „Christus hostia non tantum pro culpa originis, sed etiam pro omnibus actualibus hominum peccatis". Zum Folgenden vgl. M. Kähler, Die Wiſſenſchaft der chriſtlichen Lehre (1884), S. 384ff.; J. A. Dorner, Syſtem der chriſtlichen Glaubenslehre, 2. Band (1881), S. 700—783.

60) Cassianus, Collationes patrum XIII, 11.

61) Conc. Trid. Sess. 6, decr. de justif., cap. 1: „in (hominibus) liberum arbitrium minime exstinctum (est), viribus licet attenuatum et inclinatum"; vgl. cap. 2.

62) Öhler, Symbolik, S. 469.

63) Conc. Trid. ibid. cap. 7: „Justificatio non est sola peccatorum remissio, sed et sanctificatio et renovatio interioris hominis per

voluntariam susceptionem gratiae et donorum, unde homo ex injusto fit justus." — Vgl. A. Ritſchl, Die chriſtliche Lehre von der Rechtfertigung und Verſöhnung, 3. Band (1. Aufl. 1874), S. 23 ff.

64) Conc. Trid. 1. c., cap. 9.

65) Ib. can. 17.

66) Öhler, Symbolik, S. 504.

67) Möhler, Symbolik (6. Aufl.), S. 197.

68) Cat. Rom., P. I, cap. 1, qu. 1: „(fidei) vi assentimur iis, quae tradita sunt divinitus".

69) Conc. Trid. Sess. 6, cap. 7: „fides, nisi ad eam spes accedat et caritas, neque unit perfecte cum Christo neque corporis ejus vivum membrum efficit". — Zum ganzen § 34 vgl. Haſe, Polemik (3. Aufl.), S. 255—278.

70) Pastor Hermae, Sim. V, 3 (Thu du nur die Gebote Gottes): ἐὰν δέ τι ἀγαθὸν ποιήσῃς ἐκτὸς τῆς ἐντολῆς τοῦ θεοῦ, σεαυτῷ περιποιήσῃ δόξαν περισσοτέραν καὶ ἔσῃ ἐνδοξότερος παρὰ τῷ θεῷ, οὗ ἔμελλες εἶναι.

71) Apol. (ed. Hase, p. 191): „Nemo tantum facit, quantum lex requirit. Ridiculum igitur est, quod fingunt nos amplius facere posse."

72) Jesuit. Const. VI, 1: „Sibi quisque persuadeat, quod qui sub oboedientia vivunt se ferri ac regi a divina providentia per superiores suos sinere debent perinde ac cadaver essent" (bei Haſe, Polemik [3. Aufl.], S. 298).

73) Διδαχὴ τῶν δώδεκα ἀποστόλων, ed. Bryennios (Konst. 1883) cap. 4: οὐκ ἀποστραφήσῃ τὸν ἐνδεόμενον, συγκοινωνήσεις δὲ πάντα τῷ ἀδελφῷ σου καὶ οὐκ ἐρεῖς ἴδια εἶναι· εἰ γὰρ ἐν τῷ ἀθανάτῳ κοινωνοί ἐστε, πόσῳ μᾶλλον ἐν τοῖς θνητοῖς.

74) Nach Haſe, Polemik (3. Aufl.), S. 279.

75) Ebd. S. 282.

76) Hier. ep. 12 ad Heliod.: „Licet in limine pater jaceat, per calcatum perge patrem, siccis oculis ad vexillum crucis evola; solum pietatis genus est in hac re esse crudelem" (bei Haſe a. a. O., S. 292).

77) „Amalie von Laſaulx" (Gotha, F. A. Perthes, große Ausg.), S. 49 und 121.

78) Hieronymus ad Eustachium ep. 18: „O quoties in eremo constitutus... putavi me romanis interesse deliciis!... Saepe choris intereram puellarum! Pallebant ora jejuniis et mens desideriis aestuabat in frigido corpore" (bei Haſe, Polemik, S. 296).

78ª) Amort b. J., Staats- und Kirchenzustände in Süddeutschland (1878), S. 161—166.

79) Art. XXVII (XIII), Ausgabe von J. T. Müller, S. 278 (ed. Hase, S. 284). — Zum ganzen § 35 vgl. Hase, Polemik (3. Aufl.), S. 278—300.

79ª) Augustinus, Serm. 69.

80) Hase, Polemik (3. Aufl.), S. 311. — Zum Ganzen vgl. Zingerle, Sitten des Tiroler Volkes (2. Aufl. 1871); bei Reusch, Theolog. Litteraturblatt 1871, Sp. 591 ff.

80ª) Conc. Trid. Sess. 25: „Mandat sancta synodus omnibus episcopis... ut fideles diligenter instruant, docentes eos, sanctos una cum Christo regnantes, orationes suas pro hominibus offerre, bonum atque utile esse suppliciter eos invocare et ob beneficia impetranda a deo per filium ejus Jesum Christum, dominum nostrum, qui solus noster redemptor et salvator est, ad eorum orationes, opem auxiliumque confugere." (Decretum de invocatione... sanctorum.)

81) Professio fidei Tridentinae, art. 8 (bei Danz, p. 309): „Constanter teneo... sanctos... venerandos atque invocandos esse eosque orationes Deo pro nobis offerre atque eorum reliquias esse venerandas."

81ª) Tertullian, de pudicitia, cap. 22: „sufficiat martyri propria delicta purgasse... quis alienam mortem sua solvit, nisi solus dei filius?"

82) Conf. Aug., art. 21: „memoria sanctorum proponi potest, ut imitemur fidem eorum et bona opera juxta vocationem" und ausführlich Apol. conf. Aug., art. 9 (Hase, S. 223 ff.).

82ª) Conf. Gall., art. 24.

83) Trotz der Verwahrung des Conc. Trid. Sess. 22, cap. 3: „Et quamvis in honorem et memoriam sanctorum nonnullas interdum missas ecclesia celebrare consueverit, non tamen illis sacrificium offerri docet, sed deo soli, qui illos coronavit; unde nec sacerdos dicere solet, offero tibi sacrificium Petre vel Paule, sed deo, de illorum victoriis gratias agens eorum patrocinia implorat, ut ipsi pro nobis intercedere dignentur in coelis, quorum memoriam facimus in terris." — Zum ganzen § 36 vgl. Hase, Polemik (3. Aufl.), S. 300—317.

84) Vgl. den Bericht der „Augsburger allgem. Zeitung" in der „Protestantischen Kirchenzeitung" 1881, S. 1218 ff. und im Mainzer „Katholik" 1881, II, 651 ff.

84ª) „Allgem. evang.-lutherische Kirchenzeitung" von Luthardt 1881, Sp. 1077.

85) Katholik a. a. O., S. 654.

85ª) „Allgem. evang.-lutherische Kirchenzeitung" von Luthardt (1883), Sp. 615. Römische Apologeten werden unter Lucifer einen Bischof von Cagliari (4. Jahrhundert) verstehen.

86) Ave Maria, gratia plena, Dominus tecum, benedicta tu in mulieribus et benedictus fructus ventris tui Jesus! Sancta Maria, mater dei, ora pro nobis peccatoribus nunc et in hora mortis nostrae. Amen.

86ª) Διδαχὴ τῶν δώδεκα ἀποστόλων (ed. Bryennios Konst. 1883), cap. 8 folgt auf das Vaterunser die Doxologie „ὅτι σοῦ ἐστιν ἡ δύναμις καὶ ἡ δόξα εἰς τοὺς αἰῶνας".

87) Reusch, Die deutschen Bischöfe und der Aberglaube (1879), S. 69 ff.

87ª) „Allg. evang.-luther. Kirchenzeitung" v. Luthardt (1883), Sp. 320.

88) Professio Fidei Trid. IX, bei Danz, p. 309: „Firmissime assero imagines Christi ac Deiparae semper Virginis nec non aliorum Sanctorum habendas et retinendas esse atque eis debitum honorem ac venerationem impertiendam."

88ª) „Schönheiten des Herzens Mariä" (Mainz 1879), S. 7; bei Reusch, Die deutschen Bischöfe und der Aberglaube (1879), S. 68.

89) „Monatsrosen", Organ der Marianischen Gesellschaft zu Innsbruck, V. Jahrg., S. 199; VII. Jahrg., S. 99. 290. 191; bei Reusch a. a. O., S. 71.

89ª) Die Gebete der Gläubigen sind als angenehmer Geruch aufgestiegen „al trono dell' Onnipotente e della sua Divina Madre".

90) Mit Benutzung von Hase, Polemik (3. Aufl.), S. 317—334.

91) Conc. Trid. Sess. 25: „Sanctorum martyrum et aliorum cum Christo viventium sancta corpora... a fidelibus veneranda esse, per quae multa beneficia a deo hominibus praestantur."

92) „Allg. evang.-luther. Kirchenzeitung" v. Luthardt (1882), Sp. 509 und nach eigenen Erkundigungen.

92ª) Reusch, Die deutschen Bischöfe und der Aberglaube (1879).

93) Öhler, Symbolik, S. 337.

94) a. a. O., S. 338.

95) a. a. O., S. 630—634.

96) Möhler, Symbolik (6. Aufl.), S. 218.

97) Öhler a. a. O., S. 631.

98) a. a. O., S. 632.

99) a. a. O., S. 632.

99ª) Hase, Polemik (3. Aufl.), S. 24.

100) Text bei Denzinger, Enchiridion symbolorum (1874), p. 345 sqq.

101) Martin, Bischof von Paderborn, Collectio (von Dokumenten zum vatikanischen Konzil, S. 106), bei Reusch, Theolog. Litteraturblatt (1873), Sp. 315.

102) P. Bouvy (Redemptorist), „Der Stern des 19. Jahrhunderts, der h. Joseph", deutsch (Aachen 1869), bevorwortet von Bischof Th. Laurent; vgl. Reusch, Die deutschen Bischöfe und der Aberglaube (1879), S. 103—107.

103) [Bouix], vgl. Lettre de Msgr. l'évêque d'Orléans au clergé de son diocèse (Paris 1869), p. 48; bei Zillgenz a. a. O., S. 183 und bei Reusch, Theolog. Litteraturblatt (1870), Sp. 60.

104) Der Jesuit Clemens Schrader in seinem „Commentarius de unitate Romana" (Freiburg 1862), worin sich eine Abhandlung befindet „de pontificis Romani immunitate ab injustitia" (vgl. Zillgenz a. a. O.).

~~~~~~~~

Anmerkungen zu Buch II.

1) Bei Gregor XVI. in seiner „Encyklika" vom 12. September 1831, vgl. Herzogs Real-Encyklopädie, 12. Band (2. Aufl.), S. 244. — Pius IX. in seiner „Encyklika" vom 8. Dezember 1864.

1ª) In C. Martin, Concilii Vaticani documentorum collectio, p. 84; bei Reusch, Theol. Litteraturblatt (1873), Sp. 313 ff.

2) Conc. Trid. Sess. 6, can. 4: kein bloßes „passive se habere"; can. 5: keine bloße „res de solo titulo, imo titulus sine re", sondern nach Bellarmin, De grat. et lib. arb., lib. III, cap. 8: „potestas eligendi" und zwar ib. cap. 3: „libera potestas, ex his quae ad finem aliquem conducunt unum prae alio eligendi aut unum et idem acceptandi vel pro arbitrio respuendi".

2ª) Conc. Trid. Sess. 6, can. 6: „esse in potestate hominis, vias suas malas facere" und ib. cap. 1: „liberum arbitrium — minime exstinctum, viribus licet attenuatum et inclinatum".

3) Doctrina moralis Jesuitarum. Die Moral der Jesuiten quellenmäßig nachgewiesen aus ihren Schriften von einem Katholiken (Celle 1874), S. 25 findet sich als Citat aus Joh. de Alloza (Flores summarum Col. Agr. 1667, p. 700): „Licitum est, relicta opinione tutiore vel probabiliore, sequi minus tutam et minus probabilem". — Das Beispiel von den 10 Goldstücken S. 76 aus Th. Tamburini (Opera, Venetiis 1692, p. 22).

3ᵃ) Vgl. Hase, Polemik (3. Aufl.), S. 286—289.

4) Doctrina moralis etc. (s. Anm. 3), p. 64. Der Jesuit Cardenas im 17. Jahrh. in seiner Schrift Crisis theologica, Col. 1702, p. 395.

4ᵃ) Doctrina moralis (s. Anm. 3), p. 217; aus Edmundus Voit († 1780) Theologia Moralis (Wirceburgi 1769), p. 345.

5) Vgl. H. Merz, Das System der christlichen Sittenlehre in seiner Gestaltung nach den Grundsätzen des Protestantismus im Gegensatz zum Katholicismus (Tübingen 1841), S. 72—75.

5ᵃ) Doctrina moralis (s. Anm. 3), p. 10: „Cum finis est licitus, etiam media sunt licita." „Wenn der Zweck erlaubt ist, sind auch die Mittel erlaubt." (Busembaum, Medulla theologiae moralis 1653, p. 320): „Cui licitus est finis, etiam licent media" (ib. p. 504). — Ebb. S. 110 (aus Escobar, Univers. theologiae moralis recept. sententiae Lugd. 1652 sqq., T. I, p. 336): „Finis dat specificationem actibus, et ex bono vel malo fine boni vel mali redduntur." — Ebb. S. 125 (aus Casnedi, Crisis theol. I, 219): „nunquam posse peccari... cum bona intentione". — Ebb. S. 20 (aus Alloza [s. Anm. 3], p. 245): „Licet ad grave malum impediendum alium inebriare."

6) Amort b. J., Staats- und Kirchenzustände (1878), S. 17.

6ᵃ) H. Merz a. a. O., S. 85. 103—110.

7) Conf. Aug., art. 18: „humana voluntas habet aliquam libertatem ad efficiendam civilem justitiam et deligendas res rationi subjectas, sed non habet vim sine spiritu sancto efficiendae justitiae dei". — Apol., p. 219 (ed. Hase): „Etiamsi concedimus libero arbitrio libertatem et facultatem externa opera legis efficiendi, tamen illa spiritualia non tribuimus libero arbitrio, scilicet vere timere deum, vere credere deo, vere statuere et sentire, quod deus nos respiciat, exaudiat, ignoscat." Aus dieser gewissenhaften Anerkennung der Unfreiheit des sündigen Willens zum Guten erklären sich auch die Äußerungen der Konkordienformel; Epit., p. 579 (ed. Hase): „hominis intellectus et ratio in rebus spiritualibus prorsus sunt coeca nihilque propriis viribus intelligere potest — tantummodo ea vult et capit iisque delectatur quae mala sunt et voluntati divinae repugnant" und Solid. decl. 656: „hominis non renati intellectus, cor et voluntas in rebus spiritualibus et divinis ex propriis viribus naturalibus prorsus nihil intelligere, credere, amplecti, cogitare, velle inchoare, perficere, agere, operari aut cooperari possint, sed homo ad bonum prorsus corruptus et mortuus sit, ita ut in hominis natura post lapsum ne scintillula quidem spiritualium virium reliqua manserit aut restet, quibus ille ex se ad gratiam praeparare se aut oblatam gratiam apprehendere aut ejus gratiae capax esse possit — sed homo sit peccati servus et mancipium satanae a quo agitur". Aber diese

Sätze übertreiben das sündliche Verderben des Menschen; denn sie heben die Erlösungsfähigkeit desselben auf, können also nicht als allgemein verbindliche Glaubenserkenntnis angesehen werden.

7ᵃ) Apol. de dilectione et impletione legis, p. 87 (ed. Hase): „In hac vita non possumus legi satisfacere, quia natura carnalis non desinit malos affectus parere, etsi his resistet spiritus in nobis." — Daher der „latior usus legis, ut homines jam renati, quibus tamen omnibus multum adhuc carnis adhaeret, eam ipsam ob causam certam aliquam regulam habeant, ad quam totam suam vitam formare possint et debeant".

8) Vgl. Merz, S. 66.

8ᵃ) Conf. Aug. 13. 28; Apol. 205; Art. Smalc. 337; Epit. 614; Solid. decl. 789. Vgl. Merz, S. 75—77.

9) [Luther], Werke von Walch, Bd. XIX, S. 1206—1254; Melanchthon, Loc. de lib. relig. christ., p. 575—595. Vgl. Merz, S. 94; A. Ritschl, Die christliche Lehre von der Rechtfertigung und Versöhnung, 3. Band (1. Aufl. 1874), S. 147 ff. Zu § 50. 51 vgl. A. Ritsch a. a. O., S. 537—598.

10) Merz a. a. O., S. 125. 127.

11) Conc. Trid. Sess. 24, can. 7.

12) Ib. can. 10.

13) Amort d. J., Staats- und Kirchenzustände in Süddeutschland (1878), S. 156—158. Vgl. auch die Auszüge aus Wilmers bei Reusch, Theol. Litteraturblatt (1871), Sp. 555.

14) Öttingen a. a. O., S. 330—344.

15) In seiner Schrift „Stellung der Staatsregierung zum Ultramontanismus", S. 88; bei Amort d. J. a. a. O., S. 55.

16) Amort d. J. a. a. O., S. 137 u. 220.

17) Christentum, Katholicismus und Kultur (Deutsch, Leipzig 1880). S. 339.

18) Syllabus, Error 44: „civilis auctoritas debet se immiscere rebus, quae ad religionem, mores et regimen spirituale pertinent". — Error 20: „ecclesiastica potestas suam auctoritatem exercere non debet absque civilis gubernii venia et assensu". — Error 28: „Episcopis sine gubernii venia fas non est, vel ipsas apostolicas literas promulgare".

19) Vgl. Reusch, Der Prozeß Galileis (1879), S. 107 ff. u. 442.

20) Vgl. Herzogs Real-Encyklopädie, 4. Bd. (2. Aufl.), S. 700. 701.

Tschackert, Evang. Polemik.   **27**

Anmerkungen zu Buch III.

Zu S. 220: Cat. Rom., P. III, cap. 4, qu. 1: „hoc legis praecepto **externus** ille cultus, · qui Deo a nobis debetur, recte atque ordine praescribitur. Vgl. H. Jacoby, Die Liturgik der Reformatoren, 1. Band (1871), S. 2.

1) A. Wappler, Kultus der kath. Kirche (6. Aufl. 1877), S. 4.

3) a. a. O., S. 5. — Zum ganzen § 61 vgl. H. Jacoby a. a. O., S. 1—72.

4) Wappler, s. Anm. 2.

5) Blunt, Ursprung religiöser Zeremonieen und Gebräuche der römischkatholischen Kirche, 1826 (deutsch von Wiener), S. 196.

6) *Διδαχὴ τῶν δώδεκα ἀποστόλων* (ed. Bryennios, 1883), cap. 8.

7) Wappler a. a. O., S. 15.

8) Breviarium Rom. (Ratisbon, Manz, 1850), p. 673.

9) a. a. O., p. 690: „Deus, qui b. Mariae Virginis domum ... in sinu ecclesiae tuae mirabiliter collocasti.“

10) a. a. O., p. 698. 699. Vgl. Herzogs Real-Encyklopädie, 1. Bd. (2. Aufl.), S. 208.

11) Weingarten, Über den Ursprung des Mönchtums, 1877 (am Anfang).

12) Breviarium, p. 752. Vgl. Herzog a. a. O., S. 210.

13) Brev., p. 738. 737.

14) Brev., p. 763 sqq. und Herzog a. a. O., S. 208.

15) Brev., p. 771.

16) Brev., p. 790.

17) Brev., p. 863. 861. Vgl. dazu das Gebet zum 18. August in festo S. Helenae Imperatricis viduae „Domine Jesu Christe, qui locum, ubi crux tua latebat, beatae Helenae revelasti“ im Breviarium Rom. (Viennae 1829), Anhang p. ccix.

18) Brev. (ed. Ratisb., 1850), p. 870.

19) Brev., p. 948.

20) Brev., p. 1105: „Domine Jesu Christe, qui ... in carne b. Francisci passionis tuae sacra stigmata renovasti.“ Vgl. C. Hase, Franz von Assisi (1856).

21) Brev., p. 1158—1160.

22) Brev., p. 1210—1213.

23) Brev., p. 1214. 1215.

24) Brev., p. 1218. 1219.

24ᵃ) Amort b. J., Staats- und Kirchenzustände in Süddeutschland (1878), S. XXI.

25) Wappler a. a. D., S. 16.

26) a. a. D., S. 17. 39.

27) a. a. D., S. 20.

28) Wappler, S. 24.

29) Blunt a. a. D., S. 182.

30) a. a. D., S. 179—185.

31) Wappler a. a. D., S. 25.

31ᵃ) Amort b. J. a. a. D., S. XXXV.

32) Wappler a. a. D., S. 149.

33) a. a. D., § 27. 28.

34) Wappler, S. 29.

35) Wappler, S. 33.

36) P. Tschackert, Über evangelischen Kirchenbaustil (Berlin 1881).

37) Baronius, Annales ad. ann. 58, nr. 76.

38) Bei J. J. Blunt a. a. D., S. 8.

39) Cat. Rom., P. IV, cap. 6, qu. 2. 3; vgl. „Allg. evang.-luther. Kirchenzeitung" (1882), Sp. 483 ff. 507 ff.

40) Blunt a. a. D., S. 13. 14.

41) Ovid, Fasti IV, 360. Blunt a. a. D., S. 49.

42) Cic. de Leg. 2. Blunt a. a. D., S. 50.

43) Ovid, Fasti IV, 179 sqq.

44) Ovid, Epist. ex Ponto I, 1. 39 sqq.

45) Claudianus, Epithal. Honorii v. 73.

46) Blunt a. a. D., S. 54.

47) „Allg. evang.-luther. Kirchenzeitung" (1883), Sp. 248 u. Nr. 20.

48) „Allg. evang.-luther. Kirchenzeitung" (1879), Sp. 167.

49) Roßmann, Eine protestantische Osterandacht im St. Peter zu Rom (1871), S. 9.

49ᵃ) Eutropius, Hist. rom. lib. IX, 26; cf. Aurelius Victor, Caesares, cap. 39.

50) Blunt a. a. D., S. 80.

51) Cic. in Verr. IV. Blunt, S. 92.

52) Zosimus, ίστορία, lib. 5, cap. 38.

53) Plin. h. n. 33, 1—9. 35. Blunt, S. 146.

54) „Allg. evang.-luther. Kirchenzeitung" (1882), Nr. 11. (Urbs religiosa nannte sie Symmachus um 400), ebb. Sp. 924.

55) „Allg. evang.-luther. Kirchenzeitung" (1883), Sp. 711.

56) Vgl. Anm. 54.

57) Virg., Georg. I, 344 sqq. Blunt, S. 110. Vgl. Amort b. J. a. a. O., S. 175.

58) J. Marquardt, Römische Staatsverwaltung, 3. Band (1878), S. 185 (Argeerprozessionen).

59) Cic. in Verr. IV, 43. Blunt, S. 69. 70.

60) Persius, Sat. II, 31: „metuens divum matertera... frontem... atque uda labella... lustralibus ante salivis expiat". Vgl. Plin. h. n. X, 52. Blunt, S. 149. 152.

61) Ovid, Fast. II, 37. Theocr., Idyl. XXIV, 94. Blunt, S. 156. 157.

62) Vgl. „Gnaden und Ablässe des fünffachen Skapuliers", 1872 [1876] (Münster, Aschendorf) und J. Friedrich, Der Mechanismus der vatikanischen Religion, 1875; bei Reusch, Theol. Litteraturblatt (1876), Sp. 274. — Die Brevierstelle (im Breviarium Rom., 16. Juli; Lectio 6, ed. Manz [Regensburg 1850], p. 982): „Beatissima Virgo... filios in Scapularis societatem relatos, qui abstinentiam modicam precesque paucas eis praescriptas frequentarunt ac pro sui status ratione castitatem coluerunt, materno plane affectu, dum igne Purgatorii expiantur, solari ac in coelestem patriam obtentu suo quantocyus (quantocius) pie creditur efferre." Vgl. dazu Reusch, Die deutschen Bischöfe und der Aberglaube, S. 42. 38, besonders S. 37.

63) A. Stahr, Ein Winter in Rom (1869), S. 203. — „Allg. evang.-luther. Kirchenzeitung" (1882), Sp. 678. — Gregorovius, Wanderjahre I, 213.

64) Reusch, Die deutschen Bischöfe und der Aberglaube, S. 46 ff.

65) So der Jesuit Meschler bei Reusch a. a. O., S. 73.

66) „Allg. evang.-luther. Kirchenzeitung" (1882), Sp. 13 ff. 36 ff.

67) Vgl. Blunt, S. 176.

68) Blunt, S. 51.

69) „Allg. evang.-luther. Kirchenzeitung" (1882), Sp. 1225 ff.

70) Ovid, Fasti IV, 391. 411. 496. Blunt, S. 55—64.

71) Blunt, S. 75. 76.

72) Amort b. J. a. a. O., S. XIII.

73) Richter-Dove, Kirchenrecht (6. Aufl. 1867), S. 711.

Zu § 74 vgl. noch Richter-Dove a. a. O., § 251.

~~~~~~~~~

Anmerkungen zu Buch IV.

1) Nach A. L. Richter, Lehrbuch des katholischen und evangelischen Kirchenrechts (6. Aufl.), besorgt von R. W. Dove, 1870.

2) Herausgegeben von Friedberg (Leipzig 1881 ff.).

2ᵃ) [Ginzel], Reform der römischen Kirche an Haupt und Gliedern (Leipzig 1869), S. 122.

3) A. L. Richter a. a. O., § 170.

3ᵃ) a. a. O., § 178.

4) Conf. Aug., art. 14.

5) A. L. Richter a. a. O., § 207. 210.

6) a. a. O., § 214.

7) a. a. O., § 215.

8) a. a. O., § 218.

9) Vgl. S. 289.

10) Cod. Theod. Tit. de haeret. XVI, 5.

11) Cod. Iust. I, 5. Die Konstitutionen Kaiser Friedrichs II., citiert bei A. L. Richter a. a. O., § 52, Anm. 2. — Das z. Z. maßgebende Urteil über Friedrich II. von Hohenstaufen verdanken wir H. Reuter, Geschichte der religiösen Aufklärung, 2. Band (1877), S. 251 ff.

12) A. L. Richter a. a. O., § 221.

13) a. a. O., § 223.

14) a. a. O., § 224.

15) a. a. O., § 228.

16) Hergenröther (jetzt Kardinal in Rom), Antijanus, S. 21 (bei Reusch, Theol. Litteraturblatt [1870], Sp. 363).

17) Woker, Das kirchl. Finanzwesen der Päpste (1878), S. 11—13.

18) Woker a. a. O., S. 31.

19) Woker a. a. O., S. 102—104. Über den ungefähren Wert eines Grosso, s. ebd. S. 81.

20) Woler a. a. D., S. 147.

21) Woler a. a. D., S. 120.

22) a. a. D., S. 140 ff.

23) a. a. D., S. 148 ff.

24) a. a. D., S. 153.

25) a. a. D., S. 160.

26) Amort b. J., Staats- unb Kirchenzustände in Süddeutschland (1878), S. 87 unb C. L. Th. Henke, Neuere Kirchengeschichte, herausgegeben von Gaß I (1874), S. 318.

27) a. a. D., S. 67.

28) a. a. D., S. 88.

29) a. a. D., S. 173.

30) a. a. D., S. 214.

31) Ch. Sauvestre, Les congrégations religieuses, 2 ed. (Paris 1870); bei Reusch, Theol. Litteraturblatt (1870), Sp. 730 ff.

32) „Allg. evang.-lutherische Kirchenzeitung" von Luthardt (1879), Sp. 762. 763.

33) a. a. D. (1880), Sp. 409 ff.

34) Amort b. J. a. a. D., S. 180.

35) a. a. D., S. 214. 215.

36) a. a. D., S. 208.

37) Verfügung vom 2. Dezember 1850 in Ginzel, Archiv I, 203.

38) Ginzel, Archiv II, 305.

39) Ginzel, Archiv II, 51.

40) Mariano, Christentum, Katholicismus unb Kultur (beutsch 1880), S. 227.

40ª) Conf. Aug. I, 16, 1. 2: „Quod legitimae ordinationes civiles sint bona opera Dei." Vgl. Art. Smalc. de potest. papae 77. 78, p. 355 (Hase).

41) Liberatore, La chiesa e lo stato (1871), p. 19; bei Reusch, Theol. Litteraturblatt (1872), Sp. 271.

42) Encyklika Pius' IX. „Quanta cura" vom 8. Dezember 1864; bei Denzinger, Enchiridion, p. 344 unb Syllabus errorum, § 22; bei Denzinger, p. 348. — Zillgenz, Ein Weg zur Erkenntnis (1872), S. 60.

43) Zillgenz a. a. D., S. 68.

44) Katholik (1880) II, S. 452.

45) Katholik (1879) I, S. 5. 6.

46) In seiner Schrift „La chiesa e lo stato" (1871), p. 292; bei Reuſch, Theol. Litteraturblatt (1872), Sp. 267 ff.

47) a. a. D., S. 356.

48) Bei Reuſch, Theol. Litteraturblatt (1874), Sp. 580.

49) In der Bulle „Regnans in coelis"; bei Reuſch a. a. D.

50) S. 144, bei Reuſch a. a. D. (1874), Sp. 602.

51) „Unter anderen Irrtümern iſt dieſer der boshafteſte, welcher in der päpſtlichen Unfehlbarkeit das Recht, Fürſten abzuſetzen und die Völker vom Eide der Treue zu entbinden, eingeſchloſſen ſehen möchte. Dieſes Recht iſt freilich zuweilen unter ganz beſonderen Umſtänden von dem Papſte ausgeübt worden; aber es hat nichts mit der päpſtlichen Unfehlbarkeit zu ſchaffen, und ſeine Quelle iſt nicht die Unfehlbarkeit, ſondern die Autori-tät des Papſtes. Die Ausübung dieſes Rechtes in jenen gläubigen Jahr-hunderten, welche den Papſt als das achteten, was er iſt, als höchſten Richter der Chriſtenheit, und welche die Vorteile ſeiner Richtergewalt in den großen Streitigkeiten der Völker und der Fürſten anerkannten, erſtreckte ſich frei auf die wichtigen Intereſſen der Staaten und ihrer Beherrſcher und wurde auch, wie das Pflicht war, durch das öffentliche Recht und die gemein-ſame Zuſtimmung der Völker unterſtützt." Anſprache Pius' IX. vom 21. Juli 1873, bei Reuſch, Theol. Litteraturblatt (1874), Sp. 580.

52) „Doctrina moralis Jesuitarum", die Moral der Jeſuiten (2. Aufl. der „Flores theologiae moralis", Celle 1874), p. 225.

53) a. a. D., S. 127.

54) Constitutio „Sedis apostolicae" vom 12. Oktober 1869.

55) Archiv für „kathol. Kirchenrecht" von Vering (1871), S. cxlviii; vgl. Zillgenz a. a. D., S. 67.

56) Konrad Martin, Katechismus des römiſch-katholiſchen Kirchen-rechts (1875), S. 30; bei Reuſch, Theologiſches Litteraturblatt (1875), Sp. 353.

57) Schreiben vom 1. Juni 1879 in Katholik (1879) I, S. 613.

58) Ginzel, Archiv II, 54.

59) La chiesa e lo stato, p. 113; bei Reuſch, Theol. Litteraturblatt (1872), Sp. 267 ff.

60) Theophilus Philalethes [J. B. Wenig], Über die kirchliche und politiſche Inquiſition (Wien, Sartori 1875), S. 69; bei Reuſch, Theol. Litteraturblatt (1875), Sp. 531.

61) Bei Reuſch, Theol. Litteraturblatt (1877), Sp. 340.

62) Pius' IX. Rundſchreiben vom 8. Dezember 1849; bei Ginzel, Archiv I, 66; vgl. II, 274.

68) Bei seiner Krönung wird er angeredet „Scias, patrem te esse principum et regum, rectorem orbis, in terra Vicarium Salvatoris nostri Jesu Christi" ([Ginzel], Reform der römischen Kirche [1869], S. 73).

64) A. L. Richter, Lehrbuch des Kirchenrechts (6. Aufl. 1867), besorgt von Dove, § 295, Anh. 25.

Anmerkungen zu Buch V.

Über das Erstarken des vatikanischen Geistes s. K. Schlottmann, Der deutsche Gewissenskampf gegen den Vatikanismus, aus dessen „Erasmus Redivivus" [Halis 1883, 355 Seiten], Kap. 2, ins Deutsche übersetzt von A. J. J. Jacobi (1882).

1) „Allg. evang.-lutherische Kirchenzeitung" von Luthardt (1878), Sp. 600.

2) Oettingen, Moralstatistik (3. Aufl. 1883), S. 619.

3) Nach der Statistik des „Journal de Rome" in der „Neuen Preuß. Zeitung" (1883), Nr. 298.

3ᵃ) Amalie von Lasaulx (Große Ausg., Gotha, Perthes), S. 310.

4) a. a. O., S. 325. 331. 354. 368. 369.

4ᵃ) Oettingen a. a. O., S. 627.

5) a. a. O., S. 637 und die statistischen Mitteilungen aus dem kirchlichen Gesetz- und Verordnungsblatte in der „Neuen Preußischen Zeitung" (1884), Nr. 2.

6) Oettingen a. a. O., S. 642 und die amtlichen Personalverzeichnisse der Universitäten 1883/84.

7) A. Franz, Die gemischten Ehen in Schlesien (1878); vgl. Katholik (1879) 1, S. 76 ff.

8) „Deutsch-evangelische Blätter", herausgegeben von Beyschlag (1882), S. 558 ff.

9) Oettingen a. a. O., S. 625.

10) „Allg. evangel.-lutherische Kirchenzeitung" von Luthardt (1879), Sp. 956.

11) So von katholischer Seite berechnet, a. a. O. (1878), Sp. 1005 und (1879) Sp. 168.

12) a. a. O. (1880), Sp. 115.

13) Katholik (1881) II, S. 212.

14) „Allg. evangel.-lutherische Kirchenzeitung" von Luthardt (1880), Sp. 409.

15) Oettingen a. a. O., S. 621 ff.

16) Vgl. zu § 81 F. Nippold, Welche Wege führen nach Rom (1869).

17) Brief Stolbergs an seinen Bruder Christian, bei Hennes, Stolberg (1870), S. 128, in Reusch, Theol. Litteraturblatt (1871), Sp. 617.

18) K. Walcker, Neue Beiträge zur Konversionsstatistik, in „Allg. evang.-luther. Kirchenzeitung" von Luthardt (1883), Sp. 529 ff. u. 588 ff.

19) Briefe der Dichterin Luise Hensel (1878), S. 8. 10.

20) „Allg. evangel.-lutherische Kirchenzeitung" von Luthardt (1881), Sp. 1243.

21) a. a. O. (1879), Sp. 752. 1186.

22) Oettingen a. a. O., S. 618.

23) Statistische Mitteilungen aus der evangelischen Landeskirche (aus dem kirchlichen Gesetz- und Verordnungsblatte in der „Neuen Preuß. Zeitung" [1884], Nr. 2).

24) Leopold Witte, Italien (1878) und Übersichtskarte der evangelischen Gemeinden in Italien, gezeichnet von G. Meille, mit statistischen Angaben versehen von K. Rönneke, herausgegeben von der General-Direktion des kgl. statistischen Amtes in Rom 1882.

25) Katholik (1879) I, S. 409.

26) O. Mejer, „Die Propaganda" und dessen Artikel in Herzogs Real-Encyklopädie, Bd. XII (2. Aufl.). — G. Warneck, Abriß einer Geschichte der protestantischen Missionen (2. Aufl. 1883). — Derselbe, Die gegenseitigen Beziehungen der modernen Mission und Kultur (1879). — Christlieb, Der gegenwärtige Stand der Heidenmission, 1880. — Burkhardt, Kleine Missionsbibliothek (2. Aufl.), besorgt von Grundemann, 4 Bde., 1876 bis 1881. — Über die römisch-katholischen Missionen vgl. noch Kalkar, Geschichte der christlichen Mission unter den Heiden, 2 Bde. (1879 ff.) und Grundemann im Artikel „Propaganda" in Herzogs Real-Encyklopädie, Bd. XII (2. Aufl.).

27) Beda, Hist. eccl. gentis Angl. I, 30; bei Herzog, Kirchengeschichte I, 476.

27a) J. L. Jacobi, Zur Missionsthätigkeit der Kirche bis zur Reformationszeit in Missionszeitschrift (1881), S. 357.

28) Burkhardt, Kleine Missionsbibliothek (2. Aufl.), besorgt von Grundemann, Tl. IV (Oceanien), 2. Abt. (1881), S. 80.

29) Herzog, Real-Encyklopädie, Bd. XII (2. Aufl.), S. 256.

30) Vgl. Reusch, Theol. Litteraturblatt (1875), Sp. 295 und Wappler, S. 116.

31) In der Juni-Nummer, abgedruckt im „Baseler Missions-Magazin" (1882), Augustheft: Brief eines Bischofs Puginier aus der Stadt Keso in West-Tongking.

32) Urban VIII., Bulle der Heiligsprechung des Ignatius von Loyola vom 8. August 1623; bei G. Baur, Propaganda (1877), S. 15.

33) „Allg. evang.-luther. Kirchenzeitung" (1884), Sp. 958.

34) Katholik (1879) II, S. 667 ff.

35) a. a. O., S. 668.

36) „Allg. evangel.-lutherische Kirchenzeitung" von Luthardt (1879), Sp. 308.

37) a. a. O. (1880), Sp. 333.

38) Encyklika vom 3. Dezember 1880 in Katholik (1881) I, S. 4 (Multae causae exstiterunt, quae sociorum numerum liberalita-temque minuerent) und S. 5.

39) Burkhardt a. a. O., S. 79—101.

40) a. a. O., S. 122 und Grundemann, Missionsatlas, 1877 (Australien, Nr. 10).

41) Kalkar, Geschichte der christl. Mission I (1879), S. 347.

42) „Allg. evangel.-lutherische Kirchenzeitung" von Luthardt (1882), Sp. 233 ff.

43) a. a. O., S. 289 ff. 320 ff.

44) Warneck, Abriß (s. Anm. 26), S. 82. 92 ff. und Derselbe, Die Heidenmission eine Großmacht in Knechtsgestalt (1883), S. 25.

45) a. a. O., S. 25. 28.

46) Warneck, Abriß (s. Anm. 26), S. 108. — Zum ganzen Paragraph vgl. desselben Verfassers eingehende Schrift gegen die römische Missionsgeschichtsschreibung „Protestantische Beleuchtung" der römischen Angriffe gegen die evangelische Heidenmission (Gütersloh, Bertelsmann, 1884).

~~~~~~~~

Anmerkungen zu Buch VI, Kap. I.

1) Katholik (1879) I, S. 613 ff.

2) a. a. O., S. 610.

3) Katholik (1880) I, S. 225 ff.

4) a. a. O., S. 234: „De sacramentis ... statuere ... sola pot-est et debet ecclesia, ut absonum sit plane, potestatis ejus

vel minimam partem ad gubernatores rei civilis velle esse translatam".

5) a. a. O., S. 236: „Nihil magis abhorrere a veritate, quam esse sacramentum decus quoddam adjunctum aut proprietatem allapsam extrinsecus, quae a contractu disjungi ac disparari, hominum arbitratu, queat."

6) Trid. Sess. 24, can. 4 u. 12.

6a) Im „Syllabus" wird (Nr. 73) als „Error" verworfen der Satz „falsum est, aut contractum matrimonii inter christianos semper esse sacramentum, aut nullum esse contractum, si sacramentum excludatur".

7) Trid. Sess. 24, decr. de ref. matrimonii, cap. 1.

8) A. v. Oettingen, Moralstatistik (3. Aufl. 1882), S. 131 u. 137.

8a) H. v. Sicherer, Über Eherecht und Ehegerichtsbarkeit in Bayern (München 1875), S. 15.

9) a. a. O., S. 21.

9a) Text bei Hübler, Eheschließung und gemischte Ehen in Preußen (1883), S. 85 ff.

10) Text ebendaselbst S. 89 ff.: „si forte aliquod hujus generis matrimonium, Tridentina forma non servata ibidem, contractum jam sit aut imposterum (quod Deus avertat) contrahi contingat: declarat Sanctitas Sua, matrimonium hujusmodi ... validum habendum esse".

11) H. Merz, Das System der christlichen Sittenlehre (1841), S. 130 bis 137.

12) Wappler, Kultus der katholischen Kirche, S. 147.

12a) Walder in „Allg. evang.-luther. Kirchenzeitung" von Luthardt (1883), Nr. 13.

13) „Allg. evangel.-lutherische Kirchenzeitung" von Luthardt (1882), Sp. 909 ff.

14) Oettingen, Moralstatistik (3. Aufl. 1883), S. 136.

14a) Statistische Mitteilungen aus der Landeskirche aus dem „Kirchlichen Gesetz- und Verordnungsblatt" in der „Neuen Preußischen Zeitung" (1884), Nr. 2.

15) Richter-Dove, Kirchenrecht (6. Aufl.), § 238, Anm. 15 (Allg. Landrecht II, 2. § 76 ff.).

16) Vgl. den Erlaß des Evangelischen Oberkirchenrats (Berlin), vom 11. April 1883.

Anmerkungen zu Buch VI, Kap. II.

1) Katholik (1871) I, S. 736: „Der Kirchenstaat (ist) der ideale Staat, der allen Staaten das ihnen würdige und von Gott gewollte Verhältnis zur Kirche vorzeichnet."

2) Katholik (1880) II, S. 452: „Nullam ecclesia catholica reprehendit aut improbat formam civitatis".

3) Denkschrift der deutschen Bischöfe bei Ginzel, Archiv II, 48. 51.

4) P. Liberatore, La chiesa e lo stato (1871), p. 75; bei Reusch, Theol. Litteraturblatt (1872), Sp. 270.

5) Bambg. Past.-Bl., S. 146 ff., bei Zillgenz, Weg zur Erkenntnis, S. 71.

6) Chauncy Langdon, Le odierni questioni politico-ecclesiastiche e la chiesa americana (Firenze 1875); bei Reusch, Theol. Litteraturblatt (1875), Sp. 211.

7) „Allg. evangel.-lutherische Kirchenzeitung" von Luthardt (1882), Sp. 406.

8) „Die Lage des Papstes und das letzte Wort über die römische Frage." Autorisierte Übersetzung von „La Situation du Pape" (Berlin 1881), S. 6. Der Wortlaut der bischöflichen Adresse vom 8. Juni 1862 in Reform, S. 61. Ja auf dem vatikanischen Konzile ist bereits das Amendement gestellt worden: „die weltliche Herrschaft, welche der apostolische Hirt zu Rom besitzt, ist zur freien Verwaltung der katholischen Kirche unumgänglich notwendig und auf alle Rechte gestützt; darum kann eine Verletzung, Entziehung oder Veränderung derselben nicht ohne Sacrilegium oder Räuberei stattfinden und schließt den Schuldigen von der Gemeinschaft der Kirche aus". Amendements Dechamps' vom 25. Dezember 1869, Mannings, vom 15. Februar 1870 und die Anträge des Bischofs von Halicarnassus Adames v. Luxemburg; unvollständig bei Friedberg, Doc., p. 143; vollständig bei C. Martin, Concilii Vaticani documentorum collectio, p. 84; bei Reusch, Theolog. Litteraturblatt (1873), Sp. 313 ff.

9) M. Brosch, Geschichte des Kirchenstaates, 2 Bände (1880, 1882); vgl. Sybel, Hist. Zeitschrift (1883), S. 190. 191.

10) „Die Lage des Papstes" (s. u. Anm. 8), S. 50.

11) Mariano, Christentum, Katholicismus und Kultur (deutsch 1880), S. 263.

12) „Allg. evang.-luther. Kirchenzeitung" (1882), Sp. 537.

13) Weltüberschau über die katholische Presse (Würzburg 1878, Leo Wörl).

14) Ebb. S. 224. — Zur weiteren Orientierung über den politischen Katholicismus ist zu vgl. die geist- und kraftvolle Streitschrift von D. J. L. Jacobi, Streiflichter auf Religion, Politik und Universitäten der Centrumspartei (1883); ferner Chr. E. Luthardt, Die modernen Weltanschauungen u. s. w. (1880), S. 124—144.

Anmerkungen zu Buch VI, Kap. III.

1) „Allg. evangel.-lutherische Kirchenzeitung" von Luthardt (1882), Sp. 1003.

2) Vgl. H. Guth, Die soziale Frage und die innere Mission (1881).

2ª) Pius IX. im „Syllabus errorum" vom 8. Dez. 1864. Leo XIII. in seiner Encyklika vom 28. Dez. 1878 (Katholik [1879] I, S. 1 ff.).

3) In seiner Encyklika vom 28. Dez. 1878; s. Anm. 2.

4) Wappler, Kultus der katholischen Kirche (1877), S. 63.

4ª) In der Encyklika „Auspicato" vom 17. September 1882.

5) Aus Reusch, Die deutschen Bischöfe und der Aberglaube, S. 33.

6) In seiner Schrift „Christentum, Katholicismus und Kultur" (deutsch, Leipzig 1880), S. 181.

7) Richter-Dove, Kirchenrecht (6. Aufl.), § 252.

8) Amort b. I., Staats- und Kirchenzustände in Süddeutschland (1878), S. 103 u. 106.

9) a. a. O., S. 73.

10) „Allg. evang.-luther. Kirchenzeitung" (1881), Sp. 309.

Anmerkungen zu Buch VI, Kap. IV.

1) E. Meuß, Lebensbild des evang. Pfarrhauses (1884), S. 58.

2) W. Baur, Das deutsche evangelische Pfarrhaus (2. Aufl. 1878), S. 109 ff.

2ª) E. Meuß a. a. O., S. 113 ff. und W. Baur a. a. O., S. 82 ff.

3) E. Meuß a. a. O., S. 311.

4) a. a. O., S. 189. 191.

4ª) Perrone, Trael. theol., T. IX, § 103: „— adeo, ut pauci inveniantur, quos non poenituerit initi matrimonii. — Constat coelibes ut plurimum hilariores lactioresque ceteris esse, adeo ut excitarint invidiam eorum, qui contrarium institutum — sectantur —"; bei Haſe, Polemik (3. Aufl.), S. 112.

5) Meuß a. a. O., S. 331; vgl. S. 330.

6) a. a. O., S. 338—344.

7) a. a. O., S. 346 ff.

8) a. a. O., S. 351—354.

9) a. a. O., S. 354 ff.

Anmerkungen zu Buch VI, Kap. V.

1) Die Nachweiſe in der „Weltüberſchau über die kathol. Preſſe" (Würzburg, Leo Wörl, 1878).

2) „Amalie von Laſaulx" (Große Ausg., Gotha, Perthes), S. 190 ff.

3) Reuſch, Theol. Litteraturblatt (1871), Sp. 321 ff.

4) Reuſch, Theol. Litteraturblatt (1872), Sp. 432.

5) Verfaſſung, Lehramt und Unfehlbarkeit der Kirche (1873); bei Reuſch, Theol. Litteraturblatt (1873), Sp. 217.

6) Augustini Sermo CXXXI, No. 10 (Migne V, 73) und Zillgenz, Ein Weg zur Erkenntnis (1872), S. 51.

7) Schreiben Pius' IX. an den Erzbiſchof von Köln vom 28. Oktober 1870 (ſ. o. Anm. zu Buch I, Abſchn. III, Anm. 16.

8) Mansi, Coll. conc. XI, 554 u. 635.

9) Im „Liber diurnus" bei Migne t. 105, 52, cap. 2.

10) Reuſch, Theol. Litteraturblatt (1870), Sp. 413. 414.

11) Band II, S. 28. 29.

12) a. a. O., S. 42—44.

13) a. a. O., S. 55—59.

14) a. a. O., S. 532.

14ª) Trael. theol., T. I, P. II, § 220: „Zwinglius in Helvetia... Munsterus in Westphalia... emendarunt suo sensu quod inemendatum reliquerat Lutherus"; bei Haſe, Polemik (3. Aufl.), S. 46.

15) Haſe a. a. O., S. 447.

15ª) Summa theol. II, 2, qu. 1, art. 10: „ad solam autoritatem summi pontificis pertinet nova editio symboli"; bei Reuſch, Theol. Litteraturblatt (1870), Sp. 535.

16) Nach ihren Anfangsworten „Aeterni patris" genannt; Text in Katholik (1879) II, S. 225 ff.

17) P. Cornoldi, S. J., La riforma della filosofia (Bologna 1880). Katholik (1881) II, S. 199 ff.

18) Katholik (1879) II, S. 519 ff.; (1880) II, S. 113 ff. u. 561 ff.

19) Thom. Aqu. de regimine principum (Vom Fürstenregiment), Lib. I, cap. 14; bei Baumann, Die Staatslehre des Thomas v. Aquino, S. 80.

20) a. a. O., Lib. I, cap. 6.

21) Bei Baumann, S. 98 u. 172.

22) a. a. O., S. 138.

23) a. a. O., S. 141 u. 170 ff.

24) a. a. O., S. 179. 180.

25) a. a. O., S. 186.

Anmerkungen zu Buch VI, Kap. VI.

1) Trid. Sess. 23, cap. 18 de reform.

2) [Ginzel], Reform der katholischen Kirche (Leipzig 1869), S. 152.

3) a. a. O., S. 154.

Anmerkungen zu Buch VI, Kap. VII.

1) „Allg. evangel.-lutherische Kirchenzeitung" von Luthardt (1878), Sp. 248.

2) a. a. O., Sp. 779.

3) Oettingen, Moralstatistik (3. Aufl. 1883), S. 586.

4) a. a. O., S. 581 ff.

5) a. a. O., S. 584 ff. 581.

6) a. a. O., S. 586.

7) a. a. O., S. 649.

8) Mariano, Christentum, Katholicismus und Kultur (deutsch 1880), S. 197.

9) Vgl. W. Herbst, Die Bedeutung der evangelischen Kirche für unsere nationale Kultur, 1881. — W. Beyschlag, Was ist Rom gegenüber der evangelische Christ seiner Kirche und seinem Vaterlande schuldig? (Halle a. S. C. Strien, 1882).

Anmerkungen zu Buch VI, Kap. VIII.

1) Vgl. den Artikel „Altkatholiken, Altkatholicismus" in dem Lexikon für „Theologie und Kirche" von Zöpffl und Holtzmann, 1882.

2) Verhandlungen der fünften Synode der Altkatholiken des deutschen Reiches (Bonn 1878), S. 159 u. 166.

3) W. Beyschlag, Der Altkatholicismus (1882), S. 36 ff.

4) Verhandlungen der fünften Synode der Altkatholiken (1878), S. 68 und W. Beyschlag a. a. O., S. 38.

5) Ansprache der 2. altkatholischen Synode (in ihren „Beschlüssen", Bonn 1875).

Anmerkungen zum Schluß.
§ 98 u. 99.

1) „Allg. evang.-luther. Kirchenzeitung" (1882), Sp. 477.

2) Salv. Pallotini, Collectio omnium conclusionum et resolutionum, quae in causis propositis apud S. Congregationem Card. s. Conc. Trid. interpretum prodierunt (Turin 1867); bei Reusch, Theol. Litteraturblatt (1869), Sp. 586 und Zillgenz, Ein Weg zur Erkenntnis (1872), S. 88. 89, wo der latein. Text abgedruckt ist.

3) „Allg. evang.-luther. Kirchenzeitung" (1880), Sp. 302.

4) a. a. O., Sp. 301.

5) a. a. O., Sp. 405.

6) „Evidenter constat, ejusmodi institutionem non esse nisi abortum, constantem ex mercenariis sine spiritu, sine votis, in ordine ad ineundas nuptias a Rege constitutas, quin inserviant infirmis, sed totae in eo sunt, ut sibi vel ex infirmis vel ex inservientibus aliquem maritum aucupentur." De D. N. Jesu Christi divinitate, 3 T. (Turin 1870), T. III, p. 113; bei Reusch, Theol. Litteraturblatt (1870), Sp. 302.

7) Cat. Rom., P. I, cap. 10, qu. 16.

8) Mangold in Herzogs Real-Encyklopädie, Bd. XII (2. Aufl.), S. 24—26.

9) Breviarium Romanum ad 5 Mai: „Deus, qui ad conterendos ecclesiae tuae hostes et ad divinum cultum reparandum Pium

quintum P. M. eligere dignatus es, fac, nos ipsius defendi prae-
sidiis."

10) Pius' IX. Rundschreiben an die Erzbischöfe und Bischöfe Italiens
vom 8. Dezember: „(Recentiores Protestantes... apostolicam sedem)
nullo prorsus tempore nullaque arte aut molimine ne ad unum quidem ex suis erroribus tolerandum inducere potuerunt"
(bei Ginzel, Archiv I, 59).

11) Die Anfänge aller Übel, unter denen er leide, kommen von den Schä-
den her, welche der Kirche „praesertim a Protestantium aetate" zugefügt
sind (a. a. O., S. 66).

12) Zillgenz, Ein Weg zur Erkenntnis (1872), S. 135.

13) Rundschreiben (s. Anm. 10) bei Ginzel, Archiv I, 52.

14) Text in Katholik (1879) I, S. 1 ff.

15) a. a. O., S. 2: „Haec audacia (Sozialismus, Kommunismus,
Nihilismus) ... causam et originem ab iis venenatis doctrinis repetit,
quae superioribus temporibus tamquam vitiosa semina medios inter po-
pulos diffusae, tam pestiferos suo tempore fructus dederunt. Probe
enim nostis, venerabiles fratres, infensissimum bellum, quod in catholicam fidem inde a saeculo XVI a novatoribus commotum est, et quam
maxime in dies hucusque invaluit, eo tendere, ut, omni revelatione sub-
mota et quolibet supernaturali ordine subverso, solius rationis inventis
seu potius deliramentis aditus pateret."

16) Katholik (1881) II, S. 11: „Illam quam Reformationem
vocant, cujus adjutores et duces sacram civilemque ordinem novis doctrinis funditus oppugnaverunt, repentini tumultus et audacissimae re-
belliones praesertim in Germania consecutae junti idque tanta cum
domestici deflagratione belli et caede, ut nullus paene locus expers
turbarum et cruoris videretur. Ex illa haeresi ortum duxit saeculo superiore falsi nominis philosophia et jus quod appellant novum
et imperium populare et modum nesciens licentia, quam plurimi solam
libertatem putant. Ex his ad finitimas pestis ventum est,
scilicet ad Communismum, ad Socialismum, ad Nihilismum, civilis hominum societatis teterrima portenta ac pene funera."

17) Syllabus errorum, § 4; bei Denzinger, Enchiridion,
p. 348.

18) „Non negandum (est), quin in ecclesiae potestate sint, ut qui,
ab ea in judicium vocentur, puniantur et anathemate damnentur." Cat.
Rom., P. I, cap. 10, qu. 8.

19) „Haereticos, schismaticos et rebelles eidem Domino nostro
vel successoribus praedictis pro posse persequar et impugnabo."
(Bei Öhler, Symbolik, S. 209).

20) Herzogs Real-Encyklopädie, Bd. XII (2. Aufl.), S. 246.

21) Liberatore, La chiesa e lo stato (1871); bei Reusch, Theol. Litteraturblatt (1872), Sp. 270.

22) L. Witte, Italien (1878), S. 313—324.

23) a. a. O., S. 457 ff.

Register.

28*

Irland 345.

Italien 308 ff. 337. 340. 345. 346. 360. 364.

Kaiserswerth 341.

Kampschulte 294.

Kanonisches Recht 269 ff.

Kant 368.

Kardinalkollegium 54.

Karneval 255.

Kepler 210.

Ketteler, Bischof von Mainz 212.

Ketzer 24. 273. 289. 386.

Keuschheit 135 ff.

Kinder, ungetauft sterbende 159.

Kirche 3 ff.; Wesen 16 ff.; Eigenschaften 18 ff.; Verfassung 26 ff.; Gewalt 37 ff.; Kirchenrecht 269 ff.; Kirchenstrafen 273; Kirchenzucht 274.

Klerus 26 ff.

Klosterleben 135 ff.

Kohlsmission 317.

Kommunion 79 ff.

Koncordat 290.

Konfessionelle Schule 362.

Konfirmation 77 ff.

Kongregationen 291.

Konklave 56.

Konkomitanz 80. 81.

Konversionen 302.

Konzil 39; vatikanisches K. 1.

Kreuz 242; Kreuzauffindung 231; Kreuzfeste 252; Kreuzweg 244.

Küsse, heilige 261.

Kultur 196. 319 ff. 366.

Kultus 220 ff.; Kultussprache 221; Kultusstiftungen 157.

Kurialsystem 42 ff.

Kurie 54 ff.

Kunst; Sittlichkeit in der K. 203 ff.; K. im Gotteshause 247 ff.; im Kultus 267 ff.

Kybelekult im Marienkult 257.

Laienstand 26 ff.

Lasaulx, Amalie von 138. 295. 340.

Lauretanische Liturgie 123.

Leibnitz 368.

Leo I. 81.

Leo XIII. 12. 86. 142. 145. 227. 287. 288. 309. 315. 324. 335. 342. 343. 357. 385.

Leopold von Toscana 387.

Lessing 368.

Lettner 248.

Liberatore, Jesuit 287. 289.

Licht, als Symbol 241.

Liguori 383.

Litaneien 225.

Loreto 151. 152. 230.

Lottospiel in Italien 346.

Lourdeswasser 263. 295.

Luther 23. 368.

Lyoner Verein der Glaubensverbr. 314.

Machiavelli 310. 334.

Madagaskar 317.

Madiai 387.

Maria, unbefleckte Empfängnis 118 ff.; Marientum in Rom 123. 126; Marienkult 147 ff.; Himmelfahrt M.s 162; Marienstatue ohne das Jesuskind 122; Marienbilder 244; Marienfeste 253 ff.

Mentalreservation 172.

Messe 57 ff.; Messestiftungen 280.

Michelangelo 119. 204.

Mischehen 325 ff.

Missa 57.

Mission 311 ff.; innere Mission 341 ff.

Möhler 115. 127. 178.

Mönchtum 135 ff. 291.

Monaco 346.

Monstranz 80. 249.

Monte Bergine, Wallfahrtskirche 152 ff.

München 191. 327.

Murillo 209.

Druck von Friedr. Andr. Perthes in Gotha.

Berichtigungen.

Seite 48, Zeile 22 von oben lies Rechtgläubigkeit.
,, 49, ,, 20 ,, ,, ,, Innocenz III.
,, 125, ,, 10 ,, ,, ,, lehrenden.
,, 157, ,, 30 ,, ,, ,, 2 Mark.
,, 210, ,, 26 ,, ,, ,, 1616—1822.
,, 237, ,, 15 ,, ,, ,, Zu.
,, 306, ,, 32 ,, ,, ,, Jahre.